Statistische Jahrbücher des Soldan Instituts

Herausgegeben von

Prof. Dr. Matthias Kilian
Christian Lieb

Matthias Kilian | Christian Lieb (Hrsg.)

Statistisches Jahrbuch der Anwaltschaft 2023/2024

Nomos

I Soldan Institut

Onlineversion
Nomos eLibrary

Die Deutsche Nationalbibliothek verzeichnet diese Publikation in der Deutschen Nationalbibliografie; detaillierte bibliografische Daten sind im Internet über http://dnb.d-nb.de abrufbar.

ISBN 978-3-7560-2281-6 (Print)
ISBN 978-3-7489-4933-6 (ePDF)

Einschließlich Ausgabe 2019/20 erschienen beim Deutschen Anwaltverlag

1. Auflage 2024
© Nomos Verlagsgesellschaft, Baden-Baden 2024. Gesamtverantwortung für Druck und Herstellung bei der Nomos Verlagsgesellschaft mbH & Co. KG. Alle Rechte, auch die des Nachdrucks von Auszügen, der fotomechanischen Wiedergabe und der Übersetzung, vorbehalten. Gedruckt auf alterungsbeständigem Papier.

Vorwort

Für die neunte Ausgabe des Statistischen Jahrbuchs der Anwaltschaft, das nun zum zweiten Mal im Nomos-Verlag erscheint, sind die Datenreihen wie stets fortgeschrieben worden. Wann immer möglich, sind Daten für zwei weitere, teilweise sogar für drei oder vier Jahre aufgenommen worden. Vereinzelt konnten die Datenreihen aber auch nur um ein Jahr ergänzt werden, weil die Zulieferung der erforderlichen Informationen bis zum Redaktionsschluss dieser Ausgabe ausblieb. Dies betrifft z.B. einige Tabellen zu Aufwendungen in der Rechtsberatung in Kapitel 5, da das Statistische Bundesamt die dafür relevanten Datenerhebungen nicht weiter fortführt bzw. veröffentlicht. Diese werden daher in dieser Ausgabe das letzte Mal dokumentiert

In Kapitel 1 werden die weiblichen Rechtsanwältinnen nun auch differenziert nach der Art ihrer Zulassung – also Rechtsanwalt, Rechtsanwalt (Syndikusrechtsanwalt) und „Doppelbänder" - dargestellt. Neu aufgenommen und den einzelnen Rechtsformen vorangestellt wurden in Kapitel 4 Zahlen zu den von den Rechtsanwaltskammern zugelassenen Berufsausübungsgesellschaften. Entfallen ist die zuvor in Kapitel 6 enthaltene Statistik zur Professoren-Studierenden-Relation in der Rechtswissenschaft, die vor dem Hintergrund der zunehmenden Ausdifferenzierung juristischer Studiengänge an Universitäten und Fachhochschulen nur noch wenig Aussagekraft besitzt. Detailreicher dargestellt sind in Kapitel 7 die Statistiken zur staatlichen Kostenhilfe. Für die Beratungshilfe sind nun 1981 beginnende Datenreihen sowohl zur Art und Weise der Beantragung als auch zum Inhalt der Beratungshilfe verfügbar, für die Prozesskosten- und Verfahrenskostenhilfe für das letztverfügbare Jahr die Zahl und der Inhalt der Entscheidungen in den verschiedenen Gerichtsbarkeiten dokumentiert. In Kapitel 10, das Zahlen zu anderen juristischen Berufen enthält, sind nun auch erstmals registrierte Rechtsdienstleister im Sinne des § 10 RDG berücksichtigt. .

Die Fortschreibung der bereits in den Vorausgaben enthaltenen Datenreihen hat es wie immer mit sich gebracht, dass diese erneut zum Teil um Daten aus früheren Jahrzehnten entschlackt werden mussten. In der Regel erfolgt dies in der Weise, dass in dem am weitesten zurückliegenden Jahrzehnt, das noch mit jährlichen Daten dokumentiert ist, die Daten nur noch in Abständen von fünf Jahren ausgewiesen werden. Wie auch in der Vergangenheit gilt daher: Die Neuausgabe des Statistischen Jahrbuchs ersetzt die Vorausgaben nicht vollständig, so dass diese archiviert werden sollten. Die betroffenen Zahlenreihen sind in der Überschrift mit dem Symbol „ ° " gekennzeichnet. Auf der Internetpräsenz des Soldan Instituts (www.soldaninstitut.de) ist näher aufgeschlüsselt, in welcher Vorausgabe Daten zu in der aktuellen Ausgabe nicht mehr abgedruckten Jahren enthalten sind.

Zu danken haben die Herausgeber erneut jenen, die die Entstehung des Jahrbuchs tatkräftig unterstützt haben. Zu nennen sind vor allem die Geschäftsführer und Mitarbeiter der Bundesrechtsanwaltskammer und der regionalen Anwaltskammern, der

Vorwort

Deutsche Anwaltverein, die Landesjustizministerien, die Arbeitsgemeinschaft berufsständischer Versorgungswerke, die Geschäftsstellen der Anwaltsgerichtsbarkeit und die Fachabteilungen des Statistischen Bundesamts. Ein besonders herzlicher Dank gilt Astrid Franke, Referentin der Bundesrechtsanwaltskammer, die zuverlässig die dort verwalteten Daten aufbereitet und verfügbar gemacht hat. Verlagsseitig haben Herr Prof. Dr. Johannes Rux und Frau Raïna Vogt das Werk mustergültig betreut. Besonders um die Neuausgabe des Statistischen Jahrbuchs verdient gemacht hat sich Katarina Gaun, die als wissenschaftliche Mitarbeiterin des Soldan Instituts die Entstehung des Werks federführend verantwortet und koordiniert hat. Frau stud. iur. Anna Breuer hat wichtige Unterstützung bei der Datenverwaltung und –aufbereitung geleistet.

Köln, im Juli 2024
Matthias Kilian *Christian Lieb*

Aus dem Vorwort der Erstausgabe (2008)

Mit dem Statistischen Jahrbuch der Anwaltschaft will das Soldan Institut aktuelle Entwicklungen auf dem anwaltlichen Rechtsdienstleistungsmarkt und Veränderungen der Strukturmerkmale des anwaltlichen Berufsbildes dokumentieren und nachvollziehen. Dabei werden Daten referiert, die zwar teilweise aus eigenen Repräsentativbefragungen stammen, jedoch hauptsächlich auf der Forschungsarbeit externer Institutionen beruhen. Ziel des Jahrbuchs ist es, die wichtigsten die Anwaltschaft betreffenden Zahlenwerke in einer einzigen Publikation systematisch erschließbar zu machen und nutzerfreundlich aufzubereiten. Die gewählte Form einer mit kurzen einführenden Texten versehenen Datensammlung in Tabellen und Abbildungen wurde gewählt, um es sowohl den fachkundigen als auch den nicht juristischen Lesern zu ermöglichen, sich einen schnellen und präzisen Überblick über die auf dem Markt anwaltlicher Dienste vorhandenen Daten zu verschaffen

...

Inhaltsverzeichnis

Tabellenverzeichnis 11

1 Basisdaten der deutschen Anwaltschaft 33
1.1 Rechtsanwälte 33
1.2 Geschlechtsspezifischer Wandel in der Anwaltschaft 35
1.3 Altersspezifischer Wandel in der Anwaltschaft 37
1.4 Anwaltsdichte 37
1.5 Zugänge zur Anwaltschaft 38
1.6 Abgänge aus der Anwaltschaft 39
1.7 Kammerwechsel (Umzulassungen) 40

2 Regionale Verteilung der Anwaltschaft 62
2.1 Rechtsanwälte in den Kammerbezirken 62
2.2 Anwaltsdichte in den Bundesländern 65
2.3 Altersstruktur in den Kammerbezirken 65

3 Innere Differenzierung der Anwaltschaft 129
3.1 BGH-Anwälte 129
3.2 Fachanwaltschaften 129
3.3 Anwaltsnotare 132
3.4 Doppelbänder 132

4 Organisationsformen der Berufsausübung der Anwaltschaft 157
4.1 Unternehmen in der Rechtsberatung, Steuerberatung, Wirtschafts- und Buchführung 157
4.2 Berufsausübungsgesellschaften 158
4.3 Partnerschaftsgesellschaften mbB, Limited Liability Partnerships und GmbH & Co. KGs 159

Inhaltsverzeichnis

4.4	Rechtsanwaltskapitalgesellschaften	160
5	Wirtschaftliche Situation der deutschen Rechtsanwälte	166
5.1	Jahresumsätze steuerpflichtiger Rechtsanwaltskanzleien und Rechtsanwälte	166
5.2	Investitionen und Aufwendungen in der Rechtsberatung	168
5.3	Insolvenzen	168
6	Ausbildung, Berufseinstieg und Arbeitslosigkeit von Juristen	175
6.1	Studium der Rechtswissenschaft	175
6.2	Vorbereitungsdienst (Referendariat)	180
6.3	Promotionen und Habilitationen	181
6.4	Arbeitslosigkeit von Juristen	182
6.5	Ausbildung durch Kanzleien	183
7	Finanzierung anwaltlicher Dienstleistungen	226
7.1	Preisindizes	226
7.2	Anwaltliche Stundensätze	227
7.3	Rechtsschutzversicherungen	227
7.4	Beratungshilfe	228
7.5	Prozess-/Verfahrenskostenhilfe	229
7.6	Pflichtverteidigung	231
7.7	Vergleichende Betrachtung	231
8	Institutionen der Anwaltschaft	257
8.1	Bundesrechtsanwaltskammer (BRAK)	257
8.2	Satzungsversammlung	258
8.3	Rechtsanwaltskammern	258
8.4	Versorgungswerke	259
8.5	Berufsgerichtsbarkeit	260
8.6	Schlichtungsstelle der Rechtsanwaltschaft	262
8.7	Deutscher Anwaltverein (DAV)	263
9	Grenzüberschreitende anwaltliche Tätigkeit	292
9.1.	Rechtsanwälte mit ausländischer Berufsqualifikation	297

9.2.	Vollintegrierte Rechtsanwälte mit im Ausland erworbener Berufsqualifikation	304
9.3.	Im Ausland niedergelassene deutsche Rechtsanwälte	306
9.4.	Internationaler Vergleich	307

10	Entwicklung benachbarter Berufe	308
10.1	Notare	308
10.2	Rechtsbeistände	309
10.3	Registrierte Rechtsdienstleister	310
10.4	Steuerberater	310
10.5	Wirtschaftsprüfer	311
10.6	Patentanwälte und Patentassessoren	312
10.7	Richter und Staatsanwälte	312
10.8	Rechtsanwälte im Vergleich mit benachbarten Berufen	313

11	Geschäftsentwicklung der Gerichte	327
11.1	Ordentliche Gerichte	327
11.2	Fachgerichte	329
	11.1.1. Amtsgerichte	330
	11.1.2. Landgerichte	336
	11.1.3. Oberlandesgerichte	343

Adressen der Bundesrechtsanwaltskammer und der regionalen Rechtsanwaltskammern	350
Adressen des Deutschen Anwaltvereins und der Landesverbände im DAV	354
Örtliche Anwaltvereine	357
Adressen der Anwaltsgerichtshöfe	363
Über das Projektteam	365
Über das Soldan Institut	367
Publikationen des Soldan Instituts	369
I. Forschungsberichte	369
II. Statistisches Jahrbuch	370
III. Barometer	371

Tabellenverzeichnis

Tab. 1.1.1:	Zahl der Rechtsanwälte von 1950 bis 1979	41
Tab. 1.1.2:	Zahl der Rechtsanwälte von 1980 bis 2009	42
Tab. 1.1.3:	Zahl der Rechtsanwälte von 2010 bis 2024	43
Tab. 1.1.4:	Zahl der ausschließlich in Kanzlei niedergelassenen Rechtsanwälte von 2017 bis 2024	43
Tab. 1.1.5:	Zahl der Syndikusrechtsanwälte von 2017 bis 2024	44
Tab. 1.1.6:	Zahl der Rechtsanwälte auf dem Gebiet Preußens von 1851 bis 1876 / des Deutschen Reichs von 1880 bis 1929	45
Tab. 1.1.7:	Zahl der Rechtsanwälte auf dem Gebiet des Deutschen Reichs von 1930 bis 1942	46
Tab. 1.1.8:	Zahl der Rechtsanwälte auf dem Gebiet der ehemaligen Deutschen Demokratischen Republik von 1948 bis 1989	46
Tab. 1.1.9:	Anwaltszahlen im internationalen Vergleich (A – N)	47
Tab. 1.1.10:	Anwaltszahlen im internationalen Vergleich (O – Z)	48
Tab. 1.2.1:	Zahl der Rechtsanwältinnen von 1925 bis 2024	49
Tab 1.2.2:	Zahl der RechtsanwältInnen nach Art der Zulassung von 2017 bis 2024	50
Tab. 1.2.3:	Anteil der Frauen in den Anwaltschaften anderer Länder	51
Tab. 1.3.1:	Entwicklung der Anwaltschaft nach Altersgruppen von 1895 bis 1938	52
Tab. 1.3.2:	Entwicklung der Anwaltschaft nach Altersgruppen von 1950 bis 2024	52
Tab. 1.4.1:	Entwicklung der Anwaltsdichte im Bundesgebiet von 1950 bis 2024	53

Tabellenverzeichnis

Tab. 1.4.2:	Entwicklung der Anwaltsdichte auf dem Gebiet des Königreichs Preußen von 1851 bis 1870 / des Deutschen Reiches von 1880 bis 1935	54
Tab. 1.4.3:	Anwaltsdichte im internationalen Vergleich	55
Tab. 1.5.1:	Zahl der neu und wieder zugelassenen Rechtsanwälte von 1980 bis 2023*	56
Tab. 1.5.2:	Anteil der Frauen an den Neuzulassungen von 2000 bis 2023	57
Tab. 1.5.3:	Altersstruktur der neu zugelassenen Rechtsanwälte von 2000 bis 2023	58
Tab. 1.6.1:	Abgänge aus der Anwaltschaft durch Zulassungsverzichte, Rücknahmen und Widerrufe der Zulassung, Ausschließungen sowie Todesfälle von 2000 bis 2023	59
Tab. 1.6.2:	Altersstruktur der Rechtsanwälte, die durch Zulassungsverzicht aus der Anwaltschaft ausgeschieden sind von 2000 bis 2023	60
Tab. 1.7.1:	Kammerwechsel (Umzulassungen) von 2000 bis 2023	61
Tab. 2.1.1:	Rechtsanwälte in den Kammerbezirken nach Art der Zulassung im Jahr 2024	67
Tab. 2.1.2:	Rechtsanwälte in den Kammerbezirken nach Geschlecht im Jahr 2024	68
Tab. 2.1.3:	Zahl der Rechtsanwälte im Bezirk der Rechtsanwaltskammer Bamberg von 1950 bis 2024	69
Tab. 2.1.4:	Zahl der Neuzulassungen im Bezirk der Rechtsanwaltskammer Bamberg von 2000 bis 2023	70
Tab. 2.1.5:	Zahl der Syndikusrechtsanwälte im Bezirk der Rechtsanwaltskammer Bamberg von 2017 bis 2024	70
Tab. 2.1.6:	Zahl der Rechtsanwälte im Bezirk der Rechtsanwaltskammer Berlin von 1950 bis 2024	71
Tab. 2.1.7:	Zahl der Neuzulassungen im Bezirk der Rechtsanwaltskammer Berlin von 2000 bis 2023	72

Tabellenverzeichnis

Tab. 2.1.8:	Zahl der Syndikusrechtsanwälte im Bezirk der Rechtsanwaltskammer Berlin von 2017 bis 2024	72
Tab. 2.1.9:	Zahl der Rechtsanwälte im Bezirk der Brandenburgischen Rechtsanwaltskammer von 1992 bis 2024	73
Tab. 2.1.10:	Zahl der Neuzulassungen im Bezirk der Brandenburgischen Rechtsanwaltskammer von 2000 bis 2023	74
Tab. 2.1.11:	Zahl der Syndikusrechtsanwälte im Bezirk der Rechtsanwaltskammer Brandenburg von 2017 bis 2024	74
Tab. 2.1.12:	Zahl der Rechtsanwälte im Bezirk der Rechtsanwaltskammer Braunschweig von 1950 bis 2024	75
Tab. 2.1.13:	Zahl der Neuzulassungen im Bezirk der Rechtsanwaltskammer Braunschweig von 2000 bis 2023	76
Tab. 2.1.14:	Zahl der Syndikusrechtsanwälte im Bezirk der Rechtsanwaltskammer Braunschweig von 2017 bis 2024	76
Tab. 2.1.15:	Zahl der Rechtsanwälte im Bezirk der Hanseatischen Rechtsanwaltskammer Bremen von 1950 bis 2024	77
Tab. 2.1.16:	Zahl der Neuzulassungen im Bezirk der Hanseatischen Rechtsanwaltskammer Bremen von 2000 bis 2023	78
Tab. 2.1.17:	Zahl der Syndikusrechtsanwälte im Bezirk der Rechtsanwaltskammer Bremen von 2017 bis 2024	78
Tab. 2.1.18:	Zahl der Rechtsanwälte im Bezirk der Rechtsanwaltskammer Celle von 1950 bis 2024	79
Tab. 2.1.19:	Zahl der Neuzulassungen im Bezirk der Rechtsanwaltskammer Celle von 2000 bis 2023	80
Tab. 2.1.20:	Zahl der Syndikusrechtsanwälte im Bezirk der Rechtsanwaltskammer Celle von 2017 bis 2024	80
Tab. 2.1.21:	Zahl der Rechtsanwälte im Bezirk der Rechtsanwaltskammer Düsseldorf von 1950 bis 2024	81
Tab. 2.1.22:	Zahl der Neuzulassungen im Bezirk der Rechtsanwaltskammer Düsseldorf von 2000 bis 2023	82

Tabellenverzeichnis

Tab. 2.1.23:	Zahl der Syndikusrechtsanwälte im Bezirk der Rechtsanwaltskammer Düsseldorf von 2017 bis 2024	82
Tab. 2.1.24:	Zahl der Rechtsanwälte im Bezirk der Rechtsanwaltskammer Frankfurt von 1950 bis 2024	83
Tab. 2.1.25:	Zahl der Neuzulassungen im Bezirk der Rechtsanwaltskammer Frankfurt von 2000 bis 2023	84
Tab.2.1.26:	Zahl der Syndikusrechtsanwälte im Bezirk der Rechtsanwaltskammer Frankfurt von 2017 bis 2024	84
Tab. 2.1.27:	Zahl der Rechtsanwälte im Bezirk der Rechtsanwaltskammer Freiburg von 1950 bis 2024	85
Tab. 2.1.28:	Zahl der neuzugelassenen Rechtsanwälte im Bezirk der Rechtsanwaltskammer Freiburg von 2000 bis 2023	86
Tab. 2.1.29:	Zahl der Syndikusrechtsanwälte im Bezirk der Rechtsanwaltskammer Freiburg von 2017 bis 2024	86
Tab. 2.1.30:	Zahl der Rechtsanwälte im Bezirk der Rechtsanwaltskammer Hamburg von 1950 bis 2024	87
Tab. 2.1.31:	Zahl der neuzugelassenen Rechtsanwälte im Bezirk der Rechtsanwaltskammer Hamburg von 2000 bis 2023	88
Tab. 2.1.32:	Zahl der Syndikusrechtsanwälte im Bezirk der Rechtsanwaltskammer Hamburg von 2017 bis 2024	88
Tab. 2.1.33:	Zahl der Rechtsanwälte im Bezirk der Rechtsanwaltskammer Hamm von 1950 bis 2024	89
Tab. 2.1.34:	Zahl der neuzugelassenen Rechtsanwälte im Bezirk der Rechtsanwaltskammer Hamm von 2000 bis 2023	90
Tab. 2.1.35:	Zahl der Syndikusrechtsanwälte im Bezirk der Rechtsanwaltskammer Hamm von 2017 bis 2024	90
Tab. 2.1.36:	Zahl der Rechtsanwälte im Bezirk der Rechtsanwaltskammer Karlsruhe von 1950 bis 2024	91
Tab. 2.1.37:	Zahl der neuzugelassenen Rechtsanwälte im Bezirk der Rechtsanwaltskammer Karlsruhe von 2000 bis 2023	92

Tab. 2.1.38:	Zahl der Syndikusrechtsanwälte im Bezirk der Rechtsanwaltskammer Karlsruhe von 2017 bis 2024	92
Tab. 2.1.39:	Zahl der Rechtsanwälte im Bezirk der Rechtsanwaltskammer Kassel von 1950 bis 2024	93
Tab. 2.1..40:	Zahl der neuzugelassenen Rechtsanwälte im Bezirk der Rechtsanwaltskammer Kassel von 2000 bis 2023	94
Tab. 2.1.41:	Zahl der Syndikusrechtsanwälte im Bezirk der Rechtsanwaltskammer Kassel von 2017 bis 2024	94
Tab. 2.1.42:	Zahl der Rechtsanwälte im Bezirk der Rechtsanwaltskammer Koblenz von 1950 bis 2024	95
Tab. 2.1.43:	Zahl der neuzugelassenen Rechtsanwälte im Bezirk der Rechtsanwaltskammer Koblenz von 2000 bis 2023	96
Tab. 2.1.44:	Zahl der Syndikusrechtsanwälte im Bezirk der Rechtsanwaltskammer Koblenz von 2017 bis 2024	96
Tab. 2.1.45:	Zahl der Rechtsanwälte im Bezirk der Rechtsanwaltskammer Köln von 1950 bis 2024	97
Tab. 2.1.46:	Zahl der neuzugelassenen Rechtsanwälte im Bezirk der Rechtsanwaltskammer Köln von 2000 bis 2023	98
Tab. 2.1.47:	Zahl der Syndikusrechtsanwälte im Bezirk der Rechtsanwaltskammer Köln von 2017 bis 2024	98
Tab. 2.1.48:	Zahl der Rechtsanwälte im Bezirk der Rechtsanwaltskammer Mecklenburg-Vorpommern von 1992 bis 2024	99
Tab. 2.1.49:	Zahl der neuzugelassenen Rechtsanwälte im Bezirk der Rechtsanwaltskammer Mecklenburg-Vorpommern von 2000 bis 2023	100
Tab. 2.1.50:	Zahl der Syndikusrechtsanwälte im Bezirk der Rechtsanwaltskammer Mecklenburg-Vorpommern von 2017 bis 2024	100
Tab. 2.1.51:	Zahl der Rechtsanwälte im Bezirk der Rechtsanwaltskammer München von 1950 bis 2024	101
Tab. 2.1.52:	Zahl der neuzugelassenen Rechtsanwälte im Bezirk der Rechtsanwaltskammer München von 2000 bis 2023	102

Tabellenverzeichnis

Tab. 2.1.53:	Zahl der Syndikusrechtsanwälte im Bezirk der Rechtsanwaltskammer München von 2017 bis 2024	102
Tab. 2.1.54:	Zahl der Rechtsanwälte im Bezirk der Rechtsanwaltskammer Nürnberg von 1950 bis 2024	103
Tab. 2.1.55:	Zahl der neuzugelassenen Rechtsanwälte im Bezirk der Rechtsanwaltskammer Nürnberg von 2000 bis 2023	104
Tab. 2.1.56:	Zahl der Syndikusrechtsanwälte im Bezirk der Rechtsanwaltskammer Nürnberg von 2017 bis 2024	104
Tab. 2.1.57:	Zahl der Rechtsanwälte im Bezirk der Rechtsanwaltskammer Oldenburg von 1950 bis 2024	105
Tab. 2.1.58:	Zahl der neuzugelassenen Rechtsanwälte im Bezirk der Rechtsanwaltskammer Oldenburg von 2000 bis 2023	106
Tab. 2.1.59:	Zahl der Syndikusrechtsanwälte im Bezirk der Rechtsanwaltskammer Oldenburg von 2017 bis 2024	106
Tab. 2.1.60:	Zahl der Rechtsanwälte im Bezirk der Rechtsanwaltskammer des Saarlandes von 1950 bis 2024	107
Tab. 2.1.61:	Zahl der neuzugelassenen Rechtsanwälte im Bezirk der Rechtsanwaltskammer des Saarlandes von 2000 bis 2023	108
Tab. 2.1.62:	Zahl der Syndikusrechtsanwälte im Bezirk der Rechtsanwaltskammer des Saarlandes von 2017 bis 2024	108
Tab. 2.1.63:	Zahl der Rechtsanwälte im Bezirk der Rechtsanwaltskammer Sachsen von 1992 bis 2024	109
Tab. 2.1.64:	Zahl der neuzugelassenen Rechtsanwälte im Bezirk der Rechtsanwaltskammer Sachsen von 2000 bis 2023	110
Tab. 2.1.65:	Zahl der Syndikusrechtsanwälte im Bezirk der Rechtsanwaltskammer Sachsen von 2017 bis 2024	110
Tab. 2.1.66:	Zahl der Rechtsanwälte im Bezirk der Rechtsanwaltskammer Sachsen-Anhalt von 1992 bis 2024	111
Tab. 2.1.67:	Zahl der neuzugelassenen Rechtsanwälte im Bezirk der Rechtsanwaltskammer Sachsen-Anhalt von 2000 bis 2023	112

Tabellenverzeichnis

Tab. 2.1.68:	Zahl der Syndikusrechtsanwälte im Bezirk der Rechtsanwaltskammer Sachsen-Anhalt von 2017 bis 2024	112
Tab. 2.1.69:	Zahl der Rechtsanwälte im Bezirk der Rechtsanwaltskammer Schleswig-Holstein von 1950 bis 2024	113
Tab. 2.1.70:	Zahl der neuzugelassenen Rechtsanwälte im Bezirk der Rechtsanwaltskammer Schleswig-Holstein von 2000 bis 2023	114
Tab. 2.1.71:	Zahl der Syndikusrechtsanwälte im Bezirk der Rechtsanwaltskammer Schleswig-Holstein von 2017 bis 2024	114
Tab. 2.1.72:	Zahl der Rechtsanwälte im Bezirk der Rechtsanwaltskammer Stuttgart von 1950 bis 2024	115
Tab. 2.1.73:	Zahl der neuzugelassenen Rechtsanwälte im Bezirk der Rechtsanwaltskammer Stuttgart von 2000 bis 2023	116
Tab. 2.1.74:	Zahl der Syndikusrechtsanwälte im Bezirk der Rechtsanwaltskammer Stuttgart von 2017 bis 2024	116
Tab. 2.1.75:	Zahl der Rechtsanwälte im Bezirk der Rechtsanwaltskammer Thüringen von 1992 bis 2024	117
Tab. 2.1.76:	Zahl der neuzugelassenen Rechtsanwälte im Bezirk der Rechtsanwaltskammer Thüringen von 2000 bis 2023	118
Tab. 2.1.77:	Zahl der Syndikusrechtsanwälte im Bezirk der Rechtsanwaltskammer Thüringen von 2017 bis 2024	118
Tab. 2.1.78:	Zahl der Rechtsanwälte im Bezirk der Rechtsanwaltskammer Tübingen von 1950 bis 2024	119
Tab. 2.1.79:	Zahl der neuzugelassenen Rechtsanwälte im Bezirk der Rechtsanwaltskammer Tübingen von 2000 bis 2023	120
Tab. 2.1.80:	Zahl der Syndikusrechtsanwälte im Bezirk der Rechtsanwaltskammer Tübingen von 2017 bis 2024	120
Tab. 2.1.81:	Zahl der Rechtsanwälte im Bezirk der Rechtsanwaltskammer Zweibrücken von 1950 bis 2024	121
Tab. 2.1.82:	Zahl der neuzugelassenen Rechtsanwälte im Bezirk der Rechtsanwaltskammer Zweibrücken von 2000 bis 2023	122

Tabellenverzeichnis

Tab. 2.1.83:	Zahl der Syndikusrechtsanwälte im Bezirk der Rechtsanwaltskammer Zweibrücken von 2017 bis 2024	122
Tab. 2.1.84:	Zahl der Rechtsanwälte auf dem Gebiet der heutigen Bundesrepublik Deutschland nach Kammerbezirken von 1885 bis 1905*	123
Tab. 2.1.85:	Zahl der Rechtsanwälte auf dem Gebiet der heutigen Bundesrepublik Deutschland nach Kammerbezirken von 1907 bis 1924*	124
Tab. 2.1.86:	Zahl der Rechtsanwälte auf dem Gebiet der heutigen Bundesrepublik Deutschland nach Kammerbezirken von 1925 bis 1933*	125
Tab. 2.1.87:	Zahl der Rechtsanwälte auf dem Gebiet der heutigen Bundesrepublik Deutschland nach Kammerbezirken von 1935 bis 1949*	126
Tab. 2.2.1:	Zahl der Anwälte und der Anwaltsdichte nach Bundesländern im Jahr 2024	127
Tab. 2.3.1:	Altersdurchschnitt und -struktur nach Rechtsanwaltskammern im Jahr 2024	128
Tab. 3.1.1:	Zahl der BGH-Anwälte von 1950 bis 2024	134
Tab. 3.2.1:	Jahr der Einführung der einzelnen Fachanwaltschaften	135
Tab. 3.2.2:	Größe der einzelnen Fachanwaltschaften am 1.1.2024	136
Tab. 3.2.3:	Regionale Verteilung der verliehenen Fachanwaltstitel im Jahr 2024	137
Tab. 3.2.4:	Zahl der Fachanwälte mit mehreren Fachanwaltstiteln im Jahr 2024	138
Tab. 3.2.5:	Regionale Verteilung der einzelnen Fachanwaltschaften* im Jahr 2024 – Steuerrecht, Verwaltungsrecht, Arbeitsrecht, Sozialrecht, Familienrecht	139
Tab. 3.2.6:	Regionale Verteilung der einzelnen Fachanwaltschaften* im Jahr 2024 – Strafrecht, Insolvenz- und Sanierungsrecht, Versicherungsrecht, Medizinrecht, Miet- und Wohnungseigentumsrecht	140

Tab. 3.2.7:	Regionale Verteilung der einzelnen Fachanwaltschaften* im Jahr 2024 – Verkehrsrecht, Bau- u. Architektenrecht, Erbrecht, Transport- und Speditionsrecht, Gewerblicher Rechtsschutz	141
Tab. 3.2.8:	Regionale Verteilung der einzelnen Fachanwaltschaften* im Jahr 2024 – Handels- und Gesellschaftsrecht, IT-Recht, Urheber- und Medienrecht, Bank- und Kapitalmarktrecht, Agrarrecht	142
Tab. 3.2.9:	Regionale Verteilung der einzelnen Fachanwaltschaften* im Jahr 2024 – Internationales Wirtschaftsrecht, Vergaberecht, Migrationsrecht	143
Tab. 3.2.10:	Zahl der Fachanwaltstitel / Rechtsanwälte insgesamt von 1960 bis 202	144
Tab. 3.2.11:	Entwicklung der einzelnen Fachanwaltschaften von 1960 bis 2024 * – Steuerrecht, Verwaltungsrecht, Arbeitsrecht, Sozialrecht, Familienrecht	145
Tab. 3.2.12:	Entwicklung der einzelnen Fachanwaltschaften von 1998 bis 2024 * – Strafrecht, Insolvenzrecht, Versicherungsrecht, Medizinrecht, Miet- und Wohnungseigentumsrecht	146
Tab. 3.2.13:	Entwicklung der einzelnen Fachanwaltschaften von 2006 bis 2024 * – Verkehrsrecht, Bau-und Architektenrecht, Erbrecht, Transport- und Speditionsrecht	147
Tab. 3.2.14:	Entwicklung der einzelnen Fachanwaltschaften von 2007 bis 2024 * – Gewerblicher Rechtschutz, Handels- und Gesellschaftsrecht, IT-Recht, Urheber- und Medienrecht, Bank- und KapitalmarkR	148
Tab. 3.2.15:	Entwicklung der einzelnen Fachanwaltschaften von 2010 bis 2024* – Agrarrecht, Internationales Wirtschaftsrecht, Vergaberecht, Migrationsrecht, Sportrecht	149
Tab. 3.2.16:	Anteil der an Rechtsanwältinnen verliehenen Fachanwaltstitel von 2004 bis 2024 – Fachanwaltstitel gesamt, Steuerrecht, Verwaltungsrecht	150
Tab. 3.2.17:	Anteil der an Rechtsanwältinnen verliehenen Fachanwaltstitel von 2004 bis 2024 – Arbeitsrecht, Sozialrecht, Familienrecht	150

Tabellenverzeichnis

Tab. 3.2.18:	Anteil der an Rechtsanwältinnen verliehenen Fachanwaltstitel von 2004 bis 2024 – Strafrecht, Insolvenzrecht, Versicherungsrecht	151
Tab. 3.2.19:	Anteil der an Rechtsanwältinnen verliehenen Fachanwaltstitel von 2006 bis 2024 – Medizinrecht, Miet- und Wohnungseigentumsrecht, Verkehrsrecht	151
Tab. 3.2.20:	Anteil der an Rechtsanwältinnen verliehenen Fachanwaltstitel von 2006 bis 2024 – Bau- und Architektenrecht, Erbrecht, Transport- und Speditionsrecht	152
Tab. 3.2.21:	Anteil der an Rechtsanwältinnen verliehenen Fachanwaltstitel von 2007 bis 2024 – Gewerblicher Rechtsschutz, Handels- und Gesellschaftsrecht, Urheber- und Medienrecht	152
Tab. 3.2.22:	Anteil der an Rechtsanwältinnen verliehenen Fachanwaltstitel von 2007 bis 2024 – Informationstechnologierecht, Bank- und Kapitalmarktrecht, Agrarrecht	153
Tab. 3.2.23:	Anteil der an Rechtsanwältinnen verliehenen Fachanwaltstitel von 2015 bis 2024 (Internationales Wirtschaftsrecht, Vergaberecht, Migrationsrecht)	153
Tab. 3.2.24:	Anteil der an Rechtsanwältinnen verliehenen Fachanwaltstitel von 2020 bis 2024 (Sportrecht)	154
Tab. 3.3.1:	Zahl der Anwaltsnotare von 1960 bis 2024	155
Tab. 3.4.1:	Zahl der vereidigten Buchprüfer/Steuerberater/ Wirtschaftsprüfer (Doppelbänder) von 1991 bis 2024	156
Tab. 4.1.1:	Zahl der in der Rechtsberatung tätigen Unternehmen nach Rechtsform von 2014 bis 2020	161
Tab. 4.1.2:	Im Dienstleistungsbereich „Rechtsberatung" tätige Personen nach Umsatzstärke der Unternehmen von 2002 bis 2020	161
Tab. 4.2.1:	Zahl der zugelassenen Berufsausübungsgesellschaften nach Kammerbezirken von 2023 bis 2024	162
Tab. 4.2.2:	Zahl der freiwillig zugelassenen Berufsausübungsgesellschaften nach Kammerbezirken im Jahr 2024	163

Tabellenverzeichnis

Tab. 4.3.1:	Zahl der Partnerschaftsgesellschaften mit beschränkter Berufshaftung von 2015 bis 2024	164
Tab. 4.3.2:	Zahl der anwaltlichen GmbH & Co. KGs von 2023 bis 2024	164
Tab. 4.4.1	Zahl der Rechtsanwaltskapitalgesellschaften von 1996 bis 2024	165
Tab. 5.1.1:	Steuerpflichtige Unternehmen in der Rechtsberatung von 1997 bis 2022*	169
Tab. 5.1.2:	Umsatz (ohne Umsatzsteuer) in Tausend € von steuerpflichtigen Unternehmen in der Rechtsberatung von 1997 bis 2022*	170
Tab. 5.1.3:	Durchschnittlicher Umsatz pro Rechtsanwalt von 1994 bis 2017*	171
Tab. 5.1.4:	Durchschnittlicher Umsatz pro niedergelassenem Rechtsanwalt von 2018 bis 2022	171
Tab. 5.2.1:	Investitionen in der Rechtsberatung in Tausend € von 2002 bis 2020	172
Tab. 5.2.2:	Aufwendungen in der Rechtsberatung in Mrd. € von 2002 bis 2020*	173
Tab. 5.3.1:	Insolvenzverfahren Rechtsanwaltskanzleien von 2001 bis 2023	174
Tab. 6.1.1:	Zahl der Studierenden im Fach Rechtswissenschaft seit 1975*	185
Tab. 6.1.2:	Zahl der Studierenden im Fach Rechtswissenschaft in der Bundesrepublik / DDR von 1950 bis 1989	186
Tab. 6.1.3:	Entwicklung der Zahl der Studierenden in den Fächern Rechtswissenschaft und Wirtschaftsrecht an Universitäten von 1990 bis 2022 – nach angestrebtem Abschluss	187
Tab. 6.1.4:	Zahl der Rechtsanwälte und Zahl der Studierenden im Fach Rechtswissenschaft in Deutschland von 1950 bis 2022	188
Tab. 6.1.5:	Zahl der Studienanfänger in der Fächergruppe Rechtswissenschaften in Deutschland von 1952 bis 2022*	189

Tabellenverzeichnis

Tab. 6.1.6:	Zahl der Studienanfänger in der Fächergruppe Rechtswissenschaften – nach Studienfach von 2003 bis 2022	190
Tab. 6.1.7:	Zahl der Studierenden im Fach Rechtswissenschaft nach Universitäten von 2010 bis 2022 (jeweils im Wintersemester eines Jahres)*	191
Tab. 6.1.8:	Zahl der Studierenden im Studienfach Rechtswissenschaft im 1. Fachsemester nach Universitäten von 2010 bis 2022 (jeweils im Wintersemester eines Jahres)*	192
Tab. 6.1.9:	Entwicklung der Zahl der Studierenden in den Rechtswissenschaften an Fachhochschulen von 2003 bis 2022	193
Tab. 6.1.10:	Zahl der Rechtsprofessoren von 1982 bis 2021	194
Tab. 6.1.11:	Personal rechtswissenschaftlicher Fakultäten an Universitäten von 2009 bis 2022	195
Tab. 6.1.12:	Dauer* des Studiums (durchschnittl. Semesterzahl**) der Rechtswissenschaften bis zum Abschluss der Ersten Juristischen Prüfung nach Bundesländern von 2000 bis 2022	195
Tab. 6.1.13:	Zahl der Studienabschlüsse in der Bundesrepublik und der DDR von 1952 bis 1989	196
Tab. 6.1.14:	Zahl der Ersten Juristischen Staatsprüfungen / Staatlichen Pflichtfachprüfungen von 1990 bis 2022	197
Tab. 6.1.15:	Noten der erfolgreichen Kandidaten im Ersten Juristischen Staatsexamen von 1995 bis 2010	198
Tab. 6.1.16:	Noten der erfolgreichen Kandidaten in der Ersten Juristischen Prüfung von 2007 bis 2022	198
Tab. 6.1.17:	Noten der erfolgreichen Kandidaten in der staatlichen Pflichtfachprüfung von 2007 bis 2022	199
Tab. 6.1.18:	Ergebnisse der Freiversuche in der staatlichen Pflichtfachprüfung von 2007 bis 2022	199
Tab. 6.1.19:	Nichtbestehensquote in der staatl. Pflichtfachprüfung nach Bundesländern von 2013 bis 2016	200
Tab. 6.1.20:	Nichtbestehensquote in der staatl. Pflichtfachprüfung nach Bundesländern von 2017 bis 2020	200

Tab. 6.1.21:	Nichtbestehensquote in der staatl. Pflichtfachprüfung nach Bundesländern von 2021 bis 2022	201
Tab. 6.1.22:	Noten der erfolgreichen Kandidaten in der universitären Schwerpunktprüfung von 2007 bis 2022	201
Tab. 6.1.23:	Nichtbestehensquote in der universitären Schwerpunktprüfung nach Bundesländern von 2017 bis 2020	202
Tab. 6.1.24:	Nichtbestehensquote in der universitären Schwerpunktprüfung nach Bundesländern von 2021 bis 2022	202
Tab. 6.2.1:	Zahl der Rechtsreferendare von 1950 bis 2023	203
Tab. 6.2.2:	Zahl der neu eingestellten Rechtsreferendare von 2001 bis 2022	204
Tab. 6.2.3:	Zahl der bestandenen Zweiten Juristischen Staatsprüfungen von 1955 bis 2022	205
Tab. 6.2.4:	Noten in der Zweiten Juristischen Staatsprüfung von 1995 bis 2022	206
Tab. 6.2.5:	Nichtbestehensquote in der Zweiten Juristischen Staatsprüfung nach Bundesländern von 2002 bis 2011 (Angaben in %)	207
Tab. 6.2.6:	Nichtbestehensquote in der Zweiten Juristischen Staatsprüfung nach Bundesländern von 2012 bis 2020 (Angaben in %)	207
Tab. 6.2.7:	Nichtbestehensquote in der Zweiten Juristischen Staatsprüfung nach Bundesländern von 2021 bis 2022 (Angaben in %)	208
Tab. 6.3.1:	Promotionen im Fach Rechtswissenschaften von 1985 bis 2022	209
Tab. 6.3.2:	Promotionen im Fach Rechtswissenschaft nach Geschlecht von 1985 bis 2024	210
Tab. 6.3.3:	Habilitationen im Fach Rechtswissenschaft von 1980 bis 2022	211
Tab. 6.3.4:	Habilitationen im Fach Rechtswissenschaft nach Geschlecht von 1980 bis 2022	212

Tabellenverzeichnis

Tab. 6.4.1:	Entwicklung der Arbeitslosigkeit von Juristen von 2001 bis 2024*	213
Tab. 6.4.2:	Entwicklung der Arbeitslosigkeit von Juristen nach Geschlecht von 2001 bis 2024*	214
Tab. 6.4.3:	Entwicklung der Arbeitslosigkeit von Juristen nach Alter von 2001 bis 2024*	215
Tab. 6.4.4:	Entwicklung der Arbeitslosigkeit von Juristen nach Dauer der Arbeitslosigkeit von 2001 bis 2024*	216
Tab. 6.4.5:	Offene Stellen für Juristen von 2014 bis 2024*	217
Tab. 6.5.1:	Neu abgeschlossene Ausbildungsverträge im Berufsfeld der Rechtsanwalts- und Notarfachangestellten* von 1980 bis 2022	218
Tab. 6.5.2:	Geschlecht der Auszubildenden im Berufsfeld der Rechtsanwalts- und Notarfachangestellten mit neu abgeschlossenem Ausbildungsvertrag im Jahr 2022	219
Tab. 6.5.3:	Vorbildung der Auszubildenden im Berufsfeld der Rechtsanwalts- und Notarfachangestellten mit neu abgeschlossenem Ausbildungsvertrag im Jahr 2022	219
Tab. 6.5.4:	Alter der Auszubildenden im Berufsfeld der Rechtsanwalts- und Notarfachangestellten mit neu abgeschlossenem Ausbildungsvertrag im Jahr 2022	219
Tab. 6.5.5:	Abgeschlossene Ausbildungsverträge im Berufsfeld der Rechtsanwalts- und Notarfachangestellten von 1993 bis 2022 – im Kalenderjahr	220
Tab. 6.5.6:	Aufgelöste Ausbildungsverträge im Berufsfeld der Rechtsanwalts- und Notarfachangestellten von 1993 bis 2022 – im Kalenderjahr	220
Tab. 6.5.7:	Aktuelle Vergütungsempfehlungen für Rechtsanwalts- und Notarfachangestellte für das 1., 2. und 3. Ausbildungsjahr nach Kammerbezirken in Euro	221
Tab. 6.5.8:	Neu abgeschlossene Ausbildungsverträge von 2005 bis 2012 in den Kammerbezirken	222
Tab. 6.5.9:	Neu abgeschlossene Ausbildungsverträge von 2013 bis 2022 in den Kammerbezirken	223

Tabellenverzeichnis

Tab. 6.5.10:	Absolventen im Berufsfeld der Rechtsanwalts- und Notarfachangestellten von 1993 bis 2022	224
Tab. 6.5.11:	Absolventen der Fortbildung zum Rechts-/Notarfachwirt von 2001 bis 2022	225
Tab. 7.1.1:	Erzeugerpreisindizes für Rechtsdienstleistungen von 2003 bis 2020 – nach Art der Vergütung (2010 = 100)	233
Tab. 7.2.1:	Durchschnittliche feste und flexible Stundensätze der deutschen Anwaltschaft 2005, 2009 und 2017	234
Tab. 7.2.2:	Durchschnittliche feste und flexible Stundensätze (5%-getr. Mittel) in Abhängigkeit von der Anzahl an Anwälten in der Kanzlei / Sozietät im Jahr 2017	235
Tab. 7.2.3:	Durchschnittliche feste und flexible Stundensätze von Rechtsanwälten (5%-getr. Mittel) nach dem Spezialisierungsmerkmal Fachanwalt im Jahr 2017	235
Tab. 7.3.1:	Zahl der Rechtsschutzversicherungsverträge und der abgedeckten Risiken von 1980 bis 2022*	236
Tab. 7.3.2:	Zahl der Schadenfälle in der Rechtsschutzversicherung sowie Schadenquote von 1980 bis 2022	237
Tab. 7.3.3:	Leistungen und Beiträge der Rechtsschutzversicherungen von 1980 bis 2022	238
Tab. 7.3.4:	Zahl der versicherten Risiken nach Versicherungsunternehmen* von 2016 bis 2022	239
Tab. 7.3.5:	Zahl der Beschwerden sowie Zahl der versicherten Risiken pro Beschwerde nach Versicherungsunternehmen im Jahr 2022	240
Tab. 7.4.1:	Zahl der Anträge auf Beratungshilfe von 1981 bis 2022*	241
Tab. 7.4.2:	Art der Beantragung erfolgreicher Beratungshilfeanträge von 1981 bis 2022 *	242
Tab. 7.4.3:	Art der gewährten Beratungshilfe von 1981 bis 2022 *	243
Tab. 7.4.4:	Beratungshilfe nach Bundesländern im Jahr 2022	244

Tabellenverzeichnis

Tab. 7.4.5:	Aufwendungen der Bundesländer für Beratungshilfe nach dem BerHG in Tausend € von 1981 bis 2023 – Teil 1*	245
Tab. 7.4.6:	Aufwendungen der Bundesländer für Beratungshilfe nach dem BerHG in Tausend € von 1981 bis 2023 – Teil 2*	246
Tab. 7.4.7:	Aufwendungen für Beratungshilfe nach Bundesländern im Jahr 2022	247
Tab. 7.5.1:	Prozesskosten-/Verfahrenskostenhilfeentscheidungen in den Gerichtsbarkeiten im Jahr 2022	248
Tab. 7.5.2:	Aufwendungen der Bundesländer für Beiordnungen in Zivilsachen (Prozess-/Verfahrenskostenhilfe) in Tausend € von 1992 bis 2024 – Teil 1*	249
Tab. 7.5.3:	Aufwendungen der Bundesländer für Beiordnungen in Zivilsachen (Prozess-/Verfahrenskosten-hilfe) in Tausend € von 1992 bis 2024 – Teil 2*	250
Tab. 7.5.4:	Aufwendungen der Bundesländer für Beiordnungen in Zivilsachen (Prozess-/Verfahrenskostenhilfe) im Jahr 2023	251
Tab. 7.6.1:	Aufwendungen für Beiordnungen in Strafsachen (Pflichtverteidigung) in Tausend € von 2013 bis 2023	252
Tab. 7.6.2:	Aufwendungen der Bundesländer für Beiordnungen in Strafsachen (Pflichtverteidigung) in Tausend € von 2013 bis 2023 – Teil 1*	252
Tab. 7.6.3:	Aufwendungen der Bundesländer für Beiordnungen in Strafsachen (Pflichtverteidigung) in Tausend € von 2013 bis 2023 – Teil 2*	253
Tab. 7.6.4:	Aufwendungen der Bundesländer für Beiordnungen in Strafsachen (Pflichtverteidigungen) im Jahr 2023	254
Tab. 7.7.1:	Entwicklung der bundesweiten Gesamtaufwendungen für Prozesskostenhilfe/Verfahrenskostenhilfe, Beratungshilfe und Pflichtverteidigung in Tausend € von 2005 bis 2023	255
Tab. 7.7.2:	Vergleich der Pro-Kopf-Ausgaben Beratungshilfe, Prozesskostenhilfe sowie Prämien der Rechtsschutzversicherungen von 1992 bis 2023*	256
Tab. 8.1.1:	BRAK-Präsidenten seit 1946*	264

Tabellenverzeichnis

Tab. 8.2.1:	Gewählte Mitglieder in der Satzungsversammlung seit 1999		265
Tab. 8.3.1:	Zahl der Mitglieder der Rechtsanwaltskammern am 1.1.2024		266
Tab. 8.3.2:	Zahl der Kammermitglieder von 1980 bis 2024		267
Tab. 8.3.3:	Zahl der Kammermitglieder nach Art der Mitgliedschaft von 1991 bis 2023		268
Tab. 8.3.4:	Präsidentinnen und Präsidenten der regionalen Rechtsanwaltskammern		269
Tab. 8.4.1:	Mitglieder der anwaltlichen Versorgungswerke von 2001 bis 2022		270
Tab. 8.4.2:	Beitragsaufkommen der anwaltlichen Versorgungswerke von 2001 bis 2022		271
Tab. 8.4.3:	Vermögen der anwaltlichen Versorgungswerke von 2001 bis 2022		271
Tab. 8.4.4	Rentenempfänger der anwaltlichen Versorgungswerke von 2001 bis 2022		272
Tab. 8.5.1:	Geschäftsanfall des Senats für Anwaltssachen beim Bundesgerichtshof von 1980 bis 2023		273
Tab. 8.5.2:	Überblick über die Neueingänge in Verwaltungsverfahren beim Senat für Anwaltssachen beim Bundesgerichtshof von 2016 bis 2019		274
Tab. 8.5.3:	Überblick über die Neueingänge in Verwaltungsverfahren beim Senat für Anwaltssachen beim Bundesgerichtshof von 2020 bis 2023		274
Tab. 8.5.4:	Geschäftsanfall der Anwaltsgerichtsbarkeit von 1980 bis 1995, 2009 bis 2023		275
Tab. 8.5.5:	Geschäftsanfall der Anwaltsgerichtshöfe von 2012 bis 2023 – gesamt		276
Tab. 8.5.6:	Geschäftsanfall der Anwaltsgerichtshöfe von 2012 bis 2023 – Verwaltungsverfahren*		277
Tab. 8.5.7:	Geschäftsanfall der Anwaltsgerichtshöfe von 2012 bis 2023 – Disziplinarverfahren		277

Tabellenverzeichnis

Tab. 8.5.8:	Gegenstand der Neueingänge bei den Anwaltsgerichtshöfen 2022 bis 2023	278
Tab. 8.5.9:	Geschäftsanfall der Anwaltsgerichte von 1980 bis 1990 – nach Bundesländern	279
Tab. 8.5.10:	Geschäftsanfall der Anwaltsgerichte von 1991 bis 2000 – nach Bundesländern	279
Tab. 8.5.11:	Geschäftsanfall der Anwaltsgerichte von 2001 bis 2010 – nach Anwaltsgerichten	280
Tab. 8.5.12:	Geschäftsanfall der Anwaltsgerichte von 2011 bis 2020 – nach Anwaltsgerichten	281
Tab. 8.5.13:	Geschäftsanfall der Anwaltsgerichte von 2021 bis 2023 – nach Anwaltsgerichten	282
Tab. 8.5.14:	Gegenstand der Neueingänge bei den Anwaltsgerichten (mit Ausnahme von Sachsen und Sachsen-Anhalt) 2021 bis 2023	282
Tab. 8.5.15:	Anwaltsgerichtliche Ausschließungen aus der Anwaltschaft nach § 114 Abs. 1 Nr. 5 BRAO von 2000 bis 2006, 2010 bis 2023	283
Tab. 8.6.1:	Verfahrenseingänge und Verfahrenserledigungen bei der Schlichtungsstelle von 2009 bis 2023	284
Tab. 8.6.2:	Schlichtungsvorschläge der Schlichtungsstelle von 2011 bis 2023	284
Tab. 8.6.3:	Verfahrenseingänge bei der Schlichtungsstelle nach Kammerbezirken von 2016 bis 2023	285
Tab. 8.7.1:	Zahl der Mitglieder des Deutschen Anwaltvereins von 1961 bis 2024	286
Tab. 8.7.2:	Mitgliederstand der Arbeitsgemeinschaften des DAV von 1999 bis 2006	287
Tab. 8.7.3:	Mitgliederstand der Arbeitsgemeinschaften des DAV von 2008 bis 2014	288
Tab. 8.7.4:	Mitgliederstand der Arbeitsgemeinschaften des DAV von 2016 bis 2022	289

Tabellenverzeichnis

Tab. 8.7.5:	DAV-Präsidenten seit 1871	290
Tab. 8.7.6:	Anwaltstage seit 1871*	291
Tab. 9.1.1:	Zahl der unter einem ausländischen Anwaltstitel in Deutschland niedergelassenen Rechtsanwälte von 1991 bis 2024*	297
Tab. 9.1.2:	Zahl der unter ausländischem Anwaltstitel in Deutschland niedergelassenen Rechtsanwälte aus dem EU-/EWR-Raum und den GATS-Vertragsstaaten (§ 206 BRAO / EuRAG) von 1992 bis 2024	298
Tab. 9.1.3:	Regionale Verteilung „ausländischer" Anwälte von 2010 bis 2024 – Registrierung nach § 2 EuRAG	299
Tab. 9.1.4	Regionale Verteilung „ausländischer" Anwälte von 2010 bis 2024 – Mitgliedschaft nach § 206 BRAO	300
Tab. 9.1.5:	Herkunft der Berufsqualifikation der nach § 2 EuRAG niedergelassenen Rechtsanwälte aus dem EU-/EWR-Raum von 2010 bis 2024	301
Tab. 9.1.6:	Herkunft der Berufsqualifikation der niedergelassenen Rechtsanwälte nach § 206 BRAO von 2010 bis 2024 – Teil 1	302
Tab. 9.1.7:	Herkunft der Berufsqualifikation der niedergelassenen Rechtsanwälte nach § 206 BRAO von 2010 bis 2024 – Teil 2	303
Tab. 9.2.1:	Zahl der Eignungsprüfungsverfahren nach § 16 EuRAG von 1991 bis 2023	304
Tab. 9.2.2:	Entscheidungen im Eignungsprüfungsverfahren nach Herkunft der Heimattitel der Eignungsprüflinge von 1991 bis 2023 – Teil 1*	305
Tab. 9.2.3:	Entscheidungen im Eignungsprüfungsverfahren nach Herkunft der Heimattitel der Eignungsprüflinge von 1991 bis 2023 – Teil 2*	305
Tab. 9.2.4:	Entscheidungen im Eignungsprüfungsverfahren nach Herkunft der Heimattitel der Eignungsprüflinge von 1991 bis 2023 – Teil 3*	305
Tab. 9.3.1:	In der EU / im EWR nach Art. 2, 3 Richtlinie 98/5/EG niedergelassene deutsche Rechtsanwälte	306

Tabellenverzeichnis

Tab. 9.4.1:	Zahl der gemäß Art. 2 RiLi 98/5/EG in der EU registrierten Rechtsanwälte von 2011 bis 2021	307
Tab. 10.1.1:	Zahl der Notare von 1961 bis 2024	314
Tab. 10.1.2:	Regionale Verteilung der Notare in den Notarkammern in den Jahren 2000, 2010, 2020, 2023 und 2024	315
Tab. 10.1.3:	Ergebnisse der notariellen Fachprüfung von 2010 bis 2023*	316
Tab. 10.2.1:	Zahl der Rechtsbeistände von 1980 bis 2024	317
Tab. 10.3.1:	Zahl der registrierten Rechtsdienstleister im Jahr 2024	318
Tab. 10.4.1:	Zahl der Steuerberater/Steuerbevollmächtigten/Steuerberatungsgesellschaften von 1962 bis 2024	319
Tab. 10.4.2:	Regionale Verteilung der Steuerberater in den Steuerberaterkammern im Jahr 2024	320
Tab. 10.5.1:	Zahl der Wirtschaftsprüfer und Wirtschaftsprüfungsgesellschaften von 1961 bis 2023	321
Tab. 10.6.1:	Zahl der Patentanwälte und Patentassessoren von 1994 bis 2023	322
Tab. 10.6.2:	Zahl der Patentanwaltsgesellschaften (§ 52c PAO) und ausländischen Mitglieder der Patentanwaltskammern (§ 154a PAO) von 2011 bis 2022	323
Tab. 10.7.1:	Zahl der Richter und Staatsanwälte von 1955 bis 2022	324
Tab. 10.8.1:	Zahl der Rechtsanwälte und Richter von 1885 bis 2022 im Vergleich	325
Tab. 10.8.2:	In der Rechtsberatung, Steuerberatung, Wirtschafts- und Buchprüfung sowie Buchführung tätige Unternehmen nach Rechtsform von 2007 bis 2020	326
Tab. 11.1.1.1:	Neuzugänge bei den Amtsgerichten von 2000 bis 2022 – Teil 1	330
Tab. 11.1.1.2:	Neuzugänge bei den Amtsgerichten von 2002 bis 2022 – Teil 2	331

Tab. 11.1.1.3	Erledigungen in Zivilprozesssachen bei den Amtsgerichten von 2002 bis 2022 – nach Art anwaltlicher Vertretung	332
Tab. 11.1.1.4:	Erledigungen in Zivilprozesssachen bei den Amtsgerichten von 2002 bis 2022 – nach Art der Erledigung	333
Tab. 11.1.1.5:	Erledigung in Zivilprozesssachen bei den Amtsgerichten von 2002 bis 2022 – nach Art der Kostenentscheidung	334
Tab. 11.1.1.6:	Erledigungen in Zivilprozesssachen bei den Amtsgerichten von 2002 bis 2022 – nach Streitwert*	335
Tab. 11.1.2.1:	Neuzugänge bei den Landgerichten in der ersten Instanz von 2000 bis 2022	336
Tab. 11.1.2.2:	Erledigungen bei den Landgerichten in der ersten Instanz von 2002 bis 2022 – nach Kammer-/Einzelrichtersachen	337
Tab. 11.1.2.3:	Erledigungen bei den Landgerichten in Zivilprozesssachen in erster Instanz von 2002 bis 2022 – nach Art der Erledigung	338
Tab. 11.1.2.4:	Erledigungen bei den Landgerichten in Zivilprozesssachen in erster Instanz von 2002 bis 2022 – nach Kostenentscheidung	339
Tab. 11.1.2.5:	Erledigungen bei den Landgerichten in Zivilprozesssachen* in erster Instanz von 2006 bis 2022 – nach Streitwert**	340
Tab. 11.1.2.6:	Neuzugänge bei den Landgerichten in Rechtsmittelverfahren von 2000 bis 2022	341
Tab. 11.1.2.7:	Erledigungen bei den Landgerichten in Zivilprozesssachen in der Rechtsmittelinstanz von 2002 bis 2022 – nach Art der Erledigung	342
Tab. 11.1.3.1:	Neuzugänge bei den Oberlandesgerichten in der ersten Instanz von 2000 bis 2022	343
Tab. 11.1.3.2:	Neuzugänge bei den Oberlandesgerichten in Rechtsmittelverfahren von 2000 bis 2022	344
Tab. 11.1.3.3:	Erledigungen bei den Oberlandesgerichten in Zivilprozesssachen in der Rechtsmittelinstanz von 2002 bis 2022 – nach Art der Erledigung	345
Tab. 11.2.1:	Neuzugänge in der Verwaltungsgerichtsbarkeit in der ersten Instanz von 2000 bis 2022	346

Tabellenverzeichnis

Tab. 11.2.2:   Neuzugänge in der Arbeitsgerichtsbarkeit von 2000 bis 2022   347

Tab. 11.2.3:   Neuzugänge in der Sozialgerichtsbarkeit von 2000 bis 2022*   348

Tab. 11.2.4:   Neuzugänge in der Finanzgerichtsbarkeit von 2000 bis 2022   349

1 Basisdaten der deutschen Anwaltschaft

- Zahl der Rechtsanwälte
- Geschlechtsspezifischer Wandel
- Altersspezifischer Wandel
- Anwaltsdichte
- Neuzulassungen
- Abgänge

1.1 Rechtsanwälte

Seit den fünfziger Jahren des 20. Jahrhunderts war die Anwaltschaft durch ein kontinuierliches Größenwachstum gekennzeichnet. **Tab. 1.1.1, Tab. 1.1.2** und **Tab. 1.1.3** geben die Zahl der Rechtsanwälte wieder, die jeweils zum 1.1. eines Jahres in Deutschland niedergelassen waren. Zwischen 1981 und 2007 lagen die Wachstumsquoten jährlich bei mindestens 3 %. Besonders hohe Zuwachsraten gab es Ende der 1970er und Ende der 1990er Jahre, die aber zum Teil auf durch Studienreformen bzw. die deutsche Wiedervereinigung bedingten Wachstumseffekten beruhten. Im Januar 1987 waren erstmals mehr als 50.000 Personen zur Anwaltschaft zugelassen, im Januar 2000 mehr als 100.000, im Jahr 2009 sodann zum ersten Mal 150.000. Das Wachstum hat sich zwar auch nach Durchbrechen dieser Schallmauer im zweiten Jahrzehnt des 21. Jahrhunderts zunächst fortgesetzt, flachte aber zusehends bis an die Grenze eines Nullwachstums ab: Mit dem Befund, dass zu Beginn des Jahres 2017 163.436 Frauen und Männer eine Zulassung als Rechtsanwältin bzw. als Rechtsanwalt besaßen, war eine Zeitenwende erreicht. 2017 kam es zum ersten Mal seit 1924 zu einer marktbasierten Abnahme der Zahl der ausschließlich in Kanzlei niedergelassenen Rechtsanwälte um -0,2 %. In den Jahren 2018 bis 2024 setzte sich der Negativtrend fort. Dieser historische Befund belegt, dass nach Jahrzehnten der vielzitierten „Anwaltsschwemme" das Größenwachstum der Anwaltschaft an einem Scheitelpunkt angelangt ist und nun rückläufige Anwaltszahlen zu verzeichnen sind – binnen sieben Jahren ist die Zahl der in Kanzlei niedergelassenen Rechsanwältinnen und Rechtsanwälte von 154.683 (2017) auf 139.586 (2024) und damit um rund 9,8 % gesunken. Verdeckt wird diese Entwicklung in der offiziellen Statistik allein durch die Tatsache, dass in dieser seit 2017 Syndikusrechtsanwälte erscheinen, die allerdings, soweit sie nicht über eine parallele Zulassung als niedergelassener Rechtsanwalt verfügen und diese auch – was eher selten der Fall ist – tatsächlich nutzen, als rein unternehmensintern tätige Rechtsanwälte keine Teilnehmer am Rechtsdienstleistungsmarkt sind. Soweit die Zahlen der **Tab. 1.1.1, 1.1.2** und **1.1.3** auf „Rechtsanwälte" verweisen, ist dieser Begriff untechnisch verwendet: Seit 1990 sind in der jährlich publizierten Zahl der

1 Basisdaten der deutschen Anwaltschaft

Rechtsanwälte auch Anwälte mit einer ausländischen Berufsqualifikation enthalten, die in Deutschland niedergelassen sind und unter ihrem Heimattitel (z.B. als „Avocat" oder „Solicitor") praktizieren. Nicht enthalten sind allerdings die Syndikurechtsanwälte ohne gleichzeitige Zulassung als niedergelassener Rechtsanwalt, da sie, anders als die vorstehenden Anwaltstypen, keine Befugnis zur Erbringung von Rechtsdienstleistungen gegenüber anderen Mandanten als ihrem Arbeitgeber besitzen. Daten zu Syndikusrechtsanwälten weist **Tab. 1.1.5** aus. Vorangehend stellt **Tab. 1.1.4** die Zahl der ausschließlich in Kanzlei niedergelassenen Rechtsanwälte dar, die seit der erstmaligen statistischen Erfassung dieser Anwaltskategorie im Jahr 2017 kontinuierlich rückläufig ist.

Die historische Entwicklung der deutschen Anwaltschaft bis zum Jahr 1942 ist den **Tab. 1.1.6** und **Tab. 1.1.7** zu entnehmen. Dokumentiert ist die Entwicklung der Anwaltszahlen. Berücksichtigt wurden alle in den jeweils existierenden Kammerbezirken zugelassenen Rechtsanwälte. Die Rechtsanwaltskammern wurden in Folge des Inkrafttretens der Rechtsanwaltsordnung (RAO) im Jahr 1879 geschaffen und mussten seitdem jährlich der Aufsichtsbehörde über die Entwicklungen in ihrem Bezirk berichten. Hierdurch war es erstmals 1880 möglich, die Gesamtzahl der Rechtsanwälte im Deutschen Reich zu dokumentieren. Die Tabelle nimmt zudem colorandi causa die für das Königreich Preußen seit 1851 dokumentierten Zahlen auf, sie sind kursiv abgedruckt. In den Zahlen für das Deutsche Reich sind auch die Mitglieder der Rechtsanwaltskammern erfasst, die seinerzeit jenseits der Grenzen des heutigen Gebiets der Bundesrepublik Deutschland lagen, also die Kammern Colmar (bis 1918), Danzig (bis 1920), Königsberg, Marienwerder, Posen, Breslau und Stettin. Nicht in der Gesamtzahl enthalten sind ab 1920 die Rechtsanwälte des Saargebiets. Quelle der Zahlen ist das Statistische Jahrbuch des Deutschen Reiches, das die Zahl der Rechtsanwälte im Gebiet des Deutschen Reiches bis 1935 im zweijährlichen Rhythmus – jeweils in ungeraden Jahren – dokumentierte. Ergänzt werden die Zahlen der Gesamtanwaltschaft seit 1933 aus den Mitteilungen der Reichs-Rechtsanwaltskammer. Seit Mitte der 1920er Jahre trug auch der Deutsche Anwaltverein die Anwaltszahlen durch Umfragen bei den regionalen Anwaltskammern zusammen und veröffentlichte diese mit einer Bewertung im Anwaltsblatt. Aufgrund unterschiedlicher Erhebungszeitpunkte weichen die Zahlen beider Quellen in den Jahren, in denen Vergleichbarkeit besteht, geringfügig voneinander ab. Soweit möglich, nutzt die nachfolgende Dokumentation die Zahlen des Statistischen Jahrbuchs des Deutschen Reichs, Lücken wurden mit den historischen Daten des Deutschen Anwaltvereins geschlossen. Die Anwaltszahlen zeigten seit Inkrafttreten der Rechtsanwaltsordnung von 1878 ein kontinuierliches Wachstum bis 1915; der danach einsetzende Rückgang war zunächst kriegsbedingt und resultierte aus Gebietsverlusten. Die Mitgliederzahlen gingen aufgrund des ab Frühjahr 1933 durch das „Gesetz über die Zulassung zur Rechtsanwaltschaft" bewirkten Zulassungsverlusts der fast 5.000 jüdischen Rechtsanwälte erneut zurück. Rund 60% der jüdischen Rechtsanwälte wurden nach einem „Prüfverfahren" als sog. „Altanwälte" oder „Frontkämpfer" zwar zunächst wieder zugelassen, aber am 30. November 1938 mit einem Berufsverbot belegt. Die Entwicklung der Anwaltszahlen im Dritten Reich basiert auf dem von der Reichs-Rechtsanwaltskammer veröffentlichten Datenmaterial, da mit Inkrafttreten der Reichs-Rechtsanwaltsordnung am 13. Dezember 1935 die publizierte Dokumentation der Anwaltszahlen im Statistischen Jahrbuch des Deutschen Reiches endet. **Tab. 1.1.8** dokumentiert die Zahlen auf dem Gebiet der ehemaligen DDR von 1948 bis 1989. Die historischen Daten auf der Ebene der Kammern sind in **Tab. 2.1.82** bis **Tab. 2.1.85** abgedruckt.

Eine Einordnung der deutschen Anwaltszahlen in einen internationalen Kontext ermöglichen die **Tab. 1.1.9**.und **Tab. 1.1.10**. Zu diesem Zweck sind die vom Rat der Europäischen Anwaltschaften (CCBE), der Dachorganisation der Anwaltsverbände und Anwaltskammern in den Mitgliedsstaaten der EU und des EWR, bei seinen Mitgliedern erhobenen Daten zu der Zahl der Rechtsanwälte im jeweiligen Land zusammengestellt, ergänzt um die Zahl der Rechtsanwälte in einigen bedeutenden überseeischen Rechtsordnungen. Der Erhebung des CCBE konnte nicht für alle Länder aktuelle Zahlen entnommen werden. Dies erklärt, warum die abgedruckten Daten unterschiedlichen Jahren zugeordnet sind. Hinzuweisen ist zudem darauf, dass einheitliche Erhebungsstandards nicht etabliert sind, die Vergleichbarkeit der Daten daher nur eingeschränkt gewährleistet ist. Dies beruht nicht nur auf der Qualität des Datenmaterials in den verschiedenen Ländern – zum Teil handelt es sich um Schätzungen –, sondern auch auf einem unterschiedlichen Verständnis, wer als „Rechtsanwalt" anzusehen ist. Zum einen kennen viele europäische Staaten eine besondere Kategorie des noch in Ausbildung befindlichen Rechtsanwalts, der über eingeschränkte Berufsausübungs- und Mitwirkungsrechte verfügt. Je nachdem, in welchem Maße ein solcher Nachwuchsanwalt bereits als „vollwertiger" Rechtsanwalt angesehen wird, wird er in dem jeweiligen Land bereits den Rechtsanwälten zugerechnet oder nicht. Zum anderen wird in vielen Ländern zwischen aktiven und inaktiven Rechtsanwälten unterschieden. Die Meldung der Zahlen an den CCBE erfolgt bislang häufig ohne Aufschlüsselung, welche Teilgruppen durch die Daten eines Landes erfasst sind. Bei der Arbeit mit den internationalen Zahlen ist zudem zu berücksichtigen, dass, anders als in Deutschland, in vielen Ländern die Zahl der Rechtsanwälte bei weitem nicht die Zahl der Rechtsdienstleister insgesamt abbildet. In den meisten Ländern konkurrieren Rechtsanwälte in Ermangelung von weitreichenden anwaltlichen Vorbehaltsaufgaben mit anderen Rechtsdienstleistern, die zum Teil deutlich zahlreicher als die Rechtsanwälte sind. Sie sind in den Zahlen nicht enthalten.

1.2 Geschlechtsspezifischer Wandel in der Anwaltschaft

Frauen konnten bis 1922 nicht zur Anwaltschaft zugelassen werden, da ihnen zwar (seit 1908) das Studium der Rechtswissenschaften ermöglicht wurde, der Vorbereitungsdienst als Rechtsreferendarin aber verwehrt blieb. Ein Reichsgesetz vom 11. Juli 1922 änderte die Rechtslage, die erste Rechtsanwältin wurde daraufhin im Dezember 1922 zugelassen. Anfang der 1930er Jahre waren rund 80 Rechtsanwältinnen zugelassen. Ein „Führerbescheid" aus dem Jahr 1936 verhinderte sodann die weitere

Zulassung von Rechtsanwältinnen, da diese nicht in das Bild der NS-Ideologie passten. Eine weibliche Anwaltschaft konnte sich in Deutschland in der Folge erst ab den 1950er Jahren entwickeln. Eine Differenzierung nach dem Geschlecht der anwaltlichen Kammermitglieder findet sich in den Kammerstatistiken frühestens ab Anfang der 1960er Jahre, so dass eine kontinuierliche statistische Erfassung der Zahl der Rechtsanwältinnen erst ab 1970 vorliegt. Seit diesem Jahr differenziert die jährliche Mitgliederstatistik der BRAK auch geschlechtsspezifisch – wenngleich die bis heute fortgeschriebene Darstellungsform („davon weiblich") nicht nur etwas aus Zeit gefallen anmutet, sondern auch die unglückliche Botschaft transportiert, dass weibliche Berufsträger nicht die Normalität, sondern etwas Außergewöhnliches seien.

In den letzten Jahrzehnten ist der Anteil der Rechtsanwältinnen an der gesamten Anwaltschaft kontinuierlich gewachsen. 1984 waren erstmals mehr als 10 % der zugelassenen Rechtsanwälte weiblichen Geschlechts, 1996 sodann 20 %. Weitere zwölf Jahre später betrug der Fauenanteil erstmals mehr als 30 %. Im Jahr 2024 sind fast 61.500 anwaltliche Berufsträger in Deutschland weiblichen Geschlechts (s. **Tab. 1.2.1**), was einem Anteil von 37,1 % an der gesamten Anwaltschaft entspricht. Dass der Frauenanteil in der Anwaltschaft weiter wachsen wird, zeigt ein Blick auf den Anwaltsnachwuchs: In den meisten juristischen Fakultäten sind mittlerweile mehr als 60 % der Studienanfänger weiblich. 2022 waren 61 % der geprüften Kandidaten der staatlichen Pflichtfachprüfung und 57 % der Kandidaten der Zweiten Juristischen Staatsprüfung weiblichen Geschlechts. Hieraus ergibt sich, dass das Größenwachstum der Anwaltschaft mittlerweile zu rund der Hälfte auf der Zulassung von Rechtsanwältinnen beruht. Sollte sich dieser Trend – der in vielen anderen Ländern ebenfalls festzustellen und dort zumeist bereits weiter fortgeschritten ist – fortsetzen, wird der Anwaltsberuf mittelfristig ein weiblich dominierter Beruf werden. Mit der neuen **Tab.1.2.2.** ist nun auch für die einzelnen Zulassungsarten der genaue weibliche Anteil abgebildet worden. **Tab. 1.2.3** ermöglicht die Einordnung der für Deutschland gewonnenen Daten zum Geschlechterproporz im Berufsstand in einen internationalen Kontext. Es zeigt sich, dass Deutschland trotz der Zunahme des Anteils der Rechtsanwältinnen an den neu zugelassenen Rechtsanwälten mit einem Frauenanteil an der Gesamtanwaltschaft von gut 37,1 % im Jahr 2024 im internationalen Vergleich bestenfalls im hinteren Mittelfeld rangiert. Dies gilt umso mehr vor dem Hintergrund, dass in einigen Ländern mit einem auf den ersten Blick niedrigen Frauenanteil zwar weniger Rechtsanwältinnen tätig sind, umso mehr aber nicht-anwaltliche Rechtsdienstleisterinnen, etwa weil sie sich den mühsamen Qualifikationsgang zur Anwaltszulassung ersparen wollten. Dies gilt insbesondere für die skandinavischen Länder und relativiert die dort relativ niedrigen Anteile weiblicher Berufsträger. In Bulgarien, England und Wales, Polen, Portugal, Schottland, der Slowakischen Republik und Zypern sind bereits heute mehr als die Hälfte und in Frankreich sogar zwei Drittel der Anwaltschaft weiblich. Besonders aufschlussreich sind die Vergleichszahlen aus den im europäischen Rechtsdienstleistungsgeschäft gemeinhin als besonders wichtig eingeschätzten Ländern wie Frankreich (67 %), Italien (48 %), den Niederlanden (45 %) und Spanien (44 %). In diesen Ländern liegt der Frauenanteil in der Anwaltschaft zwischen sieben und 30 Prozentpunkten über jenem in der deutschen Anwaltschaft

1.3 Altersspezifischer Wandel in der Anwaltschaft

Das Durchschnittsalter der Anwaltschaft war seit 1965 lange Zeit rückläufig: Waren Rechtsanwälte Mitte der 1960er Jahre im Durchschnitt 51,3 Jahre alt, so belief sich der Altersdurchschnitt im Jahr 2002 auf nur 43,9 Jahre. Seitdem ist der Alterschnitt deutlich auf nun 52,1 Jahre in 2024 und damit auf einen historischen Höchstwert gestiegen. In **Tab. 1.3.1** wird die Altersstruktur der Anwaltschaft von 1895 bis 1938 dokumentiert. **Tab. 1.3.2** zeigt Vergleichsdaten für die Jahre 1950, 1956, 1965, 1986, 1998, 2002, 2012, 2022 und 2024. Während das Durchschnittsalter bis zur Jahrtausendwende kontinuierlich gesunken ist (2002 betrug es 43,9 Jahre) steigt es seitdem wieder an. Dies belegt, dass die Zeiten des starken Größenwachstums der Anwaltschaft Vergangenheit sind. 1986 waren noch 49 % der Anwälte jünger als 40 Jahre alt, in 2024 sind es nur noch 20 %. Entsprechend liegt der Anteil der über 50 Jahre alten Rechtsanwälte heute 28 Prozentpunkte höher als noch vor knapp 40 Jahren. Zu beachten ist beim Vergleich der Werte, dass die Bundesrechtsanwaltskammer für die Berechnung der Altersstatistik traditionell ausschließlich niedergelassene Rechtsanwälte berücksichtigt und diesen Standard auch nach Einführung der Zulassungsart „Syndikusrechtsanwalt" im Jahr 2016 beibehalten hat. Die Datenreihen sind gleichwohl nur eingeschränkt vergleichbar, weil die tendenziell jüngeren Syndikusrechtsanwälte früher in der Gruppe der niedergelassenen Rechtsanwälte enthalten waren und sie mittlerweile als nun eindeutig abgrenzbare Teilgruppe der Anwaltschaft keine Berücksichtigung mehr finden.

1.4 Anwaltsdichte

Der Abschnitt 1.4 behandelt in **Tab. 1.4.1** zunächst die Anwaltsdichte im Bundesgebiet. Das Zahlenmaterial belegt, dass sich die Anwaltsdichte im Bundesgebiet seit 1995 von 1.098 Bürgern pro Rechtsanwalt auf 513 Bürger pro Rechtsanwalt im Jahr 2020 binnen 25 Jahren mehr als verdoppelt hat. Die leichte Entspannung, die ab 1995 durch die statistische Hinzunahme der fünf neuen Bundesländer mit ihrer relativ geringen Anwaltsdichte zu verzeichnen war, wurde durch das starke Größenwachstum der Anwaltschaft binnen fünf Jahren wieder ausgeglichen. Während sich die Anwaltsdichte von 1991 bis 2001 noch annähernd verdoppelte, hat sich die Zunahme seitdem deutlich verlangsamt. Seit dem Jahr 2016 nimmt sie aufgrund insgesamt rückläugier Anwaltszahlen nach einem Höchstwert von einem Rechtsanwalt je 497 Bürger wieder ab, aktuell liegt sie bei 532 Bürgern.

Zu Vergleichszwecken folgen historische Daten: **Tab. 1.4.2** enthält eine Aufstellung der Entwicklung der Anwaltsdichte in Deutschland aus den Jahren 1851 bis 1935. Die entsprechenden Zahlen beziehen sich bis 1876 auf das Gebiet Preußens, danach auf das Gebiet des Deutschen Reiches in seiner seitdem wiederholt wechselnden Ausdehnung. Sie belegen, dass die Anwaltsdichte des Jahres 1935 in der Bundesrepublik Deutschland erst wieder zu Beginn der 1970er Jahre erreicht war.

Tab. 1.4.3 ermöglicht einen Vergleich der Anwaltsdichte in Deutschland mit anderen europäischen Staaten. Ein solcher Vergleich ist freilich nur mit gewissen Vorbehalten möglich: In Deutschland existiert aufgrund der Erlaubnispflichtigkeit der Besorgung fremder Rechtsangelegenheiten nach dem RDG faktisch nur ein Typ des professionellen Rechtsdienstleisters, der Rechtsanwalt. In anderen Rechtsordnungen teilen sich anwaltliche Rechtsdienstleister den Markt mit verschiedenen anderen nicht-anwaltlichen Rechtsdienstleistern. In einigen Ländern sind diese – statistisch zumeist nicht erfassten – nicht-anwaltlichen Rechtsdienstleister zahlenmäßig sogar in der Mehrheit. Hinzu kommt, dass die meisten Rechtsordnungen noch in der Ausbildung befindliche Rechtsanwälte, die in Deutschland als Referendare betrachtet würden, statistisch bereits als Rechtsanwälte („Assistenzanwalt", „Anwaltspraktikant" o.ä.) erfassen. **Tab. 1.4.3** sollte daher stets im Bewusstsein der erheblichen systembedingten Unterschiede zwischen den verschiedenen Ländern herangezogen werden. Sie zeigt, dass Deutschland bei der Anwaltsdichte im europäischen Vergleich im Mittelfeld rangiert. Die höchste Anwaltsdichte in Westeuropa findet sich in Liechtenstein, Luxemburg und Italien, die geringste in Bosnien und Herzegowina, Finnland und Schweden (deren Rechtsdienstleistungsmärkte aber weitgehend dereguliert sind, so dass es dort zahlreiche nicht-anwaltliche Rechtsdienstleister gibt).

1.5 Zugänge zur Anwaltschaft

Im Abschnitt 1.5 ausgewiesen werden die Zugänge zur Anwaltschaft von 1980 bis 2023. Zugänge zur Anwaltschaft können auf der erstmaligen Zulassung eines Volljuristen zur Anwaltschaft beruhen („Neuzulassung"), aber auch auf der erneuten Zulassung eines früheren Rechtsanwalts, der seine anwaltliche Berufstätigkeit unter Verzicht auf seine Zulassung, aus welchen Gründen auch immer, zeitweilig aufgegeben hat und durch eine erneute Zulassung („Wiederzulassung") wieder aufnimmt. Die Statistik in **Tab. 1.5.1** dokumentiert die Zahl der Neuzulassungen und der Wiederzulassungen über einen 12-Monatszeitraum und enthält damit, anders als die Anwaltsstatistik in Abschnitt 1.1 keine Stichtagsbetrachtungen, die auf der Summe der Zu- und Abgänge in einem Referenzzeitraum beruhen. Es zeigt sich, dass die Zahl der jährlichen Neuzulassungen von 2000 bis 2024 um knapp 31 % zurückgegangen ist. Angesichts der zuletzt rückläufigen Anwaltszahlen insgesamt überrascht diese Entwicklung wenig. Wiederzulassungen tragen erwartungsgemäß zu den Zugängen deutlich weniger bei als Neuzulassungen, sie haben in einem Kalenderjahr einen Anteil von 10 bis 11 % aller Neuzugänge. **Tab. 1.5.2** differenziert die Neuzulassungen nach Geschlecht. Seit 2014 hat die Zahl der neu zugelassenen Rechtsanwältinnen kontinuierlich zugenommen. Der Anteil der Rechtsanwältinnen an den Neuzulassungen lag im Jahr 2017 erstmals über 50 % und erreichte 2019 mit 52,2 % einen vorläufigen

Höchstwert. 2020 sank er s wieder unter 50 % und lag zuletzt (2023) bei 48,3 %. Im sich verschärfenden „war for talents" zwischen den volljuristischen Berufen, in dem öffentliche Arbeitgeber primär mit abgesenkten Notenanforderungen für Bewerber, Rechtsanwaltskanzleien vor allem mit höheren Einstiegsgehältern agieren, hat sich der Trend hin zu immer mehr weiblichen Junganwälten damit zuletzt abgeschwächt, was angesichts der hohen Frauenanteils unter den Jurastudierenden von über 60 % mittel- und langfristig die Nachwuchsprobleme der Anwaltschaft verschärfen wird. **Tab. 1.5.3** stellt die Altersstruktur der neu zugelassenen Rechtsanwälte dar. Sie belegt, dass ca. 90 % der neu zugelassenen Rechtsanwälte bei der Erstzulassung bis zu 40 Jahre alt sind. Der Anteil der „Spätberufenen", die mit mehr als 60 Jahren und damit in der Regel im Anschluss an eine abgeschlossene Berufskarriere in einem anderen Beruf erstmals zugelassen werden, lag zuletzt bei 3,5 %. Regelrechte Berufswechsler, die in der Mitte des Berufslebens aus einem anderen Beruf in die Anwaltschaft wechseln und die verbleibende Teilgruppe der neuzugelassenen Rechtsanwältinnen und Rechtsanwälte ausmachen, sind vergleichbar selten.

1.6 Abgänge aus der Anwaltschaft

Abschnitt 1.6 dokumentiert die Abgänge aus der Anwaltschaft seit dem Jahr 2000. Abgänge können auf verschiedenen Gründen beruhen, die in **Tab. 1.6.1** zusammengefasst sind – am häufigsten ist der freiwilige Verzicht eines Rechtsanwalts auf die Zulassung, die nach § 14 Abs. 2 Nr. 4 BRAO zum Widerruf der Zulassung durch die Rechtsanwaltskammer führt. Das freiwillige Ausscheiden aus der Anwaltschaft kann durch einen beabsichtigen Berufswechsel oder die Aufgabe der Berufstätigkeit insgesamt motiviert sein, aber auch dazu dienen, einer drohenden Entfernung aus der Anwaltschaft durch Rechtsanwaltskammer oder Anwaltsgericht, zuvorzukommen. Solche „unfreiwlligen" Abgänge in Form des Zulassungswiderrufs aus anderen in § 14 Abs. 2, 3 BRAO genannten Gründen, der Rücknahme der Zulassung nach § 14 Abs. 1 BRAO oder der Ausschließung aus der Anwaltschaft nach § 114 Abs. 1 Nr. 5 BRAO sind ebenfalls in der Statistik enthalten. Sie enthält schließlich auch die Rechtsanwälte, die während ihrer Zugehörigkeit zur Anwaltschaft verstorben sind. **Tab. 1.6.2** zeigt für den wichtigsten Ausscheidensgrund, den Verzicht auf die Zulassung, die Zahl der Rechtsanwältinnen und Rechtsanwälte auf, die bis zum Alter von 39 Jahren, d.h. in den ersten Jahren nach Berufseinstieg, sowie im Alter von 60 Jahren und mehr, also im Ruhestandsalter, auf ihre Zulassung verzichtet haben. Die in den letzten Jahren stark ansteigende Zahl von Rechtsanwältinnen und Rechtsanwälten, die – im weitesten Sinne – im Ruhestandsalter auf ihre Zulassung verzichten, beruht darauf, dass zunehmend starke Zulassungsjahrgänge aus den 1980er Jahren in das Ruhestandalter kommen (wenngleich die stärksten Zulassungsjahrgänge erst nach dem Jahr 2030 in das Ruhestandsalter kommen werden). Gleichwohl beruht nur wenig mehr als die Hälfte aller Zulassungsverzichte auf dem Erreichen des Ruhestandsalters. Viele Berufsträger scheiden bereits nach wenigen Jahren Berufstätigkeit oder in der

Mitte des anwaltlichen Berufslebens aus der Anwaltschaft aus, was ein erhebliches Retentionsproblem des Berufsstands belegt.

1.7 Kammerwechsel (Umzulassungen)

Abschnitt 1.7 dokumentiert schließlich, wie viele Rechtsanwälte sich von einem Kammerbezirk in einen anderen „umzugelassen" haben, also die Rechtsanwaltskammer gewechselt haben. Die in Tab. 1.7.1 enthaltenen Daten zeigen auf, dass sich die Zahl der jährlichen Kammerwechsel in den Jahren von 2000 bis 2017 stabil zwischen 2.000 und 3.000 bewegte und insbesondere das 2007 entfallene berufsrechtliche Verbot der Unterhaltung von Zweigstellen oder der Abhaltung von Sprechtagen in einem anderen Kammerbezirk die Zahl von Umzulassungen nicht beeinflusst hat. Seit 2018 ist die Zahl an Umzulassungen unter 2.000 gefallen und nimmt seitdem kontinuierlich ab. Jährlich wechseln nur noch ca. 1 % oder weniger der Rechtsanwältinnen und Rechtsanwältinnen den Kammerbezirk.

Als Umzulassungen lassen sich auch Wanderungsbewegungen zwischen den Zulassungsarten „niedergelassener Rechtsanwalt" und „Syndikusrechtsanwalt" begreifen, die es seit der Einführung der unterschiedlichen Zulassungsarten zur Anwaltschaft im Jahr 2016 geben kann. Sie werden statistisch aber nicht erfasst und können deshalb an dieser Stelle nicht dokumentiert werden. Die Syndikusrechtsanwaltschaft speist sich in erheblichem Maße nicht aus echten Berufseinsteigern, sondern aus zuvor bereits niedergelassen tätigen Berufsträgern, die aus einer Kanzlei als Syndikusrechtsanwalt in ein Unternehmen oder in einen Verband wechseln, zum Teil unter Beibehaltung, zum Teil unter Aufgabe ihrer Zulassung als niedergelassener Rechtsanwalt. Diese Binnenwanderung innerhalb der Anwaltschaft bilden die Statistiken der Rechtsanwaltskammern nicht ab, da diese statistisch in „Mitgliedern" denken und Änderungen in der Zulassungsart von Mitgliedern den Mitgliederbestand als solchen unberührt lassen.

1 Basisdaten der deutschen Anwaltschaft

1.1. Rechtsanwälte

Tab. 1.1.1: Zahl der Rechtsanwälte von 1950 bis 1979

Jahr	Rechtsanwälte insgesamt	Veränderung (in %)
1950	12.844	
1951	14.151	10,2
1952	14.976	5,8
1953	15.756	5,2
1954	16.301	3,5
1955	16.824	3,2
1956	17.149	1,9
1957	17.517	2,2
1958	17.895	2,2
1959	18.214	1,8
1960	18.347	0,7
1961	18.720	2,0
1962	19.001	1,5
1963	19.230	1,2
1964	19.453	1,2
1965	19.796	1,8
1966	20.088	1,5
1967	20.543	2,3
1968	21.197	3,2
1969	22.108	4,3
1970	22.882	3,5
1971	23.599	3,1
1972	24.322	3,1
1973	25.008	2,8
1974	25.829	3,3
1975	26.854	4,0
1976	28.708	6,9
1977	31.196	8,7
1978	33.517	7,4
1979	35.108	4,8

Quelle: Statistisches Jahrbuch der Bundesrepublik Deutschland (bis 1969), BRAK Mitgliederstatistik (ab 1970) (Stichtag jeweils 1.1. des betreffenden Jahres).

1 Basisdaten der deutschen Anwaltschaft

Tab. 1.1.2: Zahl der Rechtsanwälte von 1980 bis 2009

Jahr	Rechtsanwälte insgesamt	Veränderung (in %)
1980	36.077	2,8
1981	37.314	3,4
1982	39.036	4,6
1983	41.489	6,3
1984	44.526	7,3
1985	46.933	5,4
1986	48.658	3,7
1987	50.247	3,3
1988	51.952	3,4
1989	54.108	4,2
1990	56.638	4,7
1991	59.455	5,0
1992*	64.311	8,2
1993	67.120	4,4
1994	70.438	5,0
1995	74.291	5,5
1996	78.810	6,1
1997	85.105	8,0
1998	91.517	7,5
1999	97.791	6,9
2000	104.067	6,4
2001	110.367	6,1
2002	116.305	5,4
2003	121.420	4,4
2004	126.793	4,4
2005	132.569	4,6
2006	138.104	4,2
2007	142.830	3,4
2008	146.910	2,9
2009	150.377	2,4

* Ab 1992 einschließlich der neuen Bundesländer. Die um den einmaligen Wachstumseffekt bereinigte Veränderung betrug in diesem Jahr 2,6 %.

Quelle: Statistisches Jahrbuch der Bundesrepublik Deutschland (bis 1969), BRAK Mitgliederstatistik (ab 1970) (Stichtag jeweils 1.1. des betreffenden Jahres), eigene Berechnungen

Tab. 1.1.3: Zahl der Rechtsanwälte von 2010 bis 2024

Jahr	Rechtsanwälte insgesamt	Veränderung (in %)
2010	153.251	1,9
2011	155.679	1,6
2012	158.426	1,8
2013	160.880	1,6
2014	162.695	1,1
2015	163.513	0,5
2016	163.779	0,2
2017*	163.436	-0,2
2018	162.674	-0,5
2019	162.240	-0,3
2020	162.270	0,2
2021	161.270	-0,6
2022	160.438	-0,5
2023	159.249	-0,7
2024	158.972	-0,2

* Infolge der entsprechenden Gesetzesänderung im Jahr 2016 werden neben Rechtsanwälten auch Syndikusrechtsanwälte und solche mit Doppelzulassung ausgewiesen. Zum Zwecke der weiteren Vergleichbarkeit beinhalten die ab 2017 dargestellten Zahlen die Rechtsanwälte und diejenigen mit Doppelzulassung, nicht aber die Syndikusrechtsanwälte.

Quelle: Statistisches Jahrbuch der Bundesrepublik Deutschland (bis 1969), BRAK Mitgliederstatistik (ab 1970) (Stichtag jeweils 1.1. des betreffenden Jahres), eigene Berechnungen

Tab. 1.1.4: Zahl der ausschließlich in Kanzlei niedergelassenen Rechtsanwälte von 2017 bis 2024

Jahr	Zahl	Veränderung (in %)
2017	154.711	
2018	150.602	-2,6
2019	148.233	-1,6
2020	146.795	-1,0
2021	144.733	-1,4
2022	142.822	-1,3
2023	140.713	-1,5
2024	139.586	-0,8

Quelle: BRAK Mitgliederstatistik

1 Basisdaten der deutschen Anwaltschaft

Tab. 1.1.5: Zahl der Syndikusrechtsanwälte von 2017 bis 2024

Jahr	Syndikus-rechtsanwälte	davon Zulassung auch als Rechtsanwalt	Veränderung (in %)
2017	9.710	8.753	
2018	14.108	12.126	45,3
2019	16.877	14.013	15,6
2020	19.106	15.475	10,4
2021	20.947	16.537	6,9
2022	22.765	17.616	8,7
2023	24.473	18.536	5,2
2024	26.192	19.386	7,0

Quelle: BRAK Mitgliederstatistik

Tab. 1.1.6: **Zahl der Rechtsanwälte auf dem Gebiet Preußens von 1851 bis 1876 / des Deutschen Reichs von 1880 bis 1929**

Jahr	Rechtsanwälte insgesamt	Veränderung (in %)
1851	1.258	
1852	1.234	-1,9
1854	1.184	-4,1
1856	1.166	-1,5
1858	1.153	-1,1
1860	1.171	1,6
1862	1.296	10,7
1865	1.349	4,1
1876	2.102	55,8
1880	4.112	95,6
1883	4.321	5,1
1885	4.536	5,0
1887	4.787	5,5
1889	5.097	6,5
1891	5.317	4,3
1893	5.542	4,2
1895	5.795	4,6
1897	6.149	6,1
1899	6.629	7,8
1901	6.831	3,0
1903	7.235	5,9
1905	7.835	8,3
1907	8.608	9,9
1909	9.578	11,3
1911	10.817	12,9
1913	12.297	13,7
1915	13.024	5,9
1917	12.393	-4,8
1919	12.030	-2,9
1921	12.276	2,0
1923	12.729	3,7
1924	12.531	-1,6
1925	13.578	8,4
1926	14.308	5,4
1927	14.963	4,6
1928	15.329	2,4
1929	15.881	3,6

Quelle: Jahrbuch der Preußischen Gerichtsverfassung, Personalmitteilungen JMBl. Preußen (bis 1876) Statistisches Jahrbuch des Deutschen Reiches (ab 1880) (Stichtag jeweils 1.1. des betreffenden Jahres)

1 Basisdaten der deutschen Anwaltschaft

Tab. 1.1.7: **Zahl der Rechtsanwälte auf dem Gebiet des Deutschen Reichs von 1930 bis 1942**

Jahr	Rechtsanwälte insgesamt	Veränderung (in %)
1930	16.416	3,4
1931	17.220	4,9
1932	18.047	4,8
1933	19.276	6,8
1935	18.771	-2,6
1936	18.854	0,4
1937	18.004	-4,5
1938*	14.969	-16,9
1939	15.024	0,4
1940	14.830	-1,3
1941	15.083	1,7
1942	14.954	-0,9

* Die ab 1938 ausgewiesenen Zahlen der Rechtsanwälte im „angeschlossenen" Österreich bzw. den besetzten Gebieten wurden nicht berücksichtigt, um die Ergebnisse nicht zu verzerren. Insgesamt wurde im „Altreich" im Jahr 1938 1.612 jüdischen Rechtsanwälten die Zulassung aberkannt. Im „angeschlossenen" Österreich waren es 1.534.

Quelle: Statistisches Jahrbuch des Deutschen Reiches (bis 1933), Mitteilungen der Reichs-Rechtsanwaltskammer (ab 1935) (Stichtag jeweils 1.1. des betreffenden Jahres).

Tab. 1.1.8: **Zahl der Rechtsanwälte auf dem Gebiet der ehemaligen Deutschen Demokratischen Republik von 1948 bis 1989**

Jahr	Rechtsanwälte insgesamt	davon in Kollegien	davon als Einzelanwalt
1948	1.158		
1951	901		
1953	840	143	697
1954	857	233	624
1955	918	391	527
1959	863	415	448
1961	696	459	237
1964	629	455	174
1965	616	447	169
1971	557	474	83
1974	546	490	56
1981	562	527	35
1983	575	550	25
1988	606	580	26
1989	592	572	20

Quelle: Rottleuthner (Hrsg.), Steuerung der Justiz in der DDR (1994), Statistisches Jahrbuch der DDR.

Tab. 1.1.9: Anwaltszahlen im internationalen Vergleich (A – N)

Land	Jahr	Zahl
Albanien	2021	3.664
Andorra	2024	224
Armenien	2021	2.363
Australien*	2021	83.643
Belgien	2021	19.257
Bosnien und Herzegowina	2023	1.393
Bulgarien	2021	13.994
Brasilien	2021	1.211.309
China	2021	522.000
Dänemark	2022	7.233
Deutschland	2023	165.186
Estland	2023	1.136
Finnland	2021	2.211
Frankreich	2020	70.073
Griechenland	2018	21.196
Georgien	2021	4.736
Island	2021	1.056
Irland**	2021	5.870
Italien	2021	236.422
Japan	2022	44.101
Kroatien	2023	5.302
Lettland	2024	1.350
Liechtenstein	2024	246
Litauen	2021	2.254
Luxemburg	2024	3.470
Malta	2024	1.618
Moldawien	2020	2.800
Montenegro	2023	1.012
Niederlande	2024	18.513
Neuseeland	2021	15.554
Nordmazedonien	2020	2.864
Norwegen	2020	8.306

* Beinhaltet nur die Zahl der Solicitor, nicht die der in drei der Bundesstaaten auch praktizierenden Barrister.
** Beinhaltet nur Zahlen der Anwälte beim Bar Council, nicht der Law Society of Ireland.

Quelle: Conseil des Barreaux Européens/Council of Bars and Law Societies of Europe (CCBE), American Bar Association, COL.LEGI D'ADVOCATS D'ANDORRA, European Presidents' Conference 2024, Advokat Samfundet, Bundesrechtsanwaltskammer (BRAK), CNF, Japan Federation of Bar Associations, Advokatura, Liechtensteinische Rechtsanwaltskammer, Barreau de Luxembourg, Government of Malta

Tab. 1.1.10: Anwaltszahlen im internationalen Vergleich (O – Z)

Land	Jahr	Zahl
Österreich	2023	6.968
Polen	2021	72.473
Portugal	2023	34.600
Rumänien	2024	24.692
Russland	2021	82.126
San Marino	2015	121
Schweden	2024	6.650
Schweiz	2023	11.549
Serbien	2020	10.930
Slowakische Republik	2023	6.601
Slowenien	2023	1.907
Spanien	2022	137.262
Tschechische Republik	2023	12.766
Türkei	2015	93.573
Ukraine	2020	58.999
Ungarn	2020	12.790
Vereinigtes Königreich		
- England & Wales (Solicitor*)	2024	163.658
- England & Wales (Barrister)	2023	17.782
- Nordirland (Solicitor)	2022	2.827
- Schottland (Solicitor)	2022	12.872
Vereinigte Staaten	2022	1.327.010
Zypern	2024	4.724

* Solicitors with Practising Certificates

Quelle: Conseil des Barreaux Européens/Council of Bars and Law Societies of Europe (CCBE), Oerak, Rejestradwokatow, Ordem dos advogados, Rumänisches Anwaltsgremium, Advokatsamfundet – Die schwedische Rechtsanwaltskammer, SAV – FSA, Abogacia Española Consejo General, Law Society of England and Wales, The Solicitor Profession in Northern Ireland, Law Society of Scotland, American Bar Association, Cyprus Bar Association

1.2. Geschlechtsspezifischer Wandel in der Anwaltschaft

Tab. 1.2.1: Zahl der Rechtsanwältinnen von 1925 bis 2024

Jahr	Rechtsanwältinnen	Anteil an der Gesamtanwaltschaft (in %)
1925	43	0,3
1931	55	0,3
1932	79	0,4
1933	113	0,6
1962	480	2,5
1970	1.035	4,5
1975	1.400	5,2
1980	2.756	7,6
1985	5.651	12,0
1990	8.537	15,1
1995	14.332	19,3
1996	15.794	20,0
1997	18.055	21,2
1998	20.497	22,4
1999	23.139	23,7
2000	25.589	24,6
2001	27.924	25,3
2002	30.428	26,2
2003	32.595	26,8
2004	35.194	27,8
2005	37.953	28,6
2006	40.440	29,3
2007	42.647	29,9
2008	44.703	30,4
2009	46.736	31,0
2010	48.393	31,6
2011	49.872	32,0
2012	51.585	32,6
2013	53.175	33,1
2014	54.139	33,3
2015	54.912	33,6
2016	55.747	34,0
2017	55.983	34,3
2018	57.251	34,8
2019	57.999	35,1
2020	59.002	35,6
2021	59.466	35,9
2022	60.057	36,3
2023	60.572	36,7
2024	61.493	37,1

Quelle: Deutsche Juristen-Zeitung (1925), Anwaltsblatt (1931, 1932, 1962), BRAK Mitgliederstatistik (ab 1970) (Stichtag jeweils 1.1. des betreffenden Jahres)

1 Basisdaten der deutschen Anwaltschaft

Tab 1.2.2: Zahl der RechtsanwältInnen nach Art der Zulassung von 2017 bis 2024

Jahr	Rechts-anwälte	davon Frauen	Rechtsanwälte und Syndikus-rechtsanwälte	davon Frauen	nur Syndikus-rechtsanwälte	davon Frauen
2017	154.683	52.234	8.753	3.749	957	519
2018	150.548	50.908	12.126	5.259	1.982	1.084
2019	148.227	50.293	14.013	6.129	2.864	1.577
2020	146.795	50.126	15.475	6.853	3.631	2.023
2021	144.733	49.611	16.537	7.363	4.410	2.492
2022	142.822	49.165	17.616	7.921	5.149	2.971
2023	140.713	48.693	18.536	8.427	5.937	3.452
2024	139.586	48.533	19.386	8.910	6.806	4.044

Quelle: BRAK-Mitgliederstatistik (Stichtag jeweils 1.1. des betreffenden Jahres), Auskunft der einzelnen Rechtsanwaltskammern

Tab. 1.2.3: Anteil der Frauen in den Anwaltschaften anderer Länder

Land	Jahr	Rechtsanwälte insgesamt	davon weiblich	Anteil an der Gesamtanwaltschaft (in %)
Belgien *	(2021)	11.694	5.159	44,1
Bosnien und Herzegowina	(2023)	1.393	472	33,9
Bulgarien	(2021)	13.994	7.367	52,6
Dänemark	(2022)	7.233	2.876	39,8
Deutschland	(2023)	165.186	60.572	36,7
England und Wales **	(2021)	152.528	77.531	50,8
England und Wales***	(2023)	17.782	6.884	38,7
Estland	(2021)	1.097	527	48,0
Finnland	(2021)	2.211	774	35,0
Frankreich	(2020)	70.073	46.949	67,0
Georgien	(2021)	4.736	2.271	48,0
Irland ****	(2021)	2.117	767	36,2
Island	(2021)	1.056	329	31,2
Italien	(2021)	247.173	120.597	48,8
Japan	(2022)	44.101	8.630	19,6
Kroatien	(2021)	4.854	2.122	43,7
Lettland	(2021)	1.366	675	49,4
Liechtenstein	(2021)	281	61	21,7
Litauen	(2021)	2.254	861	38,2
Luxemburg	(2021)	3.034	1.456	48,0
Moldawien	(2021)	2.800	880	31,4
Niederlande	(2021)	17.964	8.127	45,2
Nordmazedonien	(2021)	2.864	1.429	49,9
Norwegen	(2021)	8.306	3.131	37,7
Österreich	(2023)	6.968	1.758	25,2
Polen	(2021)	48.119	26.379	54,8
Portugal	(2020)	32.759	18.017	55,0
Russland	(2021)	82.126	34.462	42,0
Schottland	(2022)	12.872	7.272	56,5
Schweden	(2024)	6.650	2.444	37,0
Schweiz	(2023)	11.549	3.979	34,5
Serbien	(2021)	10.930	4.263	39,0
Slowakische Republik	(2023)	6.601	3.630	55,0
Slowenien	(2023)	1.907	912	48,0
Spanien	(2021)	149.415	65.846	44,1
Tschechische Republik	(2021)	12.189	4.901	40,2
Ukraine	(2021)	58.999	22.243	37,7
Ungarn	(2021)	12.790	5.793	45,3
USA*****	(2021)	1.327.866	491.310	37,0
Zypern	(2021)	4.273	2.382	55,7

* Nur Rechtsanwälte der Ordre van Vlaamse Balies (OVB). ** Solicitors with Practising Certificates *** Barristers **** Ohne Solicitors (=Mitglieder Law Society of Ireland). ***** Extrapoliert auf Basis der Werte von 44 der 50 Bundesstaaten

Quelle: Conseil des Barreaux Européens/Council of Bars and Law Societies of Europe (CCBE) / European Presidents' Conference 2024 / Advokat Samfundet / Bundesrechsanwaltskammer (BRAK) / Japan Federation of Bar Association / Österreichische Anwaltskammer (OERAK) / The Swedish Bar Association / SAV- FSA / Slovenian Bar Association / Bar Standards Board: Barristers' Register / Law Society of Scotland/ American Bar Association (ABA)

1 Basisdaten der deutschen Anwaltschaft

1.3. Altersstruktur der Anwaltschaft

Tab. 1.3.1: Entwicklung der Anwaltschaft nach Altersgruppen von 1895 bis 1938

Jahr	RAe insgesamt*	unter 25 Jahre	25 – 34 Jahre (%)	35 – 44 Jahre (%)	45 – 54 Jahre (%)	55 – 64 Jahre (%)	65 – 99 Jahre (%)
1895	5.716	-	22,7	42,8	13,5	11,5	9,4
1904	6.223	0,02	28,7	33,3	25,3	6,6	6,1
1935	18.780	0,1	33,2	20,2	24,4	15,8	6,3
1938	15.062	-	20,7	33,9	18,5	19,7	7,2

* Die Gesamtzahl der Anwaltschaft kann von anderen Angaben über die Gesamtzahl der Anwaltschaft abweichen.

Quelle: Mitteilungen der Reichs-Rechtsanwaltskammer

Tab. 1.3.2: Entwicklung der Anwaltschaft nach Altersgruppen von 1950 bis 2024

Jahr	RAe insgesamt	Gesamt**	⌀ Alter	bis 30 Jahre (%)	>30-40 Jahre (%)	>40-50 Jahre (%)	>50-60 Jahre (%)	>60-70 Jahre (%)
1950*	13.309	13.309		3,8	17,9	42,8	17,5	18,0
1956*	17.517	8.534	50,7	2,7	18,6	30,4	28,6	11,1
1965	19.796	19.790	51,3	2,3	25,9	18,7	25,5	20,3
1986	48.658	47.691	44,4	8,2	40,8	25,5	12,5	6,4
1998	91.516	91.220	44,6	6,3	36,7	30,1	16,8	7,2
2002	116.305	116.391	43,9	7,9	35,7	29,0	17,1	7,5
2012	158.426	158.335	47,5	2,0	27,6	31,1	22,7	12,1
2022	***142.881	165.587	51,7	2,8	13,4	26,9	29,5	19,2
2024	***139.586	165.075	52,1	2,5	17,2	25,4	29,8	17,5

* Stand zum 13.9.1950 bzw. 1.12.1956
** Zahl der RAe, von denen eine Altersangabe vorliegt und auf deren Grundlage die Prozentwerte der jeweiligen Alterskategorien berechnet wurden. Die Zahlen für 1950 beruhen auf einer Berufszählung des Stat. Bundesamtes.
*** Zahl der ausschließlich in Kanzlei niedergelassenen Rechtsanwälte.

Quelle: BRAK, Stat. Bundesamt (1950) (Stichtag jeweils 1.1. des betreffenden Jahres)

1.4. Anwaltsdichte

Tab. 1.4.1: Entwicklung der Anwaltsdichte im Bundesgebiet von 1950 bis 2024

Jahr	Bürger pro Rechtsanwalt	Veränderung in %
1950	4.934	
1955	4.180	-5,1
1960	3.966	-24,9
1965	3.821	-11,1
1970	3.396	-23,9
1975	2.931	-26,0
1980	2.170	-23,9
1985	1.654	-15,3
1990	1.401	-26,1
1995*	1.098	-5,0
2000	790	-5,9
2005	645	-0,9
2010	535	-1,9
2011	525	-1,9
2012	507	-3,2
2013	502	-1,0
2014	498	-1,0
2015	497	-0,2
2016	502	1,0
2017	505	0,6
2018	509	0,8
2019	512	1,0
2020	513	1,0
2021	516	0,6
2022	521	-2,1
2023	530	1,2
2024	532	4,1

* Ab 1995 einschließlich der neuen Bundesländer

Quellen: BRAK Mitgliederstatistik; Statistisches Bundesamt, Bevölkerungsstand, eigene Berechnungen

1 Basisdaten der deutschen Anwaltschaft

Tab. 1.4.2: Entwicklung der Anwaltsdichte auf dem Gebiet des Königreichs Preußen von 1851 bis 1870 / des Deutschen Reiches von 1880 bis 1935

Jahr	Zahl der Bürger pro Rechtsanwalt	Veränderung (in %)
1851	9.997	
1861	10.766	7,7
1870	10.050	-6,7
1880	12.111	20,5
1891	9.296	-24,3
1901	8.330	-10,4
1911	6.046	-27,4
1921	5.091	-15,8
1931	3.798	-25,4
1935	3.575	-5,9

Quelle: Statistisches Jahrbuch des Deutschen Reichs, eigene Berechnungen

Tab. 1.4.3: Anwaltsdichte im internationalen Vergleich

Land	Jahr	Rechtsanwälte insgesamt	Bevölkerung	Einwohner pro Anwalt
Albanien	(2021)	3.664	3.088.385	843
Bosnien und Herzegowina	(2023)	1393	3.807.764	2.733
Bulgarien	(2021)	13.994	6.919.180	494
Dänemark	(2022)	7.233	5.904.245	816
Deutschland	(2023)	165.186	84.220.184	510
England und Wales	(2021)	169.632	59.702.090	352
Estland	(2023)	1.136	1.202.762	1.06
Finnland	(2021)	2.211	5.587.442	2.527
Frankreich	(2020)	70.073	68.084.217	972
Georgien	(2021)	4.736	4.933.674	1.042
Island	(2021)	1.056	354.234	335
Italien	(2021)	236.422	62.390.364	252
Kroatien	(2023)	5.302	4.169.239	786
Lettland	(2024)	1.350	1.821.750	1.349
Liechtenstein	(2024)	246	39.993	163
Litauen	(2021)	2.254	2.711.566	1.203
Luxemburg	(2024)	3.470	660.924	190
Moldawien	(2021)	2.800	3.323.875	1.187
Niederlande	(2024)	18.513	17.463.930	943
Nordmazedonien	(2021)	2.864	2.128.262	743
Norwegen	(2021)	8.306	5.509.591	663
Österreich	(2023)	6.968	8.940.860	1.283
Polen	(2021)	48.119	38.185.913	794
Portugal	(2023)	34.600	10.223.150	295
Rumänien	(2024)	24.692	18.326.327	742
Russland	(2021)	82.126	142.320.790	1.733
Schottland	(2021)	12.369	5.433.561	439
Schweden	(2024)	6.650	10.536.338	1.584
Schweiz	(2023)	11.549	8.563.760	742
Serbien	(2021)	10.930	6.974.289	638
Slowakische Republik	(2023)	6.601	5.425.319	822
Slowenien	(2023)	1.907	2.099.790	1.101
Spanien	(2022)	137.262	47.222.613	344
Tschechische Republik	(2023)	12.766	10.702.242	838
Türkei	(2020)	93.573	82.482.383	881
Ukraine	(2021)	58.999	43.745.640	742
Ungarn	(2021)	12.790	9.728.337	761
Vereinigte Staaten (USA)	(2022)	1.327.010	335.028.178	252
Zypern	(2024)	4.724	1.308.120	277

Quellen: Zahl der Anwälte: Conseil des Barreaux Européens / Council of Bars and Law Societies of Europe (CCBE), American Bar Association (ABA), European Presidents' Conference 2024, Bundesrechtsanwaltskammer, nationale Rechtsanwaltskammern; Bevölkerungszahlen: Central Intelligence Agency, eigene Berechnungen

1 Basisdaten der deutschen Anwaltschaft

1.5. Zugänge zur Anwaltschaft

Tab. 1.5.1: Zahl der neu und wieder zugelassenen Rechtsanwälte von 1980 bis 2023*

Jahr	Neuzulassungen insgesamt	Wiederzulassungen insgesamt
1980	2.256	
1985	2.144	
1986	3.383	
1987	2.869	
1988	3.897	
1989	3.903	
...	...	
1997	7.970	330
1998	8.092	292
1999	8.267	318
2000	8.339	313
2001	8.295	321
2002	7.834	328
2003	8.019	367
2004	8.278	373
2005	8.032	375
2006	7.422	331
2007	7.049	378
2008	6.313	418
2009	5.711	398
2010	5.525	371
2011	5.611	541
2012	5.369	424
2013	4.853	375
2014	4.516	384
2015	4.433	376
2016	4.757	513
2017	4.694	478
2018	4.752	408
2019	5.113	514
2020	4.561	542
2021	4.924	581
2022	5.045	658
2023	5.732	738

* für die Jahre 1990 bis 1996 wurden keine Daten, vor 1996 nur Daten zu Neuzulassungen publiziert.
Quelle: Bundesrechtsanwaltskammer (bis 2019), Rechtsanwaltskammern (ab 2020)

Tab. 1.5.2: Anteil der Frauen an den Neuzulassungen von 2000 bis 2023

Jahr	neu zugelassene Rechtsanwältinnen	Anteil an Neuzulassungen insgesamt (in %)
2000	3.056	36,7
2001	3.229	38,9
2002	3.141	40,1
2003	3.243	40,4
2004	3.425	41,4
2005	3.425	42,5
2006	3.185	42,9
2007	3.024	42,9
2008	2.874	45,5
2009	2.590	45,4
2010	2.509	45,4
2011	2.643	47,1
2012	2.626	48,9
2013	2.264	46,7
2014	2.061	45,6
2015	2.174	49,0
2016	2.329	49,0
2017	2.420	51,6
2018	2.429	51,1
2019	2.667	52,2
2020	2.273	49,8
2021	2.469	50,1
2022	2.626	52,1
2023	2.768	48,3

Quelle: Bundesrechtsanwaltskammer (bis 2019), Rechtsanwaltskammern (ab 2020), eigene Berechnungen

Tab. 1.5.3: Altersstruktur der neu zugelassenen Rechtsanwälte von 2000 bis 2023

Jahr	< 40 Jahre	Anteil in %	40-59 Jahre	Anteil in %	≥ 60 Jahre	Anteil in %
2000	7.724	92,6	482	5,8	133	1,6
2001	7.688	92,7	486	5,9	121	1,5
2002	7.302	93,1	434	5,5	106	1,4
2003	6,440	91,8	455	6,5	124	1,8
2004	7.736	93,4	448	5,4	94	1,3
2005	7.478	93,1	445	5,5	109	1,4
2006	6.891	92,8	408	5,5	123	1,7
2007	6.552	93,0	364	5,2	131	1,9
2008	5.848	95,4	306	4,8	159	2,5
2009	5.224	91,5	339	5,9	148	2,6
2010	5.089	92,1	314	5,7	122	2,2
2011	5.123	91,3	357	6,4	131	2,6
2012	4.931	91,8	288	5,4	150	2,8
2013	4.486	92,4	252	5,2	115	2,4
2014	4.190	92,8	211	4,7	115	2,6
2015	4.109	92,7	204	4,6	120	2,7
2016	4.243	89,2	412	8,7	102	2,1
2017	4.436	91,2	326	7,0	102	2,2
2018	4.387	92,3	286	6,0	79	1,7
2019	4.717	92,2	305	6,0	91	1,8
2020	4.018	88,1	420	9,2	123	2,7
2021	4.551	92,6	268	5,5	97	2,0
2022	4.598	91,1	335	6,7	112	2,2
2023	4.861	84,8	670	11,7	201	3,5

Quelle: Bundesrechtsanwaltskammer, eigene Berechnungen

1.6. Abgänge aus der Anwaltschaft

Tab. 1.6.1: Abgänge aus der Anwaltschaft durch Zulassungsverzichte, Rücknahmen und Widerrufe der Zulassung, Ausschließungen sowie Todesfälle von 2000 bis 2023

Jahr	Todesfälle	Verzicht / Rücknahme / Widerruf / Ausschließung	davon Ausschließung
2000	317	2.036	51
2001	307	2.119	59
2002	341	2.417	50
2003	323	2.436	43
2004	328	2.357	70
2005	325	2.381	27
2006	330	2.479	48
2007	340	2.642	k.A.
2008	382	2.803	k.A.
2009	364	2.961	k.A.
2010	389	3.013	60
2011	374	2.834	62
2012	393	2.833	39
2013	443	2.896	45
2014	395	3.560	77
2015	441	4.041	46
2016	454	4.161	35
2017	489	4.607	39
2018	436	4.324	49
2019	457	4.410	k.A.
2020	467	4.831	31
2021	441	4.980	55
2022	461	5.133	34
2023	458	4.616	57

Quelle: Bundesrechtsanwaltskammer (bis 2019) / Auskünfte der Rechtsanwaltskammern (ab 2020)

Tab. 1.6.2: Altersstruktur der Rechtsanwälte, die durch Zulassungsverzicht aus der Anwaltschaft ausgeschieden sind von 2000 bis 2023

Jahr	39 Jahre und jünger	60 Jahre und älter
2000	1.077	404
2001	1.117	435
2002	1.147	567
2003	1.089	675
2004	1.078	568
2005	1.125	551
2006	1.146	641
2007	1.375	633
2008	1.383	676
2009	1.469	690
2010	1.444	668
2011	1.224	768
2012	1.217	705
2013	1.226	854
2014	1.627	952
2015	1.438	1.297
2016	1.625	1.223
2017	1.563	1.577
2018	1.506	1.378
2019	1.533	1.526
2020	1.611	1.805
2021	1.545	2.136
2022	1.414	2.546
2023	1.432	2.575

Quelle: Bundesrechtsanwaltskammer

1.7. Kammerwechsel (Umzulassungen)

Tab. 1.7.1: Kammerwechsel (Umzulassungen) von 2000 bis 2023

Jahr	Umzulassungen
2000	2.373
2001	2.524
2002	2.450
2003	2.532
2004	2.538
2005	2.772
2006	2.881
2007	3.040
2008	2.807
2009	2.473
2010	2.392
2011	2.528
2012	2.463
2013	2.291
2014	2.095
2015	2.163
2016	2.013
2017	2.005
2018	1.915
2019	1.881
2020	1.597
2021	1.624
2022	1.513
2023	1.420

Quelle: Bundesrechtsanwaltskammer

2 Regionale Verteilung der Anwaltschaft

- Rechtsanwälte in den Kammerbezirken
- Anwaltsdichte in den Bundesländern
- Altersstruktur in den Kammerbezirken

2.1 Rechtsanwälte in den Kammerbezirken

Der zunächst in diesem Kapitel behandelte Aspekt ist die Verteilung der Rechtsanwälte auf die Bezirke der Rechtsanwaltskammern. Die Tabellen enthalten nicht alle Kammermitglieder, sondern nur die Kammermitglieder, die Rechtsanwälte sind. Weitere, nicht in diesen Statistiken erfasste Mitglieder der Kammern waren bis zum Inkrafttreten der BRAO im Jahr 1959 Anwaltsassessoren, sind seit 1981 Rechtsbeistände im Sinne des § 209 BRAO, § 1 Abs. 2 RDGEG sowie in jüngerer Zeit registrierte europäische Rechtsanwälte nach dem EuRAG, ausländische Rechtsanwälte im Sinne des § 206 BRAO sowie zugelassene Berufsausübungsgesellsachten nach § 59f BRAO (die Entwicklung der Gesamtzahl der Kammermitglieder wird in **Tab. 8.3.1** wiedergegeben, die der nicht-anwaltlichen Kammermitglieder in **Tab. 8.3.2**).

Tab. 2.1.1 gibt für das letzte verfügbare Jahr eine Übersicht über die Anwaltszahlen in den Bezirken der Rechtsanwaltskammern und lässt so die relative Größe der Kammern erkennen. Die Differenzierung nach Rechtsanwälten, Syndikusrechtsanwälten und Berufsträgern mit Doppelzulassung als Rechtsanwalt und Syndikusrechtsanwalt verdeutlicht zugleich, in welchen Kammerbezirken Unternehmens- und Verbandsjuristen mit Anwaltszulassung einen besonders geringen oder hohen Anteil an der Gesamtanwaltschaft stellen – er reicht von 3,8 % in Sachsen-Anhalt bis zu 22,5 % im Kammerbezirk Stuttgart. **Tab. 2.1.2** zeigt, ebenfalls für das letzte verfügbare Jahr, das Geschlechterverhältnis in den Anwaltschaften auf Kammerebene. Hier zeigt sich, dass der Frauenanteil in den Rechtsanwaltskammern sehr unterschiedlich ist und von unter 31 % in Mecklenburg-Vorpommern bis zu über 40 % in München reicht.

Tab 2.1.3 bis **Tab. 2.1.83** schlüsseln sodann für jeden Bezirk der nach 1945 in den Oberlandesgerichtsbezirken wieder eingerichteten oder neu etablierten Rechtsanwaltskammern die Entwicklung der die Zahl der anwaltlichen Mitglieder der jeweiligen Kammer und ihren jeweiligen Anteil an der Gesamtzahl der Rechtsanwälte im fraglichen Jahr auf. Aus Platzgründen erfolgt die Darstellung erst ab 1995 jahresweise und zuvor in Fünf-Jahres-Schritten (in Vorausgaben des Statistischen Jahrbuchs finden sich detaillierte Daten auch für die 1980er und 1990er Jahre, in der Ausgabe 2007/2008 auch der 1970er Jahre). Deutlich wird, dass sich der Größenanteil der Kammern seit 1950 zum Teil stark verschoben hat, einige Kammern an Bedeutung in Bezug auf die Gesamtanwaltschaft zugenommen, andere abgenommen haben.

Fast zwei Drittel der deutschen Rechtsanwälte sind in sieben Kammerbezirken niedergelassen (Berlin, Düsseldorf, Frankfurt, Hamm, Köln, München und Hamburg), das verbleibende Drittel in 20 weiteren Kammerbezirken. Die Rechtsanwaltskammer München ist – seit 2013 – die einzige eine deutsche Rechtsanwaltskammer mit mehr als 20.000 anwaltlichen Mitgliedern, im Bezirk von sechs weitere Kammern sind jeweils mehr als 10.000 Berufsträger zugelassen. Für die Jahre ab 1970 wird in den Tabellen ergänzend die Zahl der Rechtsanwältinnen im Kammerbezirk angegeben (in den Jahren 1975 und 1992 unterblieb in der veröffentlichten Statistik der BRAK eine geschlechtsspezifische Differenzierung).

An die Tabelle mit den Basisdaten zur jeweiligen Kammer schließt sich die Anzahl der jährlichen Neuzulassungen in dem jeweiligen Bezirk seit dem Jahr 2000 an, nach der Gesamtzahl aufgeschlüsselt nach Geschlecht. Den Zahlen zu Neuzulassungen nachfolgend wird schließlich für jede Kammer die Zahl der zum 1.1. eines Jahres zugelassenen Syndikusrechtsanwälte ausgewiesen, differenziert zum einen nach Geschlecht und zum anderen nach Bestehen einer weiteren Zulassung als niedergelassener Rechtsanwalt. Diese Darstellung beginnt mit dem Stichtag 1.1.2017, zu dem es erstmals neben einer Zulassung als niedergelassener Rechtsanwalt auch eine Zulassung als Syndiksurechtsanwalts nach § 46a BRAO gab.

Bei der Durchsicht der Statistiken der 27 Kammerbezirke ist zu beachten, dass nicht alle bis zum 18. Dezember 1935 auf dem Gebiet des Deutschen Reichs existierenden Rechtsanwaltskammern nach dem Zweiten Weltkrieg wiederbegründet wurden, da es im Nachkriegsdeutschland zu einigen grundlegenden Veränderungen der 1879 geschaffenen Gerichtsstruktur kam. Auf dem Gebiet der ehemaligen DDR wurde die Gerichtsstruktur aufgelöst, die Rechtsanwaltskammern Rostock, Potsdam, Naumburg, Jena und Dresden wurden deshalb nicht neu begründet. In Westdeutschland endete die Existenz der Rechtsanwaltskammern Darmstadt und Kiel, während die Kammern Koblenz, Tübingen, Freiburg und Bremen neu entstanden. Das OLG Darmstadt wurde 1946 in eine unselbstständige Außenstelle des OLG Frankfurt umgewandelt, die in seinem Bezirk niedergelassenen Rechtsanwälte wurden Mitglieder der Rechtsanwaltskammer Frankfurt oder Koblenz. Das OLG Kiel wurde 1948 nach Schleswig verlegt, an dessen Standort die Schleswig-Holsteinische Rechtsanwaltskammer entstand. Diese und weitere Veränderungen des Zuschnitts der Kammerbezirke nach dem Zweiten Weltkrieg beruhen auf Entscheidungen der alliierten Besatzungsmächte im Nachkriegsdeutschland. Hieraus folgte unter anderem, dass drei Rechtsanwaltskammern – Kassel, Freiburg, Tübingen – heute nicht mehr am Sitz eines selbstständigen Oberlandesgerichts angesiedelt sind. Kassel war bis 1945 (ebenso wie Darmstadt) Sitz eines Oberlandesgerichts und verfügt seit 1879 über eine Rechtsanwaltskammer. Das OLG Kassel wurde am 23. Mai 1946 gemeinsam mit dem OLG Darmstadt in das OLG Frankfurt eingegliedert. Anders als in Darmstadt besteht die Rechtsanwaltskammer in Kassel bis heute – was § 210 BRAO a.F. ausdrücklich ermöglicht – fort. § 210 BRAO a.F. verdanken auch die nach dem Zweiten Weltkrieg eingerichteten Rechtsanwaltskammern Freiburg und Tübingen ihre Existenz. In der französischen Besatzungszone wurde am 21. Juni 1946 das Oberlandesgericht Tübingen für das

Gebiet Südwürttemberg-Hohenzollern, für Südbaden das Oberlandesgericht Freiburg errichtet. Nach der Vereinigung der drei südwestdeutschen Länder zum Bundesland Baden-Württemberg gingen das OLG Tübingen zum 1. Juli 1953 im OLG Stuttgart und das OLG Freiburg im OLG Karlsruhe auf (in Freiburg wurden Außensenate des OLG Karlsruhe eingerichtet). Das zuvor nicht existente OLG Koblenz wurde nebst seiner Rechtsanwaltskammer am 25. November 1946 neu geschaffen und erstreckte sich auf Gebiete, die vor dem Zweiten Weltkrieg Teil der Bezirke des OLG Köln (seinerzeit in der britischen Besatzungszone) und Darmstadt (1946 im OLG Frankfurt aufgegangen) waren. Dem Status Bremens als Enklave unter US-amerikanischer Besatzungshoheit in der britischen Besatzungszone verdanken das OLG Bremen und die Rechtsanwaltskammer Bremen ihre Entstehung im Jahr 1947. Auf dem Gebiet der fünf 1990 beigetretenen Bundesländer bestanden bis zur Etablierung der Reichs-Rechtsanwaltskammer im Jahr 1935 Anwaltskammern in Rostock, Potsdam, Naumburg, Jena und Dresden. Die Auflösung der Bezirksgerichte aus der DDR-Zeit durch Oberlandesgerichte führte Anfang der 1990er Jahre zur Neugründung von Rechtsanwaltskammern in Schwerin, Brandenburg, Magdeburg, Erfurt und Dresden. Sie tragen jeweils den Namen des Bundeslandes, auf das sich der gesamte Kammerbezirk erstreckt. Im Beitrittsgebiet besteht die Besonderheit, dass die Rechtsanwaltskammern Mecklenburg-Vorpommern, Sachsen-Anhalt und Thüringen nicht am Sitz des Oberlandesgerichts angesiedelt sind (Rostock, Naumburg, Jena), sondern in der jeweiligen Landeshauptstadt. Diese Möglichkeit eröffnet § 210 BRAO.

Die historische Übersicht in den **Tab. 2.1.84** bis **2.1.87** enthält Informationen zu der Zahl der Rechtsanwälte in den Kammerbezirken auf dem Gebiet der heutigen Bundesrepublik Deutschland aus den Jahren 1885 bis 1945 (vom Abdruck der Zahlen für die Kammerbezirke Breslau, Colmar, Danzig, Königsberg, Marienwerder, Posen und Stettin wurde deshalb ebenso abgesehen wie der Zahlen für die ab 1938 besetzten Gebiete). Zum erleichterten Verständnis dieser historischen Übersicht sind einige Erklärungen hilfreich: Von 1879 bis 1935 waren im damaligen Deutschen Reich Rechtsanwaltskammern im Bezirk eines jeden Oberlandesgerichts eingerichtet (§ 41 RAO). Die historischen Kammerbezirke entsprechen in Zuschnitt und Bezeichnung nur partiell den heutigen Kammerbezirken. So umfassten die Rechtsanwaltskammern Köln und Hamm bis 1906 auch das Gebiet des in diesem Jahr begründeten OLG-Bezirks Düsseldorf. Die Rechtsanwaltskammer Berlin erstreckte sich bis Ende 1910 entsprechend der Zuständigkeit des Kammergerichts auf die preußische Provinz Brandenburg einschließlich Berlin, wurde zum 1. Januar 1911 aber nach § 41a RAO in die Rechtsanwaltskammern Berlin und Potsdam geteilt (in den zeitgenössischen Statistiken ist diese Trennung erst ab 1924 nachvollzogen). Die im heutigen Saarland tätigen Rechtsanwälte waren bis zur Abtrennung des Saargebiets vom Deutschen Reich im Jahr 1920 der Rechtsanwaltskammer Köln zugehörig und wurden danach Mitglieder einer eigenen Rechtsanwaltskammer des Saargebiets. Ab 1937 wurden die im Saargebiet tätigen Rechtsanwälte statistisch wieder gemeinsam mit den im Kammerbezirk Köln zugelassenen Rechtsanwälten erfasst. Das OLG Augsburg wurde 1932 dem OLG München eingegliedert und die Rechtsanwaltskammer aufgelöst. In Folge der Gründung der Reichs-Rechtsanwaltskammer am 18. März 1933 als Dachorganisation der regionalen Rechtsanwaltskammern endet in der im Statistischen Jahrbuch des Deutschen Reiches publizierten Statistik die Aufschlüsselung der Rechtsanwälte nach Kammerbezirken. Die noch auf dem Papier bestehenden Kammerstrukturen waren am 18. Dezember 1935 mit Inkrafttreten der Reichs-Rechtsanwaltsordnung abgeschafft worden, alle Rechtsanwälte waren seitdem nach § 46 Abs. 1 RRAO Mitglieder der Reichs-Rechtsanwaltskammer. Das ab 1935 aufgeführte Datenmaterial stammt aus den Mitteilungen der Reichs-Rechtsanwaltskammer, welche die Zahlen der Anwaltschaft differenziert nach den faktisch bedeutungslos gewordenen Kammern aufführten. Auf eine Wiedergabe der dort publizierten Anwaltszahlen in den ab 1938 eingegliederten bzw. besetzten Gebieten wurde verzichtet.

2.2 Anwaltsdichte in den Bundesländern

Eine Betrachtung der Anwaltsdichte in den Bundesländern (**Tab. 2.2.1**) zeigt eine erhebliche Spannbreite auf. Die Anwaltsdichte in den Stadtstaaten Hamburg, Bremen und Berlin belegt die starke Konzentration von Anwälten in Großstädten. Die besondere Wirkung der international bedeutsamen Kanzleistandorte Frankfurt und Düsseldorf mit mehreren Tausend niedergelassenen Rechtsanwälten ergibt sich aus der Anwaltsdichte in den Flächenstaaten Hessen und Nordrhein-Westfalen. Anwaltliche Ballungszentren führen zu einer erheblich höheren Anwaltsdichte in einem Bundesland als in Ländern, in denen es an solchen historisch gewachsenen Konzentrationen mangelt. So ist die Anwaltsdichte in Hessen fünfmal so hoch wie in Sachsen-Anhalt. Die geringste Anwaltsdichte weisen nicht die fünf „neuen" Bundesländer auf. In Thüringen, Sachsen-Anhalt, Brandenburg und Mecklenburg-Vorpommern kommen mehr als 1.000 Bürger auf einen Rechtsanwalt. Soweit die Zahlen in **Tab. 2.2.1** für die Beurteilung der Versorgung der Bevölkerung mit Rechtsrat, den Zugang zum Recht in Deutschland, herangezogen werden, gilt es zu bedenken, dass in den Anwaltszahlen auch Syndikusrechtsanwälte enthalten sind, die ausschließlich ihre Arbeitgeber beraten dürfen. Ihr Anteil ist in den Kammerbezirken sehr unterschiedlich und reicht von unter 4 % bis zu 22 %.

2.3 Altersstruktur in den Kammerbezirken

Tab. 2.3.1 dokumentiert die für das Jahr 2024 analysierte Altersstruktur alle Rechtsanwälte (niedergelassene Rechtsanwälte, Syndikusrechtsanwälte) in den Kammerbezirken. Die durchschnittlich ältesten Rechtsanwälte waren in diesem Jahr im Kammerbezirk Sachsen-Anhalt niedergelassen, den geringsten Altersdurchschnitt weisen die Rechtsanwälte im Bezirk der Hanseatischen Rechtsanwaltskammer in Hamburg auf. Beeinflusst wird der Altersdurchschnitt hierbei durch den Anteil der Syndikusrechtsanwälte unter den anwaltlichen Kammermitgliedern, da diese einen geringeren

2 Regionale Verteilung der Anwaltschaft

Altersdurchschnitt aufweisen als niedergelassene Rechtsanwälte. Neben der Zahl der Absolventen der juristischen Ausbildung und den Zu- und Abgängen zur bzw. aus der Anwaltschaft ist die Alterspyramide eine zentrale Erkenntnisquelle, um die zukünftige Entwicklung der Anwaltschaft beurteilen zu können, so dass eine regelmäßige offizielle Auswertung der bei den Kammern hinterlegten Daten zu dieser Frage im Interesse der Anwaltschaft erstrebenswert ist. In den Vorausgaben des Statistischen Jahrbuchs findet sich die vorgangegangene Alterstatistik der Jahre 2012 und 2022, mit der Vergleiche auf Kammerebene möglich werden.

2 Regionale Verteilung der Anwaltschaft

2.1 Rechtsanwälte in den Kammerbezirken

Tab. 2.1.1: Rechtsanwälte in den Kammerbezirken nach Art der Zulassung im Jahr 2024

Kammerbezirk	Rechtsanwälte mit Doppelzulassung	Nur-Syndikus-rechtsanwälte	Nur-Rechts-anwälte	Gesamt
Bamberg	194 (7,6 %)	82 (3,2 %)	2278 (89,2 %)	2.554
Berlin	1.484 (10,1 %)	510 (3,4 %)	12.815 (86,5 %)	14.809
Brandenburg	109 (5,2 %)	38 (1,8 %)	1.944 (93,0 %)	2.091
Braunschweig	187 (11,1 %)	153 (9,1 %)	1.339 (79,8 %)	1.679
Bremen	116 (6,7 %)	45 (2,6 %)	1.573 (90,7 %)	1.734
Celle	573 (10,1 %)	215 (3,8 %)	4.892 (86,1 %)	5.680
Düsseldorf	1.859 (14,2 %)	667 (5,1 %)	10.540 (80,7 %)	13.066
Frankfurt	3.140 (16,0 %)	666 (3,4 %)	15.867 (80,6 %)	19.673
Freiburg	214 (6,4 %)	78 (2,3 %)	3077 (91,3 %)	3.369
Hamburg	1.350 (12,0 %)	496 (4,4 %)	9.383 (83,6 %)	11.229
Hamm	1.326 (10,1 %)	610 (4,7 %)	11.181 (85,2 %)	13.117
Karlsruhe	504 (11,1 %)	211 (4,7 %)	3.820 (84,2 %)	4.535
Kassel	151 (9,0 %)	42 (2,5 %)	1.490 (88,5 %)	1.683
Koblenz	283 (8,9 %)	135 (4,3 %)	2.757 (86,8 %)	3.175
Köln	1.876 (14,5 %)	574 (4,4 %)	10.460 (81,1 %)	12.910
Mecklenburg-V.	43 (3,4 %)	23 (1,8 %)	1.214 (94,8 %)	1.280
München	3.123 (13,9 %)	989 (4,4 %)	18.358 (81,7 %)	22.470
Nürnberg	529 (11,2 %)	225 (4,8 %)	3.947 (84,0 %)	4.701
Oldenburg	164 (6,4 %)	83 (3,2 %)	2.312 (90,4 %)	2.559
Saarland	82 (6,1 %)	44 (3,2 %)	1.231 (90,7 %)	1.357
Sachsen	240 (5,6 %)	74 (1,7 %)	3.979 (92,7 %)	4.293
Sachsen-Anhalt	39 (2,7 %)	15 (1,1 %)	1377 (96,2 %)	1.431
Schleswig-Holstein	310 (8,5 %)	119 (3,3 %)	3.211 (88,2 %)	3.640
Stuttgart	1.174 (15,1 %)	574 (7,4 %)	6.031 (77,5 %)	7.779
Thüringen	74 (4,5 %)	15 (0,9 %)	1.574 (94,6 %)	1.663
Tübingen	147 (7,6 %)	73 (3,7 %)	1.723 (88,7 %)	1.943
Zweibrücken	95 (7,2 %)	50 (3,8 %)	1.176 (89,0 %)	1.321
BGH	0 (0,0 %)	0 (0,0 %)	37 (100,0 %)	37
Bundesgebiet	19.386 (11,7 %)	6.806 (4,1 %)	139.586 (84,2 %)	165.778

Quelle: Auskunft der Rectsanwaltskammern (Stichtag 1.1.2024); eigene Berechnungen

Tab. 2.1.2: Rechtsanwälte in den Kammerbezirken nach Geschlecht im Jahr 2024

Kammerbezirk	Rechtsanwälte	Rechtsanwältinnen	Gesamt
Bamberg	1.688 (66,1 %)	866 (33,9 %)	2.554
Berlin	9.463 (63,1 %)	5.346 (36,1 %)	14.809
Brandenburg	1.277 (61,1 %)	814 (38,9 %)	2.091
Braunschweig	1.087 (64,7 %)	592 (35,3 %)	1.679
Bremen	1.140 (65,7 %)	594 (34,3 %)	1.734
Celle	3.629 (63,9 %)	2.051 (36,1 %)	5.680
Düsseldorf	8.203 (62,8 %)	4.863 (37,2 %)	13.066
Frankfurt	11.873 (60,4 %)	7.800 (39,6 %)	19.673
Freiburg	2.182 (64,8 %)	1.187 (35,2 %)	3.369
Hamburg	7.000 (62,3 %)	4.229 (37,6 %)	11.229
Hamm	8.583 (65,4 %)	4.534 (34,6 %)	13.117
Karlsruhe	2.877 (63,4 %)	1.658 (36,6 %)	4.535
Kassel	1.091 (64,8 %)	592 (35,1 %)	1.683
Koblenz	2.068 (65,1 %)	1.107 (34,9 %)	3.175
Köln	8.114 (62,9 %)	4.796 (37,1 %)	12.910
Mecklenburg-V.	883 (69,0 %)	397 (31,0 %)	1.280
München	13.361 (59,5 %)	9.109 (40,5 %)	22.470
Nürnberg	2.834 (60,3 %)	1.867 (39,7 %)	4.701
Oldenburg	1.723 (67,3 %)	836 (32,7 %)	2.559
Saarland	862 (63,5 %)	495 (36,5 %)	1.357
Sachsen	2.758 (64,2 %)	1.535 (35,8 %)	4.293
Sachsen-Anhalt	942 (65,8 %)	489 (34,2 %)	1.431
Schleswig-Holstein	2.406 (66,1 %)	1.234 (33,9 %)	3.640
Stuttgart	4.962 (63,8 %)	2.817 (36,2 %)	7.779
Thüringen	1.098 (66,0 %)	565 (34,0 %)	1.663
Tübingen	1.281 (65,9 %)	662 (34,1 %)	1.943
Zweibrücken	869 (65,8 %)	452 (34,2 %)	1.321
BGH	31 (83,8 %)	6 (16,2 %)	37
Bundesgebiet	**104.285 (62,9 %)**	**61.493 (37,1 %)**	**165.778**

Quelle: BRAK Mitgliederstatistik (Stichtag 1.1.2024); eigene Berechnungen

Rechtsanwaltskammer Bamberg

Tab. 2.1.3: Zahl der Rechtsanwälte im Bezirk der Rechtsanwaltskammer Bamberg von 1950 bis 2024

Jahr	Rechtsanwälte insgesamt	davon Frauen	Veränderung in %	Anteil an der Gesamtanwaltschaft in %
1950	395			3,1
1955	476		20,5	2,8
1960	537		12,8	2,9
1965	496		-7,6	2,5
1970	507	18	2,2	2,2
1975	561	--	10,7	2,1
1980	744	50	32,6	2,1
1985	941	104	4,9	2,0
1990	1.146	149	7,2	2,0
1995	1.394	241	7,0	1,9
1996	1.495	279	7,2	1,9
1997	1.634	319	9,3	1,9
1998	1.734	361	6,1	1,9
1999	1.856	398	7,0	1,9
2000	1.983	441	6,8	1,9
2001	2.049	460	3,3	1,9
2002	2.101	483	2,5	1,8
2003	2.180	513	3,8	1,8
2004	2.287	563	4,9	1,8
2005	2.402	619	5,0	1,8
2006	2.461	654	2,5	1,8
2007	2.540	704	3,2	1,8
2008	2.557	721	0,7	1,7
2009	2.575	745	0,7	1,7
2010	2.633	766	2,3	1,7
2011	2.646	792	0,5	1,7
2012	2.693	813	1,8	1,7
2013	2.696	823	0,1	1,7
2014	2.693	829	-0,1	1,7
2015	2.707	841	0,5	1,6
2016	2.693	845	-0,5	1,6
2017	2.664	840	-1,1	1,6
2018	2.676	850	0,5	1,6
2019	2.632	834	-1,6	1,6
2020	2.624	796	-0,3	1,6
2021	2.607	858	-0,6	1,6
2022	2.594	854	-0,5	1,6
2023	2.572	867	-0,8	1,6
2024	2.554	866	-0,7	1,5

Quelle: BRAK Mitgliederstatistik (ab 1981), Statistisches Jahrbuch der Bundesrepublik Deutschland (bis 1980)

2 Regionale Verteilung der Anwaltschaft

Tab. 2.1.4: Zahl der Neuzulassungen im Bezirk der Rechtsanwaltskammer Bamberg von 2000 bis 2023

Jahr	Neuzulassungen insgesamt	Veränderung in %	davon Frauen	davon Männer
2000	137		42	95
2001	119	-13,1	44	75
2002	139	16,8	43	95
2003	144	3,6	54	90
2004	138	-4,2	60	78
2005	116	-16,0	53	63
2006	120	3,4	51	69
2007	82	-31,7	43	39
2008	86	4,9	44	42
2009	104	20,9	37	67
2010	82	-21,2	48	34
2011	100	22,0	40	60
2012	66	-34,0	27	39
2013	56	-15,2	28	28
2014	65	16,1	32	33
2015	49	-24,6	26	23
2016	53	8,2	26	27
2017	71	34,0	35	36
2018	46	-35,2	20	26
2019	43	-6,5	24	19
2020	64	48,8	32	32
2021	64	0	33	31
2022	58	-9,4	37	21
2023	53	-8,6	23	30

Quelle: Bundesrechtsanwaltskammer (bis 2019), Rechtsanwaltskammer (ab 2020), eigene Berechnungen

Tab. 2.1.5: Zahl der Syndikusrechtsanwälte im Bezirk der Rechtsanwaltskammer Bamberg von 2017 bis 2024

Jahr	Syndikusrechtsanwälte insgesamt	davon Frauen	davon auch Rechtsanwalt	davon Frauen
2017	95	35	81	28
2018	153	62	128	51
2019	186	78	143	59
2020	212	48	160	22
2021	232	108	176	75
2022	253	123	186	80
2023	274	137	197	89
2024	276	139	194	88

Quelle: BRAK Mitgliederstatistik (ab 2017) (Stichtag jeweils 1.1. des betreffenden Jahres), eigene Berechnungen

Rechtsanwaltskammer Berlin

Tab. 2.1.6: Zahl der Rechtsanwälte im Bezirk der Rechtsanwaltskammer Berlin von 1950 bis 2024

Jahr	Rechtsanwälte insgesamt	davon Frauen	Veränderung in %	Anteil an der Gesamtanwaltschaft in %
1950	914			7,1
1955	1.214		32,8	7,2
1960	1.329		9,5	7,5
1965	1.239		-7,8	6,3
1970	1.374	95	10,9	6,4
1975	1.475	–	7,4	5,5
1980	1.845	195	1,7	5,1
1985	2.434	384	5,9	5,2
1990	2.909	560	3,1	5,1
1995	4.765	1.088	6,8	6,4
1996	5.111	1.180	7,3	6,5
1997	5.582	1.355	9,2	6,6
1998	6.164	1.533	10,4	6,7
1999	6.628	1.723	7,5	6,8
2000	7.253	1.906	9,4	7,0
2001	7.939	2.134	9,5	7,2
2002	8.687	2.412	9,4	7,5
2003	9.254	2.650	6,5	7,6
2004	9.726	2.846	5,1	7,7
2005	10.194	3.022	4,8	7,7
2006	10.718	3.219	5,1	7,8
2007	11.117	3.394	3,7	7,8
2008	11.557	3.591	4,0	7,9
2009	12.049	3.825	4,3	8,0
2010	12.383	3.994	2,8	8,1
2011	12.759	4.191	3,0	8,2
2012	13.132	4.352	2,8	8,3
2013	13.459	4.506	2,4	8,4
2014	13.664	4.645	1,5	8,4
2015	13.774	4.633	0,8	8,4
2016	13.944	4.754	1,2	8,5
2017	14.037	4.781	0,6	8,6
2018	14.127	4.859	0,6	8,6
2019	14.303	5.006	1,2	8,7
2020	14.377	5.057	0,5	8,7
2021	14.440	5.103	0,4	8,7
2022	14.462	5.127	0,2	8,7
2023	14.608	5.232	1,0	8,8
2024	14.809	5.346	1,4	8,9

Quelle: BRAK Mitgliederstatistik (ab 1981), Statistisches Jahrbuch der Bundesrepublik Deutschland (bis 1980)

2 Regionale Verteilung der Anwaltschaft

Tab. 2.1.7: Zahl der Neuzulassungen im Bezirk der Rechtsanwaltskammer Berlin von 2000 bis 2023

Jahr	Neuzulassungen insgesamt	Veränderung in %	davon Frauen	davon Männer
2000	*666		249	417
2001	769	15,5	290	479
2002	735	-4,4	294	439
2003	640	-12,9	249	388
2004	698	9,1	279	415
2005	751	7,6	314	437
2006	648	-13,7	272	376
2007	656	1,2	268	388
2008	694	5,8	299	395
2009	483	-30,4	253	230
2010	588	21,7	269	319
2011	616	4,8	266	350
2012	622	1,0	303	319
2013	505	-18,8	241	264
2014	511	1,2	219	292
2015	519	1,6	240	279
2016	467	-10,0	207	260
2017	480	2,8	237	243
2018	543	13,1	293	250
2019	535	-1,5	247	288
2020	535	0,0	252	283
2021	611	14,2	316	295
2022	507	-17,0	249	258
2023	606	+19,5	291	315

*inkl. Zwei Aufnahmen nach § 206 BRAO

Quelle: Bundesrechtsanwaltskammer (bis 2019), Rechtsanwaltskammer (ab 2020), eigene Berechnungen

Tab. 2.1.8: Zahl der Syndikusrechtsanwälte im Bezirk der Rechtsanwaltskammer Berlin von 2017 bis 2024

Jahr	Syndikusrechtsanwälte insgesamt	davon Frauen	davon auch Rechtsanwalt	davon Frauen
2017	587	259	536	238
2018	989	441	853	368
2019	1.201	538	1001	436
2020	1.258	627	1.002	486
2021	1.450	671	1.140	496
2022	1.720	815	1.344	602
2023	1.874	893	1.425	631
2024	1.994	963	1.484	667

Quelle: BRAK Mitgliederstatistik (ab 2017) (Stichtag jeweils 1.1. des betreffenden Jahres), eigene Berechnungen

Brandenburgische Rechtsanwaltskammer

Tab. 2.1.9: Zahl der Rechtsanwälte im Bezirk der Brandenburgischen Rechtsanwaltskammer von 1992 bis 2024

Jahr	Rechtsanwälte insgesamt	davon Frauen	Veränderung in %	Anteil an der Gesamtanwaltschaft in %
1992	435	--		0,6
1995	817	192	16,2	1,1
1996	1.000	245	22,4	1,3
1997	1.200	316	20,0	1,4
1998	1.419	399	17,8	1,6
1999	1.598	446	12,6	1,6
2000	1.762	507	10,3	1,7
2001	1.855	538	5,3	1,7
2002	1.914	574	3,2	1,6
2003	1.916	565	0,1	1,6
2004	1.998	627	4,3	1,6
2005	2.084	670	4,3	1,6
2006	2.172	713	4,2	1,6
2007	2.231	746	2,7	1,6
2008	2.266	764	1,6	1,5
2009	2.299	800	1,5	1,5
2010	2.298	799	0,0	1,5
2011	2.315	817	0,8	1,5
2012	2.345	843	1,3	1,5
2013	2.352	854	0,3	1,5
2014	2.347	881	-0,2	1,4
2015	2.358	895	0,5	1,4
2016	2.359	902	0,0	1,4
2017	2.327	885	-1,4	1,4
2018	2.323	885	-0,2	1,4
2019	2.266	865	-2,5	1,4
2020	2.202	844	-2,8	1,3
2021	2.173	837	-1,3	1,3
2022	2.150	838	-1,1	1,3
2023	2.099	813	-2,4	1,3
2024	2.091	814	-0,4	1,3

Quelle: BRAK Mitgliederstatistik (ab 1981), Statistisches Jahrbuch der Bundesrepublik Deutschland (bis 1980)

2 Regionale Verteilung der Anwaltschaft

Tab. 2.1.10: Zahl der Neuzulassungen im Bezirk der Brandenburgischen Rechtsanwaltskammer von 2000 bis 2023

Jahr	Neuzulassungen insgesamt	Veränderung in %	davon Frauen	davon Männer
2000	165		68	97
2001	113	-31,5	44	69
2002	79	-30,1	30	49
2003	144	82,3	73	71
2004	126	-12,5	62	64
2005	121	-4,0	49	72
2006	94	-22,3	42	52
2007	91	-3,2	41	50
2008	94	3,3	55	39
2009	66	-29,8	30	36
2010	68	3,0	35	33
2011	59	-13,2	34	25
2012	42	-28,8	21	21
2013	55	31,0	28	27
2014	46	-16,4	25	21
2015	47	2,2	25	22
2016	31	-34,0	16	15
2017	34	9,7	18	16
2018	32	-5,9	16	16
2019	29	-9,4	20	9
2020	25	-13,8	16	9
2021	33	32,0	14	19
2022	15	-54,5	8	7
2023	28	86,6	16	12

Quelle: Auskunft der Bundesrechtsanwaltskammer (bis 2019), Rechtsanwaltskammer (ab 2020), eigene Berechnungen

Tab. 2.1.11: Zahl der Syndikusrechtsanwälte im Bezirk der Rechtsanwaltskammer Brandenburg von 2017 bis 2024

Jahr	Syndikusrechtsanwälte insgesamt	davon Frauen	davon auch Rechtsanwalt	davon Frauen
2017	57	25	50	22
2018	77	37	68	33
2019	95	47	80	37
2020	120	61	98	47
2021	135	73	108	55
2022	137	74	104	53
2023	141	78	109	59
2024	147	80	109	55

Quelle: BRAK Mitgliederstatistik (ab 2017) (Stichtag jeweils 1.1. des betreffenden Jahres), eigene Berechnungen

Rechtsanwaltskammer Braunschweig

Tab. 2.1.12: Zahl der Rechtsanwälte im Bezirk der Rechtsanwaltskammer Braunschweig von 1950 bis 2024

Jahr	Rechtsanwälte insgesamt	davon Frauen	Veränderung in %	Anteil an der Gesamtanwaltschaft in %
1950	178			1,4
1955	241		35,4	1,4
1960	249		3,3	1,4
1965	260		4,4	1,3
1970	269	12	3,5	1,2
1975	313	--	0,3	1,2
1980	365	27	0,8	1,0
1985	440	50	4,8	0,9
1990	504	82	3,7	0,9
1995	579	95	3,9	0,8
1996	599	105	3,5	0,8
1997	655	126	9,3	0,8
1998	1.124	239	71,6	1,2
1999	1.190	274	5,9	1,2
2000	1.214	250	2,0	1,2
2001	1.294	305	6,6	1,2
2002	1.332	309	2,9	1,1
2003	1.383	330	3,8	1,1
2004	1.421	344	2,7	1,1
2005	1.472	456	3,6	1,1
2006	1.516	413	3,0	1,1
2007	1.548	480	2,1	1,1
2008	1.577	481	1,9	1,1
2009	1.611	517	2,2	1,1
2010	1.606	522	-0,3	1,0
2011	1.606	522	0	1,0
2012	1.632	501	1,6	1,0
2013	1.654	506	1,3	1,0
2014	1.669	527	1,0	1,0
2015	1.681	530	0,7	1,0
2016	1.677	536	-0,2	1,0
2017	1.679	557	0,1	1,0
2018	1.686	570	0,4	1,0
2019	1.689	573	0,2	1,0
2020	1.692	580	0,2	1,0
2021	1.701	583	0,5	1,0
2022	1.698	588	-0,2	1,0
2023	1.676	527	-1,3	1,0
2024	1.679	592	0,2	1,0

Quelle: BRAK Mitgliederstatistik (ab 1981), Statistisches Jahrbuch der Bundesrepublik Deutschland (bis 1980)

2 Regionale Verteilung der Anwaltschaft

Tab. 2.1.13: Zahl der Neuzulassungen im Bezirk der Rechtsanwaltskammer Braunschweig von 2000 bis 2023

Jahr	Neuzulassungen insgesamt	Veränderung in %	davon Frauen	davon Männer
2000	83		18	65
2001	73	-12,0	32	41
2002	88	20,5	34	54
2003	79	-10,2	19	71
2004	85	7,6	36	49
2005	73	-14,1	28	45
2006	81	11,0	39	42
2007	64	-21,0	25	39
2008	75	17,2	39	36
2009	46	-38,7	12	34
2010	50	8,7	20	30
2011	59	18,0	25	34
2012	56	-5,1	21	35
2013	46	-17,9	24	22
2014	45	-2,2	17	28
2015	42	-6,7	15	27
2016	46	9,5	28	18
2017	45	-2,2	25	20
2018	57	26,7	28	29
2019	52	-8,8	28	24
2020	37	-28,8	18	19
2021	55	48,6	30	25
2022	42	-23,6	18	24
2023	38	-9,5	13	25

Quelle: Bundesrechtsanwaltskammer (bis 2019), Rechtsanwaltskammer (ab 2020), eigene Berechnungen

Tab. 2.1.14: Zahl der Syndikusrechtsanwälte im Bezirk der Rechtsanwaltskammer Braunschweig von 2017 bis 2024

Jahr	Syndikusrechtsanwälte insgesamt	davon Frauen	davon auch Rechtsanwalt	davon Frauen
2017	110	51	86	35
2018	154	66	108	39
2019	203	88	124	45
2020	245	107	147	53
2021	270	118	155	57
2022	291	127	163	60
2023	306	132	171	63
2024	340	149	187	74

Quelle: BRAK Mitgliederstatistik (ab 2017) (Stichtag jeweils 1.1. des betreffenden Jahres), eigene Berechnungen

Hanseatische Rechtsanwaltskammer Bremen

Tab. 2.1.15: Zahl der Rechtsanwälte im Bezirk der Hanseatischen Rechtsanwaltskammer Bremen von 1950 bis 2024

Jahr	Rechtsanwälte insgesamt	davon Frauen	Veränderung in %	Anteil an der Gesamtanwaltschaft in %
1950	249			1,9
1955	272		9,2	1,6
1960	301		10,7	1,6
1965	305		1,3	1,5
1970	366	17	20,0	1,6
1975	428	--	16,9	1,6
1980	592	46	2,8	1,6
1985	846	115	6,7	1,8
1990	1.036	203	2,9	1,8
1995	1.108	225	0,3	1,5
1996	1.110	223	0,2	1,4
1997	1.153	249	3,9	1,4
1998	1.225	244	6,2	1,3
1999	1.287	304	5,1	1,3
2000	1.336	335	3,8	1,3
2001	1.394	348	4,3	1,3
2002	1.430	357	2,6	1,2
2003	1.475	349	3,1	1,2
2004	1.501	364	1,8	1,2
2005	1.591	394	6,0	1,2
2006	1.667	441	4,8	1,2
2007	1.695	457	1,7	1,2
2008	1.759	483	3,8	1,2
2009	1.796	523	2,1	1,2
2010	1.823	539	1,5	1,2
2011	1.845	549	1,2	1,2
2012	1.874	562	1,6	1,2
2013	1.916	594	2,2	1,2
2014	1.931	606	0,8	1,2
2015	1.930	615	-0,1	1,2
2016	1.924	623	-0,3	1,2
2017	1.916	629	-0,4	1,2
2018	1.879	620	-1,9	1,1
2019	1.866	611	-0,7	1,1
2020	1.842	615	-1,3	1,1
2021	1.814	609	-1,5	1,1
2022	1.768	595	-2,5	1,1
2023	1.760	604	-0,4	1,1
2024	1.734	594	-1,8	1,0

Quelle: BRAK Mitgliederstatistik (ab 1981), Statistisches Jahrbuch der Bundesrepublik Deutschland (bis 1980)

Tab. 2.1.16: Zahl der Neuzulassungen im Bezirk der Hanseatischen Rechtsanwaltskammer Bremen von 2000 bis 2023

Jahr	Neuzulassungen insgesamt	Veränderung in %	davon Frauen	davon Männer
2000	76		30	46
2001	79	3,9	28	51
2002	76	-3,8	29	47
2003	82	7,9	34	48
2004	106	29,3	35	71
2005	88	-17,0	46	42
2006	84	-4,5	31	53
2007	92	9,5	40	52
2008	79	-14,1	22	57
2009	55	-30,4	24	31
2010	64	16,4	27	37
2011	72	12,5	36	36
2012	73	1,4	39	34
2013	51	-30,1	21	30
2014	58	13,7	29	29
2015	50	-13,8	24	26
2016	58	16,0	28	30
2017	40	-31,0	21	19
2018	47	-17,5	21	26
2019	44	-6,4	25	19
2020	61	38,6	33	29
2021	56	-8,2	32	24
2022	49	-12,5	27	22
2023	71	44,9	26	45

Quelle: Bundesrechtsanwaltskammer (bis 2019), Rechtsanwaltskammer (ab 2020), eigene Berechnungen

Tab. 2.1.17: Zahl der Syndikusrechtsanwälte im Bezirk der Rechtsanwaltskammer Bremen von 2017 bis 2024

Jahr	Syndikusrechtsanwälte insgesamt	davon Frauen	davon auch Rechtsanwalt	davon Frauen
2017	74	40	64	34
2018	96	48	78	40
2019	107	52	82	40
2020	122	54	96	43
2021	135	61	96	42
2022	145	68	105	46
2023	156	72	114	50
2024	161	74	116	50

Quelle: BRAK Mitgliederstatistik (ab 2017) (Stichtag jeweils 1.1. des betreffenden Jahres), eigene Berechnungen

Rechtsanwaltskammer Celle

Tab. 2.1.18: Zahl der Rechtsanwälte im Bezirk der Rechtsanwaltskammer Celle von 1950 bis 2024

Jahr	Rechtsanwälte insgesamt	davon Frauen	Veränderung in %	Anteil an der Gesamtanwaltschaft in %
1950	725			5,6
1955	1.041		43,6	6,2
1960	1.154		10,9	6,3
1965	1.179		2,2	6,0
1970	1.322	54	12,1	5,8
1975	1.452	--	9,8	5,4
1980	1.838	114	2,7	5,1
1985	2.451	280	5,8	5,2
1990	2.870	375	2,4	5,1
1995	3.323	617	6,0	4,5
1996	3.529	598	6,2	4,5
1997	3.804	719	7,8	4,5
1998	3.672	732	-3,5	4,0
1999	3.904	933	6,3	4,0
2000	4.113	1.035	5,4	4,0
2001	4.298	953	4,5	3,9
2002	4.440	1.146	3,3	3,8
2003	4.566	1.090	2,8	3,8
2004	4.814	1.314	5,4	3,8
2005	5.012	1.395	4,1	3,8
2006	5.223	1.516	4,2	3,8
2007	5.354	1.454	2,5	3,7
2008	5.444	1.498	1,7	3,7
2009	5.538	1.652	1,7	3,7
2010	5.621	1.591	1,5	3,7
2011	5.710	1.749	1,6	3,7
2012	5.759	1.786	0,9	3,6
2013	5.824	1.846	1,1	3,6
2014	5.870	1.886	0,8	3,6
2015	5.905	1.917	1,6	3,6
2016	5.932	1.967	0,5	3,6
2017	5.931	1.972	0,0	3,6
2018	5.860	1.961	-1,2	3,6
2019	5.800	1.959	-1,0	3,5
2020	5.787	1.982	-0,2	3,5
2021	5.707	1.973	-1,4	3,4
2022	5.690	1.976	-0,3	3,4
2023	5.692	2.010	0,0	3,4
2024	5.680	2.051	-0,2	3,4

Quelle: BRAK Mitgliederstatistik (ab 1981), Statistisches Jahrbuch der Bundesrepublik Deutschland (bis 1980)

2 Regionale Verteilung der Anwaltschaft

Tab. 2.1.19: Zahl der Neuzulassungen im Bezirk der Rechtsanwaltskammer Celle von 2000 bis 2023

Jahr	Neuzulassungen insgesamt	Veränderung in %	davon Frauen	davon Männer
2000	256		82	174
2001	243	-5,1	101	142
2002	260	7,0	104	156
2003	298	14,6	118	180
2004	252	-15,4	106	145
2005	295	17,1	128	167
2006	202	-31,5	64	138
2007	194	-4,0	74	120
2008	206	6,2	89	117
2009	188	-8,7	71	117
2010	190	1,1	82	108
2011	155	-18,4	64	91
2012	152	-1,9	82	70
2013	137	-9,9	64	73
2014	136	-0,7	61	75
2015	155	14,0	78	77
2016	138	-11,0	66	72
2017	120	-13,0	60	60
2018	104	-13,3	57	47
2019	117	12,5	67	50
2020	116	0,0	55	61
2021	159	37,1	62	97
2022	133	-16,4	77	56
2023	137	3,0	83	54

Quelle: Auskunft der Bundesrechtsanwaltskammer (bis 2019), Rechtsanwaltskammer (ab 2021), eigene Berechnungen

Tab. 2.1.20: Zahl der Syndikusrechtsanwälte im Bezirk der Rechtsanwaltskammer Celle von 2017 bis 2024

Jahr	Syndikusrechtsan- wälte insgesamt	davon Frauen	davon auch Rechtsanwalt	davon Frauen
2017	308	137	261	105
2018	392	176	314	129
2019	482	212	386	157
2020	534	218	424	165
2021	570	249	449	182
2022	633	282	487	202
2023	709	327	536	228
2024	788	375	573	243

Quelle: BRAK Mitgliederstatistik (ab 2017) (Stichtag jeweils 1.1. des betreffenden Jahres), eigene Berechnungen

Rechtsanwaltskammer Düsseldorf

Tab.2.1.21: Zahl der Rechtsanwälte im Bezirk der Rechtsanwaltskammer Düsseldorf von 1950 bis 2024

Jahr	Rechtsanwälte insgesamt	davon Frauen	Veränderung in %	Anteil an der Gesamtanwaltschaft in %
1950	866			6,7
1955	1.313		51,6	7,8
1960	1.622		23,5	8,8
1965	1.823		12,4	9,2
1970	2.109	91	15,7	9,2
1975	2.391	--	13,4	8,9
1980	2.934	152	1,5	8,1
1985	3.544	310	5,3	7,6
1990	4.267	539	5,2	7,5
1995	5.194	832	4,3	7,0
1996	5.406	933	4,1	6,9
1997	5.803	1.073	7,3	6,8
1998	6.332	1.242	9,1	6,9
1999	6.722	1.443	6,2	6,9
2000	7.236	1.634	7,6	7,0
2001	7.767	1.806	7,3	7,0
2002	8.226	2.008	5,9	7,1
2003	8.605	2.188	4,6	7,1
2004	9.063	2.399	5,3	7,1
2005	9.524	2.609	5,1	7,2
2006	9.963	2.823	4,6	7,2
2007	10.328	2.980	3,7	7,2
2008	10.691	3.185	3,5	7,3
2009	11.113	3.389	3,9	7,4
2010	11.309	3.511	1,8	7,4
2011	11.557	3.660	2,2	7,4
2012	11.812	3.788	2,2	7,5
2013	12.038	3.914	1,9	7,5
2014	12.208	4.048	1,4	7,5
2015	12.260	4.080	0,8	7,5
2016	12.270	4.143	0,1	7,5
2017	12.390	4.209	1,0	7,6
2018	12.495	4.298	0,8	7,6
2019	12.632	4.395	1,1	7,7
2020	12.793	4.500	1,3	7,7
2021	12.791	4.533	-0,0	7,7
2022	12.829	4.636	0,3	7,7
2023	12.924	4.755	0,7	7,8
2024	13.066	4.863	1,1	7,9

Quelle: BRAK Mitgliederstatistik (ab 1981), Statistisches Jahrbuch der Bundesrepublik Deutschland (bis 1980)

Tab. 2.1.22: Zahl der Neuzulassungen im Bezirk der Rechtsanwaltskammer Düsseldorf von 2000 bis 2023

Jahr	Neuzulassungen insgesamt	Veränderung in %	davon Frauen	davon Männer
2000	818		271	547
2001	864	5,6	314	550
2002	758	-12,3	298	457
2003	821	8,3	318	500
2004	862	5,0	327	531
2005	851	-1,3	334	517
2006	826	-2,9	329	497
2007	838	1,5	340	498
2008	646	-22,9	263	383
2009	448	-30,7	208	240
2010	464	3,6	207	257
2011	493	6,3	221	272
2012	469	-4,9	210	259
2013	426	-9,2	197	229
2014	375	-12,0	158	217
2015	368	-1,9	187	181
2016	431	17,1	194	237
2017	440	2,1	219	221
2018	479	8,9	225	254
2019	470	-1,9	253	217
2020	410	-12,8	203	207
2021	467	13,9	248	219
2022	486	4,1	271	215
2023	477	-1,9	238	239

Quelle: Bundesrechtsanwaltskammer (bis 2019), Rechtsanwaltskammer (ab 2020) eigene Berechnungen

Tab. 2.1.23: Zahl der Syndikusrechtsanwälte im Bezirk der Rechtsanwaltskammer Düsseldorf von 2017 bis 2024

Jahr	Syndikusrechtsanwälte insgesamt	davon Frauen	davon auch Rechtsanwalt	davon Frauen
2017	1.021	426	942	385
2018	1.416	606	1.268	532
2019	1.639	719	1.419	601
2020	1.820	828	1.542	670
2021	1.969	923	1.596	709
2022	2.155	1.044	1.679	763
2023	2.337	1.140	1.767	805
2024	2.526	1.258	1.859	847

Quelle: BRAK Mitgliederstatistik (ab 2017) (Stichtag jeweils 1.1. des betreffenden Jahres), eigene Berechnungen

Rechtsanwaltskammer Frankfurt

Tab. 2.1.24: Zahl der Rechtsanwälte im Bezirk der Rechtsanwaltskammer Frankfurt von 1950 bis 2024

Jahr	Rechtsanwälte insgesamt	davon Frauen	Veränderung in %	Anteil an der Gesamtanwaltschaft in %
1950	964			7,5
1955	1.179		22,3	7,0
1960	1.423		20,7	7,8
1965	1.727		21,4	8,7
1970	2.551	67	47,7	11,1
1975	3.220	–	26,2	12,0
1980	4.490	352	4,3	12,4
1985	4.991	697	5,8	10,6
1990	6.027	993	4,1	10,6
1995	7.450	1.538	5,9	10,0
1996	7.799	1.673	4,7	9,9
1997	8.352	1.840	7,1	9,8
1998	8.988	2.113	7,6	9,8
1999	9.749	2.413	8,5	10,0
2000	10.398	2.687	6,7	10,0
2001	11.404	3.090	9,7	10,3
2002	12.318	3.499	8,0	10,6
2003	13.013	3.810	5,6	10,7
2004	13.611	4.107	4,6	10,7
2005	14.212	4.378	4,4	10,7
2006	14.766	4.631	3,9	10,7
2007	15.574	5.009	5,5	10,9
2008	16.323	5.270	4,8	11,1
2009	16.844	5.573	3,2	11,2
2010	17.018	5.803	1,0	11,1
2011	17.286	5.947	1,6	11,1
2012	17.541	6.125	1,5	11,1
2013	17.839	6.314	1,7	11,1
2014	18.061	6.330	1,2	11,1
2015	18.326	6.567	3,7	11,2
2016	18.437	6.567	0,6	11,3
2017	18.650	6.805	1,2	11,4
2018	18.790	6.939	0,8	11,4
2019	19.002	7.155	1,1	11,5
2020	19.308	7.373	1,6	11,6
2021	19.442	7.466	0,7	11,7
2022	19.482	7.551	0,2	11,8
2023	19.482	7.643	0,0	11,8
2024	19.673	7.800	1,0	11,9

Quelle: BRAK Mitgliederstatistik (ab 1981), Statistisches Jahrbuch der Bundesrepublik Deutschland (bis 1980)

2 Regionale Verteilung der Anwaltschaft

Tab. 2.1.25: Zahl der Neuzulassungen im Bezirk der Rechtsanwaltskammer Frankfurt von 2000 bis 2023

Jahr	Neuzulassungen insgesamt	Veränderung in %	davon Frauen	davon Männer
2000	1.105		425	680
2001	1.076	-2,6	454	622
2002	941	-12,5	390	549
2003	898	-4,6	376	517
2004	881	-1,9	371	503
2005	855	-3,0	381	474
2006	1.008	17,9	441	567
2007	991	-1,7	444	547
2008	809	-18,4	392	417
2009	681	-15,8	332	349
2010	693	1,8	304	389
2011	663	-4,3	333	330
2012	687	3,6	357	330
2013	607	-11,6	282	325
2014	610	0,5	277	333
2015	542	-11,1	268	274
2016	655	20,8	308	347
2017	644	-1,7	313	331
2018	636	-1,2	346	290
2019	693	9,0	329	364
2020	594	-14,3	292	302
2021	685	15,3	336	349
2022	701	2,3	369	332
2023	702	0,1	378	324

Quelle: Auskunft der Bundesrechtsanwaltskammer (bis 2019), Rechtsanwaltskammer (ab 2020) eigene Berechnungen

Tab. 2.1.26: Zahl der Syndikusrechtsanwälte im Bezirk der Rechtsanwaltskammer Frankfurt von 2017 bis 2024

Jahr	Syndikusrechtsanwälte insgesamt	davon Frauen	davon auch Rechtsanwalt	davon Frauen
2017	1.763	808	1.651	747
2018	2.216	1.074	2100	953
2019	2.586	1.217	2.289	1.046
2020	2.920	1.409	2.555	1.201
2021	3.182	1.520	2.710	1.248
2022	3.424	1.637	2.912	1.338
2023	3.566	1.724	2.979	1.376
2024	3.806	1.859	3.140	1.455

Quelle: BRAK Mitgliederstatistik (ab 2017) (Stichtag jeweils 1.1. des betreffenden Jahres), eigene Berechnungen

Rechtsanwaltskammer Freiburg

Tab. 2.1.27: Zahl der Rechtsanwälte im Bezirk der Rechtsanwaltskammer Freiburg von 1950 bis 2024

Jahr	Rechtsanwälte insgesamt	davon Frauen	Veränderung in %	Anteil an der Gesamtanwaltschaft in %
1950	206			1,6
1955	271		31,5	1,6
1960	322		18,8	1,8
1965	391		21,4	1,9
1970	475	22	21,5	2,1
1975	622	--	30,9	2,3
1980	959	78	4,9	2,7
1985	1.371	179	4,8	2,9
1990	1.665	254	5,3	2,9
1995	1.954	375	5,6	2,6
1996	2.031	414	3,9	2,6
1997	2.161	462	6,4	2,5
1998	2.281	515	5,6	2,5
1999	2.403	570	5,3	2,5
2000	2.529	611	5,2	2,4
2001	2.620	651	3,6	2,4
2002	2.689	675	2,6	2,3
2003	2.801	725	4,2	2,3
2004	2.905	776	3,7	2,3
2005	3.042	857	4,7	2,3
2006	3.146	907	3,4	2,3
2007	3.233	944	2,8	2,3
2008	3.263	961	0,9	2,2
2009	3.290	978	0,8	2,2
2010	3.311	1.003	0,6	2,2
2011	3.369	1.048	1,8	2,2
2012	3.420	1.084	1,5	2,2
2013	3.459	1.102	1,1	2,2
2014	3.495	1.143	1,0	2,1
2015	3.511	1.158	1,3	2,1
2016	3.498	1.147	-0,4	2,1
2017	3.525	1.177	0,8	2,2
2018	3.496	11.82	-0,8	2,1
2019	3.477	1.180	-0,5	2,1
2020	3.445	1.176	-0,9	2,1
2021	3.380	1.170	-1,9	2,0
2022	3.391	1.171	0,3	2,0
2023	3.382	1.153	-0,3	2,1
2024	3.369	1.187	-0,4	2,0

Quelle: BRAK Mitgliederstatistik (ab 1981), Statistisches Jahrbuch der Bundesrepublik Deutschland (bis 1980)

2 Regionale Verteilung der Anwaltschaft

Tab. 2.1.28: Zahl der neuzugelassenen Rechtsanwälte im Bezirk der Rechtsanwaltskammer Freiburg von 2000 bis 2023

Jahr	Neuzulassungen insgesamt	Veränderung in %	davon Frauen	davon Männer
2000	155		54	101
2001	118	-23,9	44	74
2002	139	17,8	55	83
2003	133	-4,3	50	81
2004	179	34,6	77	100
2005	163	-8,9	64	99
2006	132	-19,0	47	85
2007	104	-21,2	39	65
2008	92	-11,5	44	48
2009	99	7,6	43	56
2010	102	3,0	47	55
2011	107	4,9	48	59
2012	97	-9,3	42	55
2013	81	-16,5	40	41
2014	75	-7,4	37	38
2015	71	-5,3	30	41
2016	100	40,8	41	59
2017	58	-42,0	30	28
2018	84	44,8	37	47
2019	78	-7,1	40	38
2020	88	12,8	46	42
2021	93	5,7	38	55
2022	81	-12,9	42	39
2023	82	1,2	43	39

Quelle: Auskunft der Bundesrechtsanwaltskammer (bis 2019), Rechtsanwaltskammer (ab 2020), eigene Berechnungen

Tab. 2.1.29: Zahl der Syndikusrechtsanwälte im Bezirk der Rechtsanwaltskammer Freiburg von 2017 bis 2024

Jahr	Syndikusrechtsanwälte insgesamt	davon Frauen	davon auch Rechtsanwalt	davon Frauen
2017	120	55	103	51
2018	146	65	124	58
2019	163	73	133	63
2020	184	83	147	69
2021	203	96	159	74
2022	231	104	176	80
2023	268	124	207	95
2024	292	143	214	99

Quelle: BRAK Mitgliederstatistik (ab 2017) (Stichtag jeweils 1.1. des betreffenden Jahres), eigene Berechnungen

Hanseatische Rechtsanwaltskammer Hamburg

Tab. 2.1.30: Zahl der Rechtsanwälte im Bezirk der Rechtsanwaltskammer Hamburg von 1950 bis 2024

Jahr	Rechtsanwälte insgesamt	davon Frauen	Veränderung in %	Anteil an der Gesamtanwaltschaft in %
1950	793			6,2
1955	1.170		47,5	7,0
1960	1.401		19,7	7,6
1965	1.463		4,4	7,4
1970	1.687	91	15,3	7,4
1975	2.017	–	19,6	7,5
1980	2.709	274	3,4	7,5
1985	3.369	503	4,0	7,2
1990	3.999	748	3,4	7,1
1995	4.540	996	2,5	6,1
1996	4.660	1.037	2,6	5,9
1997	4.830	1.096	3,6	5,7
1998	5.083	1.181	5,2	5,6
1999	5.355	1.272	5,4	5,5
2000	5.581	1.362	4,2	5,4
2001	5.908	1.479	5,9	5,4
2002	6.319	1.622	7,0	5,4
2003	6.663	1.762	5,4	5,5
2004	7.017	1.940	5,3	5,5
2005	7.418	2.129	5,7	5,6
2006	7.798	2.302	5,1	5,6
2007	8.072	2.425	3,5	5,7
2008	8.375	2.551	3,8	5,7
2009	8.711	2.688	4,0	5,8
2010	8.966	2.802	2,9	5,9
2011	9.209	2.919	2,7	5,9
2012	9.537	3.109	3,4	6,0
2013	9.768	3.241	2,4	6,1
2014	9.998	3.353	2,4	6,1
2015	10.140	3.434	2,4	6,2
2016	10.231	3.448	0,9	6,2
2017	10.354	3.572	1,2	6,3
2018	10.386	3.600	0,3	6,3
2019	10.495	3.690	1,0	6,4
2020	10.751	3.837	2,4	6,5
2021	10.814	3.899	0,6	6,5
2022	10.956	4.007	1,3	6,6
2023	11.008	4.082	0,5	6,6
2024	11.229	4.229	2,0	6,7

Quelle: BRAK Mitgliederstatistik (ab 1981), Statistisches Jahrbuch der Bundesrepublik Deutschland (bis 1980)

2 Regionale Verteilung der Anwaltschaft

Tab. 2.1.31: Zahl der neuzugelassenen Rechtsanwälte im Bezirk der Rechtsanwaltskammer Hamburg von 2000 bis 2023

Jahr	Neuzulassungen insgesamt	Veränderung in %	davon Frauen	davon Männer
2000	378		128	250
2001	452	19,6	150	302
2002	467	3,3	174	293
2003	496	6,2	215	278
2004	502	1,2	216	286
2005	550	9,6	219	331
2006	470	-14,5	207	263
2007	432	-8,1	184	248
2008	450	4,2	186	264
2009	393	-12,7	161	232
2010	387	-1,5	169	218
2011	441	14,0	220	221
2012	399	-9,5	182	217
2013	393	-1,5	175	218
2014	366	-6,9	163	203
2015	370	1,1	169	201
2016	407	10,0	210	197
2017	375	-7,9	176	199
2018	391	4,3	191	200
2019	536	37,0	277	259
2020	383	-28,5	179	191
2021	418	9,1	196	222
2022	526	25,8	264	262
2023	559	6,3	256	303

Quelle: Auskunft der Bundesrechtsanwaltskammer (bis 2019), Rechtsanwaltskammer (ab 2020), eigene Berechnungen

Tab. 2.1.32: Zahl der Syndikusrechtsanwälte im Bezirk der Rechtsanwaltskammer Hamburg von 2017 bis 2024

Jahr	Syndikusrechtsanwälte insgesamt	davon Frauen	Davon auch Rechtsanwalt	davon Frauen
2017	704	327	641	291
2018	870	401	740	328
2019	1.123	528	937	428
2020	1.252	605	1.016	474
2021	1.372	663	1.097	511
2022	1.525	759	1.188	564
2023	1.684	867	1.257	614
2024	1.846	955	1.350	661

Quelle: BRAK Mitgliederstatistik (ab 2017) (Stichtag jeweils 1.1. des betreffenden Jahres), eigene Berechnungen

Rechtsanwaltskammer Hamm

Tab. 2.1.33: Zahl der Rechtsanwälte im Bezirk der Rechtsanwaltskammer Hamm von 1950 bis 2024

Jahr	Rechtsanwälte insgesamt	davon Frauen	Veränderung in %	Anteil an der Gesamt- anwaltschaft in %
1950	1.353			10,5
1955	1.883		39,2	11,2
1960	2.235		18,7	12,2
1965	2.420		8,3	12,2
1970	2.709	117	11,9	11,8
1975	3.013	--	11,2	11,2
1980	4.033	225	2,3	11,2
1985	5.265	489	6,0	11,2
1990	6.335	460	4,7	11,2
1995	7.335	1.202	4,1	9,9
1996	7.620	1.322	3,9	9,7
1997	8.277	1.543	8,6	9,7
1998	8.854	1.802	7,0	9,7
1999	9.352	1.973	5,6	9,6
2000	9.821	2.169	5,0	9,4
2001	10.243	2.354	4,3	9,3
2002	10.650	2.512	4,0	9,2
2003	11.029	2.659	3,6	9,1
2004	11.541	2.883	4,6	9,1
2005	12.026	3.105	4,2	9,1
2006	12.508	3.359	4,0	9,1
2007	12.822	3.536	2,5	9,0
2008	13.062	3.654	1,9	8,9
2009	13.225	3.746	1,2	8,8
2010	13.378	3.842	1,2	8,7
2011	13.531	3.952	1,1	8,7
2012	13.626	4.024	0,7	8,6
2013	13.742	4.098	0,8	8,5
2014	13.767	4.165	0,2	8,5
2015	13.771	4.211	0,0	8,4
2016	13.772	4.282	0,0	8,4
2017	13.735	4.308	-0,3	8,4
2018	13.648	4.333	-0,6	8,3
2019	13.629	4.373	-0,1	8,3
2020	13.551	4.429	-0,6	8,2
2021	13.490	4.481	-0,5	8,1
2022	13.357	4.500	-1,0	8,1
2023	13.213	4.522	-1,1	8,0
2024	13.117	4.534	-0,7	7,9

Quelle: BRAK Mitgliederstatistik (ab 1981), Statistisches Jahrbuch der Bundesrepublik Deutschland (bis 1980)

2 Regionale Verteilung der Anwaltschaft

Tab. 2.1.34: Zahl der neuzugelassenen Rechtsanwälte im Bezirk der Rechtsanwaltskammer Hamm von 2000 bis 2023

Jahr	Neuzulassungen insgesamt	Veränderung in %	davon Frauen	davon Männer
2000	672		243	429
2001	645	-4,0	240	405
2002	604	-6,4	223	379
2003	699	15,7	264	434
2004	692	-1,0	271	418
2005	712	2,9	299	413
2006	594	-16,6	251	343
2007	521	-12,3	202	319
2008	452	-13,2	198	254
2009	439	-2,9	177	262
2010	452	3,0	193	259
2011	383	-15,3	171	212
2012	367	-4,2	151	216
2013	337	-8,2	160	177
2014	315	-6,5	134	181
2015	308	-2,2	132	176
2016	280	-9,1	128	152
2017	286	2,1	140	146
2018	339	18,5	158	181
2019	299	-11,8	163	136
2020	289	-3,5	133	156
2021	323	11,8	168	155
2022	388	20,1	187	201
2023	496	27,8	179	317

Quelle: Auskunft der Bundesrechtsanwaltskammer (bis 2019), Rechtsanwaltskammer (ab 2020) eigene Berechnungen

Tab. 2.1.35: Zahl der Syndikusrechtsanwälte im Bezirk der Rechtsanwaltskammer Hamm von 2017 bis 2024

Jahr	Syndikusrechtsanwälte insgesamt	davon Frauen	davon auch Rechtsanwalt	davon Frauen
2017	692	286	627	248
2018	925	399	766	311
2019	1.133	496	886	359
2020	1.385	625	1.076	446
2021	1.608	705	1.131	477
2022	1.647	787	1.188	515
2023	1.791	867	1.265	556
2024	1.936	946	1.326	584

Quelle: BRAK Mitgliederstatistik (ab 2017) (Stichtag jeweils 1.1. des betreffenden Jahres), eigene Berechnungen

Rechtsanwaltskammer Karlsruhe

Tab. 2.1.36: Zahl der Rechtsanwälte im Bezirk der Rechtsanwaltskammer Karlsruhe von 1950 bis 2024

Jahr	Rechtsanwälte insgesamt	davon Frauen	Veränderung in %	Anteil an der Gesamtanwaltschaft in %
1950	377			2,9
1955	515		36,6	3,1
1960	644		25,1	3,5
1965				
1970	763	46	18,5	3,3
1975	928	--	21,6	3,5
1980	1.298	122	3,4	3,6
1985	1.738	231	5,0	3,7
1990	2.042	311	4,7	3,6
1995	2.403	438	4,6	3,2
1996	2.558	498	6,5	3,2
1997	2.708	546	5,9	3,2
1998	2.854	596	5,4	3,1
1999	3.092	663	8,3	3,2
2000	3.192	767	3,2	3,1
2001	3.343	829	4,7	3,0
2002	3.480	896	4,1	3,0
2003	3.584	942	3,0	3,0
2004	3.737	1.010	4,3	2,9
2005	3.918	1.107	4,8	3,0
2006	4.115	1.184	5,0	3,0
2007	4.235	1.245	2,9	3,0
2008	4.308	1.299	1,7	2,9
2009	4.367	1.330	1,4	2,9
2010	4.465	1.387	2,2	2,9
2011	4.526	1.425	1,4	2,9
2012	4.570	1.467	1,0	2,9
2013	4.599	1.494	0,6	2,9
2014	4.638	1.531	0,8	2,9
2015	4.637	1.544	0,0	2,8
2016	4.621	1.546	-0,3	2,8
2017	4.624	1.577	0,1	2,8
2018	4.587	1.594	-0,8	2,8
2019	4.545	1.578	-0,9	2,8
2020	4.574	1.611	0,6	2,8
2021	4.533	1.601	-0,9	2,7
2022	4.545	1.623	0,3	2,7
2023	4.522	1.630	-0,5	2,7
2024	4.535	1.658	0,3	2,7

Quelle: BRAK Mitgliederstatistik (ab 1981), Statistisches Jahrbuch der Bundesrepublik Deutschland (bis 1980)

2 Regionale Verteilung der Anwaltschaft

Tab. 2.1.37: Zahl der neuzugelassenen Rechtsanwälte im Bezirk der Rechtsanwaltskammer Karlsruhe von 2000 bis 2023

Jahr	Neuzulassungen insgesamt	Veränderung in %	davon Frauen	davon Männer
2000	234		84	150
2001	218	-6,8	92	126
2002	168	-22,9	59	108
2003	182	8,3	68	113
2004	248	47,6	107	141
2005	234	-5,6	96	138
2006	199	-15,0	81	118
2007	186	-6,5	79	107
2008	168	-9,7	63	105
2009	159	-5,4	73	86
2010	158	-0,6	69	89
2011	118	-25,3	60	58
2012	147	24,6	73	74
2013	107	-27,2	53	54
2014	112	4,7	56	56
2015	103	-8,0	46	57
2016	120	16,5	65	55
2017	108	-10,0	47	61
2018	106	-1,9	44	62
2019	129	21,7	62	64
2020	118	-8,5	62	64
2021	128	8,5	69	59
2022	116	-9,4	54	62
2023	162	39,7	78	84

Quelle: Auskunft der Bundesrechtsanwaltskammer, eigene Berechnungen

Tab. 2.1.38: Zahl der Syndikusrechtsanwälte im Bezirk der Rechtsanwaltskammer Karlsruhe von 2017 bis 2024

Jahr	Syndikusrechtsanwälte insgesamt	davon Frauen	davon auch Rechtsanwalt	davon Frauen
2017	317	142	285	125
2018	392	186	326	152
2019	457	224	368	175
2020	521	250	405	185
2021	561	270	436	198
2022	598	288	438	197
2023	656	319	480	220
2024	715	360	504	237

Quelle: BRAK Mitgliederstatistik (ab 2017) (Stichtag jeweils 1.1. des betreffenden Jahres), eigene Berechnungen

Rechtsanwaltskammer Kassel

Tab. 2.1.39: Zahl der Rechtsanwälte im Bezirk der Rechtsanwaltskammer Kassel von 1950 bis 2024

Jahr	Rechtsanwälte insgesamt	davon Frauen	Veränderung in %	Anteil an der Gesamt- anwaltschaft in %
1950	292			2,3
1955	313		7,2	1,9
1960	298		-4,8	1,6
1965	323		8,4	1,6
1970	350	17	8,4	1,5
1975	384	--	9,7	1,4
1980	599	35	15,1	1,7
1985	702	82	6,4	1,5
1990	853	141	4,5	1,5
1995	958	175	4,6	1,3
1996	992	184	3,5	1,3
1997	1.057	200	6,6	1,2
1998	1.107	219	4,7	1,2
1999	1.186	257	7,1	1,2
2000	1.259	279	6,2	1,2
2001	1.308	306	3,9	1,2
2002	1.371	332	4,8	1,2
2003	1.412	337	3,0	1,2
2004	1.486	378	5,2	1,2
2005	1.533	420	3,2	1,2
2006	1.581	429	3,1	1,1
2007	1.618	444	2,3	1,1
2008	1.646	468	1,6	1,1
2009	1.692	497	2,8	1,1
2010	1.710	503	1,1	1,1
2011	1.720	515	0,6	1,1
2012	1.731	528	0,6	1,1
2013	1.743	530	0,7	1,1
2014	1.751	537	0,5	1,1
2015	1.751	544	0,0	1,1
2016	1.746	551	-0,3	1,1
2017	1.745	556	0,0	1,1
2018	1.743	571	-0,1	1,1
2019	1.728	568	-0,9	1,0
2020	1.723	575	-0,3	1,0
2021	1.715	577	-0,5	1,0
2022	1.704	583	-0,6	1,0
2023	1.704	595	0,0	1,0
2024	1.683	592	-1,4	1,0

Quelle: BRAK Mitgliederstatistik (ab 1981), Statistisches Jahrbuch der Bundesrepublik Deutschland (bis 1980)

2 Regionale Verteilung der Anwaltschaft

Tab. 2.1..40: Zahl der neuzugelassenen Rechtsanwälte im Bezirk der Rechtsanwaltskammer Kassel von 2000 bis 2023

Jahr	Neuzulassungen insgesamt	Veränderung in %	davon Frauen	davon Männer
2000	81		35	46
2001	90	11,1	42	48
2002	81	-10,0	33	48
2003	94	16,0	37	57
2004	89	-5,3	38	51
2005	84	-5,6	30	54
2006	75	-10,7	25	50
2007	75	0,0	38	37
2008	78	4,0	36	42
2009	63	-19,2	30	33
2010	59	-6,3	32	27
2011	55	-6,8	23	32
2012	50	-9,1	16	34
2013	48	-4,0	22	26
2014	45	-6,3	22	23
2015	43	-4,4	22	21
2016	39	-9,3	20	19
2017	50	28,2	28	22
2018	28	-44,0	17	11
2019	38	35,7	15	23
2020	39	2,6	18	21
2021	44	12,8	25	19
2022	35	-20,5	22	13
2023	79	125,7	21	58

Quelle: Auskunft der Bundesrechtsanwaltskammer (bis 2019), Rechtsanwaltskammer (ab 2020), eigene Berechnungen

Tab. 2.1.41: Zahl der Syndikusrechtsanwälte im Bezirk der Rechtsanwaltskammer Kassel von 2017 bis 2024

Jahr	Syndikusrechtsanwälte insgesamt	davon Frauen	davon auch Rechtsanwalt	davon Frauen
2017	81	32	76	29
2018	107	47	91	37
2019	135	61	119	49
2020	150	68	132	56
2021	167	74	142	60
2022	177	79	147	63
2023	185	78	147	59
2024	193	82	151	61

Quelle: BRAK Mitgliederstatistik (ab 2017) (Stichtag jeweils 1.1. des betreffenden Jahres), eigene Berechnungen

Rechtsanwaltskammer Koblenz

Tab. 2.1.42: Zahl der Rechtsanwälte im Bezirk der Rechtsanwaltskammer Koblenz von 1950 bis 2024

Jahr	Rechtsanwälte insgesamt	davon Frauen	Veränderung in %	Anteil an der Gesamtanwaltschaft in %
1950	264			2,1
1955	331		25,4	2,0
1960	374		13,0	2,0
1965	415		11,0	2,1
1970	446	20	7,5	1,9
1975	560	--	24,7	2,1
1980	806	51	5,4	2,2
1985	1.214	140	11,0	2,6
1990	1.433	217	5,7	2,5
1995	1.693	275	5,1	2,3
1996	1.784	302	5,4	2,3
1997	1.926	355	8,0	2,3
1998	2.024	412	5,1	2,2
1999	2.155	489	6,5	2,2
2000	2.339	567	8,5	2,2
2001	2.456	610	5,0	2,2
2002	2.527	635	2,9	2,2
2003	2.619	674	3,6	2,2
2004	2.779	733	6,1	2,2
2005	2.920	796	5,1	2,2
2006	3.023	826	3,5	2,2
2007	3.086	872	2,1	2,2
2008	3.163	914	2,5	2,2
2009	3.197	936	1,1	2,1
2010	3.281	961	2,6	2,1
2011	3.302	994	0,6	2,1
2012	3.343	1.046	1,2	2,1
2013	3.349	1.050	0,2	2,1
2014	3.358	1.070	0,3	2,7
2015	3.340	1.068	-0,5	2,0
2016	3.311	1.170	-0,9	2,0
2017	3.319	1.087	0,2	2,0
2018	3.302	1.104	-0,5	2,0
2019	3.307	1.114	0,2	2,0
2020	3.227	1.096	-2,4	1,9
2021	3.256	1.118	0,9	2,0
2022	3.243	1.164	-0,4	2,0
2023	3.182	1.108	-1,9	1,9
2024	3.175	1.107	-2,2	1,9

Quelle: BRAK Mitgliederstatistik (ab 1981), Statistisches Jahrbuch der Bundesrepublik Deutschland (bis 1980)

2 Regionale Verteilung der Anwaltschaft

Tab. 2.1.43: Zahl der neuzugelassenen Rechtsanwälte im Bezirk der Rechtsanwaltskammer Koblenz von 2000 bis 2023

Jahr	Neuzulassungen insgesamt	Veränderung in %	davon Frauen	davon Männer
2000	167		62	105
2001	131	-21,6	51	80
2002	132	0,8	48	84
2003	165	25,0	74	91
2004	163	-1,2	57	105
2005	150	-8,0	52	98
2006	120	-20,0	55	65
2007	133	10,8	54	79
2008	96	-27,8	46	50
2009	149	55,2	69	80
2010	113	-24,2	59	54
2011	92	-38,3	45	47
2012	103	12,0	44	59
2013	85	-17,5	44	41
2014	76	-10,6	34	42
2015	74	-2,6	39	35
2016	99	33,8	47	52
2017	83	-16,2	45	38
2018	78	-6,0	39	39
2019	96	23,1	57	39
2020	95	1,0	45	50
2021	86	9,5	49	50
2022	72	16,3	36	36
2023	140	94,4	61	79

Quelle: Auskunft der Bundesrechtsanwaltskammer (bis 2018), Rechtsanwaltskammer (ab 2019), eigene Berechnungen

Tab. 2.1.44: Zahl der Syndikusrechtsanwälte im Bezirk der Rechtsanwaltskammer Koblenz von 2017 bis 2024

Jahr	Syndikusrechtsanwälte insgesamt	davon Frauen	davon auch Rechtsanwalt	davon Frauen
2017	170	87	139	61
2018	229	108	192	86
2019	265	122	206	89
2020	304	143	222	98
2021	334	160	234	104
2022	370	181	260	120
2023	389	192	266	126
2024	418	209	283	130

Quelle: BRAK Mitgliederstatistik (ab 2017) (Stichtag jeweils 1.1. des betreffenden Jahres), eigene Berechnungen

Rechtsanwaltskammer Köln

Tab. 2.1.45: Zahl der Rechtsanwälte im Bezirk der Rechtsanwaltskammer Köln von 1950 bis 2024

Jahr	Rechtsanwälte insgesamt	davon Frauen	Veränderung in %	Anteil an der Gesamtanwaltschaft in %
1950	672			5,2
1955	918		36,6	5,5
1960	1.090		18,7	5,9
1965	1.316		20,7	6,6
1970	1.598	89	21,4	7,0
1975	1.890	--	18,3	7,0
1980	2.675	226	3,4	7,4
1985	3.565	430	7,1	7,6
1990	4.463	664	6,0	7,9
1995	5.502	986	5,2	7,4
1996	5.883	1.115	6,9	7,5
1997	6.400	1.307	8,8	7,5
1998	6.977	1.574	9,0	7,6
1999	7.605	1.781	9,0	7,8
2000	8.179	2.013	7,5	7,9
2001	8.688	2.213	6,2	7,9
2002	9.140	2.436	5,2	7,9
2003	9.609	2.640	5,1	7,9
2004	10.007	2.805	4,1	7,9
2005	10.479	3.015	4,7	7,9
2006	11.004	3.285	5,0	8,0
2007	11.359	3.449	3,2	8,0
2008	11.675	3.621	2,8	7,9
2009	11.876	3.742	1,7	7,9
2010	12.091	3.880	1,8	7,9
2011	12.206	3.970	1,0	7,8
2012	12.363	4.090	1,3	7,8
2013	12.526	4.194	1,3	7,8
2014	12.689	4.237	1,3	7,8
2015	12.724	4.301	0,3	7,8
2016	12.755	4.379	0,2	7,8
2017	12.738	4.431	-0,1	7,7
2018	12.801	4.502	0,5	7,8
2019	12.789	4.547	-0,1	7,7
2020	13.000	4.590	1,6	7,8
2021	12.722	4.590	-2,1	7,7
2022	12.717	4.629	0,0	7,7
2023	12.778	4.689	0,5	7,7
2024	12.910	4.796	1,0	7,8

Quelle: BRAK Mitgliederstatistik (ab 1981), Statistisches Jahrbuch der Bundesrepublik Deutschland (bis 1980)

2 Regionale Verteilung der Anwaltschaft

Tab. 2.1.46: Zahl der neuzugelassenen Rechtsanwälte im Bezirk der Rechtsanwaltskammer Köln von 2000 bis 2023

Jahr	Neuzulassungen insgesamt	Veränderung in %	davon Frauen	davon Männer
2000	687		265	422
2001	693	0,9	281	412
2002	665	-4,0	274	389
2003	626	-5,9	244	282
2004	673	7,5	283	390
2005	655	-2,7	295	360
2006	595	-9,2	252	343
2007	572	-3,9	242	330
2008	484	-15,4	233	251
2009	452	-6,6	202	250
2010	405	-10,4	189	216
2011	380	-6,2	205	175
2012	400	5,3	194	206
2013	355	-11,3	164	191
2014	331	-6,8	142	189
2015	327	-1,2	150	177
2016	365	11,6	196	169
2017	372	1,9	185	187
2018	330	-11,3	168	162
2019	360	9,1	163	197
2020	370	2,8	190	180
2021	368	-0,5	185	183
2022	416	13,0	209	207
2023	470	13,0	234	236

Quelle: Auskunft der Bundesrechtsanwaltskammer (bis 2019), Rechtsanwaltskammer (ab 2020), eigene Berechnungen

Tab. 2.1.47: Zahl der Syndikusrechtsanwälte im Bezirk der Rechtsanwaltskammer Köln von 2017 bis 2024

Jahr	Syndikusrechtsanwälte insgesamt	davon Frauen	davon auch Rechtsanwalt	davon Frauen
2017	915	406	852	371
2018	1.513	674	1.337	574
2019	1.680	764	1.428	614
2020	1.890	870	1.581	685
2021	2.047	949	1.663	726
2022	2.141	1.011	1.704	744
2023	2.307	1.101	1.812	799
2024	2.450	1.189	1.876	833

Quelle: BRAK Mitgliederstatistik (ab 2017) (Stichtag jeweils 1.1. des betreffenden Jahres), eigene Berechnungen

Rechtsanwaltskammer Mecklenburg-Vorpommern

Tab. 2.1.48: Zahl der Rechtsanwälte im Bezirk der Rechtsanwaltskammer Mecklenburg-Vorpommern von 1992 bis 2024

Jahr	Rechtsanwälte insgesamt	davon Frauen	Veränderung in %	Anteil an der Gesamtanwaltschaft in %
1992	416	--		0,6
1993	521	129	25,2	0,8
1994	640	163	22,8	0,9
1995	740	184	15,6	1,0
1996	911	29	23,1	1,2
1997	1.039	273	14,1	1,2
1998	1.152	293	10,9	1,3
1999	1.221	299	6,0	1,2
2000	1.296	336	6,1	1,2
2001	1.359	369	4,9	1,2
2002	1.367	369	0,6	1,2
2003	1.387	377	1,5	1,1
2004	1.427	399	2,9	1,1
2005	1.479	433	3,6	1,1
2006	1.536	462	3,9	1,1
2007	1.583	488	3,1	1,1
2008	1.614	505	2,0	1,0
2009	1.607	507	-0,4	1,1
2010	1.600	511	-0,4	1,0
2011	1.586	509	-0,9	1,0
2012	1.603	515	1,1	1,0
2013	1.591	514	-0,8	1,0
2014	1.587	518	-0,3	1,0
2015	1.569	519	1,1	1,0
2016	1.552	511	-1,1	0,9
2017	1.541	501	-0,7	0,9
2018	1.505	489	-2,3	0,9
2019	1.476	489	-1,9	0,9
2020	1.436	468	-2,7	0,9
2021	1.409	456	-1,9	0,9
2022	1.350	430	-4,2	0,8
2023	1.320	416	-2,2	0,8
2024	1.280	397	-3,0	0,8

Quelle: BRAK Mitgliederstatistik

2 Regionale Verteilung der Anwaltschaft

Tab. 2.1.49: Zahl der neuzugelassenen Rechtsanwälte im Bezirk der Rechtsanwaltskammer Mecklenburg-Vorpommern von 2000 bis 2023

Jahr	Neuzulassungen insgesamt	Veränderung in %	davon Frauen	davon Männer
2000	104		48	56
2001	108	3,8	32	76
2002	78	-27,8	26	52
2003	98	25,6	43	55
2004	106	8,2	56	49
2005	80	-24,5	35	45
2006	73	-8,8	36	37
2007	72	-1,4	31	41
2008	49	-31,9	15	34
2009	51	4,1	28	23
2010	34	-33,3	21	13
2011	43	26,5	25	18
2012	33	-23,3	14	19
2013	32	-3,0	17	15
2014	27	-15,6	16	11
2015	44	63,0	24	20
2016	36	-18,2	12	24
2017	19	-47,2	11	8
2018	19	0,0	10	9
2019	15	-21,1	11	4
2020	15	0	11	4
2021	18	20,0	6	12
2022	17	-5,6	5	12
2023	21	23,5	11	10

Quelle: Auskunft der Bundesrechtsanwaltskammer (bis 2019), Rechtsanwaltskammer (2020), eigene Berechnungen

Tab. 2.1.50: Zahl der Syndikusrechtsanwälte im Bezirk der Rechtsanwaltskammer Mecklenburg-Vorpommern von 2017 bis 2024

Jahr	Syndikusrechtsanwälte insgesamt	davon Frauen	davon auch Rechtsanwalt	davon Frauen
2017	16	8	13	5
2018	25	12	20	9
2019	44	22	32	16
2020	53	29	37	20
2021	61	31	41	21
2022	57	28	35	17
2023	58	30	37	20
2024	66	34	43	23

Quelle: BRAK Mitgliederstatistik (ab 2017) (Stichtag jeweils 1.1. des betreffenden Jahres), eigene Berechnungen

Rechtsanwaltskammer München

Tab. 2.1.51: Zahl der Rechtsanwälte im Bezirk der Rechtsanwaltskammer München von 1950 bis 2024

Jahr	Rechtsanwälte insgesamt	davon Frauen	Veränderung in %	Anteil an der Gesamtanwaltschaft in %
1950	1.367			10,6
1955	1.696		24,1	10,1
1960	2.077		22,5	11,3
1965	2.303		10,9	11,6
1970	2.765	155	20,1	12,1
1975	3.456	--	25,0	12,9
1980	4.652	397	2,6	12,9
1985	5.768	784	2,7	12,3
1990	7.018	1.110	6,3	12,4
1995	8.762	1.724	5,5	11,8
2000	11.944	3.106	7,0	11,5
2001	12.744	3.464	6,7	11,5
2002	13.704	3.899	7,5	11,8
2003	14.525	4.302	6,0	12,0
2004	15.154	4.608	4,3	12,0
2005	15.893	4.953	4,9	12,0
2006	16.568	5.257	4,2	12,0
2007	17.241	5.552	4,1	12,1
2008	17.828	5.881	3,4	12,1
2009	18.346	6.144	2,9	12,2
2010	18.990	6.450	3,5	12,4
2011	19.307	6.569	1,7	12,4
2012	19.834	6.827	2,7	12,5
2013	20.301	7.210	2,3	12,6
2014	20.748	7.343	2,2	12,8
2015	20.890	7.461	0,7	12,8
2016	20.924	7.524	0,2	12,8
2017	21.173	7.838	1,2	12,9
2018	21.416	8.071	1,1	13,0
2019	21.631	8.173	1,0	13,1
2020	21.985	8.532	1,6	13,3
2021	22.193	8.683	0,9	13,4
2022	22.377	8.826	0,8	13,5
2023	22.313	8.922	-0,3	13,5
2024	22.470	9.109	0,7	13,6

Quelle: BRAK Mitgliederstatistik (ab 1981), Statistisches Jahrbuch der Bundesrepublik Deutschland (bis 1980)

Tab. 2.1.52: Zahl der neuzugelassenen Rechtsanwälte im Bezirk der Rechtsanwaltskammer München von 2000 bis 2023

Jahr	Neuzulassungen insgesamt	Veränderung in %	davon Frauen	davon Männer
2000	907		358	549
2001	1.007	11,0	413	594
2002	954	-5,3	426	524
2003	895	-6,2	402	487
2004	877	-2,0	413	458
2005	824	-6,0	371	453
2006	753	-8,6	358	395
2007	751	-0,3	357	394
2008	693	-7,7	346	347
2009	742	7,1	322	420
2010	572	-22,9	267	305
2011	729	27,4	352	377
2012	686	-5,9	382	304
2013	679	-1,0	305	374
2014	573	-15,6	282	291
2015	553	-3,5	294	259
2016	609	10,1	326	283
2017	672	10,3	385	287
2018	677	0,7	378	299
2019	780	15,2	432	348
2020	632	-19,0	336	296
2021	657	6,9	348	309
2022	691	5,2	378	313
2023	788	14,0	414	374

Quelle: Auskunft der Bundesrechtsanwaltskammer (bis 2019), Rechtsanwaltskammer (2020), eigene Berechnungen

Tab. 2.1.53: Zahl der Syndikusrechtsanwälte im Bezirk der Rechtsanwaltskammer München von 2017 bis 2024

Jahr	Syndikusrechtsanwälte insgesamt	davon Frauen	davon auch Rechtsanwalt	davon Frauen
2017	1.365	599	1.230	525
2018	2.125	988	1.808	792
2019	2.737	1.299	2.295	1.028
2020	3.084	1.478	2.529	1.150
2021	3.381	1.647	2.727	1.262
2022	3.639	1.789	2.888	1.340
2023	3.864	1.938	2.997	1.414
2024	4.112	2.133	3.123	1.524

Quelle: BRAK Mitgliederstatistik (ab 2017) (Stichtag jeweils 1.1. des betreffenden Jahres), eigene Berechnungen

Rechtsanwaltskammer Nürnberg

Tab. 2.1.54: Zahl der Rechtsanwälte im Bezirk der Rechtsanwaltskammer Nürnberg von 1950 bis 2024

Jahr	Rechtsanwälte insgesamt	davon Frauen	Veränd. in %	Anteil an der Gesamtanwaltschaft in %
1950	517			4,0
1955	688		33,1	4,1
1960	741		7,7	4,0
1965	697		-5,9	3,5
1970	739	18	6,0	3,2
1975	813	--	10,0	3,0
1980	1.069	62	2,5	3,0
1985	1.363	148	6,4	2,9
1990	1.761	288	8,2	3,1
1995	2.185	451	6,0	2,9
1996	2.272	492	4,0	2,9
1997	2.418	550	6,4	2,8
1998	2.605	622	7,7	2,8
1999	2.781	703	6,8	2,8
2000	2.959	782	6,4	2,8
2001	3.136	846	6,0	2,8
2002	3.287	903	4,8	2,8
2003	3.433	975	4,4	2,8
2004	3.609	1.058	5,1	2,8
2005	3.791	1.140	5,0	2,9
2006	3.970	1.230	4,7	2,9
2007	4.117	1.312	3,7	2,9
2008	4.210	1.357	2,3	2,9
2009	4.265	1.398	1,3	2,8
2010	4.364	1.470	2,3	2,9
2011	4.434	1.502	1,6	2,8
2012	4.537	1.596	2,3	2,9
2013	4.638	1.630	2,2	2,9
2014	4.712	1.655	1,6	2,9
2015	4.719	1.678	0,1	2,9
2016	4.688	1.704	-0,7	2,9
2017	4.693	1.716	0,1	2,9
2018	4.716	1.765	0,5	2,9
2019	4.740	1.801	0,5	2,9
2020	4.727	1.799	-0,3	2,8
2021	4.742	1.811	0,3	2,9
2022	4.701	1.820	-0,9	2,8
2023	4.714	1.843	0,3	2,9
2024	4.701	1.867	-0,3	2,8

Quelle: BRAK Mitgliederstatistik (ab 1981), Statistisches Jahrbuch der Bundesrepublik Deutschland (bis 1980)

Tab. 2.1.55: Zahl der neuzugelassenen Rechtsanwälte im Bezirk der Rechtsanwaltskammer Nürnberg von 2000 bis 2023

Jahr	Neuzulassungen insgesamt	Veränderung in %	davon Frauen	davon Männer
2000	219		79	140
2005	234	-9,7	101	133
2006	206	-12,0	102	104
2007	176	-14,6	77	99
2008	153	-13,1	77	76
2009	172	12,4	87	85
2010	150	-12,8	68	80
2011	174	16,0	81	91
2012	154	-11,5	88	64
2013	152	-1,3	72	78
2014	142	-6,6	68	66
2015	120	-15,5	69	51
2016	139	15,8	73	66
2017	154	10,8	97	57
2018	134	-13,0	84	50
2019	149	11,2	82	67
2020	151	1,3	82	69
2021	132	-12,6	75	57
2022	119	-9,8	64	55
2023	129	8,4	71	58

Quelle: Auskunft der Bundesrechtsanwaltskammer (bis 2009), Rechtsanwaltskammer (ab 2010), eigene Berechnungen

Tab. 2.1.56: Zahl der Syndikusrechtsanwälte im Bezirk der Rechtsanwaltskammer Nürnberg von 2017 bis 2024

Jahr	Syndikusrechtsanwälte insgesamt	davon Frauen	davon auch Rechtsanwalt	davon Frauen
2017	293	136	249	110
2018	407	192	339	158
2019	502	237	397	187
2020	570	265	431	200
2021	624	292	464	212
2022	656	313	472	213
2023	705	351	502	232
2024	754	389	529	253

Quelle: BRAK Mitgliederstatistik (ab 2017) (Stichtag jeweils 1.1. des betreffenden Jahres), eigene Berechnungen

Rechtsanwaltskammer Oldenburg

Tab. 2.1.57: Zahl der Rechtsanwälte im Bezirk der Rechtsanwaltskammer Oldenburg von 1950 bis 2024

Jahr	Rechtsanwälte insgesamt	davon Frauen	Veränderung in %	Anteil an der Gesamtanwaltschaft in %
1950	311			2,4
1955	407		30,9	2,4
1960	424		4,2	2,3
1965	473		11,6	2,4
1970	514	10	8,7	2,2
1975	567	--	10,3	2,1
1980	767	39	5,8	2,1
1985	1.056	82	7,8	2,3
1990	1.246	166	1,9	2,2
1995	1.416	251	3,2	1,9
1996	1.505	287	6,3	1,9
1997	1.640	349	9,0	1,9
1998	1.768	398	7,8	1,9
1999	1.872	429	5,9	1,9
2000	2.001	469	6,9	1,9
2001	2.060	491	2,9	1,9
2002	2.149	527	4,3	1,8
2003	2.203	539	2,5	1,8
2004	2.247	555	2,0	1,8
2005	2.342	602	4,2	1,8
2006	2.407	576	2,8	1,7
2007	2.460	601	2,2	1,7
2008	2.514	664	2,2	1,7
2009	2.550	694	1,4	1,7
2010	2.580	713	1,2	1,7
2011	2.628	737	1,9	1,7
2012	2.636	742	0,3	1,7
2013	2.667	762	1,2	1,7
2014	2.683	771	0,6	1,7
2015	2.700	789	2,3	1,7
2016	2.712	805	0,4	1,7
2017	2.716	818	0,1	1,7
2018	2.724	844	0,3	1,7
2019	2.718	845	-0,2	1,6
2020	2.685	847	-1,2	1,6
2021	2.675	848	-0,4	1,6
2022	2.630	837	-1,7	1,6
2023	2.606	836	-0,9	1,6
2024	2.559	836	-1,8	1,5

Quelle: BRAK Mitgliederstatistik (ab 1981), Statistisches Jahrbuch der Bundesrepublik Deutschland (bis 1980)

2 Regionale Verteilung der Anwaltschaft

Tab. 2.1.58: Zahl der neuzugelassenen Rechtsanwälte im Bezirk der Rechtsanwaltskammer Oldenburg von 2000 bis 2023

Jahr	Neuzulassungen insgesamt	Veränderung in %	davon Frauen	davon Männer
2000	108		39	70
2005	97	-13,4	39	58
2006	83	-14,4	28	55
2007	92	10,8	34	58
2008	79	-14,1	41	38
2009	68	-13,9	28	40
2010	87	27,9	35	52
2011	67	-23,0	34	33
2012	75	11,9	32	43
2013	66	-12,0	21	45
2014	53	-19,7	25	28
2015	60	13,2	37	23
2016	71	18,3	30	41
2017	67	-5,6	38	29
2018	52	-22,4	26	26
2019	55	5,8	28	27
2020	57	3,6	31	26
2021	50	-12,3	21	29
2022	44	-12,0	21	23
2023	48	9,1	30	18

Quelle: Auskunft der Bundesrechtsanwaltskammer (bis 2019), Rechtsanwaltskammer (ab 2021), eigene Berechnungen

Tab. 2.1.59: Zahl der Syndikusrechtsanwälte im Bezirk der Rechtsanwaltskammer Oldenburg von 2017 bis 2024

Jahr	Syndikusrechtsanwälte insgesamt	davon Frauen	davon auch Rechtsanwalt	davon Frauen
2017	90	32	69	21
2018	128	46	96	31
2019	156	58	113	38
2020	184	71	129	43
2021	200	79	126	46
2022	213	86	142	60
2023	228	99	150	58
2024	247	107	164	62

Quelle: BRAK Mitgliederstatistik (ab 2017) (Stichtag jeweils 1.1. des betreffenden Jahres), eigene Berechnungen

Rechtsanwaltskammer des Saarlandes

Tab. 2.1.60: Zahl der Rechtsanwälte im Bezirk der Rechtsanwaltskammer des Saarlandes von 1950 bis 2024

Jahr	Rechtsanwälte insgesamt	davon Frauen	Veränderung in %	Anteil an der Gesamtanwaltschaft in %
1950	98			0,8
1955	103		5,1	0,6
1960	108		4,9	0,6
1965	142		31,5	0,7
1970	211	6	48,6	0,9
1975	260	--	23,2	1,0
1980	390	33	3,2	1,1
1985	558	62	7,7	1,2
1990	697	100	6,6	1,2
1995	803	136	3,5	1,1
1996	864	162	7,6	1,1
1997	905	189	4,7	1,1
1998	953	198	5,3	1,0
1999	985	213	3,4	1,0
2000	1.039	237	5,5	1,0
2001	1.078	256	3,8	1,0
2002	1.124	279	4,3	1,0
2003	1.146	294	2,0	0,9
2004	1.194	316	4,2	0,9
2005	1.240	339	3,9	0,9
2006	1.298	369	4,7	0,9
2007	1.357	399	4,5	1,0
2008	1.363	404	0,4	0,9
2009	1.366	420	0,2	0,9
2010	1.397	432	2,3	0,9
2011	1.414	436	1,2	0,9
2012	1.431	453	1,2	0,9
2013	1.445	463	1,0	0,9
2014	1.447	474	0,1	0,9
2015	1.446	485	-0,1	0,9
2016	1.432	486	-1,0	0,9
2017	1.436	497	0,3	0,9
2018	1.423	493	-0,9	0,9
2019	1.420	495	-0,2	0,9
2020	1.411	501	-0,6	0,9
2021	1.401	502	-0,7	0,8
2022	1.385	502	-1,1	0,8
2023	1.370	495	-1,1	0,8
2024	1.231	434	-10,1	0,7

Quelle: BRAK Mitgliederstatistik (ab 1981), Statistisches Jahrbuch der Bundesrepublik Deutschland (bis 1980)

Tab. 2.1.61: Zahl der neuzugelassenen Rechtsanwälte im Bezirk der Rechtsanwaltskammer des Saarlandes von 2000 bis 2023

Jahr	Neuzulassungen insgesamt	Veränderung in %	davon Frauen	davon Männer
2000	57		26	31
2005	75	23,0	35	40
2006	78	4,0	36	42
2007	44	-43,6	14	30
2008	50	13,6	30	20
2009	58	16,0	25	33
2010	54	-6,9	19	35
2011	54	0,0	24	30
2012	52	-3,7	23	29
2013	37	-28,8	23	14
2014	40	8,1	20	20
2015	40	0,0	22	18
2016	53	32,5	27	26
2017	48	-9,4	19	19
2018	47	-2,1	24	23
2019	35	-25,5	18	17
2020	45	28,6	21	24
2021	39	-13,3	21	18
2022	41	5,1	19	22
2023	49	19,5	22	27

Quelle: Auskunft der Bundesrechtsanwaltskammer (bis 2019), Rechtsanwaltskammer (ab 2020), eigene Berechnungen

Tab. 2.1.62: Zahl der Syndikusrechtsanwälte im Bezirk der Rechtsanwaltskammer des Saarlandes von 2017 bis 2024

Jahr	Syndikusrechtsanwälte insgesamt	davon Frauen	davon auch Rechtsanwalt	davon Frauen
2017	63	31	55	27
2018	77	42	62	34
2019	82	45	62	35
2020	96	50	70	36
2021	99	52	68	35
2022	117	56	83	40
2023	124	60	86	41
2024	126	61	82	38

Quelle: BRAK Mitgliederstatistik (ab 2017) (Stichtag jeweils 1.1. des betreffenden Jahres), eigene Berechnungen

Rechtsanwaltskammer Sachsen

Tab. 2.1.63: Zahl der Rechtsanwälte im Bezirk der Rechtsanwaltskammer Sachsen von 1992 bis 2024

Jahr	Rechtsanwälte insgesamt	davon Frauen	Veränderung in %	Anteil an der Gesamtanwaltschaft in %
1992	991	--		1,5
1993	1.557	371	57,1	2,3
1994	1.325	453	-14,9	1,9
1995	2.093	528	58,0	2,8
1996	2.425	623	15,9	3,1
1997	2.757	734	13,7	3,2
1998	3.001	820	8,9	3,3
1999	3.272	987	9,0	3,3
2000	3.481	1.006	6,4	3,3
2001	3.667	1.091	5,3	3,3
2002	3.748	1.157	2,2	3,2
2003	3.886	1.222	3,7	3,2
2004	4.025	1.289	3,6	3,2
2005	4.174	1.371	3,7	3,1
2006	4.279	1.433	2,5	3,1
2007	4.403	1.491	2,9	3,1
2008	4.532	1.565	2,9	3,1
2009	4.592	1.598	1,3	3,1
2010	4.635	1.622	0,9	3,0
2011	4.702	1.669	1,4	3,0
2012	4.744	1.703	0,9	3,0
2013	4.765	1.716	0,4	3,0
2014	4.774	1.726	0,2	3,0
2015	4.749	1.728	-0,5	2,9
2016	4.727	1.742	-0,5	2,9
2017	4.712	1.741	-0,3	2,9
2018	4.656	1.704	-1,2	2,8
2019	4.633	1.690	-0,5	2,8
2020	4.582	1.668	-1,1	2,8
2021	4.503	1.623	-1,7	2,7
2022	4.434	1.604	-1,5	2,7
2023	4.360	1.570	-1,7	2,6
2024	4.293	1.535	-1,5	2,6

Quelle: BRAK Mitgliederstatistik (ab 1981)

2 Regionale Verteilung der Anwaltschaft

Tab. 2.1.64: Zahl der neuzugelassenen Rechtsanwälte im Bezirk der Rechtsanwaltskammer Sachsen von 2000 bis 2023

Jahr	Neuzulassungen insgesamt	Veränderung in %	davon Frauen	davon Männer
2000	304		117	187
2001	264	-13,2	119	145
2002	278	5,3	111	156
2003	301	8,3	127	174
2004	61	-79,7	21	40
2005	222	263,9	113	109
2006	240	8,1	107	133
2007	213	-11,3	103	110
2008	182	-14,6	82	100
2009	167	-8,2	87	80
2010	174	4,2	85	89
2011	160	-8,0	73	87
2012	125	-21,9	67	58
2013	127	1,6	66	61
2014	101	-20,5	46	55
2015	143	41,6	79	64
2016	117	-18,2	63	54
2017	106	-9,4	55	51
2018	124	17,0	58	66
2019	134	8,1	61	73
2020	101	-24,6	54	47
2021	92	-8,9	43	49
2022	117	27,2	62	55
2023	105	-10,3	52	53

Quelle: Auskunft der Bundesrechtsanwaltskammer (bis 2019), Rechtsanwaltskammer (ab 2020), eigene Berechnungen

Tab. 2.1.65: Zahl der Syndikusrechtsanwälte im Bezirk der Rechtsanwaltskammer Sachsen von 2017 bis 2024

Jahr	Syndikusrechtsanwälte insgesamt	davon Frauen	davon auch Rechtsanwalt	davon Frauen
2017	94	47	75	34
2018	152	71	126	56
2019	182	79	149	64
2020	210	95	167	74
2021	226	97	182	75
2022	251	109	196	80
2023	295	132	227	97
2024	314	145	240	103

Quelle: BRAK Mitgliederstatistik (ab 2017) (Stichtag jeweils 1.1. des betreffenden Jahres), eigene Berechnungen

Rechtsanwaltskammer Sachsen-Anhalt

Tab. 2.1.66: Zahl der Rechtsanwälte im Bezirk der Rechtsanwaltskammer Sachsen-Anhalt von 1992 bis 2024

Jahr	Rechtsanwälte insgesamt	davon Frauen	Veränderung in %	Anteil an der Gesamtanwaltschaft in %
1992	512	–		0,8
1993	634	186	23,8	0,9
1994	807	236	27,3	1,1
1995	956	292	18,5	1,3
1996	1.124	338	17,6	1,4
1997	1.254	378	11,6	1,5
1998	1.356	409	8,1	1,5
1999	1.458	441	7,5	1,5
2000	1.521	461	4,3	1,5
2001	1.617	504	6,3	1,5
2002	1.645	508	1,7	1,4
2003	1.648	514	0,2	1,4
2004	1.698	534	3,0	1,3
2005	1.743	560	2,7	1,3
2006	1.747	547	0,2	1,3
2007	1.792	600	2,6	1,3
2008	1.806	610	0,8	1,2
2009	1.808	623	0,1	1,2
2010	1.806	626	-0,1	1,2
2011	1.788	622	-1,0	1,1
2012	1.814	632	1,4	1,1
2013	1.828	649	0,8	1,1
2014	1.808	644	-1,0	1,1
2015	1.802	648	-0,3	1,1
2016	1.788	641	-0,8	1,1
2017	1.755	638	-1,8	1,1
2018	1.711	624	-2,5	1,0
2019	1.657	596	-3,2	1,0
2020	1.608	571	-3,0	1,0
2021	1.564	554	-2,7	0,9
2022	1.531	543	-2,1	0,9
2023	1.477	515	-3,5	0,9
2024	1.431	489	-3,1	0,9

Quelle: BRAK Mitgliederstatistik

2 Regionale Verteilung der Anwaltschaft

Tab. 2.1.67: Zahl der neuzugelassenen Rechtsanwälte im Bezirk der Rechtsanwaltskammer Sachsen-Anhalt von 2000 bis 2023

Jahr	Neuzulassungen insgesamt	Veränderung in %	davon Frauen	davon Männer
2000	148		62	86
2001	98	-33,8	34	64
2002	107	9,2	51	54
2003	106	-0,9	45	61
2004	78	-26,4	31	47
2005	61	-21,8	32	29
2006	74	21,3	32	42
2007	50	-32,4	27	23
2008	45	-10,0	24	21
2009	46	2,2	22	24
2010	30	-34,8	15	15
2011	47	56,7	21	26
2012	40	-14,9	26	14
2013	34	-15,0	17	17
2014	42	23,5	26	16
2015	41	-2,4	24	17
2016	32	-22,0	21	11
2017	33	3,1	18	15
2018	27	-18,2	14	13
2019	19	-29,6	10	9
2020	9	-52,6	4	5
2021	14	55,5	7	7
2022	10	-28,6	7	3
2023	16	60,0	3	13

Quelle: Auskunft der Bundesrechtsanwaltskammer (bis 2019), Rechtsanwaltskammer (ab 2020), eigene Berechnungen

Tab. 2.1.68: Zahl der Syndikusrechtsanwälte im Bezirk der Rechtsanwaltskammer Sachsen-Anhalt von 2017 bis 2024

Jahr	Syndikusrechtsanwälte insgesamt	davon Frauen	davon auch Rechtsanwalt	davon Frauen
2017	22	7	17	4
2018	28	8	23	5
2019	39	12	31	6
2020	46	16	35	10
2021	53	19	40	11
2022	47	19	35	10
2023	53	20	39	12
2024	54	22	39	13

Quelle: BRAK Mitgliederstatistik (ab 2017) (Stichtag jeweils 1.1. des betreffenden Jahres), eigene Berechnungen

Rechtsanwaltskammer Schleswig-Holstein

Tab. 2.1.69: Zahl der Rechtsanwälte im Bezirk der Rechtsanwaltskammer Schleswig-Holstein von 1950 bis 2024

Jahr	Rechtsanwälte insgesamt	davon Frauen	Veränderung in %	Anteil an der Gesamtanwaltschaft in %
1950	461			3,6
1955	597		29,5	3,5
1960	601		0,7	3,3
1965	652		8,5	3,3
1970	759	25	16,4	3,3
1975	841	--	10,8	3,1
1980	1.226	87	2,3	3,4
1985	1.575	183	5,9	3,4
1990	1.790	271	2,9	3,2
1995	2.031	360	5,5	2,7
1996	2.130	329	4,9	2,7
1997	2.321	394	9,0	2,7
1998	2.462	458	6,1	2,7
1999	2.600	572	5,6	2,7
2000	2.782	643	7,0	2,7
2001	2.860	670	2,8	2,6
2002	2.956	614	3,4	2,5
2003	3.055	658	3,3	2,5
2004	3.158	700	3,4	2,5
2005	3.251	747	2,9	2,5
2006	3.360	832	3,4	2,4
2007	3.467	861	3,2	2,4
2008	3.560	899	2,7	2,4
2009	3.609	944	1,4	2,4
2010	3.653	1.059	1,2	2,4
2011	3.736	1.011	2,3	2,4
2012	3.780	1.126	1,2	2,4
2013	3.822	1.162	1,1	2,4
2014	3.870	1.188	1,3	2,4
2015	3.880	1.201	0,3	2,4
2016	3.898	1.221	0,5	2,4
2017	3.855	1.218	-1,9	2,3
2018	3.850	1.232	-0,1	2,3
2019	3.820	1.222	-0,8	2,3
2020	3.776	1.213	-1,2	2,3
2021	3.754	1.238	-0,6	2,3
2022	3.756	1.247	0,0	2,3
2023	3.691	1.240	-1,7	2,2
2024	3.640	1.234	-1,4	2,2

Quelle: BRAK Mitgliederstatistik (ab 1981), Statistisches Jahrbuch der Bundesrepublik Deutschland (bis 1980)

2 Regionale Verteilung der Anwaltschaft

Tab. 2.1.70: Zahl der neuzugelassenen Rechtsanwälte im Bezirk der Rechtsanwaltskammer Schleswig-Holstein von 2000 bis 2023

Jahr	Neuzulassungen insgesamt	Veränderung in %	davon Frauen	davon Männer
2000	173		47	126
2001	163	-5,8	54	109
2002	145	-11,0	55	90
2003	160	10,3	48	112
2004	169	5,6	60	109
2005	151	-10,7	64	87
2006	165	9,3	59	106
2007	146	-11,5	58	88
2008	114	-21,9	51	63
2009	122	7,0	53	69
2010	144	18,0	54	90
2011	117	-18,8	53	64
2012	95	-18,8	52	43
2013	108	13,7	49	59
2014	86	-20,4	37	49
2015	78	-9,3	37	41
2016	65	-16,7	23	42
2017	118	81,5	68	50
2018	62	-47,5	26	36
2019	72	16,1	42	30
2020	92	27,7	51	41
2021	85	-7,6	41	44
2022	100	8,7	37	63
2023	130	30,0	46	84

Quelle: Auskunft der Bundesrechtsanwaltskammer (bis 2019), Rechtsanwaltskammer (ab 2020), eigene Berechnungen

Tab. 2.1.71: Zahl der Syndikusrechtsanwälte im Bezirk der Rechtsanwaltskammer Schleswig-Holstein von 2017 bis 2024

Jahr	Syndikusrechtsanwälte insgesamt	davon Frauen	davon auch Rechtsanwalt	davon Frauen
2017	103	40	95	36
2018	266	103	223	85
2019	298	113	246	90
2020	314	115	247	84
2021	363	144	285	111
2022	399	169	302	122
2023	424	186	317	134
2024	429	188	310	128

Quelle: BRAK Mitgliederstatistik (ab 2017) (Stichtag jeweils 1.1. des betreffenden Jahres), eigene Berechnungen

Rechtsanwaltskammer Stuttgart

Tab. 2.1.72: Zahl der Rechtsanwälte im Bezirk der Rechtsanwaltskammer Stuttgart von 1950 bis 2024

Jahr	Rechtsanwälte insgesamt	davon Frauen	Veränderung in %	Anteil an der Gesamtanwaltschaft in %
1950	586			4,6
1955	709		21,0	4,2
1960	863		21,7	4,7
1965	942		9,2	4,8
1970	1.132	51	31,1	4,9
1975	1.337	--	18,1	5,0
1980	1.751	133	2,5	4,9
1985	2.277	251	4,5	4,9
1990	2.780	394	3,8	4,9
1995	3.339	559	4,1	4,5
1996	3.586	640	7,4	4,6
1997	3.866	740	7,8	4,5
1998	4.110	820	6,3	4,5
1999	4.370	920	6,3	4,5
2000	4.615	1.008	5,6	4,4
2001	4.857	1.092	5,2	4,4
2002	5.127	1.200	5,6	4,4
2003	5.358	1.307	4,5	4,4
2004	5.583	1.408	4,2	4,4
2005	5.873	1.520	5,2	4,4
2006	6.139	1.636	4,5	4,4
2007	6.313	1.748	2,8	4,4
2008	6.472	1.819	2,5	4,4
2009	6.628	1.882	2,4	4,4
2010	6.836	2.000	3,1	4,5
2011	6.957	2.074	1,8	4,5
2012	7.074	2.126	1,7	4,5
2013	7.215	2.224	2,0	4,5
2014	7.299	2.255	1,2	4,5
2015	7.326	2.283	0,4	4,5
2016	7.327	2.321	0,0	4,5
2017	7.372	2.385	0,6	4,5
2018	7.428	2.442	0,8	4,5
2019	7.501	2.502	1,0	4,5
2020	7.672	2.617	2,3	4,6
2021	7.698	2.664	0,3	4,6
2022	7.751	2.731	0,7	4,7
2023	7.730	2.755	-0,3	4,7
2024	7.779	2.817	0,6	4,7

Quelle: BRAK Mitgliederstatistik (ab 1981), Statistisches Jahrbuch der Bundesrepublik Deutschland (bis 1980), RAK Stuttgart

Tab. 2.1.73: Zahl der neuzugelassenen Rechtsanwälte im Bezirk der Rechtsanwaltskammer Stuttgart von 2000 bis 2023

Jahr	Neuzulassungen insgesamt	Veränderung in %	davon Frauen	davon Männer
2000	318		99	219
2001	340	6,9	126	214
2002	321	-5,6	138	182
2003	291	-9,3	117	174
2004	360	23,7	138	220
2005	330	-8,3	131	199
2006	277	-16,1	131	146
2007	285	2,9	121	164
2008	164	-42,5	117	147
2009	294	79,3	136	158
2010	241	-18,0	114	127
2011	259	7,5	119	140
2012	235	-9,3	114	121
2013	204	-13,2	94	110
2014	187	-8,3	90	97
2015	187	0,0	86	101
2016	220	17,6	115	105
2017	182	-17,3	99	83
2018	214	17,6	102	112
2019	243	13,6	122	121
2020	227	-6,6	111	116
2021	221	-2,6	116	105
2022	190	-14,0	109	81
2023	204	7,4	115	89

Quelle: Auskunft der Bundesrechtsanwaltskammer (bis 2019), Rechtsanwaltskammer (2020), eigene Berechnungen

Tab. 2.1.74: Zahl der Syndikusrechtsanwälte im Bezirk der Rechtsanwaltskammer Stuttgart von 2017 bis 2024

Jahr	Syndikusrechtsanwälte insgesamt	davon Frauen	davon auch Rechtsanwalt	davon Frauen
2017	484	206	410	168
2018	892	401	743	323
2019	1.093	500	856	372
2020	1.288	618	964	432
2021	1.431	701	1.032	469
2022	1.545	770	1.096	509
2023	1.656	831	1.144	532
2024	1.748	889	1.174	558

Quelle: BRAK Mitgliederstatistik (ab 2017) (Stichtag jeweils 1.1. des betreffenden Jahres), eigene Berechnungen

Rechtsanwaltskammer Thüringen

Tab. 2.1.75: Zahl der Rechtsanwälte im Bezirk der Rechtsanwaltskammer Thüringen von 1992 bis 2024

Jahr	Rechtsanwälte insgesamt	davon Frauen	Veränderung in %	Anteil an der Gesamtanwaltschaft in %
1992	470	--		0,7
1993	649	175	38,1	1,0
1994	750		15,6	1,1
1995	870	219	16,0	1,2
1996	1.107	280	27,2	1,4
1997	1.295	328	17,0	1,5
1998	1.396	357	7,8	1,5
1999	1.491	384	6,8	1,5
2000	1.561	417	4,7	1,5
2001	1.636	448	4,8	1,5
2002	1.705	467	4,2	1,5
2003	1.724	492	1,1	1,4
2004	1.772	524	2,8	1,4
2005	1.834	558	3,5	1,4
2006	1.889	586	3,0	1,4
2007	1.950	615	3,2	1,4
2008	1.967	633	0,9	1,3
2009	1.995	660	1,4	1,3
2010	2.012	678	0,8	1,3
2011	2.037	685	1,2	1,3
2012	2.059	713	1,1	1,3
2013	2.061	718	0,2	1,3
2014	2.052	715	-0,4	1,3
2015	2.049	712	-0,1	1,3
2016	2.015	709	-1,7	1,2
2017	1.972	689	-2,1	1,2
2018	1.936	672	-1,8	1,2
2019	1.891	660	-2,3	1,1
2020	1.859	645	-1,7	1,1
2021	1.791	606	-3,7	1,1
2022	1.734	588	-3,2	1,0
2023	1.693	570	-2,4	1,0
2024	1.663	565	-1,8	1,0

Quelle: BRAK Mitgliederstatistik (Stichtag jeweils 1.1. des betreffenden Jahres), eigene Berechnungen

2 Regionale Verteilung der Anwaltschaft

Tab. 2.1.76: Zahl der neuzugelassenen Rechtsanwälte im Bezirk der Rechtsanwaltskammer Thüringen von 2000 bis 2023

Jahr	Neuzulassungen insgesamt	Veränderung in %	davon Frauen	davon Männer
2000	146		62	84
2001	125	-14,4	40	85
2002	111	-11,2	42	56
2003	110	-0,9	45	64
2004	127	15,5	55	71
2005	93	-26,8	47	46
2006	104	11,8	51	53
2007	77	-26,0	39	38
2008	74	-3,9	33	41
2009	60	-18,9	31	29
2010	64	6,7	36	28
2011	71	10,9	37	34
2012	55	-22,5	28	27
2013	54	-1,8	23	31
2014	41	-24,1	17	24
2015	43	4,9	21	22
2016	33	-23,3	16	17
2017	30	-9,1	19	11
2018	27	-10,0	14	13
2019	23	-14,8	13	10
2020	13	-43,5	7	6
2021	13	0,0	8	5
2022	13	0,0	6	7
2023	26	100,0	13	13

* bis einschl 4.11.2021

Quelle: Auskunft der Bundesrechtsanwaltskammer (bis 2019), Rechtsanwaltskammer (ab 2020), eigene Berechnungen

Tab. 2.1.77: Zahl der Syndikusrechtsanwälte im Bezirk der Rechtsanwaltskammer Thüringen von 2017 bis 2024

Jahr	Syndikusrechtsanwälte insgesamt	davon Frauen	davon auch Rechtsanwalt	davon Frauen
2017	21	8	20	8
2018	48	23	44	21
2019	61	35	55	31
2020	65	35	58	30
2021	68	37	58	31
2022	79	44	64	33
2023	88	47	72	37
2024	89	44	74	35

Quelle: BRAK Mitgliederstatistik (ab 2017) (Stichtag jeweils 1.1. des betreffenden Jahres), eigene Berechnungen

Rechtsanwaltskammer Tübingen

Tab. 2.1.78: Zahl der Rechtsanwälte im Bezirk der Rechtsanwaltskammer Tübingen von 1950 bis 2024

Jahr	Rechtsanwälte insgesamt	davon Frauen	Veränderung in %	Anteil an der Gesamtanwaltschaft in %
1950	181			1,4
1955	201		17,7	1,3
1960	254		19,2	1,4
1965	260		3,5	1,3
1970	311	7	24,7	1,4
1975	385	18	23,8	1,5
1980	552	33	8,3	1,7
1985	835	84	3,7	1,8
1990	1.015	117	5,0	1,8
1995	1.176	210	5,0	1,6
1996	1.259	228	7,1	1,6
1997	1.298	239	3,1	1,5
1998	1.363	259	5,0	1,5
1999	1.414	275	3,7	1,4
2000	1.495	306	5,7	1,4
2001	1.555	331	4,0	1,4
2002	1.601	362	3,0	1,4
2003	1.666	374	4,1	1,4
2004	1.736	402	4,2	1,4
2005	1.796	425	3,5	1,4
2006	1.870	458	4,1	1,4
2007	1.918	447	2,6	1,3
2008	1.948	508	1,6	1,3
2009	1.980	520	1,6	1,3
2010	2.024	507	2,2	1,3
2011	2.031	577	0,3	1,3
2012	2.056	594	1,2	1,3
2013	2.103	612	2,2	1,3
2014	2.080	604	-1,1	1,3
2015	2.075	613	-0,5	1,3
2016	2.048	591	-1,3	1,3
2017	2.040	620	-0,4	1,2
2018	2.025	597	-0,7	1,2
2019	2.009	630	-0,8	1,2
2020	1.986	630	-1,1	1,2
2021	1.977	633	-0,5	1,2
2022	1.974	648	-0,2	1,2
2023	1.944	648	-1,5	1,2
2024	1.943	662	-0,1	1,2

Quelle: BRAK Mitgliederstatistik (ab 1981), Statistisches Jahrbuch der Bundesrepublik Deutschland (bis 1980)

2 Regionale Verteilung der Anwaltschaft

Tab. 2.1.79: Zahl der neuzugelassenen Rechtsanwälte im Bezirk der Rechtsanwaltskammer Tübingen von 2000 bis 2023

Jahr	Neuzulassungen insgesamt	Veränderung in %	davon Frauen	davon Männer
2000	88		38	50
2001	87	-1,1	42	45
2002	92	5,7	28	64
2003	104	13,0	37	66
2004	93	-10,6	28	65
2005	107	15,1	41	66
2006	76	-29,0	35	41
2007	77	1,3	35	42
2008	63	-18,2	32	31
2009	73	15,9	34	39
2010	62	-15,1	30	32
2011	53	-14,5	19	34
2012	59	11,3	25	34
2013	40	-32,2	19	21
2014	48	20,0	21	27
2015	37	-22,9	21	16
2016	57	54,1	30	27
2017	39	-31,6	24	15
2018	50	28,2	22	28
2019	47	-6,0	30	17
2020	67	42,5	26	46
2021	72	7,5	35	37
2022	48	-33,3	24	24
2023	79	64,6	36	43

Quelle: Auskunft der Bundesrechtsanwaltskammer (bis 2019), Rechtsanwaltskammer (ab 2020), eigene Berechnungen

Tab. 2.1.80: Zahl der Syndikusrechtsanwälte im Bezirk der Rechtsanwaltskammer Tübingen von 2017 bis 2024

Jahr	Syndikusrechtsan- wälte insgesamt	davon Frauen	davon auch Rechtsanwalt	davon Frauen
2017	82	27	74	24
2018	108	38	90	33
2019	139	52	110	40
2020	165	61	129	48
2021	184	72	140	54
2022	192	79	145	52
2023	204	83	149	51
2024	220	99	147	54

Quelle: BRAK Mitgliederstatistik (ab 2017) (Stichtag jeweils 1.1. des betreffenden Jahres), eigene Berechnungen

Pfälzische Rechtsanwaltskammer Zweibrücken

Tab. 2.1.81: Zahl der Rechtsanwälte im Bezirk der Rechtsanwaltskammer Zweibrücken von 1950 bis 2024

Jahr	Rechtsanwälte insgesamt	davon Frauen	Veränderung in %	Anteil an der Gesamtanwaltschaft in %
1950	118			0,9
1955	208		76,3	1,2
1960	269		29,3	1,5
1965	253		-5,9	1,3
1970	257	7	1,6	1,1
1975	305	--	18,7	1,1
1980	430	25	2,4	1,2
1985	619	63	6,4	1,3
1990	756	92	3,1	1,3
1995	883	140	3,3	1,2
2000	1.152	251	3,4	1,1
2001	1.200	282	4,2	1,1
2002	1.236	297	3,0	1,1
2003	1.249	303	1,1	1,0
2004	1.266	308	1,4	1,0
2005	1.295	329	2,3	1,0
2006	1.349	371	4,2	1,0
2007	1.386	391	2,7	1,0
2008	1.389	390	0,2	0,9
2009	1.397	398	0,6	0,9
2010	1.420	415	1,7	0,9
2011	1.433	424	0,9	0,9
2012	1.443	433	0,7	0,9
2013	1.443	442	0,0	0,9
2014	1.453	450	0,7	0,9
2015	1.447	449	-0,4	0,9
2016	1.445	451	-0,1	0,7
2017	1.451	448	0,4	0,9
2018	1.425	443	-1,8	0,9
2019	1.406	441	-1,3	0,9
2020	1.381	444	-1,8	0,8
2021	1.349	443	-2,3	0,8
2022	1.340	446	-0,7	0,8
2023	1.329	440	-0,8	0,8
2024	1.321	452	-0,6	0,8

Quelle: BRAK Mitgliederstatistik (ab 1981), Statistisches Jahrbuch der Bundesrepublik Deutschland (bis 1980)

2 Regionale Verteilung der Anwaltschaft

Tab. 2.1.82: Zahl der neuzugelassenen Rechtsanwälte im Bezirk der Rechtsanwaltskammer Zweibrücken von 2000 bis 2023

Jahr	Neuzulassungen insgesamt	Veränderung in %	davon Frauen	davon Männer
2000	70		25	45
2001	41	-41,4	15	26
2002	45	9,8	17	28
2003	44	-2,2	16	26
2004	55	25,0	17	38
2005	60	9,1	28	32
2006	45	-25,0	23	22
2007	33	-26,7	15	18
2008	38	15,2	17	21
2009	33	-13,2	15	18
2010	40	21,2	15	25
2011	41	2,5	13	28
2012	29	-29,3	11	18
2013	31	6,9	15	16
2014	18	-42,0	7	11
2015	19	5,6	9	10
2016	36	89,5	13	23
2017	20	-44,4	8	12
2018	19	-5,0	11	8
2019	31	63,2	17	14
2020	26	-16,1	12	14
2021	32	23,1	20	12
2022	27	-15,6	9	18
2023	39	44,4	15	24

Quelle: Auskunft der Bundesrechtsanwaltskammer (bis 2019), Rechtsanwaltskammer (ab 2020), eigene Berechnungen

Tab. 2.1.83: Zahl der Syndikusrechtsanwälte im Bezirk der Rechtsanwaltskammer Zweibrücken von 2017 bis 2024

Jahr	Syndikusrechtsanwälte insgesamt	davon Frauen	davon auch Rechtsanwalt	davon Frauen
2017	63	21	52	17
2018	77	29	59	21
2019	89	35	66	24
2020	114	47	76	26
2021	116	45	72	22
2022	123	51	77	28
2023	131	51	84	29
2024	145	62	95	35

Quelle: BRAK Mitgliederstatistik (ab 2017) (Stichtag jeweils 1.1. des betreffenden Jahres), eigene Berechnungen

Tab. 2.1.84: Zahl der Rechtsanwälte auf dem Gebiet der heutigen Bundesrepublik Deutschland nach Kammerbezirken von 1885 bis 1905*

Anwaltskammerbezirk	1885	1887	1889	1891	1893	1895	1897	1899	1901	1903	1905
Augsburg	76	65	60	64	66	82	104	117	106	111	116
Bamberg	83	78	77	76	76	81	122	147	134	130	141
Berlin	415	509	594	675	760	848	909	984	1.032	1.096	1.187
Braunschweig	50	47	43	43	39	41	54	66	69	83	83
Celle	225	230	244	254	257	259	260	267	260	266	288
Darmstadt	123	130	127	123	126	121	120	140	145	152	173
Dresden	515	509	499	483	494	510	538	584	647	698	775
Frankfurt	131	142	169	182	199	203	209	222	225	239	258
Hamburg	187	189	204	218	227	237	243	259	278	292	316
Hamm	217	232	270	281	289	293	311	316	338	383	439
Jena	146	144	151	156	150	152	150	152	154	163	164
Karlsruhe	131	134	139	146	158	170	184	210	224	249	278
Kassel	85	83	83	83	84	83	81	79	83	82	86
Kiel	88	96	105	113	125	128	134	146	145	161	167
Köln	298	320	355	372	395	426	457	487	539	570	603
München	203	193	186	193	218	259	331	379	361	391	437
Naumburg	208	227	252	270	279	285	297	314	318	320	334
Nürnberg	84	84	80	81	87	109	131	161	146	158	162
Oldenburg	16	16	16	12	12	11	13	14	16	20	17
Rostock	200	187	175	165	154	142	132	136	129	141	147
Stuttgart	162	162	166	180	185	194	188	217	230	248	277
Zweibrücken	41	46	44	48	50	55	63	68	71	86	98

* Die Rechtsanwaltskammer Düsseldorf wurde 1906 gegründet, die Rechtsanwaltskammer Potsdam 1911, die Rechtsanwaltskammer des Saargebiets 1920. Die Rechtsanwaltskammern Koblenz, Tübingen, Freiburg und Bremen wurden nach dem Zweiten Weltkrieg gegründet.

Quelle: AnwBl. / Statistisches Jahrbuch des Deutschen Reiches (Stichtag jeweils 1.1. des betreffenden Jahres)

Tab. 2.1.85: Zahl der Rechtsanwälte auf dem Gebiet der heutigen Bundesrepublik Deutschland nach Kammerbezirken von 1907 bis 1924*

Anwaltskammerbezirk	1907	1909	1911	1913	1915	1917	1919	1921	1923	1924
Augsburg	121	137	169	189	205	175	165	151	153	155
Bamberg	153	174	214	260	269	237	218	199	206	201
Berlin	1.327	1.499	1.751	2.025	2.216	2.162	2.128	2.501	2.698	2.398
Braunschweig	81	83	90	100	98	87	85	92	94	92
Celle	296	331	368	429	466	445	436	514	547	550
Darmstadt	195	220	246	263	272	252	242	256	251	220
Dresden	880	992	1.121	1226	1234	1172	1143	1098	1.093	1.082
Düsseldorf[1]	304	356	415	483	523	505	497	554	576	570
Frankfurt	278	294	338	366	399	384	374	414	410	431
Hamburg	344	385	421	463	491	483	454	483	572	578
Hamm	430	507	575	691	745	711	702	758	779	769
Jena	176	188	199	210	208	189	179	187	178	186
Karlsruhe	325	372	412	464	482	458	443	454	455	453
Kassel	94	93	110	134	145	132	131	148	156	150
Kiel	188	210	243	269	300	288	271	285	312	311
Köln	423	478	512	604	670	653	638	722	737	663
München	460	514	615	705	748	691	680	636	696	686
Naumburg	362	376	422	453	465	450	429	499	504	493
Nürnberg	179	216	260	306	327	302	284	277	269	276
Oldenburg	16	16	22	25	33	31	31	26	32	32
Potsdam[2]	—	—								305
Rostock	163	174	177	173	169	156	148	142	137	134
Saargebiet	—	—	—	—	—	—	—	—		
Stuttgart	328	362	380	435	426	398	359	358	366	369
Zweibrücken	111	130	162	181	187	172	168	149	148	125

* Die Rechtsanwaltkammer Düsseldorf wurde 1906 gegründet, die Rechtsanwaltkammer Potsdam 1911. Die Rechtsanwaltkammer des Saargebiets wurde 1920 gegründet, Zahlen liegen erst ab 1928 vor. Die Rechtsanwaltkammern Koblenz, Tübingen, Freiburg und Bremen wurden nach dem Zweiten Weltkrieg gegründet.
1 bis 1906 in den Kammerbezirken Köln und Hamm mit erfasst
2 bis 1923 im Kammerbezirk Berlin miterfasst

Quelle: Statistisches Jahrbuch des Deutschen Reiches (Stichtag jeweils 1.1. des betreffenden Jahres)

Tab. 2.1.86: **Zahl der Rechtsanwälte auf dem Gebiet der heutigen Bundesrepublik Deutschland nach Kammerbezirken von 1925 bis 1933***

Anwaltskammerbezirk	1925	1926	1927	1928	1929	1930	1931	1932	1933
Augsburg	157	167	171	170	173	197	214	233	245
Bamberg	236	235	245	250	269	282	305	247	380
Berlin	2.594	2.732	2.860	2.955	3.017	3.096	3.197	3.251	3.400
Braunschweig	102	114	127	132	144	152	157	160	169
Celle	585	609	630	654	681	700	734	770	818
Darmstadt	222	226	237	244	252	251	264	303	329
Dresden	1.204	1.297	1.334	1.372	1.435	1.500	1.571	1.650	1.785
Düsseldorf	587	609	651	665	691	713	756	789	844
Frankfurt	438	455	480	491	489	504	527	543	578
Hamburg	648	690	719	745	771	812	859	885	928
Hamm	818	845	876	897	933	978	1.011	1.080	1.198
Jena	203	222	239	258	256	265	287	297	331
Karlsruhe	498	524	545	553	574	582	596	615	643
Kassel	154	168	179	188	181	185	191	208	228
Kiel	340	354	378	390	411	425	443	472	501
Köln	694	726	753	757	769	783	812	855	901
München	730	763	797	811	824	885	933	998	1.032
Naumburg	536	565	582	613	636	653	698	733	787
Nürnberg	318	329	332	339	362	390	432	472	532
Oldenburg	34	40	39	42	46	47	55	63	71
Potsdam	318	333	343	352	383	387	399	412	441
Rostock	148	165	178	190	204	208	214	222	233
Saargebiet				74	75	84	89	95	
Stuttgart	409	456	461	467	491	502	520	571	620
Zweibrücken	149	154	149	185	168	188	201	206	242

* Die Rechtsanwaltskammern Koblenz, Tübingen, Freiburg und Bremen wurden nach dem Zweiten Weltkrieg gegründet.

Quelle: Statistisches Jahrbuch des Deutschen Reiches, AnwBl. 1929-1932, BRAK (Stichtag jeweils 1.1. des betreffenden Jahres)

2 Regionale Verteilung der Anwaltschaft

Tab. 2.1.87: Zahl der Rechtsanwälte auf dem Gebiet der heutigen Bundesrepublik Deutschland nach Kammerbezirken von 1935 bis 1949*

Anwaltskammerbezirk	1935	1936	1937	1938	1939	1940	1941	1942	1949
Augsburg	234	221	210	205	192	180	175	169	
Bamberg	354	336	310	298	267	250	247	241	
Berlin	2.931	3.007	2.858	2.718	1.971	2.089	2.110	2.136	
Braunschweig	163	165	157	152	141	137	138	134	178
Celle	834	857	831	772	704	687	669	656	704
Darmstadt	316	309	291	268	225	221	215	211	
Dresden	1.772	1.716	1.678	1.613	1.508	1.454	1.409	1.393	
Düsseldorf	874	901	879	849	778	767	767	758	859
Frankfurt	483	478	451	435	331	328	330	337	
Hamburg	906	922	885	902	801	791	788	765	706
Hamm	1275	1.335	1.295	1.259	1.163	1.146	1.131	1.121	1.312
Jena	316	325	311	304	289	281	276	266	
Karlsruhe	609	588	556	537	446	443	446	438	
Kassel	280	281	219	215	190	185	182	180	
Kiel	489	473	453	392	364	352	344	333	441
Köln	972	1.003	1.076	1.039	881	858	842	825	650
München	1.010	963	908	880	751	732	732	727	
Naumburg	795	791	763	736	693	684	670	660	
Nürnberg	458	439	423	400	332	318	310	309	
Oldenburg	74	76	75	82	81	77	73	74	
Potsdam[1]	421	421	409	392	358	347	358	323	
Rostock	227	236	227	224	213	209	206	196	
Saargebiet[2]	118	105	-	-	-	-	-	-	
Stuttgart	625	621	584	551	493	491	489	483	
Zweibrücken	241	237	207	195	262	246	243	239	

* Die Rechtsanwaltskammern Koblenz, Tübingen, Freiburg und Bremen wurden nach dem Zweiten Weltkrieg gegründet.
1 bis 1921 in Kammerbezirk Berlin miterfasst
2 ab 1937 im Kammerbezirk Köln miterfasst

Quelle: Mitteilungen der Reichs-Rechtsanwaltskammer (1935-1942); BRAK (Stichtag jeweils 1.1. des betreffenden Jahres)

2.2 Anwaltsdichte in den Bundesländern

Tab. 2.2.1: Zahl der Anwälte und der Anwaltsdichte nach Bundesländern im Jahr 2024

Bundesland	Rechtsanwälte (Stand 1.1.2024)	Bevölkerungszahl in Tsd. (Stand 31.12.2023)	Einwohner pro Anwalt
Baden-Württemberg *	17.626	11.280	639
Bayern	29.725	13.369	449
Berlin	14.809	3.755	253
Brandenburg	2.091	2.573	1.230
Bremen	1.734	684	394
Hamburg	11.229	1.892	168
Hessen	21.356	6.391	299
Mecklenburg-Vorpommern	1.280	1.628	1.271
Niedersachsen	9.918	8.140	820
Nordrhein-Westfalen	39.093	18.139	463
Rheinland-Pfalz	4.496	4.159	925
Saarland	1.357	992	731
Sachsen	4.293	4.086	951
Sachsen-Anhalt	1.431	2.186	1.527
Schleswig-Holstein	3.640	2.953	811
Thüringen	1.663	2.126	1.278
Gesamt	***165.741**	**84.358**	**509**

* ohne Mitglieder der Rechtsanwaltskammer beim BGH

Quellen: Zahl der Rechtsanwälte (BRAK Mitgliederstatistik); Bevölkerungszahl (Statistisches Bundesamt), eigene Berechnungen

2.3 Altersstruktur in den Kammerbezirken

Tab. 2.3.1: Altersdurchschnitt und -struktur nach Rechtsanwaltskammern im Jahr 2024

Kammerbezirk	⌀ Alter	bis 30 Jahre (%)	>30-40 Jahre (%)	>40-50 Jahre (%)	>50-60 Jahre (%)	>60-70 Jahre (%)	> 70 Jahre (%)
Bamberg	53,7	2,3	13,3	22,5	33,0	20,2	8,6
Berlin	50,7	2,0	21,0	27,1	29,0	14,8	6,1
Brandenburg	55,0	0,6	7,1	24,9	38,3	22,8	6,4
Braunschweig	52,9	1,5	14,8	26,3	30,0	20,4	7,0
Bremen	53,6	2,4	14,0	23,6	31,0	19,5	9,4
Celle	53,8	2,1	12,9	23,5	33,0	20,2	8,4
Düsseldorf	51,6	1,6	19,3	27,6	28,1	16,3	7,1
Frankfurt	50,5	3,0	20,7	26,9	28,6	14,7	6,1
Freiburg	54,4	3,0	12,9	22,5	28,2	22,2	11,3
Hamburg	49,9	3,3	23,2	26,9	26,8	13,1	6,7
Hamm	53,8	2,2	13,5	23,8	30,9	20,9	8,7
Karlsruhe	53,5	2,5	14,9	23,7	29,1	19,8	10,0
Kassel	54,4	1,2	14,2	20,5	31,0	23,1	10,0
Koblenz	54,9	1,8	12,8	21,8	29,5	22,2	11,8
Köln	52,5	2,4	16,3	24,7	31,1	18,0	7,6
Mecklenburg-V.	55,4	1,4	5,5	23,5	38,1	25,0	6,4
München	51,0	3,7	19,9	25,2	29,1	14,5	7,6
Nürnberg	51,7	3,4	16,4	27,1	29,7	16,2	7,3
Oldenburg	54,2	1,8	12,9	22,6	32,1	22,0	8,6
Saarland	53,7	2,1	17,2	21,6	26,0	22,5	10,6
Sachsen	52,2	2,2	12,6	29,1	32,8	18,5	4,8
Sachsen-Anhalt	55,5	1,0	6,1	22,1	38,6	25,5	6,6
Schleswig-H.	54,8	1,5	10,5	23,3	33,7	21,7	9,3
Stuttgart	51,6	3,1	18,8	26,5	26,5	17,4	7,7
Thüringen	55,2	0,5	6,4	26,3	36,2	24,4	6,3
Tübingen	54,3	2,4	13,2	23,7	27,6	21,6	11,4
Zweibrücken	55,4	1,7	11,4	21,3	29,8	25,2	10,6
Bundesgebiet	**52,4**	**2,5**	**17,2**	**25,4**	**29,8**	**17,5**	**7,6**

Quelle: BRAK

3 Innere Differenzierung der Anwaltschaft

- BGH-Anwälte
- Fachanwaltschaften
- Anwaltsnotare
- Doppelbänder

3.1 BGH-Anwälte

Die beim Bundesgerichtshof (BGH) zugelassenen Rechtsanwälte nehmen eine Sonderposition in der deutschen Anwaltschaft ein. Der Bundesgerichtshof ist das einzige Bundesgericht, vor dem nicht jeder Rechtsanwalt postulationsfähig ist, sondern – in Zivilsachen – nur ein beim Bundesgerichtshof zugelassener Rechtsanwalt. Zum Rechtsanwalt beim Bundesgerichtshof wird nach § 164 BRAO nur zugelassen, wer vom Wahlausschuss für Rechtsanwälte beim Bundesgerichtshof gewählt und nachfolgend vom Bundesminister der Justiz ernannt wird. Die beim Bundesgerichtshof zugelassenen Rechtsanwälte bilden eine eigene Rechtsanwaltskammer, ihre Zahl wird in der jährlichen Mitgliederstatistik der Bundesrechtsanwaltskammer gesondert ausgewiesen. **Tab. 3.1.1** zeigt, dass zu Beginn des Jahres 2024 37 Rechtsanwälte beim Bundesgerichtshof zugelassen waren, darunter sieben Frauen. Die Zahl der BGH-Anwälte ist traditionell niedrig, sie hat mit dem Größenwachstum der Gesamtanwaltschaft nicht annähernd Schritt gehalten. Bemerkenswert ist, dass bereits vor mehr als 130 Jahren die Zahl der Rechtsanwälte beim Reichsgericht 19 betrug. Sie stieg bis 1930 auf 23 an, eine Zahl, die die Anwaltschaft beim Bundesgerichtshof erst 1994 erreichte. Die erste Rechtsanwältin wurde 1985 Mitglied der Rechtsanwaltskammer beim Bundesgerichtshof. Der Anteil der Frauen lag im Jahr 2024 mit 16 % deutlich unter ihrem Anteil an der Gesamtanwaltschaft und auch niedriger als in allen anderen Rechtsanwaltskammern.

3.2 Fachanwaltschaften

Die innere Differenzierung zwischen Spezialisten und Generalisten ist neben dem kontinuierlichen Größenwachstum und dem geschlechtsspezifischen Wandel des Berufsstandes eine weitere deutliche Entwicklungslinie des Anwaltsberufs. Immer mehr Rechtsanwälte versuchen, sich durch eine Spezialisierung auf ein bestimmtes Fachgebiet bzw. durch den Erwerb eines Fachanwaltstitels auf diesem Gebiet von ihren Kollegen zu unterscheiden.

Die Idee der Fachanwaltschaften entstand in den 1920er Jahren. Das Führen einer Fachanwaltsbezeichnung wurde seinerzeit als rein standesrechtliches Problem des sog. „Spezialistentums" angesehen. Der Anwaltstag 1929 fasste einen Beschluss zur grundsätzlichen Zulässigkeit der Fachanwaltschaft und ihrer Kundbarmachung, 1930 wurden Richtlinien für die Einführung erster Fachanwaltschaften ausgearbeitet. Seinerzeit wurden die Fachanwaltschaften für Steuerrecht, Urheber- und Verlagsrecht, Gewerblichen Rechtschutz, Staats- und Verwaltungsrecht, Auslandsrecht, Arbeitsrecht und Sozialversicherungsrecht eingeführt. Die Bezeichnung durfte frühestens drei (anfänglich: fünf) Jahre nach Zulassung aufgrund einer Unbedenklichkeitsbescheinigung der zuständigen Rechtsanwaltskammer geführt werden. Die Nachfrage war recht verhalten, 1932 führten 150 Anwälte im Deutschen Reich die Bezeichnung Fachanwalt. Nach der Machtergreifung der Nationalsozialisten wurden die Fachanwaltschaften im Jahr 1935 aus ideologischem und auch rassepolitischem Impetus abgeschafft. Von 1937 bis 1941 wurde das Führen des Fachanwaltstitels für Steuerrecht wieder erlaubt; dieser wurde auch nach dem Zweiten Weltkrieg in allen Bundesländern eingeführt. Im Gebiet der seinerzeitigen britischen Besatzungszone waren zudem Fachanwaltstitel für Verwaltungsrecht verliehen worden.

Trotz lebhafter Diskussionen in der Anwaltschaft kam es erst 1986 zur Einführung neuer Fachanwaltschaften durch die Bundesrechtsanwaltskammer, nachdem sich der Gesetzgeber zuvor nicht zu einer gesetzlichen Regelung hatte entschließen können. Die neuen Fachanwaltsbezeichnungen für Arbeits-, Sozial- und Verwaltungsrecht orientierten sich an den neben der ordentlichen Gerichtsbarkeit in Deutschland existierenden Gerichtsbarkeiten. Das Konzept der Ausrichtung der Fachanwaltsgebiete an den Gerichtsbarkeiten wurde 1997 erstmals durchbrochen, als durch die Satzungsversammlung die Fachanwaltschaften für Straf- und Familienrecht eingeführt wurden. In den folgenden elf Jahren wurden 14 weitere Fachanwaltschaften verabschiedet, so dass ihre Zahl seit 2008 20 betrug. Während in den Jahren 2009 bis 2013 keine weiteren Fachanwaltsgebiete geschaffen wurden, hat die Satzungsversammlung in den darauffolgenden Jahren auf die gestiegene Nachfrage an rechtlicher Beratung in den Gebieten Internationales Wirtschaftsrecht, Vergaberecht und Migrationsrecht reagiert und 2014, 2015 bzw. 2016 dementsprechende Fachanwaltschaften geschaffen. 2019 kam die Fachanwaltschaft Sportrecht hinzu, sodass die Zahl der Fachanwaltschaften sich nun insgesamt auf 24 beläuft. **Tab. 3.2.1** zeigt die Genese der Fachanwaltsgebiete auf.

Die Bedeutung der gegenwärtig 24 Fachanwaltschaften ist nicht ausgeglichen (**Abb. 3.2.1**): Die Hälfte aller verliehenen Fachanwaltstitel verteilt sich auf nur vier Fachanwaltsgebiete, das Arbeits-, das Familien-, das Steuer- und das Verkehrsrecht. Einen Anteil von über 5 % erreichen neben diesen vier Gebieten nur noch das Straf-, das Miet- und Wohnungseigentumsrecht und das Bau- und Architektenrecht. Diese Unterschiede sind nicht allein mit dem unterschiedlichen Zeitpunkt der Schaffung der verschiedenen Fachanwaltschaften zu erklären: So entfallen auch auf die traditionsreichen Fachanwaltschaften für Verwaltungs- und Sozialrecht jeweils weniger als

3 % der Fachanwaltstitel. Die Größe und der prozentuale Anteil der einzelnen Fachanwaltschaften ist in. **Tab. 3.2.2.** abgebildet.

Die regionale und geschlechtsspezifische Verteilung der Fachanwaltstitel ist **Tab. 3.2.3** bis **Tab. 3.2.9** zu entnehmen. Hierbei zeigen sich erhebliche Unterschiede zwischen den Kammern: In einigen Kammern kommen auf 100 Rechtsanwälte nur 25 Fachanwaltstitel (Frankfurt und Hamburg), in anderen Kammern sind es mit 48 fast doppelt so viele (Oldenburg) . Auch der Anteil der an Frauen verliehenen Fachanwaltstitel variiert im Vergleich der Kammern, wenngleich nicht in ähnlich starkem Maße (zwischen 28 % in Bremen und 39 % in Brandenburg).

Voraussetzung für die Verleihung des Fachanwaltstitels ist der Nachweis besonderer theoretischer Kenntnisse und praktischer Erfahrungen nach mindestens dreijähriger Berufszugehörigkeit. Die jährlich aktualisierte Fachanwaltstatistik der Bundesrechtsanwaltskammer zeigt, dass die Zahl der verliehenen Fachanwaltstitel seit 1990 stark angestiegen ist und sich insgesamt mehr als versechzehnfacht hat. Zu Beginn des Jahres 2024 waren insgesamt 58.705 Fachanwaltstitel verliehen (s. **Tab. 3.2.10**). Diese Zahl entspricht nicht der Zahl der Fachanwälte, da ein Rechtsanwalt bis zu drei Fachanwaltstitel gleichzeitig führen kann. Die Zahl der „Zwei- oder Dreifach-Fachanwälte" ist in **Tab. 3.2.3** dokumentiert. Die bundesweite Erfassung von Mehrfachtiteln ist nach wie vor problematisch und fehlerbehaftet, so dass die Zahlen dieser Statistik nicht mit der Gesamtzahl der verliehenen Fachanwaltstitel in Deckung sind.

Tab. 3.2.3 bis **Tab. 3.2.9** zeigen die regionale Verteilung der Fachanwälte, **Tab. 3.2.10** bis **Tab. 3.2.15** die Entwicklung der verschiedenen Fachanwaltschaften seit 1960. Besonderer Beliebtheit erfreut sich das Fachanwaltsgebiet Arbeitsrecht, in dem es inzwischen mehr als 11.000 Fachanwältinnen und -anwälte gibt. Die Zahl der Fachanwälte, die der zweitgrößten Fachanwaltschaft Familienrecht angehören, geht nach einem stetigen Anstieg bis 2016 nunmehr zurück und lag zu Beginn des Jahres 2024 nur noch bei 8.756. Insgesamt hat sich das Wachstum der Fachanwaltschaften in den letzten Jahren – nicht unerwartet – stark abgeflacht, da starke Wachstumsschübe in Folge von Nachholeffekten bei der Einführung neuer Fachanwaltschaften nicht mehr zu verzeichnen sind. Zudem dürfte eine gewisse Marktsättigung eingetreten sein und zunehmende Probleme von Nicht-Anwälten bestehen, die Anforderungen an einen Titelerwerb zu erfüllen. Auch ein steigender altersbedingter Ersatzbedarf trägt dazu bei, dass seit 2016 immer mehr Fachanwaltschaften – wenn auch einstweilen meist nur in geringem Maße - rückläufige Zahlen verzeichnen. So nahm 2023 bereits in 10 der 24 Fachanwaltschaften die Zahl der verliehenen Titel ab.

Von den insgesamt 58.705 Fachanwaltstiteln in Deutschland entfallen 18.173 auf Rechtsanwältinnen (**Tab. 3.2.3**), was einem Anteil von rund 31 % entspricht. Seit dem Jahr 2004 hat sich die Zahl der an Rechtsanwältinnen verliehenen Fachanwaltstitel mehr als verdreifacht, obwohl der Anteil der an Rechtsanwältinnen verliehenen Fachanwaltstitel seit 2004 lediglich um rund drei Prozentpunkte gewachsen ist. Auffällig ist der stark überdurchschnittliche Anteil der Fachanwältinnen in den zwei Rechtsgebieten Familienrecht (59,7 %) und Sozialrecht (44,9 %) sowie – auf noch niedrigem Niveau – Migrationsrecht (51,4 %) (s. **Tab. 3.2.17** und **Tab. 3.2.23**).

3.3 Anwaltsnotare

Rechtsanwälte in Berlin, Bremen, Hessen, Niedersachen, Schleswig-Holstein und Teilen von Nordrhein-Westfalen und – dort allerdings auslaufend – Baden-Württemberg können neben dem Anwaltsberuf als sog. Anwaltsnotar das Notaramt ausüben. Das Anwaltsnotariat erstreckt sich über rund ein Drittel des Bundesgebietes. Im übrigen Bundesgebiet sind hauptamtliche Notare tätig, denen die Ausübung eines weiteren Berufs, insbesondere jenes des Rechtsanwalts, untersagt ist (zu deren Zahl **Tab. 10.1.1**). Diese unterschiedlichen Ausprägungen des Notaramts sind historisch bedingt. In den Regionen mit Anwaltsnotariat bietet die Bestellung zum Anwaltsnotar eine weitere Möglichkeit, sich von den zahlreichen Kolleginnen und Kollegen im Anwaltsberuf zu differenzieren. Die Notartätigkeit von Anwaltsnotaren ist an die Fortdauer der Ausübung der anwaltlichen Berufstätigkeit geknüpft. Eine Erfolg versprechende Bewerbung auf eine freie Notarstelle ist an mehrere Voraussetzungen gebunden (z.B. Höchstalter, Dauer der Berufszugehörigkeit, persönliche und fachliche Eignung sowie – seit 2009 – das Bestehen einer Fachprüfung etc.).

Wie die in **Tab. 3.3.1** wiedergegebene jährliche Notarstatistik der Bundesnotarkammer (BNotK) zeigt, ist zwar die Zahl der Anwaltsnotare seit 1960 insgesamt leicht gestiegen, ihr Anteil an der Gesamtanwaltschaft ist jedoch von über 25 % auf 2,6% gesunken. Seit Erreichen eines Spitzenwertes von mehr als 9.000 Anwaltsnotaren im Jahr 1998 sind die Zahlen stark rückläufig und haben um mehr als 4.000 abgenommen. Dies beruht auf einer restriktiven Bestellungspraxis der Landesjustizverwaltungen, die im Interesse der Qualitätssicherung das Beurkundungsaufkommen der Anwaltsnotare verbessern wollen. Am 1.1.2024 waren in der Bundesrepublik noch 4.834 Anwaltsnotare zugelassen. Die Zahl liegt damit unter dem Niveau des Zeitraums zu Beginn der 1970er Jahre.

Bei einer geschlechtsspezifischen Betrachtung zeigt sich, dass das Anwaltsnotariat ein deutlich stärker männlich dominiertes Tätigkeitsfeld ist als die Anwaltschaft: Der Frauenanteil im Anwaltsnotariat liegt mit 26,1 % rund 11 Prozentpunkte unter dem Anteil der Frauen in der Anwaltschaft.

3.4 Doppelbänder

Tab. 3.4.1 schlüsselt die Zahl der sog. Doppelbänder auf. Unter einem Doppelbänder versteht man in der Sprachfindung des Berufsrechts einen Rechtsanwalt, der zusätzlich zur Zulassung zum Rechtsanwalt über eine zweite Berufszulassung zu einem verwandten verkammerten Beratungsberuf verfügt. Anwaltliche Doppelbänder können als vereidigte Buchprüfer, Wirtschaftsprüfer oder Steuerberater zugelassen sein. Verfügen sie über mehr als zwei Zulassungen – etwa als „Rechtsanwalt, Steuerberater und Wirtschaftsprüfer" – spricht man von einem sog. „Mehrfachbänder". Insbesondere wirtschaftsberatend tätige Rechtsanwälte streben bisweilen eine Zweifach- oder Dreifachqualifikation an. Besonderer Beliebtheit erfreut sich traditionell der Steuerberatertitel, der es Rechtsanwälten gestattet, sich von Fachanwälten für Steuerrecht abzuheben. Die Popularität von Mehrfachzulassungen nimmt aber ab: Während sich die Zahl der Rechtsanwälte, die zusätzlich auch Steuerberater und/oder Wirtschaftsprüfer sind, von 2000 bis 2010 mehr als verdoppelte, stagniert seitdem die Zahl der „RA/StB", während die Zahl der „RA/WP" sogar rückläufig ist (der Rückgang der „RA/vBP" beruht hingegen darauf, dass der Beruf des vereidigten Buchprüfers im Jahr 2005 vom Gesetzgeber geschlossen worden). Die Zahlen der Steuerberater, Wirtschaftsprüfer und vereidigten Buchprüfer, die nicht zugleich als Rechtsanwalt tätig sind, finden sich separat aufgeführt in Kapitel 10.

3.1 BGH-Anwälte

Tab. 3.1.1: Zahl der BGH-Anwälte von 1950 bis 2024

Jahr	BGH-Anwälte	davon weiblich
1950	9	0
1955	17	0
1960	20	0
1965	23	0
1970	19	0
1975	20	0
1980	16	0
1985	21	1
1990	26	3
1995	22	3
1996	29	4
1997	29	4
1998	29	4
1999	28	4
2000	27	4
2001	32	4
2002	32	4
2003	32	4
2004	31	4
2005	31	4
2006	31	4
2007	31	4
2008	41	7
2009	41	7
2010	41	7
2011	39	7
2012	37	7
2013	37	7
2014	43	8
2015	46	8
2016	46	8
2017	43	7
2018	42	7
2019	42	7
2020	40	6
2021	39	7
2022	38	6
2023	37	6
2024	37	6

Quelle: BRAK-Mitgliederstatistiken (Stichtag jeweils 1.1. des betreffenden Jahres)

3.2 Fachanwaltschaften

Tab. 3.2.1: Jahr der Einführung der einzelnen Fachanwaltschaften

Jahr	Fachanwaltschaft
1937	Steuerrecht
1986	Arbeitsrecht Sozialrecht Verwaltungsrecht
1997	Familienrecht Strafrecht
1999	Insolvenzrecht
2003	Versicherungsrecht
2004	Medizinrecht Miet- und Wohnungseigentumsrecht Verkehrsrecht Bau- und Architektenrecht Erbrecht Transport- und Speditionsrecht
2005	Gewerblicher Rechtsschutz Handels- und Gesellschaftsrecht
2006	Informationstechnologierecht (IT-Recht) Urheber- und Medienrecht
2007	Bank- und Kapitalmarktrecht
2008	Agrarrecht
2014	Internationales Wirtschaftsrecht
2015	Vergaberecht
2016	Migrationsrecht
2019	Sportrecht

Tab. 3.2.2: Größe der einzelnen Fachanwaltschaften am 1.1.2024

Fachanwaltschaft	Zahl	Anteil (%)
Arbeitsrecht	11.162	19,1
Familienrecht	8.756	15,0
Steuerrecht	4.695	8,0
Verkehrsrecht	4.400	7,5
Strafrecht	3.994	6,8
Miet- und Wohnungseigentumsrecht	3.876	6,6
Bau- und Architektenrecht	3.216	5,5
Erbrecht	2.372	4,1
Handels- und Gesellschaftsrecht	2.148	3,7
Medizinrecht	1.972	3,4
Insolvenz- und Sanierungsrecht	1.771	3,1
Sozialrecht	1.667	2,9
Verwaltungsrecht	1.583	2,7
Versicherungsrecht	1.544	2,6
Gewerblicher Rechtsschutz	1.363	2,3
Bank- und Kapitalmarktrecht	1.264	2,2
Informationstechnologierecht (IT-Recht)	801	1,4
Vergaberecht	451	0,8
Urheber- und Medienrecht	436	0,7
Migrationsrecht	251	0,4
Internationales Wirtschaftsrecht	246	0,4
Transport- und Speditionsrecht	227	0,4
Agrarrecht	202	0,3
Sportrecht	54	0,1
GESAMT	58.453	100,0

Quelle: BRAK Fachanwaltstatistik (Stichtag 1.1.2024)

Tab. 3.2.3: Regionale Verteilung der verliehenen Fachanwaltstitel im Jahr 2024

Kammer	Fachanwaltstitel	davon an Frauen verliehene Fachanwaltstitel	Zahl der Fachanwaltstitel pro 100 Rechtsanwälte	Anteil der Fachanwälte an allen RAen der jeweiligen Kammer (in %)
Bamberg	1.199	375	47,0	40,2
Berlin	3.958	1.318	26,7	26,3
Brandenburg	881	339	42,1	33,9
Braunschweig	744	214	44,3	42,1
Bremen	763	210	44,0	38,5
Celle	2.651	822	46,7	41,0
Düsseldorf	3.666	1.073	28,1	27,9
Frankfurt	4.749	1.630	24,1	24,6
Freiburg	1.847	434	54,8	39,3
Hamburg	2.803	846	25,0	26,0
Hamm	6.327	1.805	48,2	41,7
Karlsruhe	1.821	560	40,1	37,6
Kassel	783	215	46,5	39,5
Koblenz	1.580	521	49,8	41,2
Köln	3.971	1.201	30,8	31,5
Mecklenburg-V.*	668	182	52,2	40,1
München	6.398	2.333	28,5	29,0
Nürnberg	2.033	457	43,2	40,5
Oldenburg	1.584	457	61,9	48,1
Saarland	580	196	41,7	36,0
Sachsen	2.060	686	48,0	40,0
Sachsen-A.*	717	236	50,1	39,3
Schleswig	1.653	470	45,4	38,8
Stuttgart	2.775	856	35,7	36,8
Thüringen	811	247	48,8	39,1
Tübingen	989	276	50,9	42,4
Zweibrücken	683	214	51,7	41,6
BGH	11	-	29,7	18,9
GESAMT	**58.705**	**18.173**	**35,4**	**27,8**

* Abkürzungen: Mecklenburg-Vorpommern (Mecklenburg-V.), Sachsen-Anhalt (Sachsen-A.)

Quelle: BRAK-Fachanwaltstatistik (Stichtag 1.1.2024)

3 Innere Differenzierung der Anwaltschaft

Tab. 3.2.4: Zahl der Fachanwälte mit mehreren Fachanwaltstiteln im Jahr 2024

Kammer	FA mit 1 Titel	w	FA mit 2 Titeln	w	FA mit 3 Titeln	w	Fachanwälte insgesamt
Bamberg	656	233	234	62	25	6	915
Berlin	2.830	977	489	154	50	11	3.369
Brandenburg	458	190	180	61	21	9	659
Braunschweig	405	142	138	33	21	2	564
Bremen	463	140	129	32	14	2	606
Celle	1.433	492	504	147	70	12	2.007
Düsseldorf	2.299	770	571	132	75	13	2.945
Frankfurt	3.133	1.177	691	210	78	11	3.902
Freiburg	903	287	268	63	37	7	1.208
Hamburg	2.092	672	321	87	23	-	2.436
Hamm	3.206	1.086	1.235	295	217	44	4.658
Karlsruhe	1.095	390	303	76	40	6	1.438
Kassel	420	145	141	34	27	4	588
Koblenz	754	259	323	74	60	10	1.137
Köln	2.518	835	615	162	74	14	3.207
Mecklenburg-V.*	325	104	143	36	19	2	487
München	4.320	1.711	907	281	88	20	5.315
Nürnberg	1.163	441	391	121	44	5	1.598
Oldenburg	696	238	357	96	58	9	1.111
Saarland	318	122	113	34	12	2	443
Sachsen	1.162	418	389	116	40	12	1.591
Sachsen-A.*	390	147	126	34	25	7	541
Schleswig	873	304	336	77	36	4	1.245
Stuttgart	1.720	582	448	125	53	8	2.221
Thüringen	439	142	156	48	20	3	615
Tübingen	500	168	201	48	29	4	730
Zweibrücken	321	120	142	38	26	6	489
BGH	3	-	4	-	-	-	7
GESAMT	**34.895**	**12.292**	**9.855**	**2.676**	**1.282**	**233**	**46.032**

* Abkürzungen: Mecklenburg-Vorpommern (Mecklenburg-V.), Sachsen-Anhalt (Sachsen-A.)

Quelle: BRAK-Fachanwaltstatistik (Stichtag 1.1.2024); eigene Berechnungen

Tab. 3.2.5: Regionale Verteilung der einzelnen Fachanwaltschaften* im Jahr 2024 – Steuerrecht, Verwaltungsrecht, Arbeitsrecht, Sozialrecht, Familienrecht

Kammerbezirk	SteuerR insg.	w	VerwR insg.	w	ArbR insg.	W	SozR insg.	w	FamR insg.	W
Bamberg	84	15	23	6	201	61	36	14	247	142
Berlin	275	71	159	40	680	237	142	69	361	256
Brandenburg	49	12	34	5	163	53	44	27	165	109
Braunschweig	44	8	21	4	129	24	27	11	158	101
Bremen	71	12	18	4	142	34	14	6	92	56
Celle	192	28	67	16	506	134	94	46	468	295
Düsseldorf	302	52	74	14	798	258	88	29	481	267
Frankfurt	518	107	104	16	1.147	436	101	47	606	372
Freiburg	155	31	52	6	236	69	36	11	258	143
Hamburg	251	49	64	16	575	174	49	18	262	172
Hamm	445	71	176	39	1.259	300	256	101	1.058	603
Karlsruhe	165	34	42	8	333	97	32	16	252	156
Kassel	41	11	19	4	156	33	30	16	154	77
Koblenz	138	27	47	11	258	67	48	22	275	131
Köln	353	68	112	25	751	231	92	35	516	297
Mecklenburg-V.**	31	4	28	6	123	37	39	16	113	59
München	680	163	160	31	1.229	479	82	35	870	566
Nürnberg	162	42	48	12	366	124	42	22	339	208
Oldenburg	120	19	49	11	301	60	53	23	294	177
Saarland	44	9	11	3	84	30	16	9	97	59
Sachsen	114	21	76	18	351	121	93	51	280	183
Sachsen-Anhalt	39	10	18	3	131	37	50	31	133	75
Schleswig	100	23	54	6	264	59	70	31	365	201
Stuttgart	154	37	70	17	526	151	56	25	431	249
Thüringen	45	10	27	6	151	38	33	18	140	85
Tübingen	73	14	20	3	173	40	23	9	188	97
Zweibrücken	48	8	10	1	128	35	21	10	152	90
BGH	2	-	-	-	1	-	-	-	1	-

* Abkürzungen: Steuerrecht (SteuerR), Verwaltungsrecht (VerwR), Sozialrecht (SozR), Familienrecht (FamR), Arbeitsrecht (ArbR)
** Abkürzungen: Mecklenburg-Vorpommern (Mecklenburg-V.)
Quelle: BRAK Fachanwaltstatistik (Stichtag 1.1.2023)

Tab. 3.2.6: Regionale Verteilung der einzelnen Fachanwaltschaften* im Jahr 2024 – Strafrecht, Insolvenz- und Sanierungsrecht, Versicherungsrecht, Medizinrecht, Miet- und Wohnungseigentumsrecht

Kammerbezirk	StrafR insg.	w	InsR insg.	w	VersR insg.	w	MedR insg.	w	Miet- u. WER insg.	W
Bamberg	92	18	52	13	34	6	30	11	61	18
Berlin	322	93	71	16	104	22	176	67	406	122
Brandenburg	76	13	20	4	24	10	25	11	48	19
Braunschweig	51	7	20	2	12	1	31	9	53	11
Bremen	60	14	40	8	23	3	23	6	42	14
Celle	166	32	81	13	70	11	98	47	184	48
Düsseldorf	248	58	117	21	91	18	127	56	244	62
Frankfurt	298	89	129	31	96	21	151	77	288	100
Freiburg	86	19	48	13	35	8	37	10	108	23
Hamburg	164	40	129	31	76	17	90	37	151	42
Hamm	436	98	152	31	166	29	230	90	403	108
Karlsruhe	113	37	71	14	38	7	54	22	124	33
Kassel	54	15	16	4	25	4	32	12	48	14
Koblenz	125	27	68	15	45	12	60	24	96	18
Köln	283	73	93	18	200	62	165	70	272	73
Mecklenburg-V.**	49	8	29	7	22	3	21	8	33	4
München	434	106	159	36	120	40	219	112	387	158
Nürnberg	152	29	65	17	81	18	60	24	129	46
Oldenburg	88	17	57	9	45	7	42	12	85	30
Saarland	32	5	30	7	13	-	25	10	41	14
Sachsen	150	41	101	18	41	6	59	22	132	48
Sachsen-Anhalt	60	7	15	3	17	3	22	9	51	14
Schleswig	93	15	43	14	40	3	50	15	135	37
Stuttgart	202	53	99	12	66	11	82	38	188	59
Thüringen	69	19	31	5	21	1	19	10	41	12
Tübingen	52	10	23	4	20	5	25	10	70	23
Zweibrücken	39	5	11	2	18	5	18	8	56	16
BGH	-	-	-	-	1	-	1	-	-	-

* Abkürzungen: Strafrecht (StrafR), Insolvenz- und Sanierungsrecht (InsR), Versicherungsrecht (VersR), Medizinrecht (MedR), Miet- und Wohnungseigentumsrecht (Miet- u. WER)
** Abkürzungen: Mecklenburg-Vorpommern (Mecklenburg-V.)

Quelle: BRAK Fachanwaltstatistik (Stichtag 1.1.2023)

Tab. 3.2.7: **Regionale Verteilung der einzelnen Fachanwaltschaften* im Jahr 2024 – Verkehrsrecht, Bau- u. Architektenrecht, Erbrecht, Transport- und Speditionsrecht, Gewerblicher Rechtsschutz**

Kammerbezirk	VerkR		Bau- u. ArchR		ErbR		TranspR u. SpedR		Gewerblicher Rechtsschutz	
	insg.	w	insg.	w	insg.	w	insg.	w	insg.	W
Bamberg	119	18	60	9	53	16	4	1	11	4
Berlin	216	47	252	53	104	40	10	1	128	33
Brandenburg	93	29	43	11	40	20	5	2	6	1
Braunschweig	74	10	38	7	28	9	-	-	12	2
Bremen	42	7	41	9	26	5	12	5	20	5
Celle	224	40	128	20	104	34	3	1	28	9
Düsseldorf	247	53	178	32	130	25	28	6	136	40
Frankfurt	248	45	250	63	167	55	14	-	114	31
Freiburg	108	18	92	11	109	32	2	0	20	7
Hamburg	123	32	146	21	82	42	52	15	135	31
Hamm	609	114	278	32	265	71	17	4	82	22
Karlsruhe	112	25	118	18	100	39	3	-	43	6
Kassel	64	6	43	2	39	16	2	-	1	-
Koblenz	126	21	81	14	73	25	6	1	16	3
Köln	260	60	195	22	139	40	22	4	125	39
Mecklenburg-V.**	66	13	44	3	23	6	1	1	4	2
München	401	123	360	82	295	113	20	5	291	109
Nürnberg	182	41	134	25	79	32	4	2	29	9
Oldenburg	147	38	86	10	71	15	6	1	18	4
Saarland	64	16	37	10	27	7	3	1	9	4
Sachsen	203	35	155	24	60	30	3	2	25	6
Sachsen-Anhalt	84	18	31	4	19	10	-	-	3	-
Schleswig	130	14	79	6	85	28	4	1	18	3
Stuttgart	214	50	184	33	132	42	5	1	72	18
Thüringen	91	20	56	6	22	10	1	-	8	3
Tübingen	84	13	75	7	63	23	-	-	4	2
Zweibrücken	69	14	31	4	37	8	-	-	4	-
BGH	-	-	1	-	-	-	-	-	1	-

* Abkürzungen: Verkehrsrecht (VerkR), Bau- und Architektenrecht (Bau- u. ArchR), Erbrecht (ErbR), Transport- und Speditionsrecht (TranspR u. SpedR)
** Abkürzungen: Mecklenburg-Vorpommern (Mecklenburg-V.)

Quelle: BRAK Fachanwaltstatistik (Stichtag 1.1.2023)

Tab. 3.2.8: Regionale Verteilung der einzelnen Fachanwaltschaften* im Jahr 2024 – Handels- und Gesellschaftsrecht, IT-Recht, Urheber- und Medienrecht, Bank- und Kapitalmarktrecht, Agrarrecht

Kammerbezirk	HGR insg.	w	ITR insg.	w	UrhR insg.	w	BKR insg.	w	AgrarR insg.	W
Bamberg	38	7	2	-	2	2	24	7	6	2
Berlin	140	33	73	20	97	24	96	29	6	2
Brandenburg	16	4	6	1	1	1	11	4	4	-
Braunschweig	14	-	5	1	2	2	12	2	4	-
Bremen	44	11	6	1	7	3	24	4	-	-
Celle	93	9	8	-	10	2	46	7	30	8
Düsseldorf	120	21	62	6	17	3	89	26	5	2
Frankfurt	174	45	72	12	36	8	145	43	2	-
Freiburg	80	11	13	3	1	-	40	10	3	0
Hamburg	186	42	64	16	60	17	64	11	5	1
Hamm	201	26	65	9	17	3	112	23	26	8
Karlsruhe	90	16	42	13	7	-	49	6	1	1
Kassel	18	-	5	1	4	1	11	4	-	-
Koblenz	40	4	15	3	8	2	29	5	3	0
Köln	113	16	58	14	42	5	87	22	14	4
Mecklenburg-V.**	15	-	1	-	4	2	5	1	9	1
München	261	49	106	23	65	16	149	51	13	2
Nürnberg	93	17	38	9	5	1	36	6	4	1
Oldenburg	59	13	10	-	5	2	11	1	23	6
Saarland	16	4	8	3	1	1	16	2	1	-
Sachsen	87	20	24	7	12	2	38	13	7	2
Sachsen-Anhalt	14	4	1	1	2	-	6	2	8	2
Schleswig	48	2	16	1	5	-	24	5	21	4
Stuttgart	100	16	54	9	18	4	93	21	1	-
Thüringen	29	3	-	-	6	-	10	1	2	-
Tübingen	43	5	13	3	2	1	24	5	4	-
Zweibrücken	15	-	8	3	-	-	13	3	1	-
BGH	1	-	-	-	-	-	2	-	-	-

* Abkürzungen: Handels- und Gesellschaftsrecht (HGR), IT-Recht (ITR), Urheber- und Medienrecht (UrhR), Bank- und Kapitalmarktrecht (BKR), Agrarrecht (AgrarR)
** Abkürzungen: Mecklenburg-Vorpommern (Mecklenburg-V.)

Quelle: BRAK Fachanwaltstatistik (Stichtag 1.1.2024)

Tab. 3.2.9: Regionale Verteilung der einzelnen Fachanwaltschaften* im Jahr 2024 – Internationales Wirtschaftsrecht, Vergaberecht, Migrationsrecht

Kammerbezirk	IntWR insg.	w	VergR insg.	w	MigrationsR insg.	w	SportR insg.	w
Bamberg	2	-	4	1	4	2	-	-
Berlin	20	4	84	23	34	16	2	-
Brandenburg	2	1	6	2	-	-	-	-
Braunschweig	2	-	2	-	4	3	1	-
Bremen	3	2	11	1	1	-	1	-
Celle	8	-	21	11	11	7	1	-
Düsseldorf	25	4	41	13	11	7	7	-
Frankfurt	17	4	37	11	30	16	5	1
Freiburg	16	6	7	1	6	2	2	-
Hamburg	16	7	31	6	13	7	5	2
Hamm	17	2	23	4	30	16	4	1
Karlsruhe	9	2	11	2	8	8	4	-
Kassel	-	-	1	-	3	2	-	-
Koblenz	3	1	14	4	2	-	3	-
Köln	14	4	36	6	22	12	6	1
Mecklenburg-V.**	1	1	6	-	-	-	1	-
München	26	10	44	11	23	13	4	-
Nürnberg	10	2	11	5	7	2	1	-
Oldenburg	4	1	4	-	5	1	1	-
Saarland	3	1	1	-	-	-	1	1
Sachsen	8	3	25	5	15	8	1	-
Sachsen-Anhalt	-	-	9	1	4	2	-	-
Schleswig	3	-	3	-	3	2	-	-
Stuttgart	20	7	16	4	9	3	2	-
Thüringen	-	-	2	-	2	1	-	-
Tübingen	6	2	1	-	2	-	1	-
Zweibrücken	1	1	-	-	2	1	1	-
BGH	-	-	-	-	-	-	-	-

* Abkürzungen: Internationales Wirtschaftsrecht (Int WR), Vergaberecht (VergR)
** Abkürzungen: Mecklenburg-Vorpommern (Mecklenburg-V.)

Quelle: BRAK Fachanwaltstatistik (Stichtag 1.1.2024)

3 Innere Differenzierung der Anwaltschaft

Tab. 3.2.10: Zahl der Fachanwaltstitel / Rechtsanwälte insgesamt von 1960 bis 2024

Jahr	Fachanwaltstitel insgesamt	Rechtsanwälte insgesamt	Titel pro 100 Rechtsanwälte
1960	911	18.347	5,0
1970	1.348	22.882	5,9
1975	1.508	26.854	5,6
1980	1.641	36.077	4,6
1985	1.916	46.933	4,1
1986	1.961	48.658	4,0
1987	2.049	50.247	4,1
1988	2.754	51.952	5,3
1989	3.193	54.108	5,9
1990	3.553	56.638	6,3
1995	4.690	74.291	6,3
1996	5.033	78.810	6,4
1997	5.580	85.105	6,6
1998	7.567	91.517	8,3
1999	9.426	97.791	9,6
2000	11.080	104.067	10,7
2001	13.016	110.367	11,8
2002	15.042	116.305	12,9
2003	16.933	121.420	14,0
2004	18.424	126.793	14,6
2005	19.879	132.569	15,0
2006	22.841	138.104	16,5
2007	27.953	142.830	19,6
2008	32.747	146.910	22,3
2009	35.919	150.377	23,9
2010	38.745	153.251	25,3
2011	41.569	155.679	26,7
2012	44.340	158.426	28,0
2013	46.823	160.880	29,1
2014	49.069	162.695	30,2
2015	50.840	163.513	31,1
2016	53.629	163.772	32,7
2017	53.866	164.393	32,8
2018	55.274	164.656	33,6
2019	56.305	165.104	34,1
2020	57.065	165.901	34,4
2021	57.861	165.680	34,8
2022	58.229	165.587	35,2
2023	58.339	165.186	35,3
2024	58.705	165.778	35,4

Quellen: BRAK Fachanwaltstatistiken von 1960 bis 2024 (Stichtag jeweils 1.1. des betreffenden Jahres)

Tab. 3.2.11: **Entwicklung der einzelnen Fachanwaltschaften von 1960 bis 2024 * – Steuerrecht, Verwaltungsrecht, Arbeitsrecht, Sozialrecht, Familienrecht**

Jahr	SteuerR	Veränd. (in %)	VerwR	Veränd. (in %)	ArbR	Veränd. (in %)	SozR	Veränd. (in %)	FamR	Veränd. (in %)
1960	836		75							
1970	1.296	55,0	52	-30,7						
1975	1.464	1,4	44	-15,4						
1980	1.609	5,0	32	-8,6						
1985	1.899	1,9	17	-15,6						
1990	2.145	2,3	307	18,5	911	31,6	190	31,0		
1995	2.350	4,0	464	12,3	1.557	16,2	319	8,5		
1996	2.415	2,8	520	12,1	1.749	12,3	349	9,4		
1997	2.507	3,8	579	11,3	2.110	20,6	384	10,0		
1998	2.674	6,7	643	11,1	2.487	17,9	409	6,5	1.160	
1999	2.769	3,6	706	9,8	2.843	14,3	432	5,6	2.238	92,9
2000	2.792	0,8	785	11,2	3.315	16,6	459	6,3	2.997	33,9
2001	2.939	5,3	866	10,3	3.827	15,4	542	18,1	3.789	26,4
2002	3.151	7,2	966	11,5	4.414	15,3	612	12,9	4.502	18,8
2003	3.391	7,6	1.044	8,1	5.000	13,3	673	10,0	5.126	13,9
2004	3.570	5,3	1.111	6,4	5.446	8,9	733	8,9	5.648	10,2
2005	3.688	3,3	1.145	3,1	5.948	9,2	787	7,3	5.943	5,2
2006	3.901	5,8	1.178	2,9	6.457	8,7	845	7,4	6.353	6,9
2007	4.042	3,6	1.244	5,6	7.047	9,1	930	10,1	6.935	9,2
2008	4.313	6,7	1.299	4,4	7.669	8,8	1.065	14,5	7.474	7,8
2009	4.431	2,7	1.329	2,3	8.038	4,8	1.155	8,5	7.749	3,7
2010	4.463	0,7	1.372	3,2	8.368	4,2	1.252	8,4	8.098	4,5
2011	4.615	3,4	1.416	3,2	8.701	4,0	1.346	7,5	8.373	3,4
2012	4.728	2,4	1.456	2,8	9.101	4,6	1.453	7,9	8.716	4,1
2013	4.795	1,4	1.473	1,2	9.425	3,6	1.567	7,9	8.967	2,9
2014	4.864	1,4	1.501	1,9	9.713	3,1	1.658	5,8	9.181	2,4
2015	4.923	1,2	1.524	1,5	10.010	3,1	1.745	5,2	9.367	2,0
2016	4.910	-0,3	1.570	3,0	10.265	2,5	1.881	7,8	9.685	3,4
2017	4.944	0,7	1.553	-1,1	10.370	1,0	1.829	-2,8	9.516	-1,7
2018	4.942	-0,0	1.551	-0,1	10.601	2,2	1.842	0,7	9.529	0,1
2019	4.910	-0,7	1.570	1,2	10.760	1,5	1.857	0,8	9.455	-0,8
2020	4.901	-0,2	1.564	-0,4	10.826	0,6	1.838	-1,0	9.383	-0,8
2021	4.869	-0,7	1.575	0,7	10.972	1,3	1.808	-1,6	9.288	-1,0
2022	4.812	-1,2	1.589	0,9	11.055	0,8	1.770	-2,1	9.137	-1,6
2023	4.736	-1,6	1.579	-0,6	11.101	0,4	1.713	-3,2	8.940	-2,2
2024	4.695	-0,9	1.583	0,3	11.162	0,5	1.667	-2,7	8.756	-2,1

* Abkürz.: Steuerrecht (SteuerR), Verwaltungsrecht (VerwR), Sozialrecht (SozR), Familienrecht (FamR), Arbeitsrecht (ArbR)

Quelle: BRAK Fachanwaltstatistiken von 1960 bis 2023 (Stichtag jeweils 1.1. des betreffenden Jahres)

3 Innere Differenzierung der Anwaltschaft

Tab. 3.2.12: Entwicklung der einzelnen Fachanwaltschaften von 1998 bis 2024 * – Strafrecht, Insolvenzrecht, Versicherungsrecht, Medizinrecht, Miet- und Wohnungseigentumsrecht

Jahr	StrafR	Veränd. (in %)	InsR	Veränd. (in %)	VersR	Veränd. (in %)	MedR	Veränd. (in %)	Miet- u. WER	Veränd. (in %)
1998	194									
1999	438	125,8								
2000	702	60,3	30							
2001	912	29,9	141	370,0						
2002	1.129	23,8	268	90,1						
2003	1.326	17,4	373	39,2						
2004	1.456	9,8	446	19,6	14					
2005	1.585	8,9	561	25,8	222	1485,7				
2006	1.730	9,1	631	12,8	395	77,9	125		276	
2007	1.865	7,8	755	19,7	588	48,9	401	320,8	1.007	265
2008	2.096	12,4	931	23,3	726	23,5	628	56,6	1.540	52,9
2009	2.276	8,59	1.060	13,9	818	12,7	777	23,7	1.887	22,5
2010	2.414	6,1	1.147	8,2	883	8,0	916	17,9	2.181	15,6
2011	2.596	7,5	1.261	9,9	967	9,5	1.052	14,8	2.441	11,9
2012	2.755	6,1	1.367	8,4	1.052	8,8	1.182	12,4	2.726	11,7
2013	2.931	6,4	1.446	5,8	1.122	6,7	1.310	10,8	2.950	8,2
2014	3.087	5,3	1.525	5,5	1.211	7,9	1.412	7,8	3.126	6,0
2015	3.125	1,2	1.580	3,6	1.272	5,0	1.506	6,7	3.284	5,1
2016	3.542	13,3	1.662	5,2	1.379	8,4	1.661	10,3	3.559	8,4
2017	3.448	-2,7	1.663	0,6	1.368	-0,8	1.616	-2,7	3.479	-2,2
2018	3.553	3,0	1.697	2,0	1.428	4,4	1.717	6,3	3.691	6,1
2019	3.643	2,5	1.707	0,6	1.454	1,8	1.788	4,1	3.756	1,8
2020	3.726	2,3	1.740	1,9	1.464	0,7	1.822	1,9	3.813	1,5
2021	3.814	2,4	1.777	2,1	1.501	2,5	1.859	2,0	3.873	1,6
2022	3.859	1,2	1.777	0,0	1.529	1,9	1.902	2,3	3.888	0,4
2023	3.936	2,0	1.784	0,4	1.546	1,1	1.944	2,2	3.880	-0,2
2024	3.994	1,5	1.771	-0,7	1.544	-0,1	1.972	1,4	3.876	-0,1

* Abkürzungen: Strafrecht (StrafR), Insolvenzrecht (InsR), Versicherungsrecht (VersR), Medizinrecht (MedR), Miet- und Wohnungseigentumsrecht (Miet- u. WER)

Quelle: BRAK Fachanwaltstatistiken von 1998 bis 2023 (Stichtag jeweils 1.1. des betreffenden Jahres)

Tab. 3.2.13: Entwicklung der einzelnen Fachanwaltschaften von 2006 bis 2024 * – Verkehrsrecht, Bau-und Architektenrecht, Erbrecht, Transport- und Speditionsrecht

Jahr	VerkR	Veränd. (in %)	Bau- u. ArchR	Veränd. (in %)	ErbR	Veränd. (in %)	TranspR u. SpedR	Veränd. (in %)
2006	396		360		173		21	
2007	1.156	192,0	1.192	231,1	540	212,1	60	185,7
2008	1.762	52,4	1.610	35,1	793	46,9	98	63,3
2009	2.104	19,4	1.845	14,6	942	18,8	120	22,5
2010	2.420	15,0	2.013	9,1	1.076	14,2	134	11,7
2011	2.744	13,4	2.163	7,5	1.205	12,0	150	11,9
2012	2.981	8,6	2.310	6,8	1.320	9,5	156	4,0
2013	3.210	7,7	2.421	4,8	1.444	9,4	166	6,4
2014	3.410	6,2	2.560	5,7	1.548	7,2	178	7,2
2015	3.591	5,3	2.678	4,6	1.629	5,2	186	4,5
2016	3.876	7,9	2.796	4,4	1.807	11,0	203	9,1
2017	3.814	-1,6	2.846	1,8	1.818	0,6	201	-1,0
2018	3.987	4,5	2.927	2,8	1.919	5,6	206	2,5
2019	4.116	3,2	3.011	2,9	2.016	5,1	205	-0,5
2020	4.231	2,8	3.047	1,2	2.100	4,2	212	3,4
2021	4.313	1,9	3.116	2,3	2.197	4,6	224	5,7
2022	4.395	4,3	3.145	0,9	2.256	2,7	228	1,8
2023	4.406	0,3	3.188	1,4	2.318	2,8	231	1,3
2024	4.400	-0,1	3.216	0,9	2.372	2,3	227	1,7

* Abkürzungen: Verkehrsrecht (VerkR), Bau- und Architektenrecht (Bau- u. ArchR), Erbrecht (ErbR), Transport- und Speditionsrecht (TranspR u. SpedR)

Quelle: BRAK Fachanwaltstatistik von 2006 bis 2023 (Stichtag jeweils 1.1. des betreffenden Jahres)

3 Innere Differenzierung der Anwaltschaft

Tab. 3.2.14: **Entwicklung der einzelnen Fachanwaltschaften von 2007 bis 2024 * – Gewerblicher Rechtschutz, Handels- und Gesellschaftsrecht, IT-Recht, Urheber- und Medienrecht, Bank- und KapitalmarkR**

Jahr	GewR	Veränd. (in %)	HGR	Veränd. (in %)	ITR	Veränd. (in %)	UrhR	Veränd. (in %)	BKR	Veränd. (in %)
2007	67		104		9		11			
2008	255	280,6	372	257,7	71	688,9	41	272,7	4	
2009	411	61,2	539	44,9	135	90,1	85	107,3	218	5.350,0
2010	543	32,1	734	36,2	190	40,7	121	42,4	372	70,6
2011	652	20,1	891	21,4	244	28,4	154	27,3	515	38,4
2012	773	18,6	1.033	15,9	290	18,9	193	25,3	642	24,7
2013	855	10,6	1.211	17,2	354	22,1	226	17,1	732	14,0
2014	959	12,2	1.339	10,6	402	13,6	254	12,4	820	12,0
2015	1.019	6,3	1.483	10,8	490	21,9	292	15,0	900	9,8
2016	1.093	7,3	1.619	9,2	539	10,0	332	13,7	1.013	12,6
2017	1.130	3,4	1.656	2,3	556	3,2	359	8,1	1.073	5,9
2018	1.172	3,7	1.750	5,7	601	8,1	381	6,1	1.165	8,6
2019	1.237	5,6	1.844	5,4	621	3,3	399	4,7	1.219	4,6
2020	1.292	4,4	1.914	3,8	654	5,3	417	4,5	1.262	3,5
2021	1.318	2,0	1.978	3,3	684	4,6	430	3,1	1.295	2,6
2022	1.328	0,8	2.048	3,5	730	6,7	435	1,2	1.290	-0,4
2023	1.345	1,3	2.103	2,7	759	4,0	438	0,7	1.265	-1,9
2024	1.363	1,3	2.148	2,1	801	5,5	436	-0,5	1.264	-0,1

* Abkürzungen: Gewerblicher Rechtsschutz (GewR), Handels- und Gesellschaftsrecht (HGR), IT-Recht (ITR), Urheber- und Medienrecht (UrhR), Bank- und Kapitalmarktrecht (BKR)

Quelle: BRAK Fachanwaltstatistik von 2007 bis 2024 (Stichtag jeweils 1.1. des betreffenden Jahres)

Tab. 3.2.15: Entwicklung der einzelnen Fachanwaltschaften von 2010 bis 2024* – Agrarrecht, Internationales Wirtschaftsrecht, Vergaberecht, Migrationsrecht, Sportrecht

Jahr	AgrarR	Veränd. (in %)	IntWR	Veränd. (in %)	VergR	Veränd. (in %)	MigR	Veränd. (in %)	SportR	Veränd. (in %)
2010	48	--								
2011	83	72,9								
2012	106	27,7								
2013	118	11,3								
2014	130	10,1								
2015	135	3,8	20	--	--		-		-	
2016	143	5,9	81	305,0	13		-		-	
2017	155	8,4	124	53,1	145	1.105,4	14		-	
2018	165	6,5	158	27,4	226	55,9	66	371,4		
2019	172	4,2	184	16,5	273	20,8	108	63,6		
2020	178	3,5	207	12,5	304	11,4	154	42,6	16	-
2021	195	9,6	217	4,8	342	12,5	189	22,7	27	68,8
2022	195	0,0	230	6,0	376	9,9	218	15,3	37	37,0
2023	196	0,5	240	4,3	408	8,5	238	9,2	45	21,6
2024	202	3,1	246	2,5	451	10,5	251	5,5	54	20,0

* Abkürzungen: Agrarrecht (AgrarR), Internationales Wirtschaftsrecht (IntWR), Vergaberecht (VergR), Migrationsrecht (MigR)

Quelle: BRAK Fachanwaltstatistik von 2010 bis 2024 (Stichtag jeweils 1.1. des betreffenden Jahres)

3 Innere Differenzierung der Anwaltschaft

Tab. 3.2.16: Anteil der an Rechtsanwältinnen verliehenen Fachanwaltstitel von 2004 bis 2024 – Fachanwaltstitel gesamt, Steuerrecht, Verwaltungsrecht

Jahr	Fachanwaltstitel			Steuerrecht			Verwaltungsrecht		
	Insg.	w	Anteil (in %)	Insg.	w	Anteil (in %)	Insg.	w	Anteil (in %)
2004	18.424	5.073	27,5	3.53.570	37054370	1010,4	1.111	139	12,5
2006	22.841	6.119	26,8	3.901	478	12,3	1.178	141	12,0
2008	32.747	8.437	25,8	4.313	585	13,6	1.299	166	12,8
2010	38.745	10.124	26,1	4.463	672	15,1	1.372	192	14,0
2012	44.340	12.056	27,2	.4.728	758	16,0	1.456	213	14,6
2013	46.723	12.866	27,5	4.795	793	16,5	1.473	225	15,3
2014	49.069	13.721	28,0	4.864	821	16,9	1.501	237	15,8
2015	50.840	14.436	28,4	4.923	841	17,1	1.524	252	16,5
2016	53.629	15.376	28,7	4.910	882	18,0	1.570	263	16,6
2017	53.866	15.720	29,5	4.944	889	18,0	1.553	268	17,3
2018	55.274	16.320	29,5	4.942	902	18,3	1.551	277	17,9
2019	56.305	16.845	29,9	4.910	930	18,9	1.570	295	18,8
2020	57.065	17.205	30,1	4.901	940	19,2	1.564	301	19,2
2021	57.861	17.585	30,4	4.869	948	19,5	1.575	306	19,4
2022	58.229	17.878	30,7	4.812	946	19,7	1.589	317	19,9
2023	58.339	18.103	31,0	4.736	946	20,0	1579	320	20.3
2024	58.705	18.173	31,0	4.695	956	20,4	1.583	331	20,9

Quelle: BRAK Mitgliederstatistik und Fachanwaltstatistik von 2004 bis 2024 (Stichtag jeweils 1.1. des betreffenden Jahres)

Tab. 3.2.17: Anteil der an Rechtsanwältinnen verliehenen Fachanwaltstitel von 2004 bis 2024 – Arbeitsrecht, Sozialrecht, Familienrecht

Jahr	Arbeitsrecht			Sozialrecht			Familienrecht		
	Insg.	w	Anteil (in %)	Insg.	w	Anteil (in %)	Insg.	w	Anteil (in %)
2004	5.948	1.164	19,6	733	205	28,0	5.648	2.925	51,8
2006	6.457	1.305	20,9	846	264	31,2	6.353	3.593	51,8
2008	7.669	1.638	21,4	1.065	356	33,4	7.474	3.934	52,6
2010	8.368	1.904	22,8	1.252	460	36,7	8.098	4.343	53,6
2012	9.101	2.168	23,8	1.453	567	39,0	8.716	4.791	55,0
2013	9.425	2.286	24,3	1.567	617	39,4	8.967	4.983	55,6
2014	9.713	2.417	24,9	1.658	670	40,4	9.181	5.139	56,0
2015	10.010	2.529	25,3	1.746	724	41,5	9.367	5.297	56,5
2016	10.265	2.691	26,2	1.881	784	41,7	9.685	5.470	56,5
2017	10.370	2.736	26,4	1.829	790	43,2	9.516	5.475	57,5
2018	10.601	2.858	27,0	1.842	797	43,3	9.529	5.500	57,7
2019	10.760	2.982	27,7	1.857	840	45,2	9.455	5.490	58,1
2020	10.826	3.043	28,1	1.838	838	45,6	9.383	5.495	58,6
2021	10.972	3.133	28,6	1.808	805	44,5	9.288	5.457	58,8
2022	11.055	3.240	29,3	1.770	786	44,4	9.137	5.391	59,0
2023	11.101	3.326	30,0	1.713	764	44,6	8.940	5.291	59,2
2024	11.162	3.419	30,6	1.667	748	44,9	8.756	5.226	59,7

Quelle: BRAK Mitgliederstatistik und Fachanwaltstatistik von 2004 bis 2024 (Stichtag jeweils 1.1. des betreffenden Jahres)

Tab. 3.2.18: Anteil der an Rechtsanwältinnen verliehenen Fachanwaltstitel von 2004 bis 2024 – Strafrecht, Insolvenzrecht, Versicherungsrecht

	Strafrecht			Insolvenzrecht			Versicherungsrecht		
Jahr	Insg.	w	Anteil (in %)	Insg.	w	Anteil (in %)	Insg.	w	Anteil (in %)
2004	1.456	234	16,1	446	36	8,1	14	-	-
2006	1.730	286	16,5	631	69	10,9	395	35	8,9
2008	2.096	367	17,5	931	129	13,9	726	84	11,6
2010	2.414	435	18,0	1.147	180	15,7	883	124	14,0
2012	2.755	521	18,9	1.367	234	17,1	1.052	165	15,7
2013	2.931	566	19,3	1.446	251	17,4	1.122	184	16,4
2014	3.087	616	20,0	1.525	273	17,9	1.211	200	16,5
2015	3.215	646	20,1	1.580	291	18,4	1.272	213	16,8
2016	3.542	702	19,8	1.662	306	18,4	1.379	233	16,9
2017	3.448	731	21,2	1.663	318	19,1	1.368	237	14,5
2018	3.553	773	21,8	1.697	330	19,4	1.428	260	18,2
2019	3.643	802	22,0	1.707	337	19,7	1.454	269	18,5
2020	3.726	829	22,2	1.740	348	20,0	1.464	277	18,9
2021	3.814	861	22,6	1.777	356	20,0	1.501	296	19,7
2022	3.859	883	22,9	1.777	361	20,3	1.529	308	20,1
2023	3.936	920	23,4	1.784	364	20,4	1.546	319	20,6
2024	3.994	945	23,7	1.771	367	20,7	1.544	331	21,4

Quelle: BRAK Mitgliederstatistik und Fachanwaltstatistik von 2004 bis 2024 (Stichtag jeweils 1.1. des betreffenden Jahres)

Tab. 3.2.19: Anteil der an Rechtsanwältinnen verliehenen Fachanwaltstitel von 2006 bis 2024 – Medizinrecht, Miet- und Wohnungseigentumsrecht, Verkehrsrecht

	Medizinrecht			Miet- und Wohnungseigentumsrecht			Verkehrsrecht		
Jahr	Insg.	w	Anteil (in %)	Insg.	w	Anteil (in %)	Insg.	w	Anteil (in %)
2006	125	29	23,2	276	57	20,7	396	28	7,1
2008	628	173	27,5	1.540	361	23,4	1.762	206	11,7
2010	916	289	31,6	2.181	536	24,6	2.420	307	12,7
2012	1.182	395	33,4	2.726	701	25,7	2.981	404	13,6
2013	1.310	437	33,4	2.950	776	26,3	3.210	458	14,3
2014	1.412	494	35,0	3.126	845	27,0	3.410	512	15,0
2015	1.506	531	35,3	3.284	896	27,3	3.591	564	15,7
2016	1.661	597	36,0	3.559	981	27,6	3.876	621	16,0
2017	1.648	615	37,3	3.566	997	28,0	3.814	640	16,8
2018	1.717	671	39,1	3.691	1.058	28,7	3.987	687	17,2
2019	1.788	706	39,5	3.756	1.084	28,9	4.116	727	17,7
2020	1.822	723	39,7	3.813	1.102	28,9	4.231	778	18,4
2021	1.859	749	40,3	3.873	1.129	29,2	4.313	814	18,9
2022	1.902	778	40,9	3.888	1.146	29,6	4.395	869	19,8
2023	1.944	815	41,9	3.880	1.153	29,7	4.406	905	20,5
2024	1.972	831	42,1	3.876	1.156	29,8	4.400	920	20,9

Quelle: BRAK Mitgliederstatistik und Fachanwaltstatistik von 2006 bis 2024 (Stichtag jeweils 1.1. des betreffenden Jahres)

3 Innere Differenzierung der Anwaltschaft

Tab. 3.2.20: Anteil der an Rechtsanwältinnen verliehenen Fachanwaltstitel von 2006 bis 2024 – Bau- und Architektenrecht, Erbrecht, Transport- und Speditionsrecht

Jahr	Bau- und Architekturrecht			Erbrecht			Transport- und Speditionsrecht		
	Insg.	w	Anteil (in %)	Insg.	w	Anteil (in %)	Insg.	w	Anteil (in %)
2006	360	22	6,1	173	36	20,8	21	1	4,8
2008	1.610	169	10,5	793	158	19,9	98	14	14,3
2010	2.013	230	11,4	1.076	237	22,0	134	24	17,9
2012	2.310	268	11,6	1.320	321	24,3	156	28	17,9
2013	2.421	289	11,9	1.444	359	24,9	166	31	18,7
2014	2.560	322	12,6	1.548	389	25,1	178	34	19,1
2015	2.678	345	12,9	1.629	429	26,3	186	36	19,4
2016	2.796	365	13,1	1.807	490	27,1	203	42	20,7
2017	2.846	395	13,9	1.818	505	27,8	201	44	21,9
2018	2.927	426	14,6	1.919	549	28,6	206	46	22,3
2019	3.011	445	14,8	2.016	594	29,5	205	44	21,5
2020	3.047	463	15,2	2.100	633	30,1	212	46	21,7
2021	3.116	489	15,7	2.197	689	31,4	224	47	21,0
2022	3.145	503	16,0	2.256	727	32,2	228	49	21,5
2023	3.188	520	16,3	2318	762	32,9	231	53	22,9
2024	3.216	538	16,7	2.372	793	33,4	227	54	23,8

Quelle: BRAK Mitgliederstatistik und Fachanwaltstatistik von 2006 bis 2024 (Stichtag jeweils 1.1. des betreffenden Jahres)

Tab. 3.2.21: Anteil der an Rechtsanwältinnen verliehenen Fachanwaltstitel von 2007 bis 2024 – Gewerblicher Rechtsschutz, Handels- und Gesellschaftsrecht, Urheber- und Medienrecht

Jahr	Gewerblicher Rechtsschutz			Handels- und Gesellschaftsrecht			Urheber- und Medienrecht		
	Insg.	w	Anteil (in %)	Insg.	w	Anteil (in %)	Insg.	w	Anteil (in %)
2007	67	8	11,9	104	6	5,8	9	-	-
2008	255	50	19,6	372	32	8,6	41	10	24,4
2010	543	117	21,6	734	81	11,0	121	27	22,3
2012	773	175	22,6	1.033	126	12,2	193	41	21,2
2013	855	197	23,0	1.211	154	12,7	226	45	19,9
2014	1.150	234	20,3	1.339	198	14,8	254	55	21,7
2015	1.019	259	25,4	1.483	217	14,6	292	63	21,6
2016	1.093	281	25,7	1.619	246	15,2	332	67	20,2
2017	1.130	305	27,0	1.656	257	15,5	359	75	20,9
2018	1.172	322	27,5	1.750	272	15,5	381	84	22,0
2019	1.237	344	27,8	1.844	290	15,7	399	91	22,8
2020	1.292	364	28,2	1.914	307	16,0	417	96	23,0
2021	1.318	371	28,1	1.978	322	16,3	430	101	23,5
2022	1.328	378	28,5	2.048	340	16,6	435	104	23,9
2023	1.345	389	28,9	2.103	355	16,9	438	106	24,2
2024	1.363	393	28,8	2.148	378	17,6	436	102	23,4

Quelle: BRAK Mitgliederstatistik und Fachanwaltstatistik von 2007 bis 2024 (Stichtag jeweils 1.1. des betreffenden Jahres)

Tab. 3.2.22: Anteil der an Rechtsanwältinnen verliehenen Fachanwaltstitel von 2007 bis 2024 – Informationstechnologierecht, Bank- und Kapitalmarktrecht, Agrarrecht

Jahr	Informationstechnologierecht			Bank- und Kapitalmarktrecht			Agrarrecht		
	Insg.	w	Anteil (in %)	Insg.	w	Anteil (in %)	Insg.	w	Anteil (in %)
2007	11	-	-						
2008	71	5	7,0	4	-	-			
2010	190	24	12,6	372	66	17,7	48	4	8,3
2012	290	38	13,1	642	133	20,7	106	10	9,4
2013	354	50	14,1	732	153	20,9	118	12	10,2
2014	402	64	14,1	732	153	20,9	118	12	10,2
2015	480	75	15,6	900	204	22,6	135	19	14,1
2016	539	84	15,6	1.013	234	23,1	143	20	14,0
2017	556	93	16,7	1.073	256	23,9	155	22	14,2
2018	601	104	17,3	1.165	267	22,9	165	26	15,8
2019	621	110	17,7	1.219	288	23,6	172	30	17,4
2020	654	120	18,3	1.262	274	21,7	178	31	17,4
2021	684	131	19,2	1.295	314	24,2	195	37	19,0
2022	730	138	18,9	1.290	315	24,4	195	39	20,0
2023	759	155	20,4	1.265	311	24,6	196	41	20,9
2024	801	169	21,1	1.264	314	24,8	202	44	21,8

Quelle: BRAK Mitgliederstatistik und Fachanwaltstatistik von 2007 bis 2024 (Stichtag jeweils 1.1. des betreffenden Jahres)

Tab. 3.2.23: Anteil der an Rechtsanwältinnen verliehenen Fachanwaltstitel von 2015 bis 2024 (Internationales Wirtschaftsrecht, Vergaberecht, Migrationsrecht)

Jahr	Internationales Wirtschaftsrecht			Vergaberecht			Migrationsrecht		
	Insg.	w	Anteil (in %)	Insg.	w	Anteil (in %)	Insg.	w	Anteil (in %)
2015	20	5	25,0	--	--	--	-	-	-
2016	81	15	18,5	13	2	15,4	-	-	-
2017	124	29	23,4	145	29	20,0	14	4	28,6
2018	158	40	25,3	226	44	19,5	66	27	40,9
2019	184	43	23,4	273	54	19,8	108	50	46,3
2020	207	53	25,6	304	62	20,4	154	82	53,2
2021	217	56	25,8	342	71	20,8	189	103	54,5
2022	230	59	25,7	376	81	21,5	218	120	55,0
2023	240	61	25,4	408	94	23,0	238	129	54,2
2024	246	65	26,4	451	111	24,6	251	129	51,4

Quelle: BRAK Mitgliederstatistik und Fachanwaltstatistik 2015 bis 2024 (Stichtag 1.1. des Jahres)

3 Innere Differenzierung der Anwaltschaft

Tab. 3.2.24: Anteil der an Rechtsanwältinnen verliehenen Fachanwaltstitel von 2020 bis 2024 (Sportrecht)

Jahr	Sportrecht		
	Insg.	w	Anteil (in %)
2020	16	1	6,3
2021	27	2	7,4
2022	37	3	8,1
2023	45	4	8,8
2024	54	6	11,1

Quelle: BRAK Mitgliederstatistik und Fachanwaltstatistik von 2020 bis 2024 (Stichtag 1.1. des Jahres)

3.3 Anwaltsnotare

Tab. 3.3.1: Zahl der Anwaltsnotare von 1960 bis 2024

Jahr	Anwaltsnotare	davon Frauen	Veränderung der Gesamtzahl (in %)	Anteil an der Gesamtanwaltschaft (in %)
1960	4.914			26,8
1965	4.966		1,1	25,1
1970	5.244	106	5,6	22,9
1975	5.994	211	14,3	22,3
1980	6.636	250	4,5	18,4
1985	7.174	317	2,5	15,3
1990	7.877	412	2,2	13,9
1995	8.715	612	0,6	11,7
2000	8.838	747	-1,0	8,5
2001	8.897	765	0,7	8,1
2002	8.765	767	-1,5	7,5
2003	8.370	749	-4,5	6,9
2004	7.728	720	-7,7	6,1
2005	7.548	716	-2,3	5,7
2006	7.282	706	-3,5	5,3
2007	7.055	681	-3,1	4,9
2008	6.920	828	-1,9	4,7
2009	6.755	689	-2,4	4,5
2010	6.575	694	-2,7	4,3
2011	6.373	688	-3,3	4,1
2012	6.187	701	-2,7	3,9
2013	6.036	711	-2,4	3,8
2014	5.814	713	-3,7	3,6
2015	5.660	720	-2,8	3,5
2016	5.602	775	-1,0	3,4
2017	5.570	833	-0,6	3,4
2018	5.485	904	-1,5	3,3
2019	5.349	960	-2,5	3,3
2020	5.226	1.007	-2,3	3,2
2021	5.164	1.060	-1,2	3,1
2022	5.015	1.075	-2,9	3,0
2023	4.955	1.110	-1,2	3,0
2024	4.834	1.144	-2,4	2,6

Quelle: Große Mitgliederstatistik der BRAK von 1960 bis 2024 (Stichtag jeweils 1.1. des betreffenden Jahres)

3 Innere Differenzierung der Anwaltschaft

3.4 Doppelbänder

Tab. 3.4.1: Zahl der vereidigten Buchprüfer/Steuerberater/Wirtschaftsprüfer (Doppelbänder) von 1991 bis 2024

Jahr	Vereidigte Buchprüfer	Veränd. (in %)	Steuer- berater*	Veränd. (in %)	Wirtschafts- prüfer*	Veränd. (in %)
1991	200					
1992	209	4,5				
1993	242	15,8				
1994	287	18,6				
1995	297	3,5				
1996	322	8,4				
1997	331	2,8				
1998	327	1,9				
1999	356	8,9				
2000	378	6,2	894		302	
2001	358	9,5	926	3,6	292	-3,3
2002	451	26,0	1.208	30,5	481	64,7
2003	484	7,3	1.408	16,6	537	11,6
2004	495	2,3	1.495	6,2	538	0,2
2005	498	0,6	1.582	5,8	555	3,2
2006	501	0,6	1.652	4,4	618	11,4
2007	547	9,1	1.808	9,4	680	10,0
2008	537	-1,8	1.987	9,9	712	4,7
2009	521	-3,0	2.012	1,3	690	-3,1
2010	515	-1,2	2.077	3,2	722	4,6
2011	497	-3,5	2.166	4,3	713	-1,2
2012	472	-5,0	2.139	-1,2	678	-4,9
2013	513	8,7	2.134	-0,2	662	-2,4
2014	453	-11,7	2.173	1,8	617	-6,8
2015	434	-4,2	2.204	1,4	620	0,5
2016	437	0,7	2.164	-1,9	602	2,9
2017	402	-8,0	2.151	-0,6	639	6,1
2018	386	-4,0	2.154	0,1	552	-13,6
2019	370	-4,1	2.137	-0,8	574	4,0
2020	355	-4,1	2.062	-3,5	513	-10,6
2021	326	-8,2	2.016	-2,2	544	6,0
2022	321	-1,5	1.976	-2,0	517	-5,0
2023	277	-13,7	2.027	2,6	564	9,0
2024	256	-7,6	2.485	22,6	759	34,6

* Zahlen nachgewiesen seit 2000

Quelle: Große Mitgliederstatistik der BRAK (Stichtag jeweils 1.1. des betreffenden Jahres)

4 Organisationsformen der Berufsausübung der Anwaltschaft

- Unternehmen
- Sozietäten
- Partnerschaftsgesellschaften
- Rechtsanwaltsgesellschaften

4.1 Unternehmen in der Rechtsberatung, Steuerberatung, Wirtschafts- und Buchführung

Die „Strukturerhebung im Dienstleistungsbereich" des Statistischen Bundesamtes hat bis zum Jahr 2020 Daten aus verschiedenen Wirtschaftszweigen des Dienstleistungsbereichs erhoben. Ziel war die Darstellung der Entwicklung verschiedener Unternehmen und Einrichtungen zur Ausübung einer freiberuflichen Tätigkeit, deren wirtschaftlicher Schwerpunkt nach Wirtschaftszweigklassifikation (WZ) als „Erbringung von Dienstleistungen überwiegend für Unternehmen" bezeichnet wurde. Diese Erhebung wird seitens des Statistischen Bundesamts in dieser Form nicht mehr fortgeführt. Da die Datenreihen im Statistischen Jahrbuch nicht mehr fortgeschrieben werden können, werden sie in dieser Ausgabe letztmalig dokumentoiert. Die Ergebnisse des Statistischen Bundesamtes folgten nicht aus einer Totalerhebung, sondern aus einer geschichteten Zufallsstichprobe auskunftspflichtiger Erhebungseinheiten aus der Gesamtheit aller am Markt tätigen Unternehmen. Ihre Angaben wurden auf die vorliegenden Totalwerte hochgerechnet. Da erst seit 2014 auch Unternehmen berücksichtigt wurden, die einen Gesamtumsatz unterhalb der Umsatzsteuergrenze erwirtschaften, besteht nur eine eingeschränkte Vergleichbarkeit der Zahlen ab 2014 mit denjenigen bis einschließlich 2013. Das Datenmaterial beinhaltet daher nur die Zahl der seit 2014 in der Rechtsberatung tätigen Unternehmen, differenziert nach Rechtsform. Eine weitere Tabelle zeichnet, nach Umsatzhöhe differenziert, die Entwicklung der im Dienstleistungsbereich Rechtsberatung tätigen Personen seit 2002 nach.

Die Ergebnisse verdeutlichen, dass der Wirtschaftszweig Rechtsberatung, zu dem vom Statistischen Bundesamt Rechtsanwaltskanzleien mit Notariat, Rechtsanwaltskanzleien ohne Notariat, Notariate, Patentanwaltskanzleien und sonstige Rechtsberatungseinrichtungen gerechnet, aber nicht einzeln ausgewiesen werden, nicht nur von einem stetigen Anwachsen der Gesamtzahl der Unternehmen gekennzeichnet ist, sondern auch eindeutig strukturiert ist (s. **Tab. 4.1.1 und Tab. 4.1.2**). Dominiert wird dieser Wirtschaftszweig von Einzelunternehmen: Im Jahr 2020 hatten rund drei Viertel aller Unternehmen diese Organisationsform. Die zweithäufigste Organisationsform ist die der Personengesellschaft (rund 13 % der Unternehmen), während eine geringe

Zahl der Unternehmen als Kapitalgesellschaft oder sonstige Rechtsform organisiert ist. Ihr Anteil an allen Unternehmen in der Rechtsberatung wurde für das Jahr 2020 auf 8,5 % berechnet.

Im Jahr 2019 waren insgesamt 299.422 Personen in den in der Rechtsberatung tätigen Unternehmen beschäftigt (s. **Tab. 4.1.2**). Zwei Drittel (67,0 %) von ihnen arbeiteten in Unternehmen mit einem Mindestjahresumsatz von 250.000 €, was die Tatsache widerspiegelt, dass Unternehmen mit mehr Mitarbeitern auch höhere Umsätze erzielen können. Als tätige Personen gelten dabei tätige Inhaber, Mitinhaber und unbezahlt mithelfende Familienangehörige sowie alle voll- und teilzeitbeschäftigten Angestellten, Arbeiter, Auszubildende, Studierende, Praktikanten und Volontäre. Zu den tätigen Personen zählen neben geringfügig Beschäftigten auch vorübergehend abwesende Personen (z.B. Erkrankte, Urlauber, Frauen im Mutterschutz etc.) sowie Personen in Altersteilzeit, im Außendienst tätige Personen etc. Nicht erfasst werden Leiharbeitnehmer, freie Mitarbeiter sowie Personen, die ein Jahr oder länger in Elternzeit sind. Die Zahl der nicht-anwaltlichen Berufsträger, die in den am Rechtsberatungsmarkt tätigen Unternehmen arbeiten, wird vom Statistischen Bundesamt nicht gesondert ausgewiesen.

4.2 Berufsausübungsgesellschaften

Seit Inkrafttreten der großen BRAO-Reform am 1. August 2022 sind Gesellschaften, die zum Zwecke der gemeinsamen Berufsausübung betrieben werden, als sog. „Berufsausübungsgesellschaften" (BAG) Berufsrechtssubjekt. In Abhängigkeit von ihrer Rechtsform und ihres Gesellschafterkreises sind sie nach § 59f Abs. 1 BRAO zulassungspflichtig und werden als Gesellschaft Mitglied einer Rechtsanwaltskammer: Dies betrifft zum einen Berufsausübungsgesellschaften in einer Rechtsform, in der kein Gesellschafter für Berufsausübungsfehler persönlich haftet – also neben den bereits früher zulassungspflichtigen Kapitalgesellschaften auch Partnerschaftsgesellschaften mit beschränkter Berufshaftung und strukturgleiche ausländische Rechtsformen wie die Limited Liability Partnership (LLP) –, zum anderen Berufsausübungsgesellschaften, in denen Mitglieder der Geschäftsführungs- und Aufsichtsorgane nicht nur Rechtsanwälte oder Angehörige eines in § 59c Absatz 1 Satz 1 Nr. 1 genannten Berufs (Steuerberater, Steuerbevollmächtigte, Wirtschaftsprüfer, vereidigte Buchprüfer, Patentanwälte) sind. Die Zahl dieser zugelassenen Berufsausübungsgesellschaften in den Bezirken der Rechtsanwaltskammern dokumentiert **Tab. 4.2.1**. Während aufgrund einer Übergangsregelung zum ersten Jahreswechsel nach Inkrafttreten der Reform bundesweit lediglich 1.843 Berufsausübungsgesellschaften zugelassen waren, war die Zahl zum 1.1.2024 bereits auf 4.750 angestiegen. Berufsausübungsgesellschaften, in denen neben Rechtsanwälten ausschließlich Steuerberater, Steuerbevollmächtigte, Wirtschaftsprüfer, vereidigte Buchprüfer oder Patentanwälte Gesellschafter sind, unterliegen nach § 59f Abs. 1 S: 2 BRAO keiner Zulassungspflicht, können sich aber nach § 59f bs. 1 S. 3 BRAO freiwillig zulassen. **Tab. 4.2.2.** dokumentiert die Zahl dieser freiwillig zugelassenen Berufsausübungsgesellschaften. Ihre Zahl ist gering, zum 1.1.2024 waren bundesweit lediglich 21 Berufsausübungsgesellschaften freiwillig zugelassen.

4.3 Partnerschaftsgesellschaften mbB, Limited Liability Partnerships und GmbH & Co. KGs

Seit 1995 ist es Angehörigen freier Berufe möglich, sich anstatt in einer Gesellschaft bürgerlichen Rechts in einer Partnerschaftsgesellschaft (PartG) zu organisieren. Die Intention des Gesetzgebers war es, den Freiberuflern „eine besondere, auf ihre Bedürfnisse zugeschnittene Organisationsform zur Verfügung [zu stellen...], die einerseits dem hergebrachten Berufsbild des freien Berufs entspricht und andererseits eine moderne und flexible Organisationsform bietet." (BT-Drs. 12/6152, S. 7). Während in der „einfachen" Partnerschaftsgesellschaft eine gesetzliche Konzentration der Haftung für Berufsausbünungsfehler auf den handelnden Berufsträger vorgesehen ist (§ 8 Abs. 2 PartGG), besteht in der 2013 vom Gesetzgeber geschaffenen Partnerschaftsgesellschaft mit beschränkter Berufshaftung (PartG mbB, § 8 Abs. 4 PartGG) keine Gesellschafterhaftung für Berufsausübungsfehler mehr. Da die einfache Partnerschaftsgesellschaft, anders als die PartG mbB, berufsrechtlich nicht zulassungspflichtig ist, verfügen die Rechtsanwaltskammern über keine eigenen Erkenntnisse über die Zahl der anwaltlichen Berufsausübungsgesellschaften in der Rechtsform der PartG. In der Vergangenheit durchgeführte Registerabfragen bei den Registergerichten zu Partnerschaftsgesellschaften mit anwaltlicher Beteiligung erfolgen seit 2023 nicht mehr (für den 1. Januar 2022 dokumentierte die BRAK letztmalig 2.606 PartG). Fortgeführt werden kann daher nur die Datenreihe zur PartGmbB (**Tab. 4.3.1**). Ihre Zahl betrug zum 1. Januar 2024 3.177. Auch die berichteten Zahlen der Limited Liability Partnerships (**Tab. 4.3.2**) beruhten, wie die der PartG mbB, bis 2022 auf den (fehleranfälligen) Erhebungen in den Partnerschaftsregistern der Registergerichte.Seitdem stützen sich die Rechtsanwaltskammern auf eigene Erkenntnisse, die auf der Zulassung zulassungspflichtiger Berufsausübungsgesellschaften beruhen. Da einheitliche Erhebungsstandards erst zum 1. Januar 2024 etabliert waren, fehlen für das Übergangsjahr 2023 belastbare Zahlen, so dass auf ihre Wiedergabe verzichtet wird. Zudem sind die Zahlen bis 2022 und ab 2024 nur eingeschränkt vergleichbar, da sie auf unterschiedlichen Quellen beruhen.

Überhaupt zum ersten Mal wurden zum 1. Januar 2024 Berufsausübungsgesellschaften in der Rechtsform der GmbH & Co. KG nachgewiesen, die in Folge der am 1. Oktober 2022 in Kraft getretenen Berufsrechtsreform erstmals für Rechtsanwälte nutzbar wurden (**Tab. 4.2.3**). Hier bleibt abzuwarten, ob sich die GmbH & Co. KG in der Anwaltschaft mittel- und langfristig einer ähnlichen Beliebtheit erfreuen wird wie sie sie seit Längerem bei Steuerberatern und Wirtschaftsprüfern genießt.

4.4 Rechtsanwaltskapitalgesellschaften

Die GmbH können Rechtsanwälte seit 1994 als Träger einer Berufsausübungsgesellschaft nutzen, seit 1999 in Form der einem berufsrechtlichen Zulassungsverfahren (§§ 59c ff. BRAO) unterworfenen Rechtsanwaltsgesellschaft mbH. Terminologisch wird die von der Rechtsprechung entwickelte, berufsrechtlich nicht als Berufsrechtssubjekt anerkannte Gesellschaft als „Anwalts-GmbH" bezeichnet, während die Gesellschaft, die ein Zulassungsverfahren bei der Rechtsanwaltskammer durchlaufen hat, als Rechtsanwaltsgesellschaft mbH bekannt ist. Ein Wahlrecht besteht nicht, seit Inkrafttreten der §§ 59c ff. BRAO muss sich eine der anwaltlichen Berufsausübung dienende GmbH dem Zulassungsverfahren unterziehen. An dessen Ende stehen die Zulassung der Gesellschaft und die hierdurch bewirkte Mitgliedschaft der Gesellschaft in der Rechtsanwaltskammer als juristische Person. Wie **Tab. 4.4.1** zeigt, wird die GmbH bislang deutlich seltener als die PartG mbB als Organisationsform gewählt. Am 1. Januar 2024 lag ihre Zahl bei 1.404. Gleichwohl nimmt die Beliebtheit der GmbH seit Jahren zu. Kaum Relevanz erlangt hat bislang hingegen die haftungsbeschränkte Unternehmergesellschaft. Zum Stichtag 1. Januar 2024 waren 25 Rechtsanwaltsgesellschaften als Unternehmergesellschaften verfasst. Die Aktiengesellschaft wird aufgrund des höheren Gründungsaufwands und des strengeren Binnenrechts nur sehr vereinzelt als Rechtsform gewählt. Ihre ebenfalls in **Tab. 4.4.1** nachgewiesene Zahl belief sich Anfang 2024 auf 33.

4.1 Unternehmen in der Rechtsberatung, Steuerberatung, Wirtschafts- und Buchführung

Tab. 4.1.1: Zahl der in der Rechtsberatung tätigen Unternehmen nach Rechtsform von 2014 bis 2020

Jahr	Einzel-unternehmen	Personen-gesellschaften	Kapital-gesellschaften	Sonstige Rechtsformen	Insgesamt
2014	44.049	11.145	823	2.890	**58.908**
2015	45.416	10.792	942	3.147	**60.296**
2016	46.016	12.209	890	2.734	**61.850**
2017	48.140	11.955	991	2.196	**63.282**
2018	48.141	12.121	1.454	2.787	**64.502**
2019	47.095	9.366	1.231	3.545	**61.237**
2020	45.744	7.608	1.401	3.538	**58.291**

Quelle: Statistisches Bundesamt, Strukturerhebungen im Dienstleistungsbereich, Unternehmen oder Einrichtungen mit einem Gesamtumsatz von 17.500 € und mehr, Fachserie 9, Reihe 4.4 (Stichtag jeweils 30.9. des betreffenden Jahres)

Tab. 4.1.2: Im Dienstleistungsbereich „Rechtsberatung" tätige Personen nach Umsatzstärke der Unternehmen von 2002 bis 2020

Jahr	in Unternehmen mit Jahres-umsatz von mind. 17.500 €	in Unternehmen mit Jahres-umsatz von mind. 250.000 €	Insgesamt
2002	80.548	158.506	239.054
2003	78.253	135.256	213.509
2004	81.355	141.411	222.766
2005	82.454	143.993	226.447
2006	87.529	150.434	237.963
2007	87.869	153.431	241.300
2008	87.035	153.699	240.734
2009	89.785	155.532	245.317
2010	91.046	152.163	243.209
2011	91.379	155.292	246.671
2012	91.946	159.630	251.576
2013	92.049	164.236	256.285
2014*	99.587	177.599	277.186
2015*	97.293	177.582	274.875
2016*	96.172	199.340	295.512
2017*	93.705	200.033	293.738
2018	91.727	209.624	301.351
2019	98.805	200.617	299.422
2020	n.v.	170.322	n.v.

Quelle: Statistisches Bundesamt, Strukturerhebungen im Dienstleistungsbereich, Unternehmen oder Einrichtungen mit einem Gesamtumsatz von 17.500 € und mehr, Fachserie 9, Reihe 4.4 (Stichtag jeweils 30.9. des betreffenden Jahres); eigene Berechnungen

* ab dem Jahr 2014 werden auch Unternehmen mit einem Gesamtumsatz von weniger als 17.500 € berücksichtigt, sodass ein Zeitvergleich der Ergebnisse nur eingeschränkt möglich ist.

4.2 Berufsausübungsgesellschaften

Tab. 4.2.1: Zahl der zugelassenen Berufsausübungsgesellschaften nach Kammerbezirken von 2023 bis 2024

Kammerbezirk	2023	2024
Bamberg	50	82
Berlin	145	422
Brandenburg	9	37
Braunschweig	13	40
Bremen	33	56
Celle	74	155
Düsseldorf	190	342
Frankfurt	133	402
Freiburg	48	149
Hamburg	77	371
Hamm	113	335
Karlsruhe	57	169
Kassel	5	71
Koblenz	58	93
Köln	174	326
Mecklenburg-V.	9	30
München	430	760
Nürnberg	62	183
Oldenburg	56	95
Saarland	19	52
Sachsen	5	93
Sachsen-Anhalt	13	22
Schleswig-Holstein	38	97
Stuttgart	7	220
Thüringen	16	39
Tübingen	0	71
Zweibrücken	9	38
Gesamt	**1.843**	**4.750**

Quelle: Auskünfte der Rechtsanwaltskammer (Stand zum 1.1. des jeweiligen Jahres)

Tab. 4.2.2: Zahl der freiwillig zugelassenen Berufsausübungsgesellschaften nach Kammerbezirken im Jahr 2024

Kammerbezirk	2024
BGH	-
Bamberg	-
Berlin	-
Brandenburg	-
Braunschweig	1
Bremen	-
Celle	-
Düsseldorf	2
Frankfurt	1
Freiburg	-
Hamburg	-
Hamm	2
Karlsruhe	3
Kassel	-
Koblenz	-
Köln	2
Mecklenburg-V.	1
München	5
Nürnberg	-
Oldenburg	-
Saarland	3
Sachsen	-
Sachsen-Anhalt	-
Schleswig-Holstein	1
Stuttgart	-
Thüringen	-
Tübingen	-
Zweibrücken	-
RAK nicht ermittelbar	-
Gesamt	**21**

Quelle: Auskünfte der Rechtsanwaltskammer (Stand zum 1.1. des jeweiligen Jahres)

4 Organisationsformen der Berufsausübung der Anwaltschaft

4.3 Partnerschaftsgesellschaften mbB, Limited Liability Partnerships und GmbH & Co. KGs

Tab. 4.3.1: Zahl der Partnerschaftsgesellschaften mit beschränkter Berufshaftung von 2015 bis 2024

Jahr	PartG mbB	Veränderung (in %)	LLP	Veränderung (in %)
2015	843			
2016	1.402	66,3		
2017	1.814	29,4	155	
2018	1.983	9,3	145	-6,5
2019	2.216	11,7	134	-7,6
2020	2.587	16,7	93	-30,6
2021	2.696	4,2	112	20,4
2022	3.050	13,1	94	-16,1
2023	n.v.		n.v.	
2024	3.177		35	

Quelle: BRAK Mitgliederstatistik (Stichtag jeweils 1.1. des betreffenden Jahres)

Tab. 4.3.2: Zahl der anwaltlichen GmbH & Co. KGs von 2023 bis 2024

Jahr	GmbH & Co. KG	Veränderung (in %)
2023	4	
2024	22	450,0

Quelle: BRAK Mitgliederstatistik (Stichtag jeweils 1.1. des betreffenden Jahres)

4.4 Rechtsanwaltskapitalgesellschaften

Tab. 4.4.1 Zahl der Rechtsanwaltskapitalgesellschaften von 1996 bis 2024

Jahr	Gesellschaft mbH	Veränderung (in %)	Unternehmer-gesellschaft	Veränderung (in %)	Aktien-gesellschaft	Veränderung (in %)
1996	7	-	-	-	-	-
1997	11	57,1	-	-	-	-
1998	49	345,4	-	-	-	-
1999	78	59,1	-	-	-	-
2000	34	-43,6	-	-	-	-
2001	75	120,6	-	-	-	-
2002	122	62,7	-	-	-	-
2003	159	30,3	-	-	-	-
2004	168	5,7	-	-	-	-
2005	179	6,5	-	-	-	-
2006	217	21,2	-	-	-	-
2007	260	19,8	-	-	5	-
2008	297	14,2	-	-	8	60,0
2009	324	9,1	-	-	16	100,0
2010	401	23,8	-	-	20	25,0
2011	463	15,5	-	-	22	10,0
2012	535	15,5	-	-	23	4,5
2013	586	9,5	-	-	25	8,7
2014	654	11,6	-	-	26	4
2015	694	6,1	3	-	26	0,0
2016	760	9,5	5	66,6	27	3,9
2017	825	8,6	8	60,0	24	-11,1
2018	884	7,2	9	12,5	24	0,0
2019	947	7,1	9	0,0	23	-4,2
2020	1.018	7,5	14	55,6	25	8,7
2021	1.109	8,9	19	35,7	27	8,0
2022	1.194	7,7	17	-10,5	27	0,0
2023	1.286	7,7	16	-5,9	30	11,1
2024	1.404	9,2	25	56,3	33	10,0

Quelle: BRAK Mitgliederstatistik von 1996 bis 2024 (Stichtag jeweils 1.1. des betreffenden Jahres)

5 Wirtschaftliche Situation der deutschen Rechtsanwälte

- Jahresumsätze
- Investitionen und Aufwendungen
- Einstiegsgehälter

5.1 Jahresumsätze steuerpflichtiger Rechtsanwaltskanzleien und Rechtsanwälte

Die Anzahl steuerpflichtiger Unternehmen mit jährlichen Umsätzen über 16.617 € bzw. seit 2004 mit jährlichen Umsätzen über 17.500 € in der Rechtsberatung ist in den Jahren von 1997 bis 2011 kontinuierlich gestiegen. Diese Entwicklung geht aus der seit dem Jahr 1996 vom Statistischen Bundesamt jährlich erhobenen Umsatzsteuerstatistik hervor, setzt sich aber angesichts der seitdem fast stetig sinkenden Zahlen nicht fort. In der Umsatzsteuerstatistik werden die Anzahl der registrierten umsatzsteuerpflichtigen Unternehmen sowie deren jährliche Umsatzsteuervorauszahlungen differenziert nach Wirtschaftszweigen dargelegt. **Tab. 5.1.1** zeigt die Anzahl steuerpflichtiger Rechtsanwaltskanzleien mit und ohne Notariat sowie die Anzahl sonstiger steuerpflichtiger Rechtsberatungen von 1997 bis 2022 auf. So waren im Jahr 2022 47.273 Rechtsanwaltskanzleien mit oder ohne Notariat als steuerpflichtige Unternehmen registriert. Aus **Tab. 5.1.2** geht die Entwicklung des Umsatzes (ohne Umsatzsteuer) von steuerpflichtigen Unternehmen in der Rechtsberatung von 1997 bis 2022 hervor. Dabei stellt die Kategorie der steuerpflichtigen Rechtsanwaltskanzleien ohne Notariat über die Jahre hinweg im Vergleich zu den steuerpflichtigen Rechtsanwaltskanzleien mit Notariat sowie den sonstigen Rechtsberatungen das umsatzstärkste Rechtsberatungssegment dar. Dies ist allerdings darauf zurückzuführen, dass die Anzahl der steuerpflichtigen Rechtsanwaltskanzleien ohne Notariat mit 42.059 Kanzleien (im Jahr 2022) deutlich über der Anzahl steuerpflichtiger Rechtsanwaltskanzleien mit Notariat (2022: 5.214 Kanzleien) und sonstiger Rechtsberatungsunternehmen (2022: 4.322) liegt. Von 2009 bis 2022 ist der Umsatz von steuerpflichtigen Rechtsanwaltskanzleien ohne Notariat von 11,5 Mrd. € um fast 47 % auf knapp unter 17 Mrd. € gestiegen.

Wird der im Bereich der Rechtsanwaltskanzleien mit und ohne Notariat erzielte Gesamtumsatz durch die Anzahl der anwaltlichen Berufsträger dividiert, so ergibt sich der durchschnittliche Umsatz pro Rechtsanwalt in €. Aus **Tab. 5.1.3** geht hervor, dass der ermittelte Umsatz pro Rechtsanwalt innerhalb der Jahre 1994 bis 2004 kontinuierlich rückläufig war. Zwischen 2005 und 2008 waren wieder steigende Umsätze zu verzeichnen, bevor es zwischen 2009 und 2011 zu einem relativ starken Rückgang kam. Seitdem haben sich die per capita-Umsätze wieder erholt. Die Umsätze pro Rechtsanwalt sind allerdings nur unter Vorbehalt zu interpretieren: In die hier vorgenommene

Berechnung durchschnittlicher Umsätze pro Rechtsanwalt gehen keine Leistungen aus Kanzleien mit ein, deren Umsätze unterhalb der Schwelle von 16.617 € bzw. seit 2004 unterhalb der Schwelle von 17.500 € liegen (hierbei ist vor allem an neu gegründete Kanzleien zu denken oder auch an Syndikusanwälte). Dies ist darauf zurückzuführen, dass mit der Umsatzsteuerstatistik nur die Umsätze von Unternehmen erfasst werden, deren jährliche Umsätze über der genannten Schwelle liegen und die somit steuerpflichtig sind. Im Ergebnis führt die Nichtberücksichtigung der Umsätze von umsatzschwächeren Kanzleien zu einer systematischen Verzerrung in Richtung eines „zu niedrigen" durchschnittlichen Umsatzes pro Rechtsanwalt. Dies gilt auch mit Blick auf die Tatsache, dass rund ein Viertel der niedergelassenen Rechtsanwältinnen und Rechtsanwältinnen den Anwaltsberuf in Teilzeit ausübt und deshalb fast immer nur in geringerem Maße als ein in Vollzeit tätiger Berufskollege zum Gesamtumsatz der Anwaltschaft beitragen kann.

Der Indikator „durchschnittlicher Umsatz pro Rechtsanwalt" wird zudem in Richtung einer zu niedrigen Maßzahl verzerrt, weil Rechtsanwälte in die Berechnung einbezogen werden, die aus anwaltlicher Tätigkeit überhaupt keine Umsätze verzeichnen, wie z.B. ein Teil der Syndikusanwälte alter Prägung bzw. der Syndikusrechtsanwälte nach § 46a BRAO. Diese arbeiten in Unternehmen oder Verbänden als angestellte Volljuristen mit Anwaltszulassung, erwirtschaften aber keine Umsätze aus anwaltlicher Tätigkeit. Auch fließen in die Berechnung der Durchschnittswerte Titularanwälte ein. Darüber hinaus gibt die Angabe durchschnittlicher Umsätze pro Rechtsanwalt keine Aufschlüsse über strukturelle Veränderungen in der Anwaltschaft, wie z.B. ein Anstieg an Teilzeittätigkeiten von Anwältinnen und Anwälten, einen höheren Grad an Spezialisierungen, eine Zunahme an angestellten Anwälten etc. Derartige strukturelle Veränderungen beeinflussen die Maßzahl des durchschnittlichen Umsatzes pro Rechtsanwalt. So führt beispielsweise eine vermehrte Anzahl an teilzeitbeschäftigten Rechtsanwältinnen und Rechtsanwälten zu einer niedrigeren Maßzahl, während eine höhere Effektivität und Effizienz von Spezialisten den durchschnittlichen Umsatz pro Rechtsanwalt positiv verändert.

Aufgrund einer veränderten Darstellung der großen Mitgliederstatistik der Bundesrechtsanwaltskammer ist es seit dem Jahr 2018 möglich, diese Verzerrungen zumindest partiell zu adressieren und solche Rechtsanwälte, die ausschließlich oder auch als Syndikusrechtsanwälte zugelassen sind, nicht mit in die Berechnung aufzunehmen. Daher ist die Darstellung mit dem Jahr 2018 gebrochen worden. In Tab. 5.1.4 ist ab dem Jahr 2018 der im Markt erzielte Umsatz in das Verhältnis nur noch zur Zahl der in Kanzlei niedergelassenen Rechtsanwältinnen und Rechtsanwälte gesetzt (wenngleich auch in dieser – mit kontinuierlich abnehmendem Anteil – Altsyndizi ohne gesonderte Syndikuszulassung enthalten sind).

Zu bedenken ist freilich, dass die Umsatzsteuerstatistik definitionsgemäß keine Rückschlüsse über die Ertragslage der Kanzleien geben. Würde man allerdings relativ konstante Relationen zwischen Umsätzen und Erträgen bei Kanzleien unterstellen, so würde sich mit steigenden Umsätzen auch die Ertragslage verbessern. Entsprechend würde sich die Ertragslage pro Kanzlei bei steigender Anzahl von Rechtsanwaltskanzleien, aber gleich bleibendem Gesamtumsatz, verschlechtern.

5.2 Investitionen und Aufwendungen in der Rechtsberatung

In der „Strukturerhebung im Dienstleistungsbereich" werden u.a. die getätigten Investitionen von Unternehmen im Segment Rechtsberatungen erfasst. Bis 2013 wurden allerdings nur umsatzsteuerpflichtige Unternehmen (die Umsatzsteuerpflicht beginnt seit dem Jahr 2004 bei einem Jahresumsatz von mehr als 17.500 €; zuvor waren es 16.617 €) aufgeführt. Ab dem Berichtsjahr 2014 werden auch Unternehmen mit einem Gesamtumsatz von weniger als 17.500 € berücksichtigt, so dass ein Zeitvergleich der Ergebnisse nur eingeschränkt möglich ist. Da die Strukturerhebungen im Dienstleistungsbereich vom Statistischen Bundesamt seit 2021 nicht mehr fortgeführt werden, konnten für diese Ausgabe die Zahlen lediglich (und letztmalig) für ein Jahr fortgeschrieben werden.

Aus **Tab. 5.2.1** geht hervor, dass in den Jahren 2002 bis 2020 kontinuierlich mehr als zwei Drittel der Gesamtinvestitionen in der Rechtsberatung auf die Unternehmen mit einem Jahresumsatz von mindestens 250.000 € entfallen. Während sich die Gesamtinvestitionen seit 2014 zwischen 341 und 348 Mio € bewegten, lagen sie 2019 bei knapp 410 Millionen. 2020 lag der Wert wieder bei 350 Mio €. Zu den Investitionen zählen die Werte erworbener Sachanlagen und immaterieller Vermögensgegenstände sowie der Wert selbst erstellter Sachanlagen.

In **Tab. 5.2.2** ist der Personal- und Sachaufwand aus dem Dienstleistungsbereich „Rechtsberatung" in Mrd. € in den Jahren von 2002 bis 2020 dargestellt. Mit Ausnahme der Jahre 2003 und 2009, in denen rückläufige Zahlen zu verzeichnen waren, blieben die Gesamtinvestitionen im Bereich Rechtsberatung bislang gleich oder stiegen an. Insgesamt hat sich das Volumen an Aufwendungen in der Rechtsberatung von 9,3 Mrd. € im Jahr 2010 auf 16 Mrd. € im Jahr 2019 erhöht; das entspricht einem Wachstum von 72 %. Der Anteil des Personalaufwands ist hierbei mit 8,4 Mrd. erstmals seit 2014 wieder höher als der Sachaufwand mit 7,6 Mrd. 2020 fiel der Gesamtwert wieder auf 15,4 Mrd. €.

5.3 Insolvenzen

Tab. 5.3.1 dokumentiert die Zahl der Insolvenzverfahren, von denen Rechtsanwaltskanzleien mit und ohne Notariat seit 2001 betroffen waren. Es zeigt sich bei einer Langzeitbetrachtung eine Zunahme der Insolvenzen bis zum Jahr 2004. Seitdem schwankt die Zahl der jährlich eröffneten Insolvenzverfahren auf einem recht niedrigen Niveau. 2023 wurde mit 8 eröffneten Verfahren ein historischer Tiefstand erreicht.

5.1 Jahresumsätze steuerpflichtiger Rechtsanwaltskanzleien und Rechtsanwälte

Tab. 5.1.1: Steuerpflichtige Unternehmen in der Rechtsberatung von 1997 bis 2022*

Jahr	RA-Kanzleien mit Notariat	Veränd. (in %)	RA-Kanzleien ohne Notariat	Veränd. (in %)	sonstige Rechtsberatung	Veränd. (in %)
1997	5.357	3,3	32.617	4,5	2.684	18,5
1998	5.502	2,7	34.319	5,2	3.061	14,0
1999	5.529	0,5	34.706	1,1	3.123	2,0
2000	5.556	0,5	35.553	2,4	3.296	5,5
2001	5.574	0,3	36.417	2,4	3.374	2,4
2002	5.766	3,4	37.210	2,2	3.590	6,4
2003	5.897	2,3	37.896	1,8	3.601	0,3
2004	6.245	5,9	39.054	3,1	4.000	11,1
2005	6.579	5,3	40.727	4,3	4.382	9,6
2006	6.871	4,4	41.877	2,8	4.730	7,9
2007	7.053	2,6	42.590	1,7	4.965	5,0
2008	7.190	1,9	43.142	1,3	5.137	3,5
2009	6.955	-3,3	44.589	3,3	5.226	1,7
2010	6.976	0,3	45.373	1,8	5.227	0,0
2011	7.043	1,0	45.974	1,3	5.372	2,8
2012	6.956	-1,2	46.418	1,0	5.350	-0,4
2013	6.938	-0,3	46.682	0,6	5.125	-4,2
2014	6.856	-1,2	46.627	-0,1	4.842	-5,5
2015	6.651	-3,0	46.913	0,6	4.773	-1,4
2016	6.485	-2,4	46.850	-0,1	4.737	-0,8
2017	6.362	-1,9	46.634	-0,5	4.733	-0,1
2018	6.373	0,2	46.152	-1,0	4.735	0,0
2019	6.055	-5,0	45.875	-0,6	4.739	0,1
2020	5.660	-6,5	43.302	-5,6	4.356	-8,0
2021	5.419	-4,3	42.660	-1,5	4.301	-1,3
2022	5.214	-3,8	42.059	-1,4	4.322	0,5

Quelle: Umsatzsteuerstatistik des Statistischen Bundesamtes, Fachserie 14, Reihe 8.1; eigene Berechnungen
* bis 2003 sind erfasst Unternehmen mit einem Umsatz über 16.617 €, seit 2004 mit einem Umsatz von über 17.500 €

5 Wirtschaftliche Situation der deutschen Rechtsanwälte

Tab. 5.1.2: Umsatz (ohne Umsatzsteuer) in Tausend € von steuerpflichtigen Unternehmen in der Rechtsberatung von 1997 bis 2022*

Jahr	RA-Kanzleien mit Notariat	Veränd. (in %)	RA-Kanzleien ohne Notariat	Veränd. (in %)	sonstige Rechtsberatung	Veränd. (in %)
1997	2.002.123	0,9	7.372.824	2,9	463.158	6,4
1998	2.045.617	2,2	7.774.570	5,4	514.261	11,0
1999	2.116.012	3,4	7.932.928	2,0	538.757	4,8
2000	2.264.388	7,0	8.080.247	1,9	616.011	14,3
2001	2.345.373	3,6	8.578.481	6,2	722.876	17,3
2002	2.410.008	2,8	8.870.273	3,4	685.587	-5,2
2003	2.487.277	3,2	9.036.221	1,9	708.582	3,4
2004	2.471.415	-0,6	9.396.779	4,0	746.044	5,3
2005	2.606.786	5,5	10.182.913	8,4	794.695	6,5
2006	2.741.223	5,2	10.629.007	4,4	899.094	13,1
2007	3.023.682	10,3	11.022.289	3,7	997.597	11,0
2008	3.339.838	10,5	11.381.442	3,3	1.003.261	0,6
2009	2.883.062	-13,7	11.537.432	1,4	1.054.699	5,1
2010	2.915.783	1,1	11.754.349	1,9	1.107.668	5,0
2011	2.999.398	2,8	12.101.789	3,0	1.099.821	-0,8
2012	3.063.436	2,1	12.394.392	2,4	1.148.271	4,4
2013	3.124.973	2,0	12.708.436	2,5	1.153.117	0,4
2014	3.420.637	9,5	13.334.664	5,0	1.204.072	4,4
2015	3.781.043	10,5	13.905.142	4,3	1.201.938	0,2
2016	3.835.853	1,4	14.394.072	3,5	1.253.193	4,3
2017	3.915.043	2,1	14.818.083	2,9	1.232.998	-1,6
2018	3.843.745	-1,8	15.576.814	5,1	1.285.417	4,3
2019	3.891.543	1,2	16.393.220	5,2	1.360.835	5,9
2020	3.978.672	2,2	16.955.015	3,4	1.394.634	2,5
2021	4.577.031	15,0	16.902.209	-0,3	1.393.859	-0,1
2022	4.605.047	0,6	16.990.048	0,5	1.522.196	9,2

Quelle: Umsatzsteuerstatistik des Statistischen Bundesamtes, Fachserie 14, Reihe 8.1; eigene Berechnungen

* bei den Zahlen ab 2010 handelt es sich um Voranmeldungen. Bis 2003 erfasst sind Umsätze von Unternehmen mit einem Umsatz von über 16.617 €, seit 2004 mit einem Umsatz von über 17.500 €

Tab. 5.1.3: **Durchschnittlicher Umsatz pro Rechtsanwalt von 1994 bis 2017***

Jahr	Umsatz pro Rechtsanwalt in €	Veränderung (in %)	Index (Basisjahr: 1994)
1994	116.311		100
1996	116.121	-0,2	99,8
1997	110.157	-5,1	94,7
1998	107.305	-2,6	92,3
1999	102.759	-4,3	88,3
2000	99.404	-3,3	85,5
2001	98.978	-0,4	85,1
2002	96.990	-2,0	83,4
2003	94.906	-2,1	81,6
2004	93.603	-1,4	80,5
2005	96.476	3,1	82,9
2006	96.813	0,4	83,2
2007	98.340	1,6	84,5
2008	100.207	1,9	86,2
2009	95.896	-4,3	82,4
2010	94.233	-1,7	81,0
2011	95.320	1,2	82,0
2012	100.163	1,1	86,1
2013	97.320	-2,8	83,7
2014	102.986	5,8	88,5
2015	108.164	5,0	93,0
2016	111.313	2,9	95,7
2017	114.620	3,0	98,5

Quelle: Umsatzsteuerstatistik des Statistischen Bundesamtes, Fachserie 14, Reihe 8.1; BRAK-Mitgliederstatistik; eigene Berechnungen

Tab. 5.1.4: **Durchschnittlicher Umsatz pro niedergelassenem Rechtsanwalt von 2018 bis 2022**

Jahr	Umsatz pro niedergelassenem Rechtsanwalt in €	Veränderung (in %)	Index (Basisjahr: 2018)
2018	128.999		100
2019	136.849	6,1	106
2020	142.605	4,2	111
2021	148.406	4,1	115
2022	151.203	1,9	117

Quelle: Umsatzsteuerstatistik des Statistischen Bundesamtes, Fachserie 14, Reihe 8.1; BRAK-Mitgliederstatistik; eigene Berechnungen

5.2 Investitionen und Aufwendungen in der Rechtsberatung

Tab. 5.2.1: Investitionen in der Rechtsberatung in Tausend € von 2002 bis 2020

Jahr	in Unternehmen mit einem Jahresumsatz von 17.501 € bis 250.000 €**	in Unternehmen mit einem Jahresumsatz von mindestens 250.000 €	Gesamt	Veränd (in %)
2002	102.729	279.947	382.676	
2004	89.063	225.326	314.389	-17,8
2006	82.899	227.076	309.975	-1,4
2008*	109.199	277.775	386.930	24,8
2010	88.359	206.176	294.535	-23,6
2011	86.475	231.816	318.291	8,1
2012	67.040	227.177	294.217	-7,6
2013	70.645	225.927	296.572	0,8
2014	107.656	236.702	344.358	16,1
2015	124.994	216.135	341.129	-0,9
2016	93.781	253.711	347.492	1,9
2017	70.129	271.326	341.455	-1,7
2018	68.687	275.581	344.268	0,8
2019	84.556	325 443	409.999	19,1
2020	77.981	272.406	350.387	14,5

* Ab 2008 weist die Statistik die sog. Bruttoanlageinvestition aus
** Ab dem Berichtsjahr 2014 werden auch Unternehmen mit einem Gesamtumsatz von weniger als 17.500 Euro berücksichtigt. Aus diesen Gründen ist ein Zeitvergleich der Ergebnisse nur eingeschränkt möglich.

Quelle: Statistisches Bundesamt, Strukturerhebungen im Dienstleistungsbereich, Fachserie 9, Reihe 2 (bis 2011); Reihe 4.4 (ab 2012), eigene Berechnungen

Tab. 5.2.2: Aufwendungen in der Rechtsberatung in Mrd. € von 2002 bis 2020*

Jahr	Personalaufwand	Sachaufwand	Gesamt	Veränderung (in %)
2002	4,2	3,7	7,9	
2004	3,8	3,9	7,7	-2,5
2006	4,1	4,6	8,7	13,0
2008	4,4	5,0	9,4	8,0
2010	4,5	4,8	9,3	-1,1
2011	4,9	4,9	9,8	5,3
2012	4,9	4,9	9,8	0,0
2013	5,2	4,9	10,1	3,1
2014	5,7	5,4	11,1	9,9
2015	6,0	6,0	12,0	8,1
2016	6,5	6,9	13,4	11,7
2017	6,7	7,0	13,7	2,2
2018	7,2	7,6	14,9	8,8
2019	8,4	7,6	16,0	7,4
2020	7,7	7,7	15,4	-3,8

Quelle: Statistisches Bundesamt, Strukturerhebungen im Dienstleistungsbereich, Fachserie 9, Reihe 2 (bis 2008); Reihe 4.4. (ab 2009)

* ab dem Berichtsjahr 2014 werden auch Unternehmen mit einem Gesamtumsatz von weniger als 17.500 Euro berücksichtigt. Aus diesen Gründen ist ein Zeitvergleich der Ergebnisse nur eingeschränkt möglich.

5.3 Insolvenzen

Tab. 5.3.1: Insolvenzverfahren Rechtsanwaltskanzleien von 2001 bis 2023

Jahr	Rechtsanwalts-kanzlei…	Gesamtzahl Verfahren	eröffnete Verfahren	mangels Masse abgewiesene Verfahren
2001	mit Notariat	11		
	ohne Notariat	18		
2002	mit Notariat	8	4	4
	ohne Notariat	28	23	5
2003	mit Notariat	12	9	3
	ohne Notariat	29	22	7
2004	mit Notariat	26	19	7
	ohne Notariat	45	28	17
2005	mit Notariat	16	14	2
	ohne Notariat	38	25	13
2006	mit Notariat	24	16	8
	ohne Notariat	64	51	13
2007	mit Notariat	19	18	1
	ohne Notariat	51	38	7
2008	mit Notariat	19	17	2
	ohne Notariat	57	50	7
2009	mit Notariat	11	9	2
	ohne Notariat	59	43	16
2010	mit Notariat	12	11	1
	ohne Notariat	66	56	10
2011	mit Notariat	11	11	0
	ohne Notariat	63	51	12
2012	mit Notariat	11	11	0
	ohne Notariat	54	47	7
2013	mit Notariat	13	6	7
	ohne Notariat	43	41	2
2014	mit Notariat	12	9	3
	ohne Notariat	46	40	6
2015	mit Notariat	12	10	10
	ohne Notariat	47	39	8
2016	mit Notariat	12	10	5
	ohne Notariat	51	48	3
2017	mit Notariat	18	9	9
	ohne Notariat	31	27	4
2018	mit Notariat	14	9	5
	ohne Notariat	25	20	5
2019	mit Notariat	10	8	2
	ohne Notariat	20	19	1
2020	mit Notariat	8	4	4
	ohne Notariat	16	16	0
2021	mit Notariat	1	1	0
	ohne Notariat	21	17	4
2022	mit Notariat	2	2	0
	ohne Notariat	17	15	2
2023	mit Notariat	0	0	0
	ohne Notariat	11	8	3

Quelle: Statistisches Bundesamt, Unternehmen und Arbeitsstätten, Fachserie 2, Reihe 4.1

6 Ausbildung, Berufseinstieg und Arbeitslosigkeit von Juristen

- Studium
- Vorbereitungsdienst
- Juristische Promotionen und Habilitationen
- Universitäten und Hochschulpersonal
- Arbeitslosigkeit
- Ausbildung und Qualifizierung von Fachpersonal

6.1 Studium der Rechtswissenschaft

Kap. 6.1 enthält Informationen zum Studium der Rechtswissenschaft. Die Anzahl der Studierenden für die Fächergruppe Rechtswissenschaften, die aus den Fächern Rechtswissenschaft und Wirtschaftsrecht besteht, wird vom Statistischen Bundesamt halbjährlich im Rahmen der Fachserie „Bildung und Kultur" für das jeweilige Winter- bzw. Sommersemester erhoben (wobei im Sommersemester nur die Studienanfänger erfasst werden). Die Zahlen werden seit dem WS 1992 / 1993 auf Basis von Verwaltungsunterlagen der Hochschulen zusammengestellt. Demnach hängt die Qualität (Vollständigkeit, Genauigkeit) dieser Statistik wesentlich von den Datenlieferungen der Hochschulverwaltungen ab. In die Statistik fließen sowohl die Studierendenzahlen der Universitäten als auch Fachhochschulen ein. Ein verbreitetes Missverständnis ist daher, dass die Studierendenstatistiken ein Abbild der Zahl der Volljuristen und damit auch der Rechtsanwälte in spe sind. Tatsächlich nimmt der Anteil dieser Teilgruppe – Studierende des Fachs Rechtswissenschaften an einer Universität – kontinuierlich ab, da sich das Studium der Rechtswissenschaften an Fachhochschulen, aber auch das Fach Wirtschaftsrecht an Universitäten wachsender Beliebtheit erfreut. Allerdings ist das „klassische" Jurastudium weiterhin der mit Abstand bedeutendste Studiengang in der Fächergruppe Rechtswissenschaften.

In **Tab. 6.1.1** werden die Studierenden im Fach Rechtswissenschaft insgesamt sowie differenziert nach Geschlecht und Herkunft dargestellt (unter Studierenden werden hier wie auch in allen anderen Tabellen die in einem Fachstudium eingeschriebenen Personen verstanden; beurlaubte Personen, Studienkollegiate und Gasthörer werden nicht berücksichtigt). Die Zahlen bis zur Jahrtausendwende enthalten hierbei auch die Studierenden im Fach Wirtschaftsrecht, die erst seitdem – mit der zunehmenden Popularität solcher Studiengänge – vom Statistischen Bundesamt in der seinerzeit neu definierten Fächergruppe Rechtswissenschaften getrennt nach dem Fach Rechtswissenschaft und dem Fach Wirtschaftsrecht ausgewiesen werden. Enthalten sind in der Zahl der Studierenden im Fach Rechtswissenschaft auch Studierende an Fachhochschulen, auch wenn das Fach Rechtswissenschaft dort, im Gegensatz zum Fach

Wirtschaftsrecht, keinen größeren Zuspruch erfährt. Mit Blick auf die Zahlen seit der Jahrtausendwende gilt demnach: Die dokumentierten Zahlen sind nicht die Zahlen aller Jurastudierenden in Deutschland, sondern die Zahlen für das populärere der beiden Fächer aus der Fächergruppe Rechtswissenschaften. Zur besseren Übersicht und Vergleichbarkeit der Daten wurden jeweils die Zahlen aus den Wintersemestern ausgewählt. War im Zeitraum von der Mitte der 1990er Jahre bis zum WS 2007 / 2008 noch ein Rückgang um rund 30.000 Studierende zu verzeichnen, hat sich die Studierendenzahl seitdem wieder merklich erholt und liegt mittlerweile sogar über dem Niveau von Mitte der 1990er Jahre. Der Anteil der (deutschen) Studentinnen an den gesamten deutschen Studierenden der Rechtswissenschaften ist kontinuierlich gestiegen: Betrug der Anteil im WS 1975 / 1976 25,2 %, so waren es im WS 2022/2023 58,3 %. Rund 8 % der Studierenden besitzen nicht die deutsche Staatsangehörigkeit.

Tab. 6.1.2 ermöglicht einen historischen Überblick über die Entwicklung der Studierendenzahlen in der Bundesrepublik sowie in der DDR in den Jahren von 1950 bis 1989. In der für die DDR mitgeteilten Gesamtzahl enthalten sind auch Studierende, die ein Fernstudium absolvierten, das sich in der DDR einer gewissen Beliebtheit erfreute.

Tab. 6.1.3 stellt die Entwicklung der Zahl der Studierenden in den Rechtswissenschaften an Universitäten von 1990/91 bis 2022/2023 nach deren jeweils angestrebtem Abschluss dar (ausgeklammert sind also die Studierenden in den Rechtswissenschaft an Fachhochschulen). Als Studierende weist diese Tabelle die Studierenden der Fächer Rechtswissenschaft und Wirtschaftsrecht gemeinsam aus. Sie differenziert zwischen den Studierenden insgesamt und denjenigen, die keine Promotion, einen Master, einen Bachelor oder eine Lehramtsprüfung anstreben. Aus dieser Betrachtung ergibt sich, dass im Wintersemester 2022/2023 95.569 der 118.522 Studierenden an Universitäten den „klassischen" Abschluss der Ersten Juristischen Prüfung anstrebten. Das entspricht einem Anteil von 80,6 %.

Tab. 6.1.4 stellt die Entwicklung der Zahl der Studierenden im Fach Rechtswissenschaft der Anzahl der Rechtsanwälte in der Bundesrepublik in den Jahren von 1950 bis 2022 gegenüber. Überstiegen die Studierendenzahlen in den Jahren von 1950 bis 1999 die Rechtsanwaltszahlen – zeitweilig um fast das Doppelte –, so hat sich dieses Verhältnis zur Jahrtausendwende umgekehrt. Im Jahr 2022 kommen auf 70 Studierende der Rechtswissenschaften 100 Rechtsanwälte, während die Quote in den Jahren 2007 bis 2009 mit 59 zu 100 so niedrig war wie nie zuvor seit Gründung der Bundesrepublik.

Tab. 6.1.5 enthält Informationen über Studienanfänger in der Fächergruppe Rechtswissenschaften von 1952 bis 2022. Waren es 1960 noch um die 3.000 Studienanfänger, hatte sich diese Zahl 30 Jahre später bereits fast vervierfacht und war 1990 auf 15.953 Studienanfänger gestiegen. Im Jahr 2022 nahmen insgesamt 28.498 Studentinnen und Studenten ein Studium in der Fächergruppe Rechtswissenschaften auf, die aus den Fächern Rechtswissenschaft und Wirtschaftsrecht besteht und das nur dann zu einer volljuristischen Qualifikation führen kann, wenn der Studienanfänger das Fach Rechtswissenschaft an einer Universität wählt. Die Zahlen der Studienanfänger belegen, dass sich das Studium der Rechtswissenschaften wechselhafter Beliebtheit erfreut und in Zehn-Jahres-Zyklen jeweils erhebliche Schwankungen auftreten. Auffällig ist, dass es seit den 1970er Jahren jeweils zu Beginn eines Jahrzehnts zu Spitzenwerten kam und danach die Zahl der Studienanfänger jeweils wieder abnahm. Die relativ starke Zunahme der Zahl der Studienanfänger in den Jahren 2011 bis 2013 beruhte allerdings nicht nur auf einer gestiegenen Popularität des Studiums der Rechtswissenschaften, sondern auf der Tatsache, dass es in diesen Jahren in den großen Bundesländern doppelte Abiturjahrgänge gab. Danach gab es keine kontinuierliche Auf- und Abwärtsbewegung mehr.

Tab. 6.1.6 gibt Aufschluss über die Entwicklung der Zahl der Studienanfänger innerhalb der Fächergruppe Rechtswissenschaften und differenziert hierbei zwischen den Fächern Rechtswissenschaft und Wirtschaftsrecht. Deutlich wird, dass sich seit Beginn der statistisch differenzierten Erfassung im Jahr 2003 das Verhältnis der Studienanfänger in den beiden Fächern verschoben hat: Wählten 2003 nur 6,2 % der Studienanfänger das Fach Wirtschaftsrecht, waren es 2022 bereits 20,1 %. Soweit Statistiken daher die Zahl der „Jurastudenten" insgesamt ausweisen, gilt es stets zu bedenken, dass in dieser Gesamtzahl ein bedeutender Anteil an Studierenden des Fachs Wirtschaftsrecht enthalten ist, die keine volljuristische Qualifikation, sondern einen Bachelor- oder Masterabschluss erwerben.

In **Tab. 6.1.7** wird die Zahl der Studierenden im Fach Rechtswischenschaft geordnet nach Universitäten zum jeweiligen Wintersemester gerader Jahre von 2010 bis 2022 dargestellt. **Tab. 6.1.8** gibt Aufschluss über die Zahl der Studierenden im ersten Fachsemester seit dem Jahr 2010. Berücksichtigt wurden nur jene Universitäten, die einen Studiengang anbieten, der das Ablegen der Ersten Juristischen Prüfung im dokumentierten Zeitraum ermöglicht hat. Deshalb bleiben Universitäten unerwähnt, in denen das Juristische Studium von jeher bzw. seit Längerem (primär) auf einen Master- oder Bachelorabschluss zielt (z.B. in Mannheim oder Oldenburg). Die Universitäten Köln und München wiesen mit 5.786 und 5.191 Studentinnen und Studenten im WS 2022/2023 die höchste Zahl an Studierenden der Rechtswissenschaften im Präsenzstudium (unabhängig vom Abschluss) auf.

Tab. 6.1.9 veranschaulicht die Entwicklung der Zahl der Studierenden in den Rechtswissenschaften an Fachhochschulen von 2003 bis 2022. Das kontinuierliche Wachstum der Zahlen bewirkte in den zurückliegenden 20 Jahren eine Steigerung um rund 300 %. Zuletzt zugenommen hat auch der Anteil der Studierenden an Fachhochschulen im Fach Rechtswissenschaft. Während ihr Anteil sich vor 15 Jahren noch auf nur auf 4,2 % belief, sind es mittlerweile 19,4 %.

An den deutschen Universitäten lehrten im Jahr 2021 insgesamt 1.578 Professoren das Studienfach Rechtswissenschaft; dies wird aus den Daten zum Personal an Hochschulen aus der Fachserie „Bildung und Kultur" des Statistischen Bundesamtes ersichtlich (s. **Tab. 6.1.10**). 20,2 % aller Rechtswissenschaftsprofessoren sind weiblichen Geschlechts; im Jahr 1982 lag der Anteil der Professorinnen an allen Rechtsprofessoren noch bei einem Prozent. Aus **Tab. 6.1.11** ergibt sich die Entwicklung des haupt- und nebenberuflichen Hochschulpersonals seit dem Jahr 2009. Die festzustellende

Zunahme der Zahl der hauptberuflichen Mitarbeiter zwischen 2009 und 2017 beruht vor allem auf der Beschäftigung von mehr wissenschaftlichen Mitarbeitern, während die Zahl der Rechtsprofessoren trotz Einführung von zeitlich befristeten Juniorprofessuren eher moderat gewachsen ist und seit 2021 wieder rückläufig ist.

Aus der jährlich veröffentlichten Ausbildungsstatistik des Bundesministeriums der Justiz (BMJ) geht hervor, dass ein Jurastudium in der Gegenwart durchschnittlich etwa 11 Semester dauerte (s. **Tab. 6.1.12**). Auffällig ist, dass sich die durchschnittliche Studiendauer von 1995 bis 2005 in den meisten Bundesländern leicht erhöht hat, dann kurzzeitig aufgrund der Effekte einer Reform der Juristenausbildung auf rund 10 Semester rückläufig war und seit 2010 stets über 11 Semestern gelegen hat. Gründe hierfür dürften vor allem in der in einigen Bundesländern gegebenen Möglichkeit einer Abschichtung von Prüfungsleistungen und eines sich der staatlichen Pflichtfachprüfung anschließenden Schwerpunktstudiums zu suchen sein. Das Saarland weist mit 14,4 Semestern die längste durchschnittliche Studiendauer auf, die kürzeste wurde hingegen mit 8,6 in Schleswig-Holstein nachgewiesen.

Die Entwicklung der Zahl der Studienabschlüsse in der Bundesrepublik und in der DDR von 1952 bis 1989 ist in **Tab. 6.1.14** dargestellt. Während in der Bundesrepublik als Studienabschluss das bestandene Staatsexamen bzw. die Erste Juristische Prüfung gilt, auch wenn es konzeptionell keine berufsqualifizierende universitäre Abschlußprüfung, sondern eine Aufnahmeprüfung für den juristischen Vorbereitungsdienst ist, mündete das Studium in der DDR grundsätzlich im Abschluss des Diplom-Juristen. **Tab. 6.1.13** weist die jährliche Zahl der sich an die universitäre Ausbildung anschließenden ersten staatlichen Prüfung für Juristen im wiedervereinigten Deutschland, also seit 1990 aus. Bis zum Jahr 2006 war dies die Erste Juristische Staatsprüfung („1. Staatsexamen") und zwischen 2007 und 2016 sowohl die Erste Juristische Staatsprüfung als auch die im Zuge der Juristenausbildungsreform 2003 eingeführte Staatliche Pflichtfachprüfung. Sie bildet zusammen mit der seinerzeit eingeführten universitären Schwerpunktprüfung die Erste Juristische Prüfung, die an die Stelle der zuvor rein staatlichen Ersten Juristischen Staatsprüfung getreten ist. Seit 2017 hat es keine Ersten juristischen Staatsprüfungen mehr gegeben, so dass die in der Statistik dokumentierten Prüfungen seit diesem Jahr nur noch Staatliche Pflichtfachprüfungen sind. Die **Tab. 6.1.14** weist hierbei jeweils die Zahl der abgenommenen staatlichen Prüfungen, die Zahl der hiervon bestandenen Prüfungen, die sich hieraus ergebende Nichtbestehens-Quote und die in dem fraglichen Jahr jeweils im Durchschnitt erzielte Punktzahl aus. Diese Durchschnittspunkte sind Näherungswerte, die mit der Annahme einer gleichmäßigen Punkteverteilung innerhalb einer Notenstufe gebildet werden. Es zeigt sich insofern, dass die Zahl der staatlichen Prüfungen in der zweiten Hälfte der 1990er Jahre einen historischen Höchsstand erreichten, danach aber bis 2013 um mehr als ein Drittel zurückgingen. Da die veröffentlichten Statistiken Prüfungen ausweisen, die seit Mitte der 1990er Jahre unter wiederholt erleichteteren Voraussetzungen zur Notenverbesserung wiederholt werden können, bilden die Werte nicht die Zahl der geprüften Rechtskandidaten ab. Daher hat sich die Zahl der bestandenen Prüfungen seit 2013 nicht in dem selben Maße erholt wie die Zahl der Prüfungen insgesamt.

Nach einem relativ deutlichen Wachstum zwischen 2012 und 2016 hatte sich die Zahl der bestandenen Prüfungen seitdem auf einem Niveau von rund 10.000 eingependelt und ist 2021 erstmals wieder unter 10.000 gefallen. Dieser Rückgang dürfte allerdings auch der COVID19-Pandemie geschuldet sein, in deren Folge Studierenden für die Wahrnehmung des sog. Freiversuchs ein Freisemester eingeräumt wurde.

In den Ersten Juristischen Staatsprüfungen der Jahre 1995 bis 2010 zeigt sich eine relativ konstante Notenverteilung (s. **Tab. 6.1.15**): Etwa 33 % aller geprüften Kandidaten der Studierenden der Rechtswissenschaften bestanden jährlich ihr erstes Staatsexamen mit der Note „ausreichend". Ein „befriedigendes" Staatsexamen wiesen etwa 24 % auf. Der Anteil der geprüften Studierenden im Fach Rechtswissenschaft, die ihr erstes Staatsexamen mit der Prädikatsnote „voll befriedigend" abschließen, lag jährlich bei etwa 9 %. „Gute" erste Staatsexamina erzielten in dem genannten Zeitraum pro Jahr durchschnittlich 1,9 %; „sehr gute" etwa 0,1 % aller geprüften Kandidaten. Die deutliche Verschlechterung der Prüfungsergebnisse ab 2008 erklärt sich aus der Tatsache, dass in diesen Jahren nach altem Recht nur noch „Langzeitstudierende" geprüft wurden. Da sich ganz allgemein mit zunehmender Studiendauer die Prüfungsleistungen verschlechtern, war diese Entwicklung zwangsläufig. Der Nachweis der Noten der Ersten Juristischen Staatsprüfungen durch das BfJ endet mit dem Jahr 2016. Ein Vergleich der Prüfungsergebnisse der Ersten Juristischen Staatsprüfung nach altem Recht und der Staatlichen Pflichtfachprüfung nach neuem Recht (s. **Tab. 6.1.18**) zeigt nur geringe Änderungen in der Benotungspraxis der Justizprüfungsämter: Der Anteil „befriedigender" Prüfungen hat sich um rund 5 Prozentpunkte erhöht, der Anteil „ausreichender" Ergebnisse ein wenig verringert. Der Anteil der Prädikatsnoten ist um 4 Prozentpunkte gestiegen. Die gleichwohl deutlich besseren, aus **Tab. 6.1.16** ersichtlichen Noten der erfolgreichen Prüflinge in der Ersten Juristischen Prüfung beruhen auf der gänzlich anderen Notenverteilung in der universitären Schwerpunktprüfung, die in **Tab. 6.1.22** dokumentiert sind. Während in der staatlichen Pflichtfachprüfung (s. **Tab 6.1.17**) mittlerweile weniger als ein Viertel der Prüflinge eine „Prädikatsnote" von voll befriedigend oder besser erzielt, sind es in der universitären Schwerpunktprüfung rund 60 %. Durch die deutlich besseren Noten in der universitären Schwerpunktprüfung entfaltet diese trotz ihres rechnerischen Anteils von lediglich 30 % an der Gesamtnote der Ersten Juristischen Prüfung einer erhebliche Hebelwirkung. Dies erklärt, warum die Notenverteilung in der Ersten Juristischen Prüfung deutlich von der Notenverteilung in der früheren Ersten Juristischen Staatsprüfung nach oben abweicht und von 2010 bis 2022 der Anteil der Prüflinge, die ein „sehr gut", „gut" oder voll befriedigend" erreichten, zwischen 29,3 % und 38,3 % lag. Die Erste Juristische Staatsprüfung brachte bis zu ihrer Abschaffung durch den Gesetzgeber mit 18,5 % bis 21,3 % deutlich weniger Absolventen hervor, die diese Noten erreichten. In der Ersten Juristischen Staatsprüfung war traditionell die Note „ausreichend" mit einem Anteil von 43,1 % bis 45,0 % die deutlich dominierende Prüfungsleistung, während der Anteil dieser Note in der Ersten Juristischen Prüfung lange um den 20%-Wert schwankte und mittlerweile auf 15,7 % abgesunken ist. In der Ersten Juristischen Prüfung ist ein „befriedigend" die mit Abstand am häufigsten erzielte Note – sie erzielen mit geringen Schwankungen jährlich zwischen 45,7 % und 48,4 % der Prüflinge. Ein „voll befriedigend" erreichen zwischen 24,4 % und 30,6 % der Absolventen, ein „gut" zwischen 4,6 % und 7,6 % (s. **Tab. 6.1.16**).

Einen Überblick über die Nichtbestehensquote nach Bundesländern liefern **Tab. 6.1.19, Tab. 6.1.20 und Tab. 6.1.21** für den staatlichen Teil der Ersten Juristischen Prüfung. Die Nichtbestehensquote in der Staatlichen Pflichtfachprüfung bewegt sich in dem in früheren Jahren aus der Ersten Juristischen Staatsprüfung bekannten Rahmen (ca. 30 %). Praktisch keine Bedeutung hat das Nichtbestehen hingegen im Bereich der universitären Schwerpunktprüfung (s. **Tab. 6.1.23** und **Tab. 6.1.24**) – unter 4 % aller Prüflinge bestanden diesen Prüfungsteil nicht.

In **Tab. 6.1.18** ist die Statistik zu den sog. Freiversuchen in der Staatlichen Pflichtfachprüfung nachgewiesen, die in den 1990er Jahren geschaffen worden sind. Es zeigt sich hierbei, dass der Anteil der Studierenden, die sich nach maximal acht Semestern der Prüfung unterziehen, um auf diese Weise einen Freiversuch – bzw. im Falle des Bestehens einen Notenverbesserungsversuch – zu haben, „gefühlt" höher ist als in der Realität: Während ihr Anteil von 2011 bis 2015 bis auf 37,0 % kontinuierlich anstieg, lag er in den Jahren danach wieder bis zu vier Prozentpunkte darunter. Diejenigen, die einen Freiversuch unternehmen, bestehen die Prüfung häufiger als andere Prüflinge. Die Bestehensquote lag 2022 fast zehn Prozentpunkte über dem Wert aller Prüflinge.

6.2 Vorbereitungsdienst (Referendariat)

Kap. 6.2. beschäftigt sich mit dem Vorbereitungsdienst („Referendariat"). In **Tab. 6.2.1** ist die Anzahl der Rechtsreferendare im Vorbereitungsdienst von 1950 bis 2023 dargestellt. Nachdem in den Jahren von 1950 bis 2000 grundsätzlich ein Anstieg an Rechtsreferendaren zu verzeichnen war, ging die Anzahl der Referendare von 25.012 Personen im Jahr 2000 auf 14.182 im Jahr 2014 zurück. Dies entspricht einem Rückgang von gut 43 %. Seit 2015 nimmt die Zahl der Rechtsreferendare wieder leicht zu (zum 1.1.2023: 16.278), was auf einer Erholung der Zahl der Studienanfänger seit dem Jahr 2008 beruht (s. **Tab. 6.1.6**). Bei der Analyse der Zahlen ist zu berücksichtigen, dass die Gesamtzahl der Referendare durch die Dauer des Vorbereitungsdienstes beeinflusst wird. In den vergangenen 40 Jahren ist es wiederholt zu Veränderungen gekommen: 1965 wurde die Referendarzeit von dreieinhalb Jahren auf zweieinhalb Jahre verkürzt, 1972 um weitere sechs Monate auf zwei Jahre. 1982 kam es zu einer Verlängerung der Dauer des Vorbereitungsdienstes auf zweieinhalb Jahre, bevor es 1994 zu einer erneuten Verkürzung auf zwei Jahre kam.

Tab. 6.2.2 weist die in einem Kalenderjahr neu eingestellten Rechtsreferendare aus. Diese Zahl ist die belastbarste Kennziffer für eine Analyse der Entwicklung der Zahl künftiger Volljuristen in spe: Die Zahl der Prüflinge hat sowohl in der Ersten Juristischen Prüfung als auch der Zweiten Juristischen Staatsprüfung zunehmend an Aussagekraft verloren, weil die Statistiken auch Prüfungswiederholer bzw. Notenverbesserer dokumentieren, die ihre Prüfung bereits bestanden haben. Die Statistik der jährlich neu eingestellten Rechtsreferendare zeigt, dass die Zahl der Neueinstellungen von 2001 bis 2015 um 34 % zurückgegangen ist, sich aber zuletzt wieder leicht erholt hat und 2020 rund 1.000 Referendare mehr eingestellt wurden als noch 2015.

Im Jahr 2022 bestanden 8.414 Rechtsreferendare die Zweite Juristische Staatsprüfung. 2019 erreichte die Zahl der bestandenen Prüfungen erstmals seit 2010 wieder einen Wert von mehr 8.000 und schwankt seitdem um diesen Wert (s. **Tab. 6.2.3**). Von den Spitzenwerten aus der Zeit der Jahrtausendwende, als in sieben Jahren jeweils mehr als 10.000 Referendare die Zweite Juristische Staatsprüfung absolvierten, ist die postuniversitäre Juristenausbildung nach wie vor recht deutlich entfernt. In den Jahren 1955 bis 1999 ist die Anzahl der bestandenen Zweiten Juristischen Staatsexamina im Bundesgebiet – wenn auch nicht kontinuierlich – gestiegen; von 2002 bis 2016 waren tendenziell rückläufige Zahlen zu verzeichnen. Seitdem haben die Zahlen leicht angezogen. Werden die bestandenen Zweiten Juristischen Staatsprüfungen aus den Jahren 1995 bis 2022 differenziert nach Noten betrachtet, so ergibt sich bis 2010 eine relativ konstante Notenverteilung. Seitdem haben sich die Noten im Gesamtbild verbessert: Der Anteil der Note „befriedigend" ist seitdem auf fast 42 % gestiegen, jener der Note „ausreichend" hat sich entsprechend verringert (s. **Tab. 6.2.4**). Ein „ausreichendes" Staatsexamen weisen immer weniger Referendare auf – der Anteil ist von 37 % Mitte der 1990er Jahre mittlerweile auf unter 25 % gesunken. Der Anteil nicht bestandener Assesorenexamina lag nach einem Höchstwert von 18,1 % im Jahr 2007 aktuell bei 12,3 %. In **Tab. 6.2.5**, **Tab. 6.2.6** und **Tab. 6.2.7** werden die Nichtbestehensquoten im Zweiten Juristischen Staatsexamen detailliert nach Bundesländern von 2002 bis 2022 dargestellt. Schleswig-Holstein, Bremen und Brandenburg gehören traditionell zu den Bundesländern mit den höchsten Nichtbestehensquoten. Insgesamt befindet sich die Nichtbestehensquote in der Zweiten Juristischen Staatsprüfung auf einem niedrigeren Niveau (2022: 12,3 %) als in der staatlichen Pflichtfachprüfung des Ersten Juristischen Prüfung (2022: 26,2 %), auch wenn der Abstand mit rund 14 Prozentpunkten geringer ist als etwa noch 1997, als er fast 18 Prozentpunkte betrug.

6.3 Promotionen und Habilitationen

In Kap. 6.3 wird die akademische Weiterbildung der Postgraduierten durch Promotion und Habilitation beleuchtet. Die Zahl der Promotionen im Studienfach Rechtswissenschaften ist bis zum Jahr 2005 (fast) kontinuierlich angewachsen, was – vergleichbar mit den stetig zunehmenden Fachanwaltszahlen – auf ein gestiegenes Bedürfnis von Juristen nach Zusatzqualifikationen deutet. So hatte sich zwischen 1985 und 2005 die Zahl der jährlich erfolgreich abgeschlossenen Promotionsverfahren im Bereich Rechtswissenschaften von 511 auf 1.906 erhöht. Dies geht aus den in **Tab. 6.3.1** dargestellten Daten aus der Fachserie „Bildung und Kultur" des Statistischen Bundesamtes hervor. Wird das Jahr 1985 als Basisjahr betrachtet, so ist demnach die Anzahl der juristischen Promotionen von 1985 bis 2022 um mehr als das Doppelte gestiegen.

6 Ausbildung, Berufseinstieg und Arbeitslosigkeit von Juristen

Allerdings ist die Zahl der jährlichen Promotionen seit einigen Jahren relativ stark rückläufig und lag 2022 mit 1.079 um rund 43 % niedriger als noch 2005, als ein historischer Höchstwert erzielt wurde. Differenziert nach Geschlecht (**Tab. 6.3.2**) zeigt sich, dass 42 % der im Jahr 2022 promovierten Juristen weiblich waren (463 gegenüber 616). Insgesamt hat sich die Anzahl der promovierten Juristinnen in den Jahren von 1985 bis 2022 zwar um fast das Achtfache erhöht (Indexwert: 798). Beim Vergleich des Anteils der Studentinnen zu den Promovendinnen zeigt sich allerdings, dass Frauen in Promotionsverfahren weiterhin unterrepräsentiert sind.

Die Anzahl an Habilitationen in den Rechtswissenschaften hat sich im Zeitraum von 1980 (Basisjahr) bis zum Jahr 2005 um das zweieinhalbfache erhöht (s. **Tab. 6.3.3**). Nach 2004 ist allerdings ein deutlicher Rückgang zu verzeichnen. Habilitierten sich im Jahr 2004 noch 67, waren es nach einem Tiefstwert von 20 im Jahr 2018 zuletzt (2022) nur noch 30. In **Tab. 6.3.4** ist die Entwicklung der Anzahl juristischer Habilitationen von 1980 bis 2022 differenziert nach Geschlecht dargestellt. Im Jahr 2022 habilitierten 21 Männer und 9 Frauen im Studienfach Rechtswissenschaft. Die zeitweilig stark rückläufigen Habilitationszahlen dürften auf der politisch gewollten Entwertung der Habilitation zu Gunsten der neuen Regelqualifikation über eine Juniorprofessur beruhen, die zuletzt auf niedrigerem Niveau stabilisierten Zahlen auf der weitgehenden Verweigerung vieler juristischer Fakultäten, eine Juniorprofessur für eine Berufung genügen zu lassen.

6.4 Arbeitslosigkeit von Juristen

Kap. 6.4. beleuchtet die Arbeitslosigkeit von Juristen. Seit dem Inkrafttreten des sog. Hartz IV-Gesetzes zu Beginn des Jahres 2005 gibt es bundesweit lediglich unvollständige Daten zur Gesamtzahl der Arbeitslosigkeit in der Mitte eines jeden Monats. Eine Differenzierung dieser Gesamtzahl ist flächendeckend ausschließlich für das Alter, das Geschlecht und die Nationalität (Deutsche / Ausländer) möglich. Dies liegt darin begründet, dass seit 2005 zugelassene kommunale Träger – so genannte „Optionskommunen" – in ihrem Bezirk Langzeitarbeitslose ohne die örtliche Agentur für Arbeit betreuen und diese Optionskommunen den Agenturen keine entsprechend untergliederten Daten in ausreichendem Maß melden. Um dennoch differenzierte Daten zur Arbeitslosigkeit von Juristen miteinander vergleichen zu können, werden in **Tab. 6.4.1** lediglich Daten von Landkreisen ohne Optionskommunen herangezogen, die ab dem Jahr 2001 vorliegen. Dabei wird ersichtlich, dass die Anzahl arbeitsloser Juristen von 2005 bis 2008 gesunken ist. In den Jahren 2009 bis 2015 schwankte die Zahl der erwerbslosen Juristen dann relativ konstant um die 6000er-Marke. Von 2016 bis 2022 lag sie, mit Ausnahme eines Jahres, unter 5.000. Seit 2023 liegt der Wert wieder über der 5.000. **Tab. 6.4.2** zeigt die Entwicklung der Arbeitslosigkeit von Juristen differenziert nach Geschlecht.

Wird die Entwicklung der Arbeitslosigkeit von Juristen in den Jahren 2001 bis 2024 differenziert nach Altersgruppen betrachtet, so ergibt sich über die Jahre hinweg eine relativ konstante Verteilung des Anteils der jeweiligen Altersklassen an den gesamten arbeitsuchenden Juristen (s. **Tab. 6.4.3**): Jeweils ein Drittel aller arbeitslosen Juristen sind zwischen 30 und 39 Jahre alt bzw. unter 30 Jahre alt. Die älteren Altersgruppen der 40- bis 49-jährigen Juristen sowie der Juristen eines Alters ab 50 Jahre haben im betrachteten Zeitraum pro Jahr einen Anteil von 15 % bzw. 19 %. Demnach entfallen zwei Drittel der Arbeitslosigkeit unter Juristen auf die beiden jüngeren Altersklassen. Im Hinblick auf die Dauer der Arbeitslosigkeit ist anzumerken, dass 70,1 % der arbeitsuchenden Juristen weniger als ein halbes Jahr arbeitslos waren (s. **Tab. 6.4.4**). Ihr Zustand wird von der OECD als Übergangsarbeitslosigkeit definiert. 2024 suchten 13,6 % bereits ein Jahr und länger nach einer entsprechenden Tätigkeit und mussten daher laut Definition der OECD als Langzeitarbeitslose betrachtet werden. Bei der Bewertung der Arbeitslosenzahlen ist grundsätzlich zu bedenken, dass bei den jüngeren Arbeitslosen die Arbeitslosigkeit häufig auf der Beendigung des Vorbereitungsdienstes beruht, der Ansprüche auf Arbeitslosengeld begründet und zu einer entsprechenden Meldung bei der Bundesagentur für Arbeit führt. Es handelt sich hierbei häufig um keine Arbeitslosigkeit im klassischen Sinne, sondern um eine Phase der Orientierung vor Aufnahme der ersten Beschäftigung als Jurist oder Begründung einer selbstständigen Tätigkeit.

Wie aus **Tab. 6.4.5** hervorgeht, erhöhte sich die Anzahl an offenen Stellen für Juristen von 2010 bis 2023 von 3.155 auf 5.810 Stellen. Dies macht auch die allgemeine und wohl nachhaltige Entspanung des Arbeitsmarktes deutlich. So wird insbesondere im Fachkräftebereich weiterhin dringend Personal gesucht. Diese Annahme wird auch dadurch unterstützt, dass die tatsächliche Anzahl offener Stellen für Juristen weit über der angegebenen Zahl liegen dürfte. Dies liegt darin begründet, dass in der Statistik der Bundesagentur für Arbeit z.B. keine Stellenangebote erfasst werden, in denen Stellenanbieter die juristische Profession erst an zweiter oder späterer Stelle nachfragen, sowie solche Stellenangebote, die von Arbeitgebern nicht gemeldet werden.

6.5 Ausbildung durch Kanzleien

Kap. 6.5. befasst sich mit der Ausbildung von Rechtsanwalts- und Notarfachangestellten durch Kanzleien. **Tab. 6.5.1** zeigt die Anzahl der neu abgeschlossenen Ausbildungsverträge im Berufsfeld der Rechtsanwalts- und Notarfachangestellten in den Jahren von 1980 bis 2022 zum Stichtag 30.9. Insbesondere wenn die Zahl der neu abgeschlossenen Ausbildungsverträge in Relation zur Zahl der zugelassenen Rechtsanwälte gesetzt wird, kann ein deutlicher Rückgang neuer Auszubildender im Berufsfeld der Rechtsanwalts- und Notarfachangestellten festgestellt werden: Im Jahr 1980 wurden von 36.077 Rechtsanwälten 10.442 Ausbildungsverträge geschlossen, im Jahr 2022 von 146.795 niedergleassenen Rechtsanwälten 3.558 Ausbildungsverträge. Der seit 1994 kontinuierliche Rückgang ist ein Indikator für die stark abnehmende generelle Ausbildungsbereitschaft der Anwaltskanzleien, aber auch ein offensichtlich schwindendes Interesse an den Ausbildungsberufen im sog. ReNoPat-Berufsfeld.

Tab. 6.5.2 dokumentiert das Geschlecht der Auszubildenden im Berufsfeld, die im Jahr 2022 ihren Ausbildungsvertrag geschlossen haben. Die Zahlen belegen, dass die ReNoPat-Berufe stark weiblich dominiert sind, wobei weibliche Dominanz bei Notarfachangestellten etwas weniger stark ausgeprägt ist.. **Tab. 6.5.3** zeigt die Vorqualifikation der Auszubildenden des Ausbildungsjahrgangs 2022 nach ihrem höchsten allgemeinen Schulabschluss. Es zeigt sich, dass im Berufsfeld der Rechtsanwalts- und Notarfachangestellten Hauptschüler kaum ausgebildet werden. Auszubildende zu Notar- und Patentanwaltsfachangestellten verfügen im Durchschnitt über höhere Schulabschlüsse als Auszubildende zu Rechtsanwaltsfachangestellten. **Tab. 6.5.4** beinhaltet das Alter der Auszubildenden, die im Jahr 2022 ihren Ausbildungsvertrag in einem der ReNoPat-Berufe abgeschlossen haben.

Tab. 6.5.5 schlüsselt die in **Tab. 6.5.1** für das gesamte Berufsfeld wiedergegebene Zahl der Ausbildungsverträge für ausgewählte Jahre ab 1993 in die vier betroffenen Ausbildungsberufe Notar-, Patentanwalts-, Rechtsanwalts- und Rechtsanwalts-/Notarfachangestellte auf. Es zeigt sich hier, dass mit dem kontinuierlichen Rückgang der Zahl der Anwaltsnotare auch ein Rückgang der Auszubildenden zur Rechtsanwalts- und Notarfachangestellten einhergeht. Betrug der Anteil der Auszubildenden in diesen beiden Ausbildungsberufen 1993 noch 42,2 %, ist er 2022 auf 23,1 % gesunken. Allerdings verdeutlicht dieser Wert gleichwohl, dass Anwaltsnotare (und Nur-Notare) in der Ausbildung deutlich engagierter sind als Rechtsanwälte.

Tab. 6.5.6 enthält Informationen zur Zahl der aufgelösten Ausbildungsverträge in den vier Ausbildungsberufen für ausgewählte Jahrgänge ab 1993. Rund ein Viertel der Ausbildungsverträge wird im Laufe der Ausbildung aufgelöst. In **Tab. 6.5.7** werden aktuelle Vergütungsempfehlungen für Rechtsanwalts- und Notarfachangestellte für das 1., 2. und 3. Ausbildungsjahr nach Kammerbezirken ausgewiesen. Im ersten Ausbildungsjahr bewegen sich die Beträge zwischen 630 und 1.100 Euro, im dritten Ausbildungsjahr zwischen 820 und 1.300 Euro. **Tab. 6.5.8** und **6.5.9** enthält eine Datenreihe über die Zahl der neu abgeschlossenen Ausbildungsverträge in den Bezirken der Rechtsanwaltskammern. Im Jahr 2022 wurden insgesamt 3.030 neue Ausbildungsverträge geschlossen. Aus **Tab. 6.5.10** geht die Zahl der Absolventen hervor. Diejenigen Auszubildenden, die die Ausbildung beenden, waren in den letzten Jahren zu 87 bis 97 % erfolgreich. Die Zahl der abgeschlossenen Ausbildungen nimmt immer weiter ab: 2013 sank sie erstmals auf unter 5.000. Dieser Abwärtstrend blieb bis 2022 ungebrochen, als es nur noch 3.399 Absolventen gab.

Tab. 6.5.11 weist die Zahl der „Meisterprüfungen" in den juristischen Lehrberufen, also die Prüfungen für Rechtsfachwirte und Notarfachwirte nach. Das Verhältnis der geprüften Rechtsanwaltsfachangestellten und Rechtsfachwirte lag 2022 bei ca. 7 zu 1.

6.1. Studium der Rechtswissenschaft

Tab. 6.1.1: Zahl der Studierenden im Fach Rechtswissenschaft seit 1975*

Wintersemester (WS)	Studierende Anzahl	Veränd. (in %)	davon weiblich	Anteil (in %)	davon Deutsche Anzahl	Veränd. (in %)	davon weiblich	Anteil (in %)
1975 / 1976	51.566	11,1	13.000	25,2	50.544		12.728	25,2
1980 / 1981	69.778	7,0	22.437	32,1	68.241	6,7	22.020	32,3
1985 / 1986	85.361	-1,8	33.177	38,9	83.528	-1,7	32.515	38,9
1990 / 1991	83.182	1,3	34.392	41,3	79.896	0,8	32.885	41,2
1991 / 1992	88.470	6,4	36.982	41,8	84.486	5,7	35.115	41,6
1992 / 1993	97.984	10,8	41.141	42,0	93.341	10,5	38.977	41,8
1993 / 1994	102.255	4,4	43.632	42,7	97.050	4,0	41.098	42,3
1994 / 1995	107.457	5,1	46.038	42,8	101.702	4,8	43.214	42,5
1995 / 1996	110.770	3,1	48.090	43,4	104.451	2,7	44.910	43,0
1996 / 1997	112.448	1,5	49.509	44,0	105.583	1,1	46.074	43,6
1997 / 1998	112.756	0,3	50.534	44,8	105.100	-0,5	46.588	44,3
1998 / 1999	110.366	-2,1	50.196	45,5	102.098	-2,9	45.872	44,9
1999 / 2000	106.853	-3,2	49.487	46,3	98.058	-4,0	44.798	45,7
2000 / 2001	102.889	-3,7	48.963	47,6	93.838	-4,3	43.763	46,6
2001 / 2002	100.020	-2,8	48.115	48,1	90.500	-3,6	42.781	47,3
2002 / 2003	99.292	-0,7	48.729	49,1	89.406	-1,2	43.157	48,3
2003 / 2004	98.834	-0,5	48.945	49,5	88.684	-0,8	43.131	48,6
2004 / 2005	93.945	-4,9	47.510	50,9	83.982	-5,3	41.589	49,5
2005 / 2006	92.198	-1,9	47.313	51,3	82.324	-2,0	41.349	50,2
2006 / 2007**	87.947	-4,6	45.782	52,1	78.406	-4,8	39.861	50,8
2007 / 2008	83.683	-4,8	44.154	52,8	74.844	-4,5	38.656	51,6
2008 / 2009	86.210	3,0	45.767	53,1	77.023	2,9	40.041	52,0
2009 / 2010	89.331	3,6	47.925	53,7	79.926	3,8	42.023	52,6
2010 / 2011	92.577	3,6	50.007	54,0	83.154	4,0	44.030	53,0
2011 / 2012	99.134	7,1	53.302	53,8	89.430	7,5	47.128	52,7
2012 / 2013	102.908	3,8	55.650	54,1	93.012	4,0	49.342	53,1
2013 / 2014	107.199	4,2	58.398	54,5	97.122	4,4	51.952	53,5
2014 / 2015	109.605	2,2	60.195	54,9	99.225	2,2	53.463	53,9
2015 / 2016	112.271	2,4	61.908	55,1	101.880	2,6	55.185	54,2
2016 / 2017	114.003	1,5	63.112	55,4	103.652	1,7	56.440	54,5
2017 / 2018	116.217	1,9	64.833	55,8	105.717	2,0	58.089	55,1
2018 / 2019	116.843	0,5	65.677	56,2	106.554	0,8	59.054	55,4
2019 / 2020	117.117	0,2	66.154	56,5	107.052	0,5	59.748	55,8
2020 / 2021	119.285	1,9	68.252	57,2	109.837	2,6	62.112	56,5
2021 / 2022	118.685	-0,5	68.466	57,9	109.139	-0,6	62.200	56,9
2022 / 2023	116.683	-1,7	67.971	58,3	107.242	-1,7	61.809	57,6

* Bis zum WS 2001/02 wurde der Fachbereich Wirtschaftsrecht nicht gesondert ausgewiesen, sondern unter Rechtswissenschaften subsumiert

** Aufgrund einer Revision der Studienfachzuordnungen in NRW sind die Ergebnisse ab WS 2006/07 nur noch bedingt mit den Vorjahren vergleichbar

Quelle: Statistisches Bundesamt, Studierende an Hochschulen, Fachserie 11, Reihe 4.1; eigene Berechnungen

Tab. 6.1.2: Zahl der Studierenden im Fach Rechtswissenschaft in der Bundesrepublik / DDR von 1950 bis 1989

Jahr	Bundesrepublik	DDR
1950	13.110	
1951	12.680	
1952	11.891	
1953	11.919	1.528
1954	13.249	1.621
1955	14.895	1.498
1956	17.398	3.820
1957	19.432	3.429
1958	20.521	2.472
1959	20.078	2.600
1960	18.460	3.462
1961	17.817	3.437
1962	18.510	2.919
1963	19.094	2.438
1964	20.309	1.961
1965	21.579	2.696
1966	24.603	2.521
1967	26.607	3.182
1968	30.156	3.328
1969	33.550	4.051
1970	34.488	4.656
1971	35.761	4.624
1972	38.091	4.198
1973	k.A.	4.473
1974	46.420	4.177
1975	51.566	3.773
1976	56.099	3.393
1977	59.434	3.305
1978	62.396	3.242
1979	65.225	3.191
1980	69.778	3.664
1981	76.379	3.390
1982	80.816	3.433
1983	84.958	3.289
1984	86.909	3.171
1985	85.361	3.011
1986	84.339	2.961
1987	82.421	2.940
1988	83.248	3.302
1989	82.109	3.114

Quelle: Statistisches Bundesamt / Staatliche Zentralverwaltung für Statistik

6 Ausbildung, Berufseinstieg und Arbeitslosigkeit von Juristen

Tab. 6.1.3: Entwicklung der Zahl der Studierenden in den Fächern Rechtswissenschaft und Wirtschaftsrecht an Universitäten von 1990 bis 2022 – nach angestrebtem Abschluss

Wintersemester (WS)	Studierende	ohne Promotion / LL.M. / LL.B. / Lehramt	Anteil (in %)
1990 / 1991	81.973	78.880	96,2
1991 / 1992	88.265	85.064	96,4
1992 / 1993	97.719	94.375	96,6
1993 / 1994	101.886	98.224	96,4
1994 / 1995	107.036	102.950	96,2
1995 / 1996	100.365	95.844	95,9
1996 / 1997	112.156	107.110	95,5
1997 / 1998	111.700	106.318	95,2
1998 / 1999	108.829	103.030	94,7
1999 / 2000	105.141	99.262	94,4
2000 / 2001	101.051	94.915	93,9
2001 / 2002	98.309	91.710	93,3
2002 / 2003	99.158	92.074	92,7
2003 / 2004	98.848	90.493	91,7
2004 / 2005	94.404	84.228	89,7
2005 / 2006	94.098	80.920	86,7
2006 / 2007	92.089	77.619	86,0
2007 / 2008	86.123	71.428	82,7
2008 / 2009	88.722	71.686	80,7
2009 / 2010	92.447	72.678	78,6
2010 / 2011	96.279	74.255	77,1
2011 / 2012	103.162	79.864	77,4
2012 / 2013	107.377	82.902	77,2
2013 / 2014	111.401	87.087	78,2
2014 / 2015	113.341	90.101	79,5
2015 / 2016	115.816	92.668	80,0
2016 / 2017	117.290	93.928	80,1
2017 / 2018	118.917	95.559	80,4
2018 / 2019	119.095	95.845	80,5
2019 / 2020	119.426	96.117	80,5
2020 / 2021	121.438	97.423	80,2
2021 / 2022	120.602	97.200	80,6
2022 / 2023	118.522	95.569	80,7

Quelle: Statistisches Bundesamt, Studierende an Hochschulen, Fachserie 11, Reihe 4.1; eigene Berechnungen

Tab. 6.1.4: **Zahl der Rechtsanwälte und Zahl der Studierenden im Fach Rechtswissenschaft in Deutschland von 1950 bis 2022**

Jahr	Studierende*	Rechtsanwälte**	Quote***
1950	13.110	12.844	1,02
1955	14.895	16.824	0,88
1960	18.460	18.347	1,01
1965	21.579	19.796	1,09
1970	34.488	22.882	1,51
1975	51.566	26.854	1,92
1980	69.788	36.077	1,93
1985	85.361	46.933	1,82
1990	83.182	56.938	1,46
1995	110.770	74.291	1,49
2000	102.889	104.067	0,98
2001	100.020	110.367	0,91
2002	99.292	116.305	0,85
2003	98.834	121.420	0,81
2004	93.345	126.793	0,74
2005	92.198	132.569	0,70
2006****	87.947	138.104	0,64
2007	83.683	142.830	0,59
2008	86.210	146.910	0,59
2009	89.331	150.337	0,59
2010	92.577	153.251	0,60
2011	99.134	155.679	0,64
2012	102.908	158.426	0,65
2013	107.199	160.880	0,66
2014	109.605	162.695	0,67
2015	112.271	163.513	0,69
2016	114.003	163.772	0,70
2017	116.217	164.393	0,71
2018	116.843	164.656	0,71
2019	117.117	165.104	0,71
2020	119.285	165.901	0,72
2021	118.685	165.680	0,72
2022	116.683	165.587	0,70

* Zahl der Studierenden im Fach Rechtswissenschaft im Wintersemester des jeweiligen Jahres
** Zahl der Rechtsanwälte und ggf. Rechtsanwälte (Syndikusrechtsanwälte) am 1.1. des jeweiligen Jahres
*** Zahl der Studierenden pro Rechtsanwalt
**** Aufgrund einer Revision der Studienfachzuordnungen in NRW sind die Ergebnisse ab WS 2006/07 nur noch bedingt mit den Vorjahren vergleichbar
Quelle: Statistisches Bundesamt (Studierende), Bundesrechtsanwaltskammer (Rechtsanwälte), eigene Berechnungen

Tab. 6.1.5: Zahl der Studienanfänger in der Fächergruppe Rechtswissenschaften in Deutschland von 1952 bis 2022*

Wintersemester	Anzahl	Sommersemester	Anzahl	Gesamt	Veränderung (in %)
1952/1953	2.868	1952	-	-	
1955/1956	4.698	1955	-	-	63,8
1960/1961	3.173	1960	-	-	-32,5
1965/1966	4.805	1965	-	-	51,4
1970/1971	6.703	1970	-	-	39,5
1975/1976	12.206	1975	-	-	-5,0
1980/1981	14.446	1980	-	-	18,4
1985/1986	11.995	1985	-	-	-15,5
1990/1991	15.953	1990	-	-	0,0
1995/1996**	20.153	1995	-	-	-4,1
1996/1997	19.907	1996	-	-	-1,2
1997/1998	19.210	1997	-	-	-3,5
1998/1999	18.771	1998	-	-	-2,3
1999/2000	18.639	1999	-	-	-0,7
2000/2001	17.984	2000	-	-	-3,5
2001/2002	18.578	2001	-	-	3,3
2002/2003	17.544	2002	-	-	-5,6
2003/2004	17.997	2003	5.083	23.080	2,6
2004/2005	16.864	2004	5.056	21.920	***-5,0
2005/2006	16.666	2005	5.305	21.971	0,2
2006/2007****	16.683	2006	4.383	21.066	-4,1
2007/2008	18.444	2007	5.093	23.537	11,7
2008/2009	19.531	2008	5.231	24.852	5,6
2009/2010	21.877	2009	5.842	27.719	11,5
2010/2011	23.131	2010	6.318	29.449	6,2
2011/2012	25.680	2011	7.992	33.672	14,3
2012/2013	24.656	2012	6.397	31.053	-7,8
2013/2014	25.919	2013	6.772	32.691	5,3
2014/2015	26.074	2014	6.741	32.815	0,4
2015/2016	26.301	2015	7.051	33.352	1,6
2016/2017	26.587	2016	7.559	34.146	2,4
2017/2018	26.565	2017	7.238	33.803	-1,0
2018/2019	26.460	2018	7.603	34.063	0,8
2019/2020	25.740	2019	7.827	33.567	-1,5
2020/2021	25.661	2020	7.157	32.818	-2,2
2021/2022	23.367	2021	7.197	30.564	-6,9
2022/2023	22.174	2022	6.324	28.498	-6,8

* Aufzeichnungen über die Zahl der Studienanfänger zum Sommersemester sind erst seit 2003 verfügbar.
** Seit 1992 mit neuen Bundesländern
*** Die Veränderung in % bezieht sich ab dem Jahr 2004 auf die Gesamtzahl der Studienanfänger im jeweiligen Jahr.
**** Aufgrund Revision der Studienfachzuordnungen in NRW ab WS 2006/07 nur noch bedingt mit den Vorjahren vergleichbar.

Quelle: Statistisches Bundesamt, Studierende an Hochschulen, Fachserie 11, Reihe 4.1; eigene Berechnungen

Tab. 6.1.6: Zahl der Studienanfänger in der Fächergruppe Rechtswissenschaften – nach Studienfach von 2003 bis 2022

Jahr	Gesamt*	davon Rechtswissenschaft	davon Wirtschaftsrecht
2003	23.080	21.647	1.433
2004	21.920	20.248	1.672
2005	21.971	19.848	2.123
2006**	21.066	18.267	2.799
2007	23.537	19.866	3.671
2008	24.852	20.743	4.109
2009	27.719	22.426	5.293
2010	29.449	23.842	5.607
2011	33.672	27.562	6.110
2012	31.053	25.172	5.881
2013	32.691	26.776	5.915
2014	32.815	26.333	6.482
2015	33.352	27.093	6.259
2016	34.146	27.232	6.914
2017	33.803	27.518	6.285
2018	34.063	27.261	6.802
2019	33.567	26.965	6.602
2020	32.818	26.067	6.751
2021	30.564	24.527	6.037
2022	28.498	22.776	5.722

* Zahl der Studienanfänger im Fach Rechtswissenschaft im Sommer- und Wintersemester des jeweiligen Jahres
** Aufgrund einer Revision der Studienfachzuordnungen in NRW sind die Ergebnisse ab WS 2006/07 nur noch bedingt mit den Vorjahren vergleichbar

Quelle: Statistisches Bundesamt, Studierende an Hochschulen, Fachserie 11, Reihe 4.1; eigene Berechnungen

Tab. 6.1.7: Zahl der Studierenden im Fach Rechtswissenschaft nach Universitäten von 2010 bis 2022 (jeweils im Wintersemester eines Jahres)*

Bundesland		10/11	12/13	14/15	16/17	18/19	20/21	22/23
Baden-Württemberg	U Freiburg	1.765	1.914	2.105	2.288	2.358	2.336	2.333
	U Heidelberg	2.187	2.485	2.741	2.666	2.620	2.511	2.654
	U Konstanz	1.310	1.460	1.591	1.682	1.596	1.672	1.595
	U Tübingen	2.314	2.476	2.541	2.299	2.122	2.093	2.141
Bayern	U Augsburg	1.851	2.401	2.588	2.676	2.757	2.864	2.620
	U Bayreuth	1.362	1.714	1.831	1.805	1.837	2.013	2.004
	U Erlangen-N.	1.576	1.729	2.019	2.568	2.889	2.771	2.496
	U München	3.682	4.102	4.397	4.587	4.824	5.530	5.191
	U Passau	1.828	2.159	2.466	2.450	2.413	2.425	2.157
	U Regensburg	1.723	2.048	2.492	2.370	2.132	2.022	1.865
	U Würzburg	1.823	2.137	2.505	2.525	2.466	2.360	2.162
Berlin	FU (Freie Univ.)	2.654	2.760	2.726	2.750	2.625	2.550	2.597
	HU (Humboldt)	2.910	3.015	3.064	3.225	3.159	3.169	3.168
Brandenburg	U Frankfurt (O.)	2.136	2.143	2.045	1.978	1.785	1.688	1.460
	U Potsdam	1.863	2.277	2.264	2.554	2.673	2.762	2.752
Bremen	U Bremen	1.322	1.329	1.157	1.275	1.300	1.232	1.239
Hamburg	U Hamburg	3.566	3.926	4.184	4.195	4.294	4.432	4.599
	Bucerius LS	679	958	874	850	906	828	835
Hessen	U Frankfurt	3.819	4.264	4.523	4.640	4.673	4.699	4.615
	U Gießen	1.533	1.684	1.934	2.088	2.133	2.183	2.008
	U Marburg	1.720	1.957	2.181	2.312	2.230	1.998	1.863
	EBS	-	196	354	430	409	437	539
Mecklenb.-Vorp.	U Greifswald	1.414	1.435	1.533	1.433	1.241	1.194	1.108
Niedersachsen	U Göttingen	2.082	2.165	2.549	2.914	2.907	2.856	2.614
	U Hannover	1.565	1.869	2.064	2.275	2.349	2.434	2.454
	U Osnabrück	1.531	1.664	1.740	1.822	1.810	1.772	1.753
Nordrhein-Westfalen	U Bielefeld	1.882	2.205	3.102	3.745	3.750	3.868	3.701
	U Bochum	3.051	3.364	4.015	3.973	4.290	4.274	4.327
	U Bonn	3.604	3.894	4.229	4.337	4.570	4.795	4.471
	U Düsseldorf	1.449	1.703	1.833	1.975	2.054	2.164	2.216
	FernU Hagen	7.233	8.283	7.400	7.851	8.826	10.221	10.185
	U Köln	4.728	4.905	5.264	5.367	5.809	5.748	5.786
	U Münster	4.256	4.709	5.136	4.990	4.962	4.937	4.819
Rheinland-Pfalz	U Mainz	2.711	2.911	2.983	3.115	3.115	3.091	3.079
	U Trier	1.527	1.907	2.108	2.122	1.986	1.757	1.421
Saarland	U Saarbrücken	1.953	2.085	2.084	2.060	1.993	2.006	1.975
Sachsen	U Leipzig	2.171	2.588	2.382	2.507	2.657	3.112	3.393
Sachsen-Anhalt	U Halle	1.133	1.610	1.705	1.994	2.192	2.122	1.955
Schleswig-H.	U Kiel	1.939	1.974	2.053	2.054	2.196	2.368	2.415
Thüringen	U Jena	1.621	1.517	1.360	1.362	1.369	1.359	1.262

* Da die hier aufgeführten Daten eine besondere Auswertung durch das Statistische Bundesamt erfordern, musste zugunsten aktueller Daten auf die Auswertung für das Wintersemester 2017/2018 verzichtet werden.
Quelle: Statistisches Bundesamt (ab Wintersemester 2009/10) / Deutscher Juristen-Fakultätentag (bis Wintersemester 2008/09)

Tab. 6.1.8: Zahl der Studierenden im Studienfach Rechtswissenschaft im 1. Fachsemester nach Universitäten von 2010 bis 2022 (jeweils im Wintersemester eines Jahres)*

Bundesland		10/11	12/13	14/15	16/17	18/19	20/21	22/23
Baden-Württemberg	U Freiburg	465	437	448	465	412	417	408
	U Heidelberg	405	404	356	375	461	452	461
	U Konstanz	298	333	325	311	278	297	298
	U Tübingen	460	427	375	344	355	312	305
Bayern	U Augsburg	477	548	540	555	550	590	408
	U Bayreuth	370	359	376	356	391	516	306
	U Erlangen-Nürnberg	355	347	558	690	734	590	490
	U München	810	936	1.065	1.182	1.114	1.221	1.096
	U Passau	587	568	627	615	582	542	421
	U Regensburg	425	435	620	561	481	472	425
	U Würzburg	500	554	766	709	659	570	363
Berlin	FU (Freie Universität)	497	584	634	630	586	450	524
	HU (Humboldt)	535	576	601	628	552	517	553
Brandenburg	U Frankfurt (Oder)	633	608	392	443	372	365	207
	U Potsdam	558	690	543	465	455	424	443
Bremen	U Bremen	308	302	257	333	317	247	233
Hamburg	U Hamburg	500	477	476	520	551	525	593
	Bucerius Law School	159	132	160	174	144	159	122
Hessen	U Frankfurt	511	551	590	609	669	691	622
	U Gießen	319	367	538	406	415	443	322
	U Marburg	447	324	356	436	364	299	267
	EBS	-	118	66	74	100	106	78
Mecklenb.-Vorpom.	U Greifswald	396	309	323	314	232	231	153
Niedersachsen	U Göttingen	439	437	494	561	498	420	451
	U Hannover	252	461	427	490	460	448	445
	U Osnabrück	376	471	515	530	404	336	327
Nordrhein-Westfalen	U Bielefeld	276	249	437	346	357	495	402
	U Bochum	420	337	563	502	701	484	422
	U Bonn	396	476	606	492	490	609	388
	U Düsseldorf	291	302	321	384	350	358	354
	FernU Hagen	1.743	1.407	1.181	1.214	1.330	1.519	1.276
	U Köln	557	549	657	572	780	573	580
	U Münster	481	562	662	595	554	576	554
Rheinland-Pfalz	U Mainz	372	420	326	397	369	371	328
	U Trier	427	664	607	521	405	301	182
Saarland	U Saarbrücken	533	520	484	517	518	503	465
Sachsen	U Leipzig	586	703	465	578	605	796	660
Sachsen-Anhalt	U Halle	256	478	288	490	517	482	215
Schleswig-Holstein	U Kiel	367	367	447	446	482	523	448
Thüringen	U Jena	334	294	352	324	276	249	191

* Da die hier aufgeführten Daten eine besondere Auswertung durch das Statistische Bundesamt erfordern, musste zugunsten aktuellerer Daten auf die Auswertung für das Wintersemester 2017/2018 verzichtet werden.

Quelle: Statistisches Bundesamt (ab Wintersemester 2009/10) / Deutscher Juristen-Fakultätentag (bis Wintersemester 2008/09).

Tab. 6.1.9: Entwicklung der Zahl der Studierenden in den Rechtswissenschaften an Fachhochschulen von 2003 bis 2022

Wintersemester (WS)	Gesamt	Rechtswissenschaft	Wirtschaftsrecht
2003 / 2004	4.742	423	4.319
2004 / 2005	5.412	521	4.891
2005 / 2006	5.796	298	5.498
2006 / 2007	9.067	320	8.747
2007 / 2008	9.701	195	9.506
2008 / 2009	10.440	438	10.002
2009 / 2010	11.696	648	11.048
2010 / 2011	12.234	861	11.373
2011 / 2012	13.516	1.082	12.434
2012 / 2013	13.161	1.221	11.940
2013 / 2014	14.014	1.422	12.592
2014 / 2015	15.282	1.678	13.604
2015 / 2016	16.002	1.993	14.009
2016 / 2017	17.098	2.346	14.752
2017 / 2018	17.582	2.924	14.658
2018 / 2019	18.280	3.319	14.961
2019 / 2020	18.159	3.234	14.925
2020 / 2021	18.955	3.447	15.508
2021 / 2022	18.617	3.690	14.927
2022 / 2023	18.439	3.587	14.852

Quelle: Statistisches Bundesamt, Studierende an Hochschulen, Fachserie 11, Reihe 4.1

Tab. 6.1.10: Zahl der Rechtsprofessoren von 1982 bis 2021

Jahr	Rechtsprofessoren*	davon weiblich	Anteil (in %)	Veränderung (in %)
1982	730	8	1,1	
1985	743	12	1,6	-0,3
1990	765	16	2,1	-14,4
1991	752	17	2,3	-1,7
1992**	957	37	3,9	27,3
1993	970	43	4,4	1,4
1994	1.073	54	5,0	10,6
1995	1.074	58	5,4	0,1
1996	1.091	55	5,0	1,6
1997	1.069	58	5,4	-2,0
1998	1.100	74	6,7	2,9
1999	1.133	73	6,4	3,0
2000	1.106	90	8,1	-2,4
2001	1.098	96	8,7	-0,7
2002	1.144	107	9,4	4,2
2003	1.249	140	11,2	9,2
2004	1.302	162	12,4	4,2
2005	1.289	170	13,2	-1,0
2006	1.314	186	14,2	1,9
2007	1.324	205	15,5	0,8
2008***	1.216	194	16,0	-8,2
2009	1.332	217	16,3	9,5
2010	1.331	211	15,9	-0,1
2011	1.387	231	16,7	4,2
2012	1.395	227	16,3	-1,7
2013	1.448	263	18,2	3,8
2014	1.428	256	17,9	-1,4
2015	1.463	274	18,7	2,5
2016	1.470	298	20,3	0,5
2017	1.522	311	20,4	3,5
2018	1.552	333	21,5	2,0
2019	1.560	337	21,6	0,5
2020	1.566	347	22,2	0,4
2021	1.578	369	23,4	0,8

* Bis einschl. 2001 nur C 4-, C 3- und C 2-Professoren
** Ab 1992 inkl. der neuen Bundesländer
*** Ohne Professoren an Verwaltungsfachhochschulen

Quelle: Statistisches Bundesamt, Personal an Hochschulen, Fachserie 11, Reihe 4.4

Tab. 6.1.11: Personal rechtswissenschaftlicher Fakultäten an Universitäten von 2009 bis 2022

		2009	2013	2017	2019	2020	2021	2022
Hauptberuflich	Professoren	944	993	1.027	1.017	1.008	1.012	1.019
	Dozenten/Assistenten	122	115	115	93	100	106	104
	wiss. Mitarbeiter	2.794	3.191	3.459	3.549	3.660	3.741	3.783
	Lehrkräfte bes. Aufgaben	35	52	34	34	26	29	29
	Insgesamt	3.895	4.351	4.635	4.693	4.794	4.888	4.935
Nebenberuflich	Gast-/Professoren / Emeriti	67	78	77	78	85	72	74
	Lehrbeauftragte/Hon.-Prof./PDen	1.231	1.506	1.818	1.917	1.744	2.034	1.854
	Wiss. Hilfskräfte / Tutoren	1.470	1.413	1.199	1.184	1.176	1.093	964
	Insgesamt	2.768	2.997	3.094	3.179	3.005	3199	2.892
Insgesamt		**6.663**	**7.348**	**7.729**	**7.872**	**7.799**	**8.087**	**7.827**

Quelle: Statistisches Bundesamt, Personal an Hochschulen, Fachserie 11, Reihe 4.4

Tab. 6.1.12: Dauer* des Studiums (durchschnittl. Semesterzahl**) der Rechtswissenschaften bis zum Abschluss der Ersten Juristischen Prüfung nach Bundesländern von 2000 bis 2022

Bundesland	2000	2005	2010	2015	2016	2017	2018	2019	2020	2021	2022
Baden-Württemberg	9,6	9,5	9,8	10,0	10,0	9,9	11,0	9,9	9,8	9,6	9,0
Bayern	9,6	9,9	9,5	11,2	11,2	11,5	11,8	11,7	11,8	11,9	12,2
Berlin	10,4	11,2	10,3	11,1	11,1	10,6	10,7	10,3	10,1	10,5	10,7
Brandenburg	10,0	10,8	11,2	11,5	11,5	11,4	11,3	11,1	11,4	11,8	12,0
Bremen	12,0	11,3	10,4	12,5	12,6	12,1	12,8	12,6	11,2	13,5	11,6
Hamburg***	10,6	10,8	11,0	12,4	12,8	12,7	12,3	11,7	12,1	12,5	10,4
Hessen	11,4	11,8	10,7	11,7	10,6	11,4	11,3	10,5	10,9	10,5	9,6
Mecklenb.-Vorpom.	10,2	11,8	10,6	9,9	10,4	10,4	10,0	10,7	12,2	10,1	9,5
Niedersachsen	10,6	11,1	10,6	11,7	11,8	12,5	12,7	12,4	11,9	12,2	12,6
Nordrhein-Westf.	10,3	10,5	9,9	10,6	12,2	10,5	12,0	9,9	8,9	9,4	9,1
Rheinland-Pfalz	10,9	11,0	10,6	11,2	11,7	13,2	11,1	11,2	11,1	11,6	9,7
Saarland	10,2	11,6	10,6	12,6	12,8	13,8	13,6	14,3	14,4	14,2	14,4
Sachsen	9,9	11,0	9,7	10,8	10,7	11,0	10,9	10,9	11,0	11,0	10,9
Sachsen-Anhalt	10,6	11,7	10,4	11,6	11,3	11,0	11,6	12,2	12,6	12,0	11,5
Schleswig-Holstein	9,9	10,3	9,6	10,8	10,4	10,4	10,9	10,5	10,7	9,8	8,6
Thüringen	9,9	11,6	10,1	10,6	10,7	11,1	11,3	11,2	11,3	11,6	11,6
GESAMT	**10,4**	**10,6**	**10,1**	**11,0**	**11,3**	**11,1**	**11,6**	**10,9**	**10,8**	**10,9**	**10,6**

* Beinhaltet auch die Dauer des Prüfungsverfahrens. Aufgrund des geänderten Prüfungsverfahrens ist die durchschnittliche Semesterzahl ab 2007 nur noch bedingt mit den Vorjahren vergleichbar.
** Alle geprüften Kandidaten einschließlich Wiederholer und Wiederholer zur Notenverbesserung
*** Die in Hamburg ansässige Bucerius Law School unterteilt das Studienjahr in Trimester und blieb daher bei der Ermittlung der Studiendauer unberücksichtigt.

Quelle: Bundesministerium der Justiz (BMJ), Bundesamt für Justiz (BfJ)

6 Ausbildung, Berufseinstieg und Arbeitslosigkeit von Juristen

Tab. 6.1.13: Zahl der Studienabschlüsse in der Bundesrepublik und der DDR von 1952 bis 1989

Jahr	1. Jur. Staatsprüfung (Bundesrepublik)	Veränderung (in %)	Diplome (DDR)	Veränderung (in %)
1952	2.735			
1953	2.748	0,5	155	
1954	2.736	-0,4	403	160,0
1955	2.534	-7,4	417	3,5
1956	2.424	-4,3	401	-3,8
1957	2.384	-1,7	468	16,7
1958	2.581	8,3	876	87,2
1959	3.153	22,2	402	-54,1
1960	3.400	7,8	894	122,4
1961	3.283	-3,4	303	-66,1
1962	3.305	0,7	726	139,6
1963	3.150	-4,7	489	-32,6
1964	2.792	-11,4	380	-22,3
1965	2.698	-3,4	159	-58,2
1966	2.850	5,6	474	198,1
1967	3.088	8,4	161	-66,0
1968	3.465	12,2	141	-12,4
1969	4.284	23,6	454	222,0
1970	3.712	-13,4	548	20,7
1971	3.532	-4,8	652	19,0
1972	4.359	23,4	1.076	65,0
1973	5.132	17,7	720	-33,1
1974	4.887	-4,8	1.106	53,6
1975	4.326	-11,5	920	-16,8
1976	3.496	-19,2	1.180	28,3
1977	3.857	10,3	539	-54,3
1978	4.324	12,1	993	84,2
1979	5.080	17,5	556	-44,0
1980	5.750	13,2	453	-18,5
1981	6.158	7,1	744	64,2
1982	5.592	-9,2	734	-1,3
1983	5.535	-1,0	601	-18,1
1984	5.854	5,8	873	45,3
1985	6.015	2,8	584	-33,1
1986	7.082	17,7	460	-21,2
1987	6.951	-1,8	462	0,4
1988	7.927	14,0	500	8,2
1989	8.020	1,2	707	41,4

Quelle: Statistisches Bundesamt / Staatliche Zentralverwaltung für Statistik

Tab. 6.1.14: Zahl der Ersten Juristischen Staatsprüfungen / Staatlichen Pflichtfachprüfungen von 1990 bis 2022

Jahr	Prüfungen	davon bestanden	Quote Nichtbestehen	Durchschnitt (Punkte)
1990	10.704	8.127	23,6	6,02
1991	9.635	7.508	22,1	5,92
1992	10.840	8.411	22.4	6,13
1993	12.731	9.781	23,2	6,13
1994*	13.598	10.127	25,5	6,10
1995	15.623	11.380	27.2	5,89
1996	17.858	12.573	29.6	5,77
1997	17.886	12.393	30.7	5,61
1998	17.716	12.153	31.4	5,56
1999	17.023	12.099	28,6	5,50
2000	16.783	11.893	29,1	5,73
2001	15.451	11.139	27,9	5,71
2002	15.056	10.838	28,0	5,84
2003	13.207	9.565	27,6	5,82
2004	12.976	9.655	25,6	5,85
2005	12.353	9.015	27,0	6,00
2006	14.013	9.903	29,3	5,96
2007	15.928	10.971	32,3	5,78
2008	11.769	8.274	29,7	5,60
2009	12.855	8.925	32,5	5,82
2010	11.946	8.517	26,7	5,85
2011	11.704	8.307	28,6	6,14
2012	11.596	7.646	28,8	6,17
2013	11.858	8.326	29,7	6.08
2014	12.033	8.535	29,1	5,90
2015	12.750	8,842	30,7	6,00
2016	14.012	9.930	29,1	6,08
2017	14.232	10.144	28,7	6,11
2018	14.653	10.559	27,9	6,14
2019	14.278	10.436	26,9	6,28
2020	14.042	10.117	28,0	6,29
2021	12.144	9.150	24,7	6,55
2022	13.050	9.627	26,2	6,43

*Ab 1994 einschließlich der neuen Bundesländer

Quelle: Bundesministerium der Justiz (BMJ), Bundesamt für Justiz (BfJ)

Tab. 6.1.15: Noten der erfolgreichen Kandidaten im Ersten Juristischen Staatsexamen von 1995 bis 2010

Jahr	erfolgreiche Kandidaten	sehr gut Anzahl	sehr gut Anteil (in %)	gut Anzahl	gut Anteil (in %)	voll befriedigend Anzahl	voll befriedigend Anteil (in %)	befriedigend Anzahl	befriedigend Anteil (in %)	ausreichend Anzahl	ausreichend Anteil (in %)
1995	11.380	21	0,2	401	3,5	1.716	15,1	4.120	36,2	5.122	45,0
1996	12.573	21	0,2	391	3,1	1.887	15,0	4.617	36,7	5.657	45,0
1997	12.392	41	0,3	396	3,2	1.907	15,4	4.448	35,9	5.600	45,2
1998	12.153	29	0,2	367	3,0	1.850	15,2	4.432	36.5	5.475	45.1
1999	12.099	23	0,2	412	3,4	1.989	16,4	4.422	36,6	5.253	43,4
2000	11.769	17	0,2	411	3,5	2.012	17,1	4.418	37,5	4.911	41.7
2001	11.139	25	0,2	412	3,7	1.869	16,8	4.156	37,3	4.677	42,0
2002	10.838	22	0,2	402	3,7	1.810	16,7	4.005	37,0	4.599	42,4
2003	9.565	30	0,3	363	3,8	1.567	16,3	3.521	36,8	4.084	42,7
2004	9.655	25	0,3	351	3,6	1.684	17,4	3.579	37,1	4.016	41,6
2005	9.015	30	0,3	366	4,1	1.560	17,3	3.392	37,6	3.667	40,7
2006	9.903	27	0,3	380	3,8	1.711	17.3	3.654	36,9	4.131	41,7
2007	9.811	30	0,3	367	3,7	1.614	16,5	3.574	36,4	4.226	43,1
2008	3.004	0	0,0	31	1,0	248	8,3	1.064	35,4	1.661	55,3
2009	1.027	0	0,0	2	0,2	34	3,3	286	27,8	705	68,6
2010	53	0	0,0	0	0,0	3	5,7	15	28,3	35	66,0

Quelle: Bundesministerium der Justiz (BMJ) / Bundesamt für Justiz (BfJ), Ausbildungsstatistik

Tab. 6.1.16: Noten der erfolgreichen Kandidaten in der Ersten Juristischen Prüfung von 2007 bis 2022

Jahr	erfolgreiche Kandidaten	sehr gut Anzahl	sehr gut Anteil (in %)	gut Anzahl	gut Anteil (in %)	voll befriedigend Anzahl	voll befriedigend Anteil (in %)	befriedigend Anzahl	befriedigend Anteil (in %)	ausreichend Anzahl	ausreichend Anteil (in %)
2007	885	5	0,6	71	8,0	248	28,0	417	47,1	144	16,3
2008	4.816	9	0,2	315	6,5	1.327	28,2	2.296	47,2	869	17,9
2009	7.292	20	0,3	357	4,9	1.896	26,0	3.527	48,4	1.492	20,5
2010	7.923	17	0,2	375	4,7	2.043	25,8	3.746	47,3	1.742	22,0
2011	7.913	24	0,3	364	4,6	1.930	24,4	3.783	47,8	1.812	22,9
2012	7.636	19	0,2	405	5,3	1.929	25,3	3.525	46,2	1.758	23,0
2013	8.146	29	0,4	452	5,5	2.075	25,5	3.763	46,2	1.827	22,4
2014	8.183	27	0,3	520	6,4	2.183	26,7	3.742	45,7	1.711	20,9
2015	8.312	26	0,1	515	6,2	2.187	26,3	3.898	46,9	1.686	20,3
2016	9.353	27	0,3	566	6,0	2.572	27,5	4.305	46,0	1.883	20,1
2017	9.721	24	0,2	549	5,6	2.601	26,8	4.576	47,1	1.971	20,3
2018	9.338	24	0,3	574	6,1	2.648	28,4	4.342	46,5	1.750	18,7
2019	9.481	27	0,3	584	6,2	2.747	29,0	4.475	47,2	1.648	17,4
2020	9.028	29	0,3	682	7,6	2.662	29,5	4.139	45,8	1.516	16,8
2021	8.730	29	0,3	609	7,0	2.672	30,6	4.048	46,4	1.372	15,7
2022	8.765	32	0,4	660	7,5	2.667	30,4	4.028	46,0	1.378	15,7

Quelle: Bundesministerium der Justiz (BMJ) / Bundesamt für Justiz (BfJ), Ausbildungsstatistik

Tab. 6.1.17: Noten der erfolgreichen Kandidaten in der staatlichen Pflichtfachprüfung von 2007 bis 2022

Jahr	erfolgreiche Kandidaten	sehr gut Anzahl	sehr gut Anteil (in %)	gut Anzahl	gut Anteil (in %)	voll befriedigend Anzahl	voll befriedigend Anteil (in %)	befriedigend Anzahl	befriedigend Anteil (in %)	ausreichend Anzahl	ausreichend Anteil (in %)
2007	980	2	0,2	46	4,7	207	21,1	411	41,9	314	32,0
2008	5.270	11	0,2	235	4,5	1.131	21,5	2.205	41,8	1.688	32,0
2009	7.898	15	0,2	266	3,4	1.469	18,6	3.247	41,1	2.901	36,7
2010	8.464	10	0,1	267	3,1	1.558	18,4	3.403	40,2	3.226	38,0
2011	8.296	15	0,2	271	3,2	1.511	18,2	3.293	39,7	3.206	38,6
2012	8.258	17	0,2	308	3,7	1.546	18,7	3.263	39,5	3.124	37,8
2013	8.324	25	0,3	353	4,2	1.559	18,7	3.264	39,2	3.123	37,5
2014	8.533	22	0,3	384	4,5	1.659	19,4	3.388	43,2	3.080	36,1
2015	8.840	16	0,2	375	4,2	1.723	19,5	3.514	39,8	3.212	36,3
2016	9.929	22	0,2	401	4,0	1.939	19,5	3.972	40,0	3.595	36,2
2017	10.144	18	0,2	399	3,9	1.977	19,5	4.111	40,5	3.639	35,9
2018	10.559	18	0,2	385	3,6	2.072	19,6	4.294	40,7	3.790	35,9
2019	10.436	30	0,3	422	4,1	2.111	20,2	4.288	41,2	3.585	34,2
2020*	10.117	22	0,2	467	4,6	2.127	21,0	4.254	42,0	3.247	32,1
2021	9.150	24	0,3	450	4,9	2.003	21,9	3.831	41,9	2.842	31,1
2022	9.627	25	0,2	459	3,5	2.149	16,5	3.873	29,7	3.121	23,9

* Werte vorläufig, ohne Bremen und Hamburg, zT ohne Notenverbesserer

Quelle: Bundesministerium der Justiz (BMJ) / Bundesamt für Justiz (BfJ), Ausbildungsstatistik, eigene Berechnungen

Tab. 6.1.18: Ergebnisse der Freiversuche in der staatlichen Pflichtfachprüfung von 2007 bis 2022

Jahr	Zahl der Kandidaten Anzahl	Zahl der Kandidaten Anteil in (%)	bestanden Anzahl	bestanden Anteil in (%)	besser als ausreichend bestanden Anzahl	besser als ausreichend bestanden Anteil in (%)	nicht bestanden Anzahl	nicht bestanden Anteil in (%)
2007	1.085	76,0	760	70,0	523	48,2	325	30,0
2008	3.991	56,2	3.067	76,8	2.163	54,2	922	23,1
2009	4.175	37,4	3.149	75,4	2.147	51,4	1.026	24,6
2010	3.988	33,7	2.973	74,5	2.073	52,0	1.015	25,5
2011	3.928	33,6	2.983	75,9	2.113	53,8	945	24,1
2012	3.915	33,8	2.969	75,8	2.079	53,1	946	24,2
2013	4.073	34,4	3.113	76,4	2.188	53,7	960	23,6
2014	4.266	35,5	3.265	76,5	2.365	55,4	1.000	23,4
2015	4.716	37,0	3.591	76,1	2.560	54,3	1.125	23,9
2016	4.984	35,6	3.909	78,4	2.822	56,6	1.075	21,6
2017	4.737	33,3	3.713	78,4	2.712	57,3	1.024	21,6
2018	4.789	32,7	3.768	78,7	2.794	58,3	1.018	21,3
2019	5.111	35,8	4.056	79,4	3.013	59,0	1.055	20,6
2020	4.903	34,9	3.926	80,1	2.944	60,0	977	19,9
2021	4.521	37,2	3.949	87,3	3.166	70,0	572	12,7
2022	7.082	54,3	5.885	83,1	4.445	62,8	1.196	16,9

Quelle: Bundesministerium der Justiz (BMJ) / Bundesamt für Justiz (BfJ), Ausbildungsstatistik

Tab. 6.1.19: Nichtbestehensquote in der staatl. Pflichtfachprüfung nach Bundesländern von 2013 bis 2016

Bundesland	2013 Anzahl	2013 Anteil in (%)	2014 Anzahl	2014 Anteil in (%)	2015 Anzahl	2015 Anteil in (%)	2016 Anzahl	2016 Anteil in (%)
Baden-Württ.	386	28,8	389	27,6	432	28,6	500	29,3
Bayern	733	32,0	746	30,9	957	36,0	912	28,4
Berlin	202	24,5	185	23,7	207	23,5	190	24,1
Brandenburg	101	31,1	122	34,6	145	35,1	178	39,0
Bremen	74	41,3	52	41,6	55	35,7	58	35,2
Hamburg	138	24,9	136	24,6	121	20,9	153	21,4
Hessen	202	28,4	129	18,7	298	29,6	318	28,7
Mecklenb.-Vorpom.	76	37,8	58	34,7	75	43,9	67	39,4
Niedersachsen	177	22,9	211	28,1	180	27,0	233	29,6
Nordrhein-Westf.	948	32,7	924	32,3	951	31,5	961	31,2
Rheinland-Pfalz	124	22,4	136	22,0	127	25,0	128	24,2
Saarland	46	25,3	79	30,5	44	24,7	47	23,3
Sachsen	142	39,3	161	40,7	150	37,9	156	35,4
Sachsen-Anhalt	30	24,4	44	31,9	48	28,7	51	24,1
Schleswig-Holstein	82	30,4	82	30,6	63	24,3	84	33,5
Thüringen	63	23,7	41	16,9	51	29,0	46	23,7
GESAMT	3.524	29,7	3.495	29,1	3.904	30,6	4.082	29,1

Quelle: Bundesministerium der Justiz (BMJ) / Bundesamt für Justiz (BfJ), Ausbildungsstatistik

Tab. 6.1.20: Nichtbestehensquote in der staatl. Pflichtfachprüfung nach Bundesländern von 2017 bis 2020

Bundesland	2017 Anzahl	2017 Anteil in (%)	2018 Anzahl	2018 Anteil in (%)	2019 Anzahl	2019 Anteil in (%)	2020 Anzahl	2020 Anteil in (%)
Baden-Württ.	509	25,6	488	24,5	576	29,3	517	26,9
Bayern	825	28,6	797	28,5	660	24,0	750	27,6
Berlin	206	23,9	185	21,7	167	20,6	117	19,7
Brandenburg	192	39,6	169	42,3	179	45,0	147	46,1
Bremen	71	39,7	59	35,8	42	31,0	64	29,5
Hamburg	125	21,2	125	20,5	134	20,8	n.v.	n.v.
Hessen	361	31,9	447	32,5	292	25,1	305	29,3
Mecklenb.-Vorpom.	75	41,4	45	42,5	31	31,6	33	31,1
Niedersachsen	203	24,6	229	25,7	215	23,3	220	24,8
Nordrhein-Westf.	975	30,9	1.033	29,0	1.074	30,5	858	30,1
Rheinland-Pfalz	170	27,9	165	25,3	179	26,9	181	31,2
Saarland	47	25,0	45	23,7	31	16,8	28	17,4
Sachsen	148	32,0	135	32,8	109	29,3	127	34,1
Sachsen-Anhalt	44	18,9	69	23,8	43	16,6	24	11,0
Schleswig-Holstein	91	32,3	72	30,4	82	32,4	91	31,2
Thüringen	46	26,3	32	25,8	28	21,1	35	18,8
GESAMT	4.088	28,7	4.094	27,9	3.842	26,9	n.v.	n.v.

Quelle: Bundesministerium der Justiz (BMJ) / Bundesamt für Justiz (BfJ), Ausbildungsstatistik

Tab. 6.1.21: Nichtbestehensquote in der staatl. Pflichtfachprüfung nach Bundesländern von 2021 bis 2022

Bundesland	2021 Anzahl	2021 Anteil in (%)	2022 Anzahl	2022 Anteil in (%)
Baden-Württ.	392	23,4	449	26,5
Bayern	537	22,1	690	25,8
Berlin	123	16,6	129	17,7
Brandenburg	135	40,7	168	41,8
Bremen	46	29,9	56	34,8
Hamburg	104	19,6	131	19,8
Hessen	310	28,6	287	25,1
Mecklenb.-V.	35	35,0	28	27,7
Niedersachsen	204	22,8	223	26,2
Nordrhein-Westf.	717	28,9	786	27,9
Rheinland-Pfalz	129	23,1	161	28,1
Saarland	29	16,7	33	18,4
Sachsen	84	23,0	137	32,3
Sachsen-Anhalt	39	18,5	47	20,8
Schleswig-H.	81	30,0	70	27,8
Thüringen	29	19,6	28	17,9
GESAMT	**2.994**	**24,7**	**3.423**	**26,2**

Quelle: Bundesministerium der Justiz (BMJ) / Bundesamt für Justiz (BfJ), Ausbildungsstatistik

Tab. 6.1.22: Noten der erfolgreichen Kandidaten in der universitären Schwerpunktprüfung von 2007 bis 2022

Jahr	erfolgreiche Kandidaten	sehr gut Anzahl	sehr gut Anteil (in %)	gut Anzahl	gut Anteil (in %)	voll befriedigend Anzahl	voll befriedigend Anteil (in %)	befriedigend Anzahl	befriedigend Anteil (in %)	ausreichend Anzahl	ausreichend Anteil (in %)
2007	3.659	213	5,8	692	18,9	1.220	33,3	1.079	29,5	455	12,4
2008	6.243	378	6,1	1.253	20,1	2.066	33,1	1.771	28,4	775	12,4
2009	6.795	370	5,4	1.302	19,2	2.245	33,0	2.007	29,5	871	12,8
2010	8.329	407	4,9	1.363	19,6	2.552	30,6	2.416	29,0	1.066	12,8
2011	8.432	412	4,9	1.436	17,0	2.596	30,8	2.395	28,4	1.079	12,8
2012	7.627	411	5,4	1.429	18,7	2.529	33,2	2.265	29,7	993	13,0
2013	8.103	409	5,0	1.547	19,1	2.710	33,4	2.416	29,8	1.021	12,6
2014	8.523	458	5,4	1.603	18,8	2.632	30,9	2.369	27,8	1.090	12,8
2015	8.967	467	5,2	1.818	20,3	3.021	33,7	2.498	27,9	1.163	13,0
2016	9.278	543	5,9	2.001	21,6	3.081	33,2	2.598	28,0	1.055	11,4
2017	9.258	530	5,7	2.035	22,0	3.130	33,8	2.568	27,7	995	10,7
2018	9.313	558	6,0	1.978	21,2	3.253	35,0	2.513	27,0	1.011	10,9
2019	9.563	606	6,1	2.162	21,9	3.328	33,7	2.523	25,6	944	9,6
2020	8.610	550	6,2	2.037	23,0	3.124	35,2	2.161	24,4	738	8,3
2021	9.183	551	5,8	2.280	24,0	3.245	34,2	2.322	24,5	785	8,3
2022	9.209	596	6,2	2.206	23,0	3.297	34,4	2.264	23,7	846	8,8

Quelle: Bundesministerium der Justiz (BMJ) / Bundesamt für Justiz (BfJ), Ausbildungsstatistik, eigene Berechnungen

Tab. 6.1.23: Nichtbestehensquote in der universitären Schwerpunktprüfung nach Bundesländern von 2017 bis 2020

Bundesland	2017 Anzahl	Anteil in (%)	2018 Anzahl	Anteil in (%)	2019 Anzahl	Anteil in (%)	2020 Anzahl	Anteil in (%)
Baden-Württemberg	24	2,0	22	1,8	18	1,6	17	1,5
Bayern	38	1,7	47	2,2	29	1,3	26	1,3
Berlin	63	8,7	33	5,2	32	4,9	21	4,3
Brandenburg	11	3,7	14	4,3	16	4,2	19	8,1
Bremen	0	0,0	0	0,0	1	0,7	0	0,0
Hamburg	8	1,9	5	0,9	1	0,2	2	0,4
Hessen	39	5,4	49	6,3	54	6,8	38	4,8
Mecklenb.-Vorpom.	1	1,1	1	1,0	0	0,0	3	3,6
Niedersachsen	4	0,8	11	1,8	10	1,5	27	4,2
Nordrhein-Westfalen	79	4,0	62	3,3	64	3,3	43	2,6
Rheinland-Pfalz	38	7,6	81	17,1	32	6,6	20	5,1
Saarland	4	4,0	1	1,0	3	2,2	5	4,1
Sachsen	0	0,0	2	0,8	1	0,4	0	0,0
Sachsen-Anhalt	19	11,2	15	8,1	2	1,1	5	2,7
Schleswig-Holstein	42	16,2	27	11,2	34	12,8	32	12,6
Thüringen	1	0,9	0	0,0	1	1,1	1	0,8
GESAMT	**371**	**3,9**	**370**	**38**	**298**	**3,0**	**259**	**2,9**

Quelle: Bundesministerium der Justiz (BMJ) / Bundesamt für Justiz (BfJ), Ausbildungsstatistik

Tab. 6.1.24: Nichtbestehensquote in der universitären Schwerpunktprüfung nach Bundesländern von 2021 bis 2022

Bundesland	2021 Anzahl	Anteil in (%)	2022 Anzahl	Anteil in (%)
Baden-Württemberg	25	2,3	22	2,1
Bayern	16	0,8	19	0,9
Berlin	14	2,1	5	0,8
Brandenburg	28	9,3	49	14,4
Bremen	0	0,0	0	0,0
Hamburg	3	0,6	12	2,1
Hessen	45	6,6	55	7,1
Mecklenb.-Vorpom.	41	32,5	17	19,8
Niedersachsen	18	2,8	19	2,7
Nordrhein-Westfalen	43	2,1	89	4,8
Rheinland-Pfalz	20	4,5	25	5,3
Saarland	3	3,0	5	4,3
Sachsen	0	0,0	0	0,0
Sachsen-Anhalt	1	0,7	3	1,6
Schleswig-Holstein	54	18,4	41	12,9
Thüringen	0	0,0	2	2,0
GESAMT	**311**	**3,3**	**363**	**3,8**

Quelle: Bundesministerium der Justiz (BMJ) / Bundesamt für Justiz (BfJ), Ausbildungsstatistik

6.2. Vorbereitungsdienst

Tab. 6.2.1: Zahl der Rechtsreferendare von 1950 bis 2023

Jahr	Anzahl	Veränderung (in %)
1950	7.700	
1955	9.886	28,4
1960	11.116	12,4
1965	13.246	19,2
1970	11.760	-11,2
1975	14.306	21,6
1980	11.951	11,7
1985	18.256	12,2
1990	22.434	8,3
1995*	24.256	-1,0
1996	24.256	0,0
1997	24.821	2,3
1998	24.821	0,0
1999	25.021	0,8
2000	25.012	0,0
2001	25.005	0,0
2002	22.742	-9,1
2003	22.430	-1,4
2004	21.638	-3,5
2005	20.832	-3,7
2006	19.694	-5,5
2007	19.028	-3,4
2008	19.464	2,3
2009	17.764	-8,7
2010	16.667	-6,2
2011	16.375	-1,8
2012	14.914	-8,9
2013	14.796	-0,8
2014	14.810	0,1
2015	14.182	-4,2
2016	14.585	2,8
2017	14.996	2,8
2018	15.530	3,6
2019	15.794	1,7
2020	16.024	1,5
2021	16.625	3,8
2022	16.630	0,0
2023	16.278	-2,1

* Ab 1994 einschließlich der neuen Bundesländer

Quelle: Bundesministerium der Justiz (BMJ), Bundesamt für Justiz (BfJ) (Stichtag: 1.1 des jeweiligen Jahres), eigene Berechnungen

6 Ausbildung, Berufseinstieg und Arbeitslosigkeit von Juristen

Tab. 6.2.2: Zahl der neu eingestellten Rechtsreferendare von 2001 bis 2022

Jahr	Anzahl	Veränderung (in %)
2001	10.240	
2002	10.086	-1,5
2003	9.610	-4,7
2004	9.152	-4,8
2005	8.815	-3,7
2006	8.266	-6,2
2007	9.403	13,8
2008	7.757	-17,5
2009	7.319	-5,6
2010	7.248	-1,0
2011	6.909	-4,7
2012	6.892	-0,2
2013	6.874	-0,3
2014	6.737	-2,0
2015	6.737	0
2016	7.188	6,7
2017	7.411	3,1
2018	7.443	0,4
2019	7.628	2,5
2020	7.783	2,0
2021	7.809	0,3
2022	7.573	3,0

Quelle: Bundesministerium der Justiz (BMJ), Bundesamt für Justiz (BfJ) (Stichtag: 1.1. des jeweiligen Jahres), eigene Berechnungen

Tab. 6.2.3: Zahl der bestandenen Zweiten Juristischen Staatsprüfungen von 1955 bis 2022 *

Jahr	bestandene zweite jur. Staatsprüfungen	Veränderung (in %)
1955	1.998	
1960	2.173	8,8
1965	2.919	34,3
1970	2.758	-5,5
1975	5.353	94,1
1980	4.123	11,2
1985	5.265	15,1
1990	6.853	30,2
1995**	10.653	27,4
1996	10.689	0,3
1997	9.761	-8,7
1998	10.397	6,5
1999	10.710	3,0
2000	10.366	-3,2
2001	10.697	3,2
2002	10.330	-3,4
2003	9.722	-5,9
2004	9.639	-0,9
2005	9.400	-2,5
2006	8.573	-8,8
2007	8.351	-2,6
2008	8.345	-0,1
2009	9.347	12,0
2010	8.358	-10,5
2011	7.568	-9,6
2012	7.711	1,9
2013	7.491	-2,9
2014	7.529	0,5
2015	7.462	-0,9
2016	7.460	0,0
2017	7.563	1,4
2018	7.829	3,5
2019	8.034	2,6
2020	7.818	-2,7
2021	8.415	7,6
2022	8.414	0,0

* Von 1977 bis 1993 mit Prüfungen in einstufiger Ausbildung
** Ab 1994 einschließlich der neuen Bundesländer
Quelle: Bundesministerium der Justiz (BMJ), Bundesamt für Justiz (BfJ)

Tab. 6.2.4: Noten in der Zweiten Juristischen Staatsprüfung von 1995 bis 2022

Jahr	gepr. Kandidaten	sehr gut Anzahl	(in %)	gut Anzahl	(in %)	voll befriedigend Anzahl	(in %)	befriedigend Anzahl	(in %)	ausreichend Anzahl	(in %)
1995	11.964	7	0,1	238	2,0	1.688	14,1	4.298	35,9	4.422	37,0
1996	12.289	4	0,03	240	2,0	1.647	13,4	4.218	34,3	4.579	37,3
1997	11.279	7	0,1	222	2,0	1.516	13,4	3.912	34,7	4.104	36,4
1998	12.076	2	0,02	230	1,9	1.522	12,6	4.132	34,2	4.511	37,4
1999	12.374	7	0,1	234	1,9	1.553	12,6	4.370	35,3	4.546	36,7
2000	12.212	2	0,02	208	1,7	1.574	12,9	4.151	34,0	4.431	36,6
2001	12.592	7	0,1	213	1,7	1.693	13,5	4.324	34,3	4.458	35,0
2002	12.149	5	0,04	209	1,7	1.637	13,5	4.376	36,0	4.103	33,8
2003	11.273	6	0,1	216	1,9	1.606	14,2	4.122	36,6	3.772	33,5
2004	11.279	8	0,1	244	2,2	1.787	15,8	4.029	35,7	3.571	31,7
2005	11.016	13	0,1	238	2,2	1.609	14,6	3.972	36,1	3.568	32,4
2006	10.377	8	0,1	223	2,1	1.472	14,2	3.562	34,3	3.308	31,9
2007	10.196	4	0,0	208	2,0	1.506	14,8	3.505	34,4	3.128	30,7
2008	10.012	6	0,1	231	2,3	1.534	15,3	3.525	35,2	3.049	30,5
2009	11.124	10	0,1	259	2,3	1.648	14,8	4.035	36,3	3.395	30,5
2010	10.132	3	0,0	245	2,4	1.597	15,8	3.578	35,3	2.935	29,0
2011	9.120	4	0,0	207	2,3	1.594	17,5	3.271	35,9	2.492	27,3
2012	8.994	7	0,1	206	2,3	1.607	17,9	3.485	38,7	2.406	26,8
2013	7.491	4	0,0	160	1,8	1.479	16,9	3.394	38,9	2.454	28,1
2014	8.789	4	0,0	202	2,3	1.454	16,5	3.389	38,6	2.480	28,2
2015	8.658	3	0,0	153	1,8	1.419	16,4	3.426	39,6	2.461	28,4
2016	8.693	6	0,1	162	1,9	1.416	16,3	3.514	40,4	2.362	27,2
2017	8.716	6	0,1	163	1,9	1.452	16,7	3.512	40,3	2.430	27,9
2018	8.974	9	0,1	183	2,0	1.561	17,4	3.622	40,4	2.454	27,3
2019	9.194	5	0,1	195	2,1	1.590	17,3	3.751	40,8	2.493	27,1
2020	8.844	5	0,1	196	2,2	1.683	19,0	3.704	41,9	2.230	25,2
2021	9.582	6	0,1	219	2,3	1.819	19,0	4.004	41,8	2.367	24,7
2022	9.593	6	0,1	207	2,2	1.797	18,7	4.016	41,9	2.388	24,9

in einigen Bundesländern ohne Notenverbesserer.

Quelle: Bundesministerium der Justiz (BMJ), Bundesamt für Justiz (BfJ), Ausbildungsstatistik

Tab. 6.2.5: Nichtbestehensquote in der Zweiten Juristischen Staatsprüfung nach Bundesländern von 2002 bis 2011 (Angaben in %)

Bundesland	2002	2003	2004	2005	2006	2007	2008	2009	2010	2011
Baden-Württ.	13,7	12,7	12,0	10,7	10,7	13,6	12,7	7,0	10,4	7,8
Bayern	12,6	12,6	12,7	12,5	12,6	17,1	13,8	12,9	14,9	15,1
Berlin	21,6	17,4	15,1	16,9	24,3	18,9	16,4	16,9	18,2	14,4
Brandenburg	15,5	16,6	22,6	21,2	26,6	29,5	20,9	18,4	21,9	18,2
Bremen	21,4	13,8	11,5	19,8	11,0	13,6	15,2	15,6	22,9	13,6
Hamburg	9,5	10,1	13,8	7,8	8,6	11,8	10,8	9,6	8,2	11,6
Hessen	15,2	14,0	16,7	16,0	13,8	14,3	14,3	14,6	17,0	13.3
Mecklenb.-Vorp.	20,9	22,5	24,6	15,2	14,0	20,7	19,6	21,8	20,2	16,5
Niedersachsen	14,8	12,8	13,7	13,8	17,7	19,3	17,7	15,5	17,8	17,6
Nordrhein-Westf.	15,0	13,1	13,4	15,9	21,7	20,9	20,8	21,8	21,1	22,6
Rheinland-Pfalz	8,1	10,5	15,7	12,6	12,2	11,9	12,2	9,9	14,0	13,9
Saarland	14,5	15,0	16,0	19,5	13,2	18,5	14,0	15,7	17,0	9,2
Sachsen	18,3	15,8	20,0	20,0	24,5	20,9	17,5	14,3	17,8	16,0
Sachsen-Anhalt	29,5	25,0	19,6	26,5	28,2	24,8	23,1	22,1	19,7	15,5
Schleswig-Hol.	13,1	15,1	13,4	10,2	18,0	20,9	15,3	20,5	19,7	29,3
Thüringen	15,2	12,0	13,5	11,3	9,0	12,2	23,6	15,5	15,0	13,5
GESAMT	**15,0**	**13,8**	**14,5**	**14,7**	**17,4**	**18,1**	**16,7**	**16,0**	**17,5**	**17,0**

Quelle: Bundesministerium der Justiz (BMJ), Bundesamt für Justiz (BfJ), Ausbildungsstatistik

Tab. 6.2.6: Nichtbestehensquote in der Zweiten Juristischen Staatsprüfung nach Bundesländern von 2012 bis 2020 (Angaben in %)

Bundesland	2012	2013	2014	2015	2016	2017	2018	2019	2020
Baden-Württ.	8,1	9,4	8,0	7,2	8,5	9,4	8,2	7,7	7,3
Bayern	13,6	13,9	14,7	14,7	15,4	11,5	13,6	11,3	9,8
Berlin	10,6	11,9	13,8	13,7	14,0	12,1	12,9	9,3	10,1
Brandenburg	16,0	16,3	18,6	21,4	24,7	25,0	22,3	17,6	18,8
Bremen	14,9	13,3	26,6	21,7	17,6	23,8	19,3	25,8	20,3
Hamburg	11,4	9,9	7,3	10,6	14,0	13,6	5,3	11,4	11,0
Hessen	9,6	10,2	10,0	10,6	9,9	9,5	8,1	11,9	10,7
Mecklenb.-Vorp.	18,1	14,2	5,7	14,9	14,8	12,1	11,4	10,2	15,2
Niedersachsen	16,2	16,4	17,5	17,8	17,2	13,6	11,0	10,9	13,3
Nordrhein-Westf.	19,6	17,0	17,1	16,5	15,1	15,6	16,4	15,2	16,5
Rheinland-Pfalz	10,6	11,7	8,9	10,6	11,0	13,3	10,5	11,5	12,4
Saarland	15,3	7,4	7,4	4,2	14,0	9,4	9,6	14,1	13,8
Sachsen	14,7	16,9	17,2	12,2	10,0	12,0	8,0	13,7	11,1
Sachsen-Anhalt	11,5	20,7	25,3	16,5	18,8	7,6	12,7	16,0	16,3
Schleswig-Hol.	17,5	22,6	20,7	12,9	21,1	20,6	18,6	24,3	25,6
Thüringen	9,1	16,2	17,6	13,2	9,1	10,2	7,4	9,9	10,5
GESAMT	**14,3**	**14,2**	**14,3**	**13,8**	**14,2**	**13,2**	**12,8**	**12,6**	**11,6**

Quelle: Bundesministerium der Justiz (BMJ), Bundesamt für Justiz (BfJ), Ausbildungsstatistik

Tab. 6.2.7: Nichtbestehensquote in der Zweiten Juristischen Staatsprüfung nach Bundesländern von 2021 bis 2022 (Angaben in %)

Bundesland	2021	2022
Baden-Würt.	7,7	8,5
Bayern	12,2	14,2
Berlin	10,6	10,0
Brandenburg	18,8	14,4
Bremen	18,0	18,8
Hamburg	10,4	8,6
Hessen	8,1	7,9
Mecklenb.-Vorp.	15,3	15,4
Niedersachsen	7,8	10,8
Nordrhein-Westf.	14,3	13,5
Rheinland-Pfalz	16,3	14,7
Saarland	13,2	13,9
Sachsen	11,0	11,1
Sachsen-Anhalt	15,0	15,0
Schleswig-Hol.	28,4	24,4
Thüringen	13,0	3,0
GESAMT	**12,2**	**12,3**

Quelle: Bundesministerium der Justiz (BMJ), Bundesamt für Justiz (BfJ), Ausbildungsstatistik

6.3. Promotionen und Habilitationen im Fach Rechtswissenschaft

Tab. 6.3.1: Promotionen im Fach Rechtswissenschaften von 1985 bis 2022

Jahr	Anzahl	Veränderung (in %)	Index (Basisjahr: 1985)
1985	511		100
1990	821	14,5	161
1991	879	7,1	172
1992	958	9,0	187
1993	999	4,3	195
1994	1.063	6,4	208
1995	1.105	4,0	216
1996	1.133	2,5	222
1997	1.325	16,9	259
1998	1.439	8,6	282
1999	1.443	0,3	282
2000	1.634	13,2	320
2001	1.702	4,2	333
2002	1.632	-4,1	319
2003	1.765	8,1	345
2004	1.812	2,7	355
2005	1.906	5,2	373
2006	1.904	-0,1	373
2007*	1.604	-15,8	314
2008	1.735	8,2	340
2009	1.583	-8,8	310
2010	1.506	-4,9	295
2011	1.605	6,6	314
2012	1.324	-17,6	259
2013	1.438	8,6	281
2014	1.384	-3,8	271
2015	1.334	-3,6	261
2016	1.373	2,9	269
2017	1.203	-12,4	235
2018	1.172	-2,5	229
2019	1.158	-1,2	227
2020	1.032	-10,9	202
2021	1.099	6,5	215
2022	1.079	-1,8	211

* Aufgrund Revision der Studienfachzuordnungen in NRW ab dem Prüfungsjahr 2007 nur noch bedingt mit den Vorjahren vergleichbar.

Quelle: Statistisches Bundesamt, Prüfungen an Hochschulen, Fachserie 11, Reihe 4.2; eigene Berechnungen

Tab. 6.3.2: Promotionen im Fach Rechtswissenschaft nach Geschlecht von 1985 bis 2024

Jahr	Frauen Anzahl	Frauen Veränderung (in %)	Frauen Index (Basis: 1985)	Männer Anzahl	Männer Veränderung (in %)	Männer Index (Basis: 1985)
1985	58		100	453		100
1990	139	139,7	240	682	50,6	151
1995	274	97,1	472	831	21,8	183
1996	274	0,0	472	859	3,4	190
1997	330	20,4	569	995	15,8	220
1998	374	13,3	645	1.065	7,0	235
1999	426	13,9	734	1.017	-4,5	225
2000	491	15,3	847	1.143	12,4	252
2001	506	3,1	872	1.196	4,6	264
2002	504	-0,4	869	1.128	-5,7	249
2003	600	19,0	1.034	1.165	3,3	257
2004	633	5,5	1.091	1.179	1,2	260
2005	614	-3,0	1.059	1.292	9,6	285
2006	643	4,7	1.109	1.261	-2,4	278
2007	589	-8,4	1.016	1.015	-19,5	224
2008	639	8,5	1.102	1.096	8,0	242
2009	578	-9,5	997	1.005	-8,3	222
2010	573	-0,9	988	933	-7,2	206
2011	583	1,7	1.005	1.012	8,5	223
2012	504	-13,5	869	819	-19,1	181
2013	532	5,6	917	898	9,6	198
2014	547	2,8	943	837	6,8	185
2015	522	-4,6	900	812	-3,0	179
2016	549	5,2	947	824	1,5	182
2017	464	-15,5	800	739	-10,3	163
2018	464	0,0	800	708	-4,2	156
2019	493	6,3	850	665	-6,1	147
2020	412	-16,4	710	620	-6,8	137
2021	433	5,1	746	666	7,4	147
2022	463	6,9	798	616	-7,5	135

Quelle: Statistisches Bundesamt, Prüfungen an Hochschulen (bis 1992 früheres Bundesgebiet), Fachserie 11, Reihe 4.2

Tab. 6.3.3: Habilitationen im Fach Rechtswissenschaft von 1980 bis 2022

Jahr	Anzahl	Veränderung (in %)	Index (Basisjahr 1980)
1980	25		100
1985	21	-16	84
1990	19	-9,6	76
1995	26	36,8	104
1996	44	69,2	176
1997	43	-0,3	172
1998	65	51,2	260
1999	55	-15,4	220
2000	60	9,1	240
2001	65	8,3	260
2002	73	12,3	292
2003	67	-8,3	268
2004	67	0	268
2005	64	-4,5	256
2006	53	-17,2	212
2007	43	-18,9	172
2008	35	-18,6	140
2009	45	28,6	180
2010	43	-4,4	172
2011	28	-34,9	112
2012	49	75,0	196
2013	45	-8,2	180
2014	53	17,8	212
2015*	31	-41,5	124
2016	38	22,5	152
2017	47	23,7	188
2018	20	-57,4	80
2019	31	55,0	124
2020	34	9,7	136
2021	34	0	136
2022	30	-11,7	120

* Die ab dem Berichtsjahr 2015 gültige Fächersystematik bewirkt eine teilweise Neuzuordnung von Fachgebieten zu Lehr- und Forschungsbereichen sowie von Lehr- und Forschungsbereichen zu Fächergruppen. Die aktuellen Ergebnisse nach einzelnen Lehr- und Forschungsbereichen bzw. Fächergruppen sind daher nur eingeschränkt mit den Vorjahren vergleichbar.

Quelle: Statistisches Bundesamt, Personal an Hochschulen, Fachserie 11, Reihe 4.4

Tab. 6.3.4: Habilitationen im Fach Rechtswissenschaft nach Geschlecht von 1980 bis 2022

Jahr	Frauen Anzahl	Frauen Veränderung (in %)	Frauen Index (Basis: 1985)	Männer Anzahl	Männer Veränderung (in %)	Männer Index (Basis: 1985)
1980	0			25		
1985	3			18	-28,0	100
1990	1	-66,7	67	18	-	100
1995	4	300,0	133	22	22,2	122
1996	0		-	44	200	244
1997	6		200	37	-15,9	206
1998	14	133,0	467	51	37,8	204
1999	11	-21,5	367	44	-13,8	244
2000	11	-	367	49	11,4	272
2001	9	-18,2	300	56	14,3	311
2002	12	33,3	400	61	8,9	339
2003	12	-	400	55	-9,8	306
2004	12	-	400	55	-	306
2005	10	-16,7	333	54	-1,8	300
2006	7	-30,0	233	46	-14,8	255
2007	10	42,9	333	33	-28,3	183
2008	5	-50,0	167	30	-9,1	167
2009	6	20,0	200	39	30,0	217
2010	9	50,0	300	34	-12,8	189
2011	2	-77,8	67	26	-23,5	144
2012	13	550,0	433	36	38,5	200
2013	7	-46,2	233	38	106	211
2014	12	71,4	400	41	7,9	228
2015*	7	-41,7	233	24	-41,5	133
2016	11	57,1	367	27	12,5	150
2017	17	54,5	567	30	11,1	167
2018	6	-64,7	200	14	-53,3	78
2019	6	0,0	200	25	78,6	139
2020	12	100,0	400	22	-12,0	122
2021	11	-8,3	366	23	-4,5	127
2022	9	-18,2	300	21	-8,7	116

* Die ab dem Berichtsjahr 2015 gültige Fächersystematik bewirkt eine teilweise Neuzuordnung von Fachgebieten zu Lehr- und Forschungsbereichen sowie von Lehr- und Forschungsbereichen zu Fächergruppen. Die aktuellen Ergebnisse nach einzelnen Lehr- und Forschungsbereichen bzw. Fächergruppen sind daher nur eingeschränkt mit den Vorjahren vergleichbar.

Quelle: Statistisches Bundesamt, Personal an Hochschulen, Fachserie 11, Reihe 4.4

6.4. Arbeitslosigkeit von Juristen

Tab. 6.4.1: Entwicklung der Arbeitslosigkeit von Juristen von 2001 bis 2024*

Jahr	Arbeitslose Juristen (insgesamt)	Veränderung (in %)
2001	6.031	
2002	7.570	25,5
2003	9.023	19,2
2004	9.467	4,9
2005**	9.469	0,02
2006	6.521	-31,1
2007	5.593	-14,2
2008	5.430	-2,9
2009	6.025	11,0
2010	6.179	2,6
2011	5.890	-4,7
2012	5.733	-2,7
2013	5.820	1,5
2014	5.548	-4,7
2015	5.508	-0,7
2016	4.885	-11,3
2017	4.747	-2,8
2018	4.624	-2,6
2019	4.558	-1,4
2020	5.758	26,3
2021	4.906	-14,8
2022	4.984	1,6
2023	5.671	13,8
2024	5.220	-8,0

* Die Angaben basieren auf aktualisierten Daten der Bundesagentur für Arbeit.
** Nur Daten von Landkreisen ohne sog. Optionskommunen.

Quelle: Bundesagentur für Arbeit, ZAV (Stand jeweils Mitte Juli, für 2024 Stand Mitte Mai)

Tab. 6.4.2: Entwicklung der Arbeitslosigkeit von Juristen nach Geschlecht von 2001 bis 2024*

Jahr	Arbeitslose Juristen (insgesamt)	davon Frauen	Anteil (in %)
2001	6.031	2.800	46,4
2002	7.570	3.492	46,1
2003	9.023	4.261	47,2
2004	9.467	4.597	48,6
2005**	9.469	4.487	47,4
2006	6.521	3.157	48,4
2007	5.593	2.718	48,6
2008	5.430	2.591	47,7
2009	6.025	3.030	50,3
2010	6.197	3.126	50,6
2011	5.890	2.996	50,9
2012	5.733	2.986	52,1
2013	5.820	3.038	52,2
2014	5.548	2.812	50,7
2015	5.508	2.877	52,2
2016	4.885	2.477	50,7
2017	4.747	2.415	50,9
2018	4.624	2.383	51,5
2019	4.558	2.339	51,3
2020	5.758	3.009	52,3
2021	4.906	2.592	51,5
2022	4.984	2.792	56,0
2023	5.671	3.173	56,0
2024	5.220	2.852	54,6

* Die Angaben basieren auf aktualisierten Daten der Bundesagentur für Arbeit.
** Nur Daten von Landkreisen ohne sog. Optionskommunen.

Quelle: Bundesagentur für Arbeit, ZAV und eigene Berechnungen (Stand jeweils Mitte Juli)

Tab. 6.4.3: Entwicklung der Arbeitslosigkeit von Juristen nach Alter von 2001 bis 2024*

Jahr	insgesamt	unter 30 Jahre	Anteil (in %)	30-39 Jahre	Anteil (in %)	40-49 Jahre	Anteil (in %)	50 Jahre u. älter	Anteil (in %)
2001	6.031	1.711	28,4	2.405	39,9	1.072	17,8	843	14,0
2002	7.570	2.500	33,0	3.085	40,8	1.135	15,0	848	11,2
2003	9.023	3.022	33,5	3.872	42,9	1.328	14,7	797	8,8
2004	9.467	3.199	33,8	4.083	43,1	1.323	14,0	860	9,1
2005**	9.469	3.182	33,6	4.189	44,2	1.206	12,7	891	9,4
2006	6.521	1.991	30,5	2.872	44,0	931	14,3	727	11,1
2007	5.593	1.733	31,0	2.494	44,6	781	14,0	585	10,5
2008	5.430	1.658	30,4	2.355	43,3	801	14,8	620	11,4
2009	6.025	2.084	34,6	2.557	42,4	771	12,8	611	10,2
2010	6.179	2.034	32,9	2.722	44,1	767	12,4	655	10,6
2011	5.890	1.762	29,9	2.684	45,6	764	13,0	680	11,5
2012	5.733	1.722	30,0	2.538	44,3	795	13,9	678	11,8
2013	5.820	1.677	28,8	2.529	43,5	870	14,9	744	12,8
2014	5.548	1.545	27,8	2.377	42,8	831	15,0	795	14,3
2015	5.508	1.538	27,9	2.329	42,3	821	14,9	820	14,9
2016	4.885	1.449	29,7	1.913	39,2	770	15,8	753	15,4
2017	4.747	1.402	29,5	1.798	37,9	771	16,2	776	16,3
2018	4.624	1.449	31,3	1.646	35,6	716	15,5	813	17,6
2019	4.558	1.508	33,1	1.548	34,0	683	15,0	819	18,0
2020	5.758	1.808	31,4	2.087	36,2	874	15,2	989	17,2
2021	4.906	1.618	33,0	1.633	33,3	721	14,7	934	19,0
2022	4.984	1.648	33,1	1.645	33,0	821	16,5	869	17,4
2023	5.671	1.891	33,3	1.908	33,6	958	16,9	913	16,1
2024	5.220	1.639	31,4	1.771	33,9	883	16,9	926	17,7

* Die Angaben basieren auf aktualisierten Daten der Bundesagentur für Arbeit.
** Nur Daten von Landkreisen ohne sog. Optionskommunen.

Quelle: Bundesagentur für Arbeit, ZAV und eigene Berechnungen (Stand jeweils Mitte Juli)

Tab. 6.4.4: Entwicklung der Arbeitslosigkeit von Juristen nach Dauer der Arbeitslosigkeit von 2001 bis 2024*

Jahr	insgesamt	unter 3 Monate	Anteil (in %)	3 bis <6 Monate	Anteil (in %)	6 bis <12 Monate	Anteil (in %)	1 Jahr u. länger	Anteil (in %)
2001	6.031	2.764	45,8	1.128	18,7	944	15,7	1.194	19,8
2002	7.570	3.612	47,7	1.491	19,7	1.239	16,4	1.226	16,2
2003	9.023	3.930	43,6	1.778	19,7	1.798	19,9	1.512	16,8
2004	9.467	3.967	41,9	1.733	18,3	1.962	20,7	1.800	19,0
2005*	9.450	3.750	39,7	2.043	21,6	1.995	21,1	1.678	17,8
2006	6.521	2.279	34,9	1.299	19,9	1.381	21,2	1.562	24,0
2007	5.593	2.413	43,1	1.170	20,9	939	16,8	1.071	19,1
2008	5.430	2.458	45,3	1.168	21,5	866	15,9	933	17,2
2009	6.025	2.894	48,0	1.354	22,5	980	16,3	797	13,2
2010	6.179	2.767	44,8	1.352	21,9	1.247	20,2	813	13,2
2011	5.890	2.362	40,1	1.361	23,1	1.202	20,4	965	16,4
2012	5.733	2.488	43,4	1.203	21,0	1.167	20,3	879	15,3
2013	5.820	2.368	40,7	1.312	22,5	1.158	19,9	982	16,9
2014	5.548	2.244	40,4	1.197	21,6	1.140	20,5	967	17,4
2015	5.508	2.329	42,3	1.141	20,7	1.106	20,1	932	16,9
2016	4.885	2.287	46,8	1.016	20,8	818	16,7	764	15,6
2017	4.747	2.263	47,7	1.030	21,7	752	15,8	702	14,8
2018	4.624	2.393	51,8	965	20,9	651	14,1	615	13,3
2019	4.558	2.428	53,3	940	20,6	615	13,5	575	12,6
2020	5.758	2.735	47,5	1.361	23,6	961	16,7	701	12,2
2021	4.906	2.251	45,9	973	19,8	871	17,8	811	16,5
2022	4.984	2.803	56,2	884	17,7	676	13,6	621	12,5
2023	5.671	2.929	51,6	1.173	20,7	874	15,4	695	12,3
2024	5.220	2.492	47,7	1.168	22,4	848	16,2	712	13,6

* Nur Daten von Landkreisen ohne sog. Optionskommunen herangezogen.

Quelle: Bundesagentur für Arbeit, ZAV und eigene Berechnungen (Stand jeweils Mitte Juli)
Hinweis zu den vorstehenden Tabellen: Daten aus der Arbeitslosenstatistik sind Sozialdaten (§ 35 SGB I) und unterliegen dem Sozialdatenschutzgesetz gem. § 16 BStatG. Aus diesem Grund werden Zahlenwerte kleiner 3 anonymisiert. Die Bundesagentur für Arbeit weist die Juristen getrennt nach den statistischen Berufsgruppen 811 (Rechtsfinder), 812 (Rechtspfleger) und 813 (Rechtsvertreter und -berater) aus. Die Daten dieser Subgruppen mussten in Einzelfällen bei der Auswertung nach Dauer der Arbeitslosigkeit von der Bundesagentur anonymisiert werden mussten, da es in den einzelnen Kategorien zu Werten kleiner 3 kam. Da bei den Gesamtzahlen keine Anonymisierungen vorgenommen werden mussten, kann es zu geringfügigen Differenzen zwischen den addierten Zahlen der Kategorien nach Dauer der Arbeitslosigkeit und den Gesamtzahlen kommen.

Tab. 6.4.5: Offene Stellen für Juristen von 2014 bis 2024*

	2014	2015	2016	2017	2018	2019	2020	2021	2022	2023	2024
Offene Stellen (Zugang im Jahr)	3.742	4.268	7.221	5.018	5.720	5.865	5.476	5.849	5.988	5.810	***
Arbeitssuchende** (Bestand Juli)	8.768	8.615	8.261	7.994	7.602	7.383	8.664	7.530	7.692	9.039	8.850
Arbeitslose** (Bestand Juli)	5.548	5.508	4.885	4.747	4.624	4.558	5.758	4.906	4.984	5.671	5.220

* Nur Daten von Landkreisen ohne sog. Optionskommunen.
** Bewerber / Arbeitslose mit dem Ziel, als Jurist zu arbeiten.
*** Daten noch nicht verfügbar.

Quelle: Bundesagentur für Arbeit, Statistisches Bundesamt

6.5. Ausbildung durch Kanzleien

Tab. 6.5.1: Neu abgeschlossene Ausbildungsverträge im Berufsfeld der Rechtsanwalts- und Notarfachangestellten* von 1980 bis 2022

Jahr	abgeschlossene Ausbildungsverträge	Veränderung (in %)
1980	10.442	
1985	11.180	-0,1
1990	8.355	-16,9
1995**	10.548	-2,0
1996	10.357	-1,8
1997	10.480	1,2
1998	10.520	0,5
1999	10.225	-2,8
2000	9.909	-3,1
2001	9.850	-0,6
2002	9.364	-4,9
2003	9.200	-1,8
2004	8.620	-6,3
2005	7.707	-10,6
2006	7.768	0,8
2007	7.329	-5,7
2008	6.982	-4,7
2009	6.868	-1,6
2010	6.537	-3,3
2011	5.877	-10,1
2012	5.682	-3,3
2013	5.628	-0,1
2014	5.358	-4,8
2015	5.301	-1,1
2016	5.208	-1,8
2017	4.869	-6,5
2018	4.764	-2,2
2019	4.701	-1,3
2020	4.182	-11,0
2021	3.900	-6,7
2022	3.558	-8,8

* Zum Berufsfeld der Rechtsanwalts- und Notarfachangestellten zusammengefasst: a) Notarfachangestellter / Notarfachangestellte, b) Notargehilfe / in, c) Patentanwaltsfachangestellter / Patentanwaltsfachangestellte, d) Patentanwaltsgehilfe / in, e) Rechtsanwalts- und Notarfachangestellter / Rechtsanwalts- und Notarfachangestellte, f) Rechtsanwalts- und Notargehilfe / in, g) Rechtsanwaltsfachangestellter / Rechtsanwaltsfachangestellte, h) Rechtsanwaltsgehilfe / -in, i) Rechtsbeistandsgehilfe / in
** Ab 1991 einschl. Auszubildenden in den fünf neuen Bundesländern.
Quelle: Bundesinstitut für Berufsbildung (BIBB); Statistisches Bundesamt, Berufliche Bildung, Fachserie 11, Reihe 3; Angaben vor 1984 aus dem „Ausbildungsstellenmarkt" der Bundesanstalt für Arbeit (Stand zum 30.9. eines jeden Jahres); eigene Berechnungen

Tab. 6.5.2: Geschlecht der Auszubildenden im Berufsfeld der Rechtsanwalts- und Notarfachangestellten mit neu abgeschlossenem Ausbildungsvertrag im Jahr 2022

	Notarfachangestellte		Patenanwaltsfachangestellte		Rechtsanwaltsfachangestellte		RA-/Notarfachangestellte	
	Anzahl	Anteil in (%)	Anzahl	Anteil in (%)	Anzahl	Anteil in (%)	Anzahl	Anteil in (%)
männlich	105	17,9	12	10,5	180	8,8	57	6,9
weiblich	483	82,1	102	89,5	1.854	91,2	765	93,1
GESAMT	588	100,0	114	100,0	2.034	100,0	822	100,0

Hinweis: Aus Datenschutzgründen sind alle Daten (Absolutwerte) auf ein Vielfaches von 3 gerundet. Der Insgesamtwert kann deshalb von der Summe der Einzelwerte abweichen.

Quelle: Bundesinstitut für Berufsbildung (BIBB); Statistisches Bundesamt, Berufliche Bildung, Fachserie 11, Reihe 3

Tab. 6.5.3: Vorbildung der Auszubildenden im Berufsfeld der Rechtsanwalts- und Notarfachangestellten mit neu abgeschlossenem Ausbildungsvertrag im Jahr 2022

Höchster allgemeinbildender Schulabschluss	Notarfachangestellte		Patenanwaltsfachangestellte		Rechtsanwaltsfachangestellte		RA-/Notarfachangestellte	
	Anzahl	Anteil in (%)	Anzahl	Anteil in (%)	Anzahl	Anteil in (%)	Anzahl	Anteil in (%)
ohne Schulabschluss	-	-	-	-	9	0,4	-	-
Hauptschulabschluss	9	1,5	-	-	135	6,6	36	4,4
Realschulabschluss	216	36,7	39	34,2	1.122	55,2	450	54,7
Abitur/Fachabitur	366	62,2	72	63,2	753	37,1	333	40,5
Sonstiges*	-	-	3	2,6	15	0,7	3	0,4
GESAMT	588	100,0	114	100,0	2.034	100,0	822	100,0

Hinweis: Aus Datenschutzgründen sind alle Daten (Absolutwerte) auf ein Vielfaches von 3 gerundet. Der Insgesamtwert kann deshalb von der Summe der Einzelwerte abweichen.
* v.a. im Ausland erworben

Quelle: Bundesinstitut für Berufsbildung (BIBB); Statistisches Bundesamt, Berufliche Bildung, Fachserie 11, Reihe 3.

Tab. 6.5.4: Alter der Auszubildenden im Berufsfeld der Rechtsanwalts- und Notarfachangestellten mit neu abgeschlossenem Ausbildungsvertrag im Jahr 2022

Alter	Notarfachangestellte		Patenanwaltsfachangestellte		Rechtsanwaltsfachangestellte		RA-/Notarfachangestellte	
	Anzahl	Anteil in (%)	Anzahl	Anteil in (%)	Anzahl	Anteil in (%)	Anzahl	Anteil in (%)
16 und jünger	27	4,6	3	2,6	156	7,7	48	5,8
17/18	144	24,5	21	18,4	579	28,5	216	26,3
19/20	186	31,6	33	29,0	636	31,3	285	34,7
.21/22	99	16,8	12	10,5	294	14,5	147	17,9
23 bis 39	129	22,0	42	36,8	345	17,0	120	14,6
40 und älter	-	-	3	2,6	24	1,2	9	1,1
GESAMT	588	100,0	114	100,0	2.034	100,0	822	100,0

Hinweis: Aus Datenschutzgründen sind alle Daten (Absolutwerte) auf ein Vielfaches von 3 gerundet. Der Insgesamtwert kann deshalb von der Summe der Einzelwerte abweichen.

Quelle: Bundesinstitut für Berufsbildung (BIBB); Statistisches Bundesamt, Berufliche Bildung, Fachserie 11, Reihe 3

Tab. 6.5.5: Abgeschlossene Ausbildungsverträge im Berufsfeld der Rechtsanwalts- und Notarfachangestellten von 1993 bis 2022 – im Kalenderjahr

Jahr	Notarfachangestellte Anzahl	Anteil in (%)	Patenanwaltsfachangestellte Anzahl	Anteil in (%)	Rechtsanwaltsfachangestellte Anzahl	Anteil in (%)	RA-/Notarfachangestellte Anzahl	Anteil in (%)
1993	486	4,7	63	0,6	5.394	52,4	4.347	42,2
1995	510	4,9	69	0,7	5.871	56,7	3.912	37,7
1999	390	4,0	117	1,2	5.721	59,2	3.441	35,6
2008	246	3,6	171	2,5	4.551	67,4	1.788	26,5
2010	234	3,8	150	2,4	4.248	68,3	1.590	25,6
2011	282	4,8	147	2,5	3.972	67,6	1.476	25,1
2012	279	4,9	156	2,8	3.867	68,0	1.380	24,3
2013	297	5,3	174	3,1	3.840	68,1	1.320	23,4
2014	360	6,7	168	3,1	3.546	66,2	1.287	24,0
2015	378	7,1	162	3,1	3.519	66,4	1.242	23,4
2016	414	7,9	183	3,5	3.390	65,1	1.221	23,4
2017	444	9,1	174	3,6	3.108	63,8	1.143	23,5
2018	540	11,3	171	3,6	3.006	63,1	1.047	22,0
2019	540	11,5	159	3,4	2.919	62,1	1.080	23,0
2020	552	13,2	141	3,4	2.520	60,3	969	23,2
2021	576	14,8	102	2,6	2.268	58,2	954	24,5
2022	588	16,5	114	3,2	2.034	57,2	822	23,1

Quelle: Bundesinstitut für Berufsbildung (BIBB); Statistisches Bundesamt, Berufliche Bildung, Fachserie 11, Reihe 3; eigene Berechnungen

Tab. 6.5.6: Aufgelöste Ausbildungsverträge im Berufsfeld der Rechtsanwalts- und Notarfachangestellten von 1993 bis 2022 – im Kalenderjahr

Jahr	Notarfachangestellte	Patenanwaltsfachangestellte	Rechtsanwaltsfachangestellte	RA-/Notarfachangestellte
1993	60	18	1.545	1.419
1995	51	12	1.659	1.602
1999	48	30	1.680	1.380
2008	24	21	1.464	417
2010	33	24	1.359	411
2011	24	27	1.377	441
2012	30	30	1.596	444
2013	36	33	1.566	441
2014	21	27	1.473	402
2015	18	36	1.422	405
2016	24	24	1.437	450
2017	39	36	1.272	381
2018	36	36	1.203	381
2019	63	33	1.332	435
2020	75	36	1.179	342
2021	78	30	987	411
2022	54	36	930	405

Quelle: Bundesinstitut für Berufsbildung (BIBB); Statistisches Bundesamt, Berufliche Bildung, Fachserie 11, Reihe 3

Tab. 6.5.7: **Aktuelle Vergütungsempfehlungen für Rechtsanwalts- und Notarfachangestellte für das 1., 2. und 3. Ausbildungsjahr nach Kammerbezirken in Euro**

Rechtsanwaltskammer	1. Ausbildungsjahr	2. Ausbildungsjahr	3. Ausbildungsjahr
Bamberg	k.A.	k.A.	k.A.
Berlin	1050	1.100	1.150
Brandenburg	700	740	820
Braunschweig**	667,5	787,5	901,5
Bremen**	775	875	975
Celle	k.A.	k.A.	k.A.
Düsseldorf	775	915	1.047
Frankfurt	900	975	1.050
Freiburg	1.100	1.200	1.300
Hamburg***	850	950	1.050
Hamm	1.000	1.050	1.100
Karlsruhe	1.000	1.100	1.200
Kassel**	800	900	1.000
Koblenz	630	740	850
Köln	750	800	900
Meckl.-Vorp.	700	800	900
München	800	900	1.000
Nürnberg	720	830	935
Oldenburg	k.A.	k.A.	k.A.
Saarbrücken*	k.A.	k.A.	k.A.
Sachsen	700	800	900
Sachsen-Anhalt	k.A.	k.A.	k.A.
Schleswig	750	850	950
Stuttgart	650	750	850
Thüringen	800	900	1.000
Tübingen	750	850	950
Zweibrücken	720	830	940

* Der Mindestsatz wurde wie folgt angegeben: 1. Lernjahr: 630 €, 2. Lernjahr: 740 €, 3. Lernjahr: 850 €
** Die angegebenen Vergütungsempfehlungen sind der Mittelwert der Angaben der RAK Braunschweig: 1. Lehrjahr: 585 - 750 €; 2. Lehrjahr: 690 – 885 €; 3. Lehrjahr: 790 – 1.013 €; Bremen: 1. Lehrjahr: 675 – 875 € ; 2. Lehrjahr 775 – 975 €; 3. Lehrjahr: 875 – 1.075 €; Kassel: 1. Lehrjahr: 700 – 900 €; 2. Lehrjahr: 800 – 1.000 €; 3. Lehrjahr: 900 – 1.100 €.
*** Unterschreitung von 20 % zulässig.

Quelle: Reno-Statistik des DAV (Stand Mai 2023)

Tab. 6.5.8: Neu abgeschlossene Ausbildungsverträge von 2005 bis 2012 in den Kammerbezirken

Rechtsanwaltskammer	2005	2006	2007	2008	2009	2010	2011	2012
Bamberg	216	220	211	210	199	185	186	186
Berlin	311	338	298	272	280	279	257	225
Brandenburg	138	128	114	114	87	101	75	54
Braunschweig	154	161	191	176	162	236	178	100
Bremen	98	108	117	115	100	72	72	64
Celle	427	408	390	340	319	374	305	285
Düsseldorf	362	390	400	397	328	374	354	335
Frankfurt	316	279	284	309	257	246	256	267
Freiburg	173	177	178	179	166	160	163	141
Hamburg	192	218	188	204	191	209	169	49
Hamm	1.151	1.174	1.032	1.081	1.045	963	958	952
Karlsruhe	130	158	250	146	166	135	119	128
Kassel	118	113	132	128	109	101	85	93
Koblenz	253	255	246	266	292	197	212	223
Köln	427	569	473	480	449	491	445	434
Meckl.-Vorp.	149	140	105	117	89	91	88	53
München	513	551	497	512	495	468	438	428
Nürnberg	214	207	231	241	251	212	204	230
Oldenburg	290	278	269	243	254	255	244	228
Saarbrücken	116	112	92	97	105	82	84	90
Sachsen	290	236	255	205	207	179	160	124
Sachsen-Anhalt	155	134	127	109	118	95	87	79
Schleswig	278	290	267	245	246	246	229	237
Stuttgart	326	276	324	298	209	276	251	268
Thüringen	152	128	126	109	109	102	84	77
Tübingen	115	123	90	121	90	95	92	82
Zweibrücken	115	122	111	98	105	99	98	102
Gesamt	**7.179**	**7.293**	**6.998**	**6.812**	**6.428**	**6.323**	**5.893**	**5.534**

Quelle: Reno-Statistik des DAV

Tab. 6.5.9: Neu abgeschlossene Ausbildungsverträge von 2013 bis 2022 in den Kammerbezirke

Rechtsanwaltskammer	2013	2014	2015	2016	2017	2018	2019	2020	2021	2022
Bamberg	157	163	145	159	146	122	117	98	80	77
Berlin	231	233	168	228	158	152	141	148	127	111
Brandenburg	59	56	51	43	38	31	27	19	23	18
Braunschweig	90	78	92	67	62	66	64	68	53	37
Bremen	72	56	51	76	66	56	71	53	47	30
Celle	289	291	274	247	230	213	189	187	170	150
Düsseldorf	335	325	353	344	281	307	317	278	248	232
Frankfurt	245	250	257	237	262	264	248	227	199	168
Freiburg	154	146	120	129	129	78	100	98	88	137
Hamburg	184	198	125	140	164	127	113	91	94	85
Hamm	937	892	687	863	782	751	795	642	618	556
Karlsruhe	127	106	101	123	117	103	105	80	78	71
Kassel	83	83	90	66	70	61	81	65	54	20
Koblenz	214	199	199	166	180	153	140	135	128	107
Köln	443	424	404	351	339	330	289	259	265	212
Meckl.-Vorp.	55	81	52	47	53	36	39	29	32	25
München	394	386	374	371	342	373	375	294	290	279
Nürnberg	178	201	163	214	228	148	216	162	167	138
Oldenburg	220	212	221	200	190	165	169	142	136	132
Saarbrücken	77	67	73	67	47	51	46	33	37	20
Sachsen	129	120	122	100	106	92	73	67	79	71
Sachsen-Anhalt	57	59	65	47	43	50	36	31	35	32
Schleswig	174	170	184	187	170	153	154	117	95	76
Stuttgart	250	218	249	252	192	258	202	170	153	147
Thüringen	52	63	61	53	35	45	40	33	22	35
Tübingen	74	81	74	60	81	67	45	43	52	24
Zweibrücken	91	70	90	78	74	55	63	47	31	40
Gesamt	**5.371**	**5.228**	**4.845**	**4.915**	**4.585**	**4.307**	**4.255**	**3.616**	**3.401**	**3.030**

Quelle: Reno-Statistik des DAV

Tab. 6.5.10: Absolventen im Berufsfeld der Rechtsanwalts- und Notarfachangestellten von 1993 bis 2022

Jahr	Notarfachangestellte Anzahl	Erfolg in (%)	Patenanwaltsfachangestellte Anzahl	Erfolg in (%)	Rechtsanwaltsfachangestellte Anzahl	Erfolg in (%)	RA-/Notarfachangestellte Anzahl	Erfolg in (%)
1993	237	92,9	39	92,9	3.072	82,8	3.069	79,1
1995	438	86,4	45	83,3	3.948	92,5	2.340	69,3
1999	393	92,9	81	93,1	4.728	88,1	2.823	84,2
2008	210	98,6	123	95,3	4.119	92,0	1.911	94,0
2009	228	93,8	159	94,3	4.002	92,4	1.782	95,2
2010	222	93,7	153	94,4	3.651	93,4	1.611	95,2
2011	204	95,8	135	93,8	3.510	92,2	1.356	94,2
2012	204	95,7	120	97,6	3.573	92,3	1.302	94,6
2013	213	95,9	132	91,6	3.045	91,9	1.272	93,2
2014	246	97,6	135	91,8	3.072	91,6	1.170	93,3
2015	234	96,3	156	96,3	2.859	92,4	1.071	93,7
2016	273	96,8	147	96,1	2.859	90,2	1.008	92,8
2017	243	80,2	114	82,6	2.532	85,2	918	91,1
2018	354	96,0	168	96,6	2.682	91,4	1.011	93,1
2019	372	94,0	156	96,3	2.523	91,8	984	90,6
2020	414	96,4	156	96,2	2.526	89,9	951	92,4
2021	474	96,9	135	95,7	2.145	89,5	825	89,6
2022	441	97,4	114	95,0	2.028	87,3	816	90,7

Quelle: Bundesinstitut für Berufsbildung (BIBB); Statistisches Bundesamt, Berufliche Bildung, Fachserie 11, Reihe 3; eigene Berechnungen

Tab. 6.5.11: Absolventen der Fortbildung zum Rechts-/Notarfachwirt von 2001 bis 2022

Jahr	Rechtsfachwirte				Notarfachwirte			
	Anzahl	m	w	Erfolg in (%)	Anzahl	m	w	Erfolg in (%)
2001	43	1	42	-	-	-	-	-
2003	246	16	230	85,4	-	-	-	-
2005	495	13	482	79,1	-	-	-	-
2006	454	13	441	76,4	21	1	20	77,8
2007*	-	-	-	-	-	-	-	-
2008*	-	-	-	-	-	-	-	-
2009	595	15	580	82,7	65	4	61	73,8
2010	474	6	468	83,6	57	6	51	86,4
2011	516	15	501	82,7	42	3	39	87,5
2012	645	12	636	86,7	33	6	36	78,6
2013	438	12	426	83,4	81	6	75	90,0
2014	501	12	486	84,8	36	3	33	85,7
2015	606	18	588	87,1	51	3	48	89,5
2016	291	9	282	80,2	36	3	33	85,7
2017	387	12	375	80,0	63	-	63	77,8
2018	477	15	462	84,6	105	6	99	87,5
2019	282	9	270	81,7	81	6	78	81,8
2020	318	15	300	83,5	24	3	21	80,0
2021	246	6	240	81,2	81	3	78	87,1
2022	282	12	270	83,2	78	6	72	70,3

Hinweis: Aus Datenschutzgründen sind alle Daten (Absolutwerte) auf ein Vielfaches von 3 gerundet. Der Insgesamtwert kann deshalb von der Summe der Einzelwerte abweichen.
* Für die Jahre 2007/2008 wurden vom Statistischen Bundesamt wegen Problemen bei der Datenerhebung keine Daten veröffentlicht.

Quelle: Statistisches Bundesamt, Berufliche Bildung, Fachserie 11, Reihe 3; eigene Berechnungen

7 Finanzierung anwaltlicher Dienstleistungen

- Preisindizes
- Stundensätze
- Rechtsschutzversicherungen
- Staatliche Kostenfinanzierung

Die mit der Inanspruchnahme eines Rechtsanwalts verbundenen Kosten kann ein Bürger auf verschiedene Art und Weise finanzieren. In Betracht kommen neben eigenen Ressourcen Leistungen einer Rechtsschutzversicherung oder eines gewerblichen Prozessfinanzierers. Als Finanzier auftreten kann auch der Staat, indem er dem Bürger Prozesskosten-, Verfahrenskosten- oder Beratungshilfe nach Maßgabe der ZPO bzw. des BerHG gewährt. Kap. 7 enthält nach Informationen zur Entwicklung der Rechtsanwaltskosten Daten zu den drei wichtigsten Finanzierungsmodellen: Zu den von Selbstfinanzierern zu zahlenden anwaltlichen Stundensätzen, zu Kennziffern der Rechtsschutzversicherungsbranche und zu den Aufwendungen des Fiskus im Rahmen der staatlichen Kostenhilfe.

7.1 Preisindizes

Tab. 7.1.1 dokumentiert die vom Statistischen Bundesamt seit dem Jahr 2003 für zahlreiche Branchen ermittelten „Erzeugerpreisindices" für den Beruf des Rechtsanwalts. Untersucht wird zum einen die Preisentwicklung im Bereich der tarifbasierten Vergütung, zum anderen die Preisentwicklung für Tätigkeiten, die über Vergütungsvereinbarungen abgerechnet werden. Auch wenn die Gebühren des RVG vom Gesetzgeber nicht erhöht werden, können die durchschnittlichen Preise der Rechtsanwälte gleichwohl steigen, weil im Bereich der wertbasierten Tarifvergütung die Gegenstandswerte im Laufe der Zeit auch ohne gesetzgeberisches Zutun wachsen. Die Steigerungen in den Jahren 2013 und 2014 um 14,8 Punkte auf 116,5 beruhen freilich auf einer Anpassung des Tarifs durch den Gesetzgeber im Jahr 2013. Folgerichtig haben in den nachfolgenden sechs Jahren die Preise lediglich um insgesamt 5,8 Punkte zugelegt. Im selben Zeitraum stiegen die aufgrund von Vergütungsvereinbarungen gezahlten Preise um 7,5 Punkte (s. **Tab. 7.1.1**). Seit 2020 stellt das statistische Bundesamt jedoch keine aktuelleren Zahlen mehr zur Verfügung, so dass die Datenreihen nicht mehr fortgeschrieben werden können.

7.2 Anwaltliche Stundensätze

Tab. 7.2.1 zeigt die durchschnittlichen Stundensätze auf, die deutsche Rechtsanwälte zum Zeitpunkt der letzten Erhebungen des Soldan Instituts ihren Mandanten berechnet haben. Grundsätzlich verändern sich Stundensätze in Abhängigkeit von einer Vielzahl von Einflussfaktoren. Veränderungen folgen aus der Größe der Kanzlei, ihrer Spezialisierung, dem persönlichen Hintergrund des Mandanten (privates oder gewerbliches Mandat) und dem Alter des Rechtsanwalts. **Tab. 7.2.2** stellt die Unterschiede in Abhängigkeit von der Kanzleigröße, **Tab. 7.2.3** in Abhängigkeit von der Spezialisierung des Anwalts (zahlreiche weitere Differenzierungen sind in dem erstmals 2009 erschienenen Soldan Vergütungsbarometer enthalten) dar. Eine Entwicklung der anwaltlichen Stundensätze lässt sich drei bundesweiten Untersuchungen des Soldan Instituts aus den Jahren 2005, 2008 und 2017 entnehmen. Hierbei zeigt sich, dass sich die Höhe des festen Stundensatzes deutscher Rechtsanwälte nach der aktuellsten verfügbaren Studie, die im Jahr 2017 durchgeführt wurde, bei Nichtberücksichtigung der 5 % höchsten und niedrigsten Werte im Durchschnitt auf 216 € beläuft. Orientiert man sich an einer von der Rechtsprechung für die Üblichkeit einer Vergütung als prägend bezeichneten inneren Spannbreite von Werten und lässt entsprechend einen gewissen Prozentsatz der niedrigsten und höchsten genannten Stundensätze unberücksichtigt, so zeigen sich folgende Ergebnisse: 60 % der festen anwaltlichen Stundensätze (hier bleiben jeweils 20 % der niedrigsten und höchsten Werte unberücksichtigt) bewegen sich in einer Spannbreite zwischen 166 € und 262 €. 80 % der festen Stundensätze (hier fehlen jeweils 10 % der niedrigsten und höchsten Angaben) liegen in einer Spannbreite zwischen 141 € und 300 €. Fast zwei Drittel aller Anwälte arbeiten allerdings nicht mit festen, sondern mit flexiblen Stundensätzen (64,4 %). Auch sie weisen große Spannweiten auf. Werden flexible Stundensätze abgerechnet, liegt die Untergrenze bei Nichtberücksichtigung der 5 % höchsten und niedrigsten Werte im Schnitt bei 157 €, die Obergrenze bei durchschnittlich 254 €.

7.3 Rechtsschutzversicherungen

Tab. 7.3.1 belegt die Entwicklung der in Deutschland geschlossenen Rechtsschutzversicherungsverträge. Seit dem Jahr 2020 liegt die Zahl der Rechtsschutzversicherungsverträge über einem Wert von 23 Mio. Der Markt – der mit Abstand größte Rechtsschutzversicherungsmarkt in der Welt – ist seit längerem recht statisch, die jährlichen Veränderungen liegen seit der Jahrtausendwende – mit wenigen Ausnahmen – im Bereich von ein bis zwei Prozent. **Tab. 7.3.2** gibt die Entwicklung der Zahl der Schadensfälle, also die Inanspruchnahme der Versicherung durch den Versicherungsnehmer, wieder. **Tab. 7.3.3** enthält Daten zu den Prämieneinnahmen und den Leistungen der Versicherer. Mit 4,7 Mrd. € Prämieneinnahmen ist die Rechtsschutzversicherung im Bereich der Schaden- und Unfallversicherung eine der kleineren Sparten, sie generiert deutlich weniger Prämienaufkommen als z.B. die Kraftfahrt-, Haftpflicht-,

Unfall- oder Sachversicherung. Die Zahlen zeigen, dass von 10 € Prämieneinnahmen zuletzt 6,80 € an Leistungen an die Versicherungsnehmer ausgezahlt werden mussten. Im Verhältnis von Prämieneinnahmen und Leistungen sind die Erträge der Versicherungswirtschaft in der Rechtsschutzversicherung niedriger als etwa in der Sach-, Unfall- und Haftpflichtversicherung, wenngleich höher als in der Kraftfahrtversicherung.

Tab. 7.3.4 weist die Anzahl der versicherten Risiken in der Bundesrepublik differenziert nach Versicherungsunternehmen aus. Anhand der Darstellung kann man eine Übersicht über die relative Größe bzw. Bedeutung der einzelnen Anbieter am deutschen Rechtsschutzversicherungsmarkt gewinnen, wenngleich die von der Bundesanstalt für Finanzdienstleistungsaufsicht (BaFin) herausgegebene Statistik lediglich diejenigen Versicherer aufführt, die selbst Angaben zu den versicherten Risiken machen. **Tab. 7.3.5** führt die bei den Versicherungen im Jahr 2022 eingegangenen Beschwerden und die Relation von Beschwerden und versicherten Risiken auf.

7.4 Beratungshilfe

Für die außergerichtliche Beratung und Vertretung können Bürger nach dem Beratungshilfegesetz sog. Beratungshilfe in Anspruch nehmen. Beratungshilfe wird von Rechtsanwälten und Rechtsbeiständen erbracht, die hierzu berufsrechtlich verpflichtet sind (sowie seit 2014 auch von weiteren Beratungspersonen wie Steuerberatern und Wirtschaftsprüfern). In den Bundesländern Hamburg und Bremen tritt an die Stelle der Beratungshilfe durch Rechtsanwälte das Beratungsangebot öffentlicher Beratungsstellen, in Berlin hat der Rechtsuchende die Wahl zwischen der Inanspruchnahme der dort eingeführten öffentlichen Rechtsberatung und anwaltlicher Beratungshilfe. Gewährt wird Beratungshilfe auf Antrag. Rund 92 % der Anträge waren im Jahr 2022 erfolgreich.

Die Nachfrage nach Beratungshilfe nahm auf Seiten der Bevölkerung von 1995 bis 2010, als fast eine Million Anträge gestellt wurden, stark zu, ist seitdem aber fast ebenso stark rückläufig. Die Zahl der Anträge und damit die Häufigkeit der Inanspruchnahme der Beratungshilfe durch die Bevölkerung seit Inkrafttreten des Beratungshilfegesetzes im Jahr 1981 ergibt sich aus **Tab. 7.4.1**. Die Zahl der Anträge ist hierbei nicht identisch mit der Zahl der Beratungshilfefälle. Zum einen waren, wie sich aus **Tab. 7.4.1** ergibt, in den letzten Jahren nach einer Verschärfung der Bewilligungsvoraussetzungen im Jahr 2014 zwischen 13 und 16 % der Anträge auf Bewilligung von Beratungshilfe erfolglos (lange Zeit lag die Zurückweisungsquote nur zwischen drei und sechs Prozent), zum anderen resultiert nicht jede Bewilligung in einer Inanspruchnahme eines Rechtsanwalts oder einer Abrechnung der erbrachten Beratungshilfe durch den Rechtsanwalt. So standen 2022 261.851 bewilligten Anträgen nur 174.238 von Rechtsanwälten abgerechnete Beratungshilfen gegenüber.

Anschaulich wird, dass sich bei weitgehend gleich gebliebener Bevölkerungszahl die Nachfrage nach Beratungshilfe von 2000 bis 2010 mehr als verdoppelte. Nach einem Spitzenwert im Jahr 2010 ist die Zahl der Anträge bis 2022 aber um fast 68 %

zurückgegangen. Bearbeitete 2000 jeder deutsche Rechtsanwalt rechnerisch vier Beratungshilfemandate pro Jahr, war diese Zahl 2010 auf jährlich sechs Fälle gestiegen. Aktuell liegt sie rechnerisch bei unter zwei Fällen pro Jahr. **Tab. 7.4.2** dokumentiert die Art der Beantragung von Beratungshilfe, die einerseits durch Rechtsuchende selbst in der Rechtsantragstelle eines Amtsgerichts erfolgen, andererseits aber auch von Rechtsanwälten, die ohne vorherige Beratungshilfebewilligung aufgesucht werden vorgenommen werden kann. Während nach Inkrafttreten des BerHG für rund 20 Jahre die Beantragung von Beratungshilfe mit Hilfe eines Rechtsanwalts der deutlich häufiger eingeschlagene Weg war, erlangen Rechtssuchende seit 2008 häufiger ohne anwaltliche Hilfe einen Beratungshilfeschein. . Inhaltlich erstreckt sich die Beratungshilfe auf die Beratung und Auskunft (in 2022 28 % der Fälle), die Vertretung des Bürgers gegenüber einem Dritten (66 %) oder die Mitwirkung an einer Einigung oder Erledigung einer Rechtssache (6 %). Die langfristige Entwicklung der Inhalte anwaltlicher Beratungshilfe dokumentiert **Tab. 7.4.3**.

Aufgrund der tendenziell niedrigeren Anwaltsdichte in Bundesländern mit hoher Nachfrage ist die Bearbeitung von Beratungshilfemandaten durch die Anwaltschaft von Bundesland zu Bundesland, die in **Tab. 7.4.4** veranschaulicht wird, sehr unterschiedlich: Während ein Anwalt in Berlin (wo Beratungshilfe auch durch Beratungsstellen erbracht wird) in 2022 im Mittel nur 0,2 Beratungshilfemandate bearbeitete, lag der Wert für einen Anwalt in Sachsen-Anhalt mit 5,1 Fällen 25 Mal so hoch.

Die jährlichen Aufwendungen des Fiskus für die Beratungshilfe lassen sich nur mit gewissen Einschränkungen ermitteln: Die Finanzierung der Beratungshilfe fällt in die Zuständigkeit der Bundesländer, die die Ausgaben haushalterisch nicht nach einheitlichen Grundsätzen erfassen. Zum Teil werden die Aufwendungen dem allgemeinen Gerichtsetat zugeschlagen, zum Teil werden sie gemeinsam mit den Aufwendungen für Beiordnungen erfasst. In **Tab. 7.4.5** und **Tab. 7.4.6** ist das seit 1981 vorhandene Datenmaterial zusammengetragen. Nachdem sind in fast allen Bundesländern die Kosten der Beratungshilfe von 2000 bis 2010 mindestens verdreifachten, sind die Aufwendungen seitdem wieder um über 50 % zurückgegangen. Die Bundesländer müssen daher mittlerweile deutlich weniger in Beratungshilfe investieren als noch vor einigen Jahren: Im Jahr 2023 gaben sie Bundesländer zusammen 25,6 Mio. € aus, rechnerisch pro Bürger 30 ct. Bei einem Vergleich der Bundesländer (s. **Tab. 7.4.5**) ergibt sich eine erhebliche Spannbreite bei den Aufwendungen: Die niedrigsten Ausgaben per capita tätigte (im Jahr 2022) Bayern mit 17 ct pro Einwohner, die höchsten Bremen mit 1,10 €.

7.5 Prozess-/Verfahrenskostenhilfe

Prozesskostenhilfe („PKH") bzw. Verfahrenskostenhilfe („VKH") wird auf Antrag für alle Gerichtsverfahren mit Ausnahme der Straf- und Ordnungswidrigkeitenverfahren Bürgern gewährt, die bedürftig sind und deren Rechtsverfolgung Aussicht auf Erfolg hat. **Tab. 7.5.1** dokumentiert die Zahl der Entscheidungen in Prozesskosten-/Verfahrenskostensachen in den verschiedenen Gerichtsbarkeiten im letztverfügbaren Jahr (2022). Ausgewiesen ist neben der Zahl der Bewilligungen, wie häufig beantragte Prozesskosten- bzw. Verfahrenskostenhilfe bewilligt oder abgelehnt wurde und wie häufig im Falle einer Bewilligung eine Kostenbeteiligung des Betroffenen in Form von Ratenzhalungen angeordnet worden ist. Allerdings wird die Justizstatistik für die Gerichtsbarkeiten nicht in allen Details einheitlich geführt. So sind für die Finanzgerichte und die Oberverwaltungsgerichte keine Informationen zu Kostenhilfeentscheidungen ausgewiesen, für die Sozial- und Verwaltungsgerichtsbarkeit fehlt es zudem an Informationen zu Bewilligungen, in denen eine finanzielle Beteiligung einer Partei angeordnet wird. **Tab. 7.5.1** weist daher nicht lückenlos alle Kostenhilfentscheidungen in Deutschland aus, wenngleich die Lücken nur für Gerichte bestehen, die in sehr geringem Umfang zur Zahl der Gerichtsverfahren in Deutschland beitragen. Auffällig ist, dass mehr als die Hälfte aller Kostenhilfeentscheidungen Familiensachen betreffen. Die Arbeits- und Sozialgerichtsbarkeit ist für eine größere Zahl Bewilligungen verantwortlich als die Zivilgerichte, die statistisch jährlich eine deutliche höhere Zahl an Neuzugängen verzeichnen als diese beiden kleineren Gerichtsbarkeiten. Eine weitere Auffälligkeit ist, dass in der Verwaltungsgerichtsbarkeit, in der rund drei Viertel der Prozesskostenhilfeentscheidungen Asylsachen betreffen, als einziger Gerichtsbakreit die Ablehnungen die Bewilligungen übersteigen.

Eine statistische Erfassung der staatlichen Ausgaben für die Prozess- und Verfahrenskostenhilfe ist aufgrund der fiskalischen Zuständigkeit der 16 Länder und der administrativen Zuständigkeit für die fünf Gerichtsbarkeiten (Ordentliche Gerichte, Arbeits-, Sozial-, Verwaltungs-, Finanzgerichte) und der Verfassungsgerichtsbarkeit im jeweiligen Land nur mit erheblichen Einschränkungen möglich, da die einzelnen Gerichtsbarkeiten üblicherweise verschiedenen Fachministerien zugeordnet sind. Hinzu kommt die Kostenhilfe für Verfahren vor den Bundesgerichten. Als Folge existiert, anders als für die Beratungshilfe, keine Gesamtstatistik zu Anträgen, Bewilligungen und Kosten. Vielmehr existieren für die Prozess- und Verfahrenskostenhilfe bundesweit rund 100 Einzeletats. Die Statistiken in diesem Werk beziehen sich daher ausschließlich auf die Prozess- und Verfahrenskostenhilfe in Zivilsachen. Sie macht den mit Abstand größten Anteil aller Aufwendungen für Prozess- und Verfahrenskostenhilfe aus. Stichproben für einige Bundesländer ergeben, dass die Kosten in der Arbeits-, Finanz-, Verwaltungs- und Finanzgerichtsbarkeit zusammengenommen rund 10 % der Gesamtaufwendungen ausmachen, 90 % der Kosten also auf die Zivilsachen in der ordentlichen Gerichtsbarkeit entfallen. Die vom Soldan Institut bei den zuständigen Landesministerien erfragten, in **Tab. 7.5.2** und **Tab. 7.5.3** abgedruckten Zahlen ergeben für 2023 Ausgaben der Staatskasse für Verfahrenskostenhilfe und Prozesskostenhilfe in Zivilsachen von 284,2 Mio. €. Es handelt sich hierbei nicht um die Nettobelastung der Landeshaushalte, da es aufgrund der Regelungen des Kostenhilferechts zu nachträglichen Rückflüssen kommen kann, wenn der Berechtigte zur Kostenbeteiligung durch Ratenzahlung verpflichtet ist (§ 115 Abs. 1 S. 4 ZPO). Die entsprechenden Rückflüsse werden nicht in allen Bundesländern statistisch trennscharf den vorangegangenen Ausgaben zugeordnet. Nach einem empirisch nicht fundierten Erfahrungswert beträgt die Rückflussquote zwischen 15 % und 20 %. Hiervon ausgehend, liegt die tatsächliche Belastung des Staates für die Prozess- und Verfahrenskostenhilfe jährlich bei 227 bis 241 Mio. €. Per capita betragen die Ausgaben ohne die Bereinigung um die Rückflüsse 3,40 €. Innerhalb Deutschlands ergeben sich, ebenso wie bei der Beratungshilfe, erhebliche Unterschiede (**Tab. 7.5.3**): So fielen im Saarland mit 5,34 € pro Einwohner für Prozess- und Verfahrenskostenhilfe mehr als doppelt so hohe Kosten an wie in Berlin mit 2,34 € per capita.

7.6 Pflichtverteidigung

In den **Tab. 7.6.1** sind die bundesweiten, in **Tab. 7.6.2** und **7.6.3** die Ausgaben der Bundesländer für Beiordnungen in Strafsachen und OWi-Sachen seit dem Jahr 2013 dokumentiert. Diese Daten werden vom Soldan Institut erst seit 2013 bei den Bundesländern erhoben, so dass keine weiter zurückreichenden Datenreihen verfügbar sind. Aus den Angaben der Fachministerien ergaben sich für 2023 Gesamtausgaben in Höhe von 283,3 Mio. €. Damit entfielen auf jeden Bürger durchschnittlich Kosten von 3,36 €. Wie **Tab. 7.6.4** zeigt, variieren die Kosten pro Bürger von 2,30 € in Hessen bis zu 6,15 € in Hamburg. Auch hier gilt, dass etwaige Rückflüsse, die aus der Realisierung von Kostenerstattungsansprüchen im Falle einer Verurteilung folgen können, nicht berücksichtigt sind, da eine entsprechende Aufschlüsselung durch die Bundesländer haushalterisch nicht erfolgt.

7.7 Vergleichende Betrachtung

Kap. 7.7 setzt die für die verschiedenen Finanzierungsformen gewonnenen Daten in Relation zueinander. **Tab. 7.7.1** zeigt die Aussgaben des Fiskus seit 2005 für die Prozess-/Verfahrenkostenhilfe, die Beratungshilfe und für Pflichtverteidigungen auf. Hier zeigt sich, dass die Aufwendungen für Prozess-/Verfahrenskostenhilfe und die Beratungshilfeseit Längerem deutlich rückläufig sind, während es bei den Kosten für Beiordnungen von Pflichtverteidiger, nicht zuletzt auch durch europarechtlich bedingte Anpassungen des Instituts der notwendigen Verteidigung, zu starken Zuwächsen kam, bevor sich die Aufwendungen nun auf einem relativ hohen Niveau eingependelt haben. **Tab. 7.7.2** zeigt auf, welche Ausgaben der Fiskus in den Jahren 1992 bis 2023 per capita für die Prozess-/Verfahrenskostenhilfe und die Beratungshilfe getätigt hat, zum anderen, wie hoch das Prämienaufkommen der Rechtsschutzversicherer pro Einwohner war. Für die Berechnung der Ausgaben des Fiskus wurden für das jeweilige Jahr die Ausgaben der Bundesländer addiert, die im betreffenden Jahr Angaben gemacht haben, und durch die durchschnittliche Einwohnerzahl dieser Bundesländer im jeweiligen Jahr geteilt. Es zeigt sich insofern, dass sich die staatlichen Ausgaben im Bereich der Prozess- und Verfahrenskostenhilfe per capita mittlerweile dem Wert des Jahres 1996 annähern und für Beratungshilfe auf das Niveau des Jahres

7 Finanzierung anwaltlicher Dienstleistungen

2000 gesunken sind. Die staatlichen Aufwendungen für die Kostenhilfe machen mit unter 4 € pro Bürger weniger als 7 % des Betrages aus, den rechnerisch jeder Bürger durch Zahlung von Versicherungsprämien eigenverantwortlich in die Absicherung des Lebensrisikos „Rechtsverfolgungskosten" investiert. Selbst wenn man den Wert noch um die Kosten der Beiordnungen in Straf- und OWi-Sachen ergänzt (die in der Rechtschutzversicherung praktisch nicht versicherbar sind), die 2023 3,39 € per capita betrugen, erhöht sich der Wert lediglich auf knapp 13 %. Bemerkenswert ist hier, dass der Fiskus im Jahr 2023 erstmals mehr Kosten für Beiordnungen in Straf- und OWi-Sachen hatte als für Beiordnungen im Zivilverfahren (einschl. Familiensachen).

7.1. Erzeugerpreisindizes für Rechtsdienstleistungen

Tab. 7.1.1: Erzeugerpreisindizes für Rechtsdienstleistungen von 2003 bis 2020 – nach Art der Vergütung (2010 = 100)

Jahr	Vergütungsvereinbarung	RVG	Insgesamt
2003	91,7	95,6	93,4
2004	92,6	96,4	94,2
2005	94,0	97,1	95,3
2006	95,4	97,5	96,2
2007	97,7	98,1	97,6
2008	99,0	99,1	99,0
2009	99,5	100,0	99,8
2010	100,0	100,0	100,0
2011	100,9	100,7	100,9
2012	101,9	101,7	101,9
2013	102,9	109,0	107,8
2014	103,7	116,5	113,6
2015	104,7	117,4	114,7
2016	105,6	118,3	115,9
2017	107,3	119,1	117,1
2018	108,8	120,2	118,5
2019	109,9	121,4	119,5
2020	111,2	122,3	120,8

Quelle: Stat. Bundesamt, Erzeugerpreisindizes für unternehmensnahe Dienstleistungen

7.2. Anwaltliche Stundensätze

Tab. 7.2.1: Durchschnittliche feste und flexible Stundensätze der deutschen Anwaltschaft 2005, 2009 und 2017

	fester Stundensatz in €	flexibler Stundensatz in €	
		Mindestsatz	Höchstsatz
2005			
arith. Mittel	182	146	231
5 % getr. Mittel*	180	144	225
Median	180	150	230
Modus	150	150	250
2009			
arith. Mittel	186	139	226
5 % getr. Mittel*	182	136	220
Median	180	130	210
Modus	150	150	250
2017			
arith. Mittel	219	159	260
5 % getr. Mittel*	216	157	254
Median	210	150	250
Modus	250	150	250

*Beim 5%-getrimmten Mittel handelt es sich um das um Extremwerte (5 % der niedrigsten und 5 % der höchsten Stundensätze) bereinigte arithm. Mittel.

Quelle: Hommerich / Kilian, Vergütungsvereinbarungen, S. 66 sowie dies., Vergütungsbarometer 2009, S. 80, sowie Kilian, Berufsrechtsbarometer 2017

Tab. 7.2.2: Durchschnittliche feste und flexible Stundensätze (5%-getr. Mittel) in Abhängigkeit von der Anzahl an Anwälten in der Kanzlei / Sozietät im Jahr 2017

Zahl der Berufsträger	fester Stundensatz in €	flexibler Stundensatz in €	
		Mindestsatz	Höchstsatz
1	194	140	233
2 bis 3	214	153	249
mehr als 3	245	185	289

Quelle: Kilian, Berufsrechtsbarometer 2017

Tab. 7.2.3: Durchschnittliche feste und flexible Stundensätze von Rechtsanwälten (5%-getr. Mittel) nach dem Spezialisierungsmerkmal Fachanwalt im Jahr 2017

	fester Stundensatz in €	flexibler Stundensatz in €	
		Mindestsatz	Höchstsatz
Fachanwalt	232	167	262
Nicht-Fachanwalt	202	147	246

Quelle: Hommerich / Kilian, Berufsrechtsbarometer 2017

7 Finanzierung anwaltlicher Dienstleistungen

7.3. Rechtsschutzversicherungen

Tab. 7.3.1: Zahl der Rechtsschutzversicherungsverträge und der abgedeckten Risiken von 1980 bis 2022*

Jahr	Abgedeckte Risiken Anzahl in Mio.	Veränd. (in %)	Rechtsschutzversicherungsverträge Anzahl in Mio.	Veränd. (in %)
1980	17,20			
1985	20,56	19,5		
1990	24,46	19,0		
1995	29,44	20,4		
1996	29,51	0,2		
1997	29,30	-0,7		
1998	28,81	-1,7	19,1	
1999	28,58	-0,8	19,3	0,6
2000	28,94	1,3	19,4	0,8
2001	29,01	0,2	19,4	0,1
2002	29,00	0,0	19,6	0,8
2003	29,09	0,3	19,7	0,5
2004	28,85	-0,8	19,5	-1,0
2005	28,83	-0,1	19,5	-0,2
2006	28,65	-0,6	19,5	0,1
2007**			***20,5	5,1
2008			20,6	0,5
2009			20,7	0,4
2010			20,9	1,2
2011			21,1	0,8
2012			21,2	0,6
2013			21,4	0,9
2014			21,6	1,1
2015			21,8	0,7
2016			21,9	0,5
2017			22,0	0,6
2018			22,3	1,4
2019			22,7	1,8
2020			23,1	1,8
2021			23,4	1,3
2022			23,4	0,0

* Beinhaltet privaten und gewerblichen Rechtsschutz
**Aufgrund einer geänderten Zählweise werden die abgedeckten Risiken vom GDV ab dem Jahr 2007 nicht mehr ausgewiesen.
*** Ab 2007 geänderte Zählweise bei Gruppen-/ Sammelverträgen

Quelle: Gesamtverband der Deutschen Versicherungswirtschaft (GDV)

Tab. 7.3.2: **Zahl der Schadenfälle in der Rechtsschutzversicherung sowie Schadenquote von 1980 bis 2022**

Jahr	Zahl der Schadenfälle (in Mio.)	Veränderung (in %)	Schadenquote (in %)	Veränderung (in %)
1980	2,23		65,2	6,4
1985	2,62	1,9	69,7	6,9
1990	2,99	-2,4	69,5	-1,3
1991	2,92	-3,4	68,1	-2,0
1992	3,08	5,5	70,4	3,4
1993	3,20	3,9	73,8	4,8
1994	3,35	4,7	78,7	6,6
1995	3,45	2,9	81,6	3,9
1996	3,56	0,8	80,4	-1,5
1997	3,60	1,1	78,8	-2,0
1998	3,57	-0,8	75,4	-4,3
1999	3,58	0,3	73,6	-2,4
2000	3,48	-2,8	71,5	-2,9
2001	3,47	-0,3	72,4	1,3
2002	3,62	4,3	74,8	3,3
2003	3,70	2,2	74,2	-0,8
2004	3,57	-3,5	73,5	-0,9
2005	3,46	-3,1	74,2	1,0
2006	3,55	2,6	72,4	-2,4
2007	3,65	2,8	70,7	-2,3
2008	3,69	1,1	71,2	0,7
2009	3,88	5,2	75,0	5,3
2010	3,82	-1,4	71,9	-4,1
2011	3,83	0,3	70,6	-1,8
2012	3,79	-1,2	70,6	0,0
2013	3,90	2,9	72,4	2,5
2014	3,93	0,8	74,7	3,2
2015	4,05	3,0	73,7	-1,3
2016	4,19	3,5	73,6	-0,1
2017	4,08	-2,8	69,1	-6,1
2018	4,08	0,1	68,0	-1,6
2019	4,14	1,5	70,0	2,9
2020	4,59	10,9	73,9	5,6
2021	4,23	-7,8	69,7	-5,7
2022	4,34	2,6	68,4	-1,9

Quelle: Gesamtverband der Deutschen Versicherungswirtschaft (GDV)

7 Finanzierung anwaltlicher Dienstleistungen

Tab. 7.3.3: Leistungen und Beiträge der Rechtsschutzversicherungen von 1980 bis 2022

Jahr	Beiträge zur Rechtsschutzversicherung			Leistungen der Rechtsschutzversicherung		
	Brutto-Beitragseinnahmen (in Mrd. €)	Veränd. (in %)	Index (Basisjahr: 1980)	in Mrd. €	Veränd. (in %)	Index (Basisjahr: 1980)
1980	0,84			0,53		
1985	1,21	44,0	144,0	0,83	56,6	156,6
1990	1,63	7,2	194,0	1,12	6,7	211,3
1991	1,77	8,6	210,7	1,19	6,2	224,5
1992	1,89	6,8	225,0	1,31	10,1	247,2
1993	2,00	5,8	238,1	1,45	10,7	273,6
1994	2,09	4,5	248,8	1,62	11,7	305,7
1995	2,21	5,7	263,1	1,78	9,9	335,8
1996	2,33	5,4	277,4	1,85	3,9	349,1
1997	2,47	6,0	294,0	1,91	3,2	360,4
1998	2,61	5,7	310,7	1,95	2,1	367,9
1999	2,64	1,1	314,3	1,94	-0,5	366,0
2000	2,69	1,9	320,2	1,92	-1,0	362,3
2001	2,71	0,7	322,6	1,97	2,6	371,7
2002	2,78	2,6	331,0	2,04	3,6	384,9
2003	2,83	1,8	336,9	2,08	2,0	392,5
2004	2,92	3,2	347,6	2,14	2,9	403,8
2005	3,01	3,1	358,3	2,23	4,2	420,8
2006	3,07	2,0	365,5	2,22	-0,4	418,9
2007	3,16	2,9	376,2	2,22	0,0	418,9
2008	3,20	1,3	381,0	2,28	2,7	430,2
2009	3,21	0,1	382,1	2,41	5,7	454,7
2010	3,25	1,3	386,9	2,34	-3,1	441,5
2011	3,33	2,6	395,6	2,34	0,0	441,5
2012	3,34	0,4	397,6	2,36	1,0	445,2
2013	3,41	2,2	397,6	2,47	4,7	466,0
2014	3,49	2,0	415,5	2,60	5,1	490,6
2015	3,62	3,9	431,0	2,65	2,0	500,0
2016	3,83	5,8	456,0	2,79	5,3	526,4
2017	3,98	4,0	473,8	2,74	-1,9	517,0
2018	4,15	4,2	494,0	2,81	2,6	530,2
2019	4,27	2,9	508,3	2,98	6,1	562,3
2020	4,40	3,0	523,8	3,24	8,6	611,3
2021	4,60	4,5	547,6	3,18	-1,7	600,0
2022	4,73	3,4	563,1	3,22	1,6	607,5

Quelle: Gesamtverband der Deutschen Versicherungswirtschaft (GDV), eigene Berechnungen

Tab. 7.3.4: Zahl der versicherten Risiken nach Versicherungsunternehmen* von 2016 bis 2022

Name des Versicherungsunternehmens	2016	2018	2020	2021	2022
ADAC-Rechtsschutz	2.273.747	2.144.564	2.034.754	k.A.	k.A.
ADVOCARD RS	1.527.637	1.429.071	1.417.675	1.408.784	1.418.475
Allianz Vers.	2.403.861	2.450.089	2.527.063	2.567.191	2.600.816
Alte Leipziger Vers.	336.859	298.571	k.A.		k.A.
ARAG SE	1.423.702	1.495.840	1.610.872	1.688.439	1.747.331
Auxilia RS	534.073	565.742	610.114	634.087	651.137
Badische Rechtsschutz	169.307	172.634	171.163	167.279	162.937
Bruderhilfe Sach. AG	k.A.	k.A.	k.A.	k.A.	k.A.
Concordia RS	413.967	484.604	500.086	503.896	511.168
Continentale Sachvers.	120.868	130.817	139.427	143.022	146.250
DA Allg. RS	k.A.	k.A.	k.A.	k.A.	k.A.
DEBEKA Allgemeine	415.702	436.033	455.790	467.336	479.197
DEURAG DT. RS	1.234.052	1.200.354	1.153.475	1.143.115	1.129.410
DEVK Rechtsschutz	1.089.394	1.130.779	1.224.570	1.227.738	1.241.419
DMB Rechtsschutz	803.080	801.562	817.269	820.652	824.831
ERGO Vers.	2.298.857	2.010.411	1.900.163	1.863.238	2.021.095
HDI Global SE	k.A.	k.A.	5.609	k.A.	k.A.
HUK24 AG	112.410	128.550	149.327	154.058	155.178
HUK-Coburg RS	1.683.785	1.755.274	1.838.337	1.869.789	1.893.516
Itzehoer Vers.	k.A.	k.A.	343.703	344.899	349.460
LVM Sach	770.238	803.470	859.461	886.982	908.276
Mecklenburg. Vers.	145.125	148.779	154.875	158.230	161.271
Neue Rechtsschutz	447.446	413.724	402.580	400.762	387.947
OERAG Rechtsschutz	1.700.751	1.866.431	1.991.400	2.046.227	2.085.301
R + V Rechtsschutz	768.223	788.965	824.109	893.891	849.688
Roland Rechtsschutz	1.784.873	1.712.665	1.696.831	1.702.174	1.722.092
VGH Land. Brand. Han.	204.182	211.424	218.115	k.A.	k.A.
VRK Sach.AG	k.A.	k.A.	86.369	85.101	83.958
WGV-Vers.	432.630	426.173	475.975	485.220	479.197
Württ. Vers.	682.530	699.482	757.921	793.680	818.475

* Ausschließlich Versicherungsunternehmen, die die Zahl der versicherten Risiken angeben und von der BAFin beaufsichtigt werden.

Quelle: BaFin, Unternehmensindividuelle Beschwerdestatistik der Versicherungsunternehmen (Stand zum 31.12. des jeweiligen Vorjahres)

7 Finanzierung anwaltlicher Dienstleistungen

Tab. 7.3.5: Zahl der Beschwerden sowie Zahl der versicherten Risiken pro Beschwerde nach Versicherungsunternehmen im Jahr 2022

Name des Versicherungsunternehmens	Beschwerden	Zahl der versicherten Risiken pro Beschwerde
ADAC Vers.	40	259.704
ADVOCARD RS	27	52.536
Allianz Vers.	24	108.367
ARAG Allg. Vers.	2	k.A.
ARAG SE	78	22.401
Auxilia RS	20	32.556
Badische Rechtsschutz	2	81.468
Concordia RS	8	63.896
Continentale Sachversicherung	3	48.750
DEBEKA Allgemeine	3	159.732
DEURAG DT. RS	13	86.877
DEVK Rechtsschutz	16	77.588
DMB Rechtsschutz	8	103.103
ERGO Versicherung	15	134.739
HDI Global SE	k.A.	k.A.
HUK24 AG	1	155.178
HUK-Coburg RS	10	189.351
Itzehoer Versicherung	8	43.682
Neue Rechtsschutz	10	38.794
OERAG Rechtsschutz	28	74.475
R + V Allgemeine Vers.	6	141.614
Roland Rechtsschutz	10	172.209
VGH Land. Brand. Han.	k.A.	k.A.
VRK Sach.AG	2	41.979
WGV-Vers.	2	245.728
Württ. Vers.	6	136.412

Quelle: BaFin, Unternehmensindividuelle Beschwerdestatistik der Versicherungsunternehmen (zum 31.12.2022), eigene Berechnungen

7.4. Beratungshilfe

Tab. 7.4.1: Zahl der Anträge auf Beratungshilfe von 1981 bis 2022*

Jahr	Zahl der Anträge auf Beratungshilfe	davon abgelehnt
1981	59.189	9.545
1985	191.709	18.446
1990	239.009	14.711
1991	221.197	11.330
1992	215.874	11.258
1993	217.569	9.447
1994	235.669	8.282
1995	266.416	9.082
1996	311.804	11.039
1997	359.115	11.296
1998	394.704	11.981
1999	414.538	12.786
2000	425.032	12.833
2001	463.087	13.369
2002	499.067	14.296
2003	566.556	16.553
2004	631.066	20.952
2005	790.354	27.562
2006	948.979	40.421
2007	902.590	50.455
2008	885.468	58.067
2009	913.079	64.662
2010	970.152	70.103
2011	904.279	69.382
2012	835.472	67.152
2013	814.555	61.040
2014	817.586	68.591
2015	768.353	72.408
2016	722.361	71.853
2017	671.485	69.326
2018	621.583	68.103
2019	560.415	59.867
2020	416.992	56.259
2021	350.629	56.946
2022	311.561	49.107

* Ohne Bremen und Hamburg (öffentliche Beratungsstellen).

Quelle: BMJ, Statistiken, Beratungshilfestatistik

Tab. 7.4.2: Art der Beantragung erfolgreicher Beratungshilfeanträge von 1981 bis 2022 *

Jahr	unmittelbar durch Rechtsuchenden	mit anwaltlicher Hilfe
1981	35.175	14.469
1985	59.767	112.185
1990	61.171	164.222
1991	58.762	150.536
1992	60.448	143.888
1993	71.287	136.221
1994	79.886	146.868
1995	94.313	162.436
1996	111.758	188.372
1997	132.043	215.115
1998	149.186	235.179
1999	161.293	239.916
2000	172.128	239.466
2001	196.876	252.146
2002	223.608	260.424
2003	260.727	288.657
2004	292.383	316.880
2005	369.642	392.379
2006	425.298	455.175
2007	418.879	432.375
2008	421.830	404.435
2009	454.252	393.030
2010	494.034	404.754
2011	457.995	375.591
2012	446.081	321.197
2013	457.287	295.263
2014	478.799	269.202
2015	460.171	234.744
2016	429.171	220.342
2017	402.349	198.799
2018	378.318	174.179
2019	351.880	147.688
2020	203.491	156.746
2021	159.714	143.452
2022	149.619	112.232

* Ohne Bremen und Hamburg (öffentliche Beratungsstellen).

Quelle: BMJ, Statistiken, Beratungshilfestatistik

Tab. 7.4.3: Art der gewährten Beratungshilfe von 1981 bis 2022 *

Jahr	Beratung und Auskunft	Vertretung	Mitwirkung an Einigung/Erledigung
1981	12.064	10.286	1.830
1985	39.981	79.932	11.633
1990	44.098	130.277	8.429
1991	41.711	123.823	7.066
1992	38.540	118.184	6.966
1993	42.110	112.097	7.997
1994	42.967	121.829	8.071
1995	51.179	136.084	10.064
1996	61.095	165.017	12.118
1997	70.212	185.433	13.754
1998	79.817	205.890	15.481
1999	85.070	212.365	16.577
2000	83.021	214.469	17.394
2001	87.311	230.803	18.908
2002	97.349	245.932	19.522
2003	108.136	280.326	24.126
2004	116.422	305.387	31.299
2005	146.888	370.142	51.493
2006	161.570	445.682	63.563
2007	162.899	456.040	64.124
2008	162.072	448.699	56.391
2009	168.525	472.361	54.062
2010	174.764	504.755	59.010
2011	165.939	473.294	55.461
2012	153.947	424.095	48.607
2013	151.960	399.375	46.848
2014	147.959	368.406	46.892
2015	132.387	334.782	39.794
2016	121.999	311.615	35.032
2017	114.373	284.772	29.438
2018	104.890	256.641	24.778
2019	100.218	230.098	21.909
2020	75.956	183.301	16.321
2021	58.031	142.427	12.695
2022	48.940	115.370	9.928

* Ohne Bremen und Hamburg (öffentliche Beratungsstellen).

Quelle: BMJ, Statistiken, Beratungshilfestatistik

7 Finanzierung anwaltlicher Dienstleistungen

Tab. 7.4.4: Beratungshilfe nach Bundesländern im Jahr 2022

Bundesland	Bevölkerung 31.12.2022	Zahl der Anträge	Zahl der Bewilligungen	durch RAe gewährte BerH	Fälle pro Anwalt
Baden-Württemberg	11.280.257	25.168	19.070	12.007	0,7
Bayern	13.369.393	29.098	21.890	12.151	0,4
Berlin*	3.755.251	10.143	8.882	3.438	0,2
Brandenburg	2.573.135	6.552	5.093	2.491	1,2
Bremen**	676.086	-	-	-	-
Hamburg**	1.892.122	-	-	-	-
Hessen	6.391.360	28.862	23.823	17.164	0,8
Mecklenburg-Vorp.	1.628.378	5.587	4.677	3.463	2,6
Niedersachsen	8.140.242	44.528	38.185	24.415	2,5
Nordrhein-Westf.	18.139.116	87.836	79.745	51.216	1,4
Rheinland-Pfalz	4.159.150	14.394	10.988	5.956	1,3
Saarland	992.666	7.635	6.359	4.607	3,4
Sachsen	4.086.152	12.520	9.756	9.386	2,1
Sachsen-Anhalt	2.186.643	11.864	9.606	7.779	5,1
Schleswig-Holstein	2.953.270	17.753	16.140	12.183	3,3
Thüringen	2.126.846	9.018	7.639	6.078	3,5
Gesamt	**84.358.845**	**311.475**	**112.232**	**174.238**	**1,1**

* Beratung wird teilweise in öffentlichen Beratungsstellen erbracht.
** Beratung wird in öffentlichen Beratungsstellen erbracht.

Quelle: Statistisches Bundesamt, Bevölkerungsfortschreibung auf Grundlage des Zensus 2011, Fachserie 1, Reihe 1.3, Beratungshilfestatistik, BRAK-Mitgliederstatistik, eigene Berechnungen

7 Finanzierung anwaltlicher Dienstleistungen

Tab. 7.4.5: **Aufwendungen der Bundesländer für Beratungshilfe nach dem BerHG in Tausend € von 1981 bis 2023 – Teil 1***

Jahr	BW	BY	BE	BB	HB**	HE	MV	NI***
1981		135	32	----		90	----	114
1985	675	534	256	----		602	----	1.223
1990	1.021	943	601	----		1.098	----	2.066
1995	1.583	1.537	545			1.081	219	2.294
1996	1.935	1.848	540		294	1.313	237	2.716
1997	2.350	2.153	673		296		325	3.177
1998	2.501	2.406	791		297		405	3.604
1999	2.740	2.495	1.111		382		422	3.793
2000	2.671	2.526	1.107		396		494	3.999
2001	2.705	2.701	1.307		384		569	4.294
2002	2.953	2.918	1.493		433		608	4.429
2003	3.994	3.782	1.846		448		904	5.124
2004	5.330	4.839	2.000	1.099	410		1.090	5.787
2005	8.223	7.871	3.521	2.073	403		2.085	8.194
2006	9.796	10.323	5.234	3.239	403		2.887	8.994
2007	9.308	10.987	4.933	3.379	403		2.562	12.400
2008	8.127	10.804	3.671	2.829	403	6.661	2.654	11.531
2009	7.874	10.796	3.445	2.509	489	7.021	2.557	11.368
2010	8.198	10.661	3.961	2.669	489	6.643	2.315	11.507
2011	7.329	9.361	3.851	2.403	685	6.794	1.865	10.857
2012	6.248	7.759	3.343	2.136	488	6.365	1.748	9.696
2013	5.537	7.349	2.711	1.899	530	6.148	1.415	9.277
2014	6.047	7.578	2.636	1.907	530	6.939	1.548	9.611
2015	5.616	7.044	2.547	1.584	530	6.875	1.459	8.822
2016	5.180	6.444	2.335	1.318	530	6.475	1.438	8.263
2017	4.642	5.701	2.128	1.130	600	5.770	1.101	7.522
2018	4.307	5.113	1.939	990	600	5.343	1.069	6.705
2019	3.918	4.341	1.631	878	630	4.807	873	5.812
2020	3.120	3.261	1.082	717	679	3.667	673	4.644
2021	2.811	2.691	818	579	685	3.154	590	3.932
2022	2.317	2.222	667	470	676	2.650	516	3.177
2023	2.618	2.165	587	408	746	2.348	483	2.996

* Abkürzungen: Baden-Württemberg (BW), Freistaat Bayern (BY), Berlin (BE), Brandenburg (BB), Freie Hansestadt Bremen (HB), Hessen (HE), Mecklenburg-Vorpommern (MV), Niedersachsen (NI)
Hamburg, Hessen (von 1997 bis 2007) und Brandenburg (bis 2003) erfass(t)en die Aufwendungen der Beratungshilfe haushaltstechnisch nicht getrennt von den Gesamtaufwendungen für Beiordnungen und Beratungshilfe. Die Gesamtaufwendungen sind in Tab. 7.5.1 und Tab. 7.5.2 enthalten.
** Angaben zu Bremen beziehen sich auf die Kosten für öffentliche Beratungsstellen, durch die in diesem Bundesland die Beratungshilfe gewährt wird.

Quelle: Auskunft der Fachministerien, Beratungshilfestatistik

7 Finanzierung anwaltlicher Dienstleistungen

Tab. 7.4.6: Aufwendungen der Bundesländer für Beratungshilfe nach dem BerHG in Tausend € von 1981 bis 2023 – Teil 2*

Jahr	NW	RP	SL	SN	SH	ST	TH
1981	304	53	26	----	49	----	----
1985	2.071	366	213	----	525	----	----
1990	3.284	517	309	----	852	----	----
1991	3.012	498	274	68	844	45	
1992	2.721	478	280	150	768	119	
1993	2.484	445	246	341	786	156	
1994	2.907	456	297	310	888	208	
1995	3.859	647	317	624	1.030	306	
1996	k.A.	776	462	740	1.195	527	
1997	4.244	773	552	919	1.266	661	
1998	k.A.	869	525	1.143	1.486	869	
1999	4.857	996	573	1.386	1.389	1.052	
2000	k.A.	n.a.	498	1.608	1.374	1.166	
2001	k.A.	951	487	1.800	1.584	1.263	
2002	6.000	1.022	534	1.775	1.632	1.415	
2003	7.000	1.172	583	2.056	1.770	1.728	
2004	8.500	1.587	644	2.528	2.109	2.008	763
2005	13.500	2.203	1.189	4.423	3.329	3.450	1.877
2006	17.300	3.073	1.494	5.982	4.533	4.517	2.812
2007	18.865	3.012	1.436	6.302	5.004	4.570	2.814
2008	17.696	3.011	1.343	5.235	5.200	3.397	2.805
2009	17.830	3.022	1.440	4.697	4.909	2.760	2.468
2010	19.512	3.496	1.410	5.025	5.007	3.062	2.578
2011	19.280	3.536	1.494	4.925	4.654	2.966	2.523
2012	18.214	3.206	1.352	4.021	4.349	2.491	2.528
2013	18.007	3.102	1.104	3.778	4.345	2.460	2.473
2014	19.500	3.327	1.595	3.825	4.642	2.407	2.589
2015	18.588	2.935	1.491	3.586	4.496	2.202	2.330
2016	17.900	2.906	1.302	3.545	3.949	2.061	2.285
2017	16.517	2.505	1.341	3.371	3.778	1.917	1.861
2018	15.200	2.261	1.310	2.738	3.311	1.739	1.737
2019	14.100	1.982	1.130	2.403	2.955	1.630	1.496
2020	11.300	1.529	923	2.040	2.186	1.387	1.333
2021	9.200	1.373	804	1.622	1.825	1.220	977
2022	7.800	1.162	653	1.373	1.479	971	847
2023	7.400	1.118	*600	1.172	1.397	860	714

* Abkürzungen: Nordrhein-Westfalen (NW), Rheinland-Pfalz (RP), Saarland (SL), Sachsen (SN), Schleswig-Holstein (SH), Sachsen-Anhalt (ST), Thüringen (TH).
* Schätzwert
Quelle: Auskunft der Fachministerien, Beratungshilfestatistik des BMJ

Tab. 7.4.7: Aufwendungen für Beratungshilfe nach Bundesländern im Jahr 2022

Bundesland	Bevölkerung 31.12.2022	Aufwendungen BerH in 2022 in €	€ per capita
Baden-Württemberg	11.280.257	2.317.745	0,21
Bayern	13.369.393	2.222.759	0,17
Berlin*	3.755.251	678.869	0,18
Brandenburg	2.573.135	469.598	0,18
Bremen*	676.086	746.245	1,10
Hamburg*	1.892.122	k.A.	k.A.
Hessen	6.391.360	2.650.810	0,41
Mecklenburg-Vorp.	1.628.378	516.009	0,32
Niedersachsen	8.140.242	3.176.841	0,39
Nordrhein-Westfalen	18.139.116	7.848.114	0,43
Rheinland-Pfalz	4.159.150	1.162.970	0,28
Saarland	992.666	653.129	0,66
Sachsen	4.086.152	1.373.530	0,34
Sachsen-Anhalt	2.186.643	971.736	0,44
Schleswig-Holstein	2.953.270	1.481.885	0,50
Thüringen	2.126.846	847.474	0,40
Gesamt**	**84.358.845**	**27.117.714**	**0,33**

* Beratung wird Hamburg und Bremen gänzlich, in Berlin teilweise in öffentlichen Beratungsstellen erbracht. Die entsprechenden Aufwendungen werden in Hamburg haushalterisch nicht gesondert ausgewiesen.
** Berechnung erfolgt ohne die Bevölkerungszahl von Hamburg
Quelle: eigene Erhebung / Berechnung

7 Finanzierung anwaltlicher Dienstleistungen

7.5. Prozesskostenhilfe / Verfahrenskostenhilfe

Tab. 7.5.1: Prozesskosten-/Verfahrenskostenhilfeentscheidungen in den Gerichtsbarkeiten im Jahr 2022

Gerichtsbarkeit		Entscheidungen	Ablehnungen	Bewilligungen	mit Ratenzahlung
Zivilgerichte	Gesamt	49.439	14.348	35.091	3.669
	AG	32.676	8.832	23.844	2.062
	LG	15.490	4.965	10.525	1.505
	OLG	1.273	551	722	102
Familiengerichte	Gesamt	237.722	21.669	216.057	30.107
	AG	230.460	19.439	211.021	29.522
	OLG	7.266	2.230	5.036	585
Verwaltungsgerichte	Gesamt	n.v.	n.v.	n.v.	n.v.
	VG	33.112	20.548	12.564	k.A.
	OVG	k.A.	k.A.	k.A.	k.A.
Arbeitsgerichte	Gesamt	33.831	3.598	30.231	5.012
	ArbG	32.943	3.445	29.495	4.909
	LArbG	888	153	735	103
Sozialgerichte	Gesamt	47.828	12.023	35.813	n.v.
	SG	44.581	10.652	33.935	k.A.
	LSG	3.247	1.371	1.878	k.A.
Finanzgerichte	Gesamt	k.A.	k.A.	k.A.	k.A.
Gerichte insgesamt		**401.932**	**72.186**	**329.746**	**38.788**

Quelle: Statistisches Bundesamt, Statistische Berichte Zivilgerichte, Familiengerichte, Verwaltungsgerichte, Arbeitsgerichte, Sozialgerichte, Fiannzgerichte eigene Berechnungen

Tab. 7.5.2: Aufwendungen der Bundesländer für Beiordnungen in Zivilsachen (Prozess-/Verfahrenskostenhilfe) in Tausend € von 1992 bis 2024 – Teil 1*

Jahr	BW	BY***	BE	BB****	HB	HH****	HE*****
1992	19.889	21.902			2.344		17.752
1993	21.832	25.509			2.436		18.784
1994	23.673	25.683			2.299		19.512
1995	26.792	28.520			2.839	8.677	22.392
1996	31.342	33.039			2.967	7.409	24.899
1997	33.183	36.751			3.318	8.648	26.843
1998	33.950	37.787			3.490	8.678	28.632
1999	33.490	37.218	10.972		3.342	8.138	29.246
2000	32.130	38.065	11.196	9.114	3.054	8.079	27.814
2001	34.426	39.456	10.062	9.127	3.094	7.864	28.597
2002	34.426	43.034	10.522	9.708	2.846	8.316	30.447
2003	34.949	46.669	12.268	9.778	3.323	10.336	33.330
2004	43.513	50.765	12.753	9.656	3.622	10.569	38.106
2005	47.038	54.257	13.069	10.255	3.734	10.706	45.700
2006	46.807	53.078	14.058	11.044	3.804	11.507	47.324
2007	46.611	54.674	13.746	10.425	4.132	11.766	50.916
2008	44.640	55.702	13.902	10.518	4.095	11.553	28.655
2009	43.877	52.852	13.253	10.148	4.008	11.025	28.759
2010	42.892	52.439	14.532	10.245	3.907	9.968	38.409
2011	43.919	51.088	13.912	10.284	4.138	10.337	29.180
2012	41.005	47.424	13.484	10.198	3.764	9.655	27.401
2013	38.529	46.017	12.997	10.016	3.659	9.590	27.215
2014	41.977	48.920	13.370	10.178	3.633	9.849	28.002
2015	39.467	48.080	12.976	9.993	3.956	10.101	30.762
2016	38.244	46.125	12.442	9.861	3.732	9.428	27.777
2017	36.666	42.428	11.954	9.029	3.497	9.108	26.066
2018	35.417	39.483	10.935	8.553	3.350	7.718	28.299
2019	33.008	36.951	10.395	7.987	3.125	7.823	21.975
2020	30.191	33.369	9.282	7.409	2.936	6.893	22.445
2021	30.499	34.969	9.594	7.548	3.155	8.240	25.100
2022	27.073	33.316	9.473	7.174	2.961	8.083	19.130
2023	28.019	32.638	8.797	6.657	3.130	8.175	21.051

* Abkürzungen: Baden-Württemberg (BW), Bayern (BY), Berlin (BE), Brandenburg (BB), Freie Hansestadt Bremen (HB), Freie und Hansestadt Hamburg (HH), Hessen (HE)
** Schätzwert, beruhend auf Soll-Wert / dem Planansatz und der Entwicklung der Vorjahre.
*** Die Zahlen für Bayern beinhalten nicht die Aufwendungen für Beiordnungen in Insolvenzsachen.
**** Die Zahlen für Hamburg und Brandenburg (bis 2003) beinhalten auch die Ausgaben für Beratungshilfe.
***** Hessen hat bis 2007 die Aufwendungen für Beiordnungen in Zivil-, Straf- und Bußgeldsachen sowie für Beratungshilfe gesammelt ausgewiesen.

Quelle: Auskunft der Fachministerien, eigene Berechnungen

7 Finanzierung anwaltlicher Dienstleistungen

Tab. 7.5.3: **Aufwendungen der Bundesländer für Beiordnungen in Zivilsachen (Prozess-/Verfahrenskosten-hilfe) in Tausend € von 1992 bis 2024 – Teil 2***

Jahr	MV	NI***	NW	RP****	SL	SN****	SH	ST****	TH*****
1992	1.544	24.641		10.742	4.015	2.438	9.201	--	2.627
1993	2.352	25.317	59.361	11.274	3.998	4.917	10.075	--	4.316
1994	2.945	26.824		11.959	4.519	6.786	10.113	--	5.410
1995	3.876	30.359	66.800	13.369	4.554	7.789	11.117	--	6.524
1996	5.055	33.862	73.900	13.140	4.988	9.910	12.095	--	7.601
1997	5.513	36.926	79.000	14.930	5.525	11.859	12.619	--	9.083
1998	6.697	38.224	80.900	14.827	5.470	14.482	13.524	--	10.987
1999	6.300	37.977	78.900	15.192	5.847	14.888	13.896	--	11.780
2000	7.060	39.969	80.300	16.259	5.741	15.213	14.283	--	12.331
2001	7.010	42.171	82.400	17.323	4.683	13.666	14.620	--	12.048
2002	7.241	45.453	89.000	19.621	6.238	14.188	15.852	--	12.602
2003	7.745	48.914	112.200	21.629	6.971	16.106	17.075	14.796	14.297
2004	8.598	52.521	119.600	23.169	7.202	15.820	18.024	15.195	12.240
2005	10.010	57.408	126.500	24.683	8.584	17.902	20.419	20.004	11.318
2006	10.055	58.078	130.700	24.953	8.256	17.695	20.477	21.449	11.420
2007	9.351	58.519	128.000	25.946	8.731	17.760	20.563	21.462	11.427
2008	8.569	60.899	134.100	25.139	8.635	17.395	22.577	21.286	10.608
2009	8.362	58.736	135.800	26.562	8.480	17.440	18.825	18.001	10.474
2010	8.181	58.006	136.400	27.032	8.966	16.662	18.593	18.253	10.290
2011	8.583	57.961	133.300	26.875	8.561	16.644	18.363	11.977	10.530
2012	8.564	57.321	128.600	24.797	8.327	16.508	17.598	12.504	10.585
2013	7.816	38.584	123.600	23.957	7.703	16.446	16.460	18.067	10.239
2014	8.073	38.314	129.700	24.923	8.256	17.578	16.803	19.047	10.387
2015	7.395	38.381	126.500	21.415	7.653	17.219	16.389	15.508	10.549
2016	8.133	37.375	121.900	20.415	7.296	15.953	15.650	16.041	10.293
2017	7.832	34.876	114.500	19.195	6.471	15.236	15.020	11.029	9.940
2018	7.324	32.939	108.800	17.917	6.147	13.834	14.172	9.704	9.165
2019	6.898	31.006	102.300	17.041	5.987	12.845	13.408	9.410	8.631
2020	6.291	28.003	93.100	15.329	5.483	11.325	12.338	8.472	7.825
2021	5.853	29.352	92.600	15.604	5.480	11.517	12.343	8.762	7.661
2022	5.804	28.543	88.000	14.882	**5.400	11.237	11.564	8.100	6.973
2023	5.680	27.383	87.500	14.229	**5.300	10.372	11.250	7.394	6.650

* Abkürzungen: Mecklenburg-Vorpommern (MV), Niedersachsen (NI), Nordrhein-Westfalen (NW), Rheinland-Pfalz (RP), Saarland (SL), Sachsen (SN), Schleswig-Holstein (SH), Sachsen-Anhalt (ST), Thüringen (TH)
** Schätzwerte, beruhend auf Soll-Werten / dem Planansatz und der Entwicklung der Vorjahre.
*** Die Zahlen für Niedersachsen bis 2012 beinhalten die Aufwendungen für Beiordnungen in Straf- und Bußgeldsachen (im fraglichen Zeitraum hatten diese einen Anteil von rund 30 % an den Gesamtaufwendungen).
**** Die Zahlen für Sachsen-Anhalt beinhalten bis 2010 und von 2013 bis 2014 die Aufwendungen für Beiordnungen in Strafsachen sowie bis 2016 auch für alle anderen Gerichtsbarkeiten.
***** Die Zahlen für Thüringen beinhalten bis 2003 die Aufwendungen für Beiordnungen in Strafsachen und für Beratungshilfe.

Quelle: Auskunft der Fachministerien, eigene Berechnungen

Tab. 7.5.4: Aufwendungen der Bundesländer für Beiordnungen in Zivilsachen (Prozess-/Verfahrenskostenhilfe) im Jahr 2023

Bundesland	Bevölkerung 31.12.2022	Aufwendungen PKH in 2023 in €	€ per capita
Baden-Württemberg	11.280.257	28.019.400	2,48
Bayern	13.369.393	32.638.821	2,44
Berlin	3.755.251	8.797.382	2,34
Brandenburg	2.573.135	6.657.413	2,59
Bremen	684.864	3.130.251	4,57
Hamburg*	1.892.122	8.175.000	4,32
Hessen	6.391.360	21.051.207	3,29
Mecklenburg-Vorp.	1.628.378	5.679.500	3,49
Niedersachsen	8.140.242	27.383.000	3,36
Nordrhein-Westfalen	18.139.116	87.500.000	4,82
Rheinland-Pfalz	4.159.150	14.229.025	3,42
Saarland	992.666	**5.300.000	5,34
Sachsen	4.086.152	10.372.320	2,54
Sachsen-Anhalt	2.186.643	7.394.357	3,38
Schleswig-Holstein	2.953.270	11.250.000	3,81
Thüringen	2.126.846	6.650.024	3,13
Gesamt	**84.358.845**	**284.227.700**	**3,37**

* Die Zahlen für Hamburg beinhalten auch die Ausgaben für Beratungshilfe
** Schätzwert, basierend auf Planansatz und Vorjahreswerten

Quelle: Auskunft der Fachministerien, eigene Berechnungen

7 Finanzierung anwaltlicher Dienstleistungen

7.6. Pflichtverteidigung

Tab. 7.6.1: Aufwendungen für Beiordnungen in Strafsachen (Pflichtverteidigung) in Tausend € von 2013 bis 2023

Jahr	
2013	198.785
2014	216.970
2015	240.508
2016	243.345
2017	240.796
2018	251.578
2019	257.998
2020	246.654
2021	261.276
2022	265.779
2023	283.358

Quelle: Auskunft der Fachministerien (2013/2014 wurden für Sachsen-Anhalt als statistischer Mittelwert 7 Mio. € angesetzt), eigene Berechnungen

Tab. 7.6.2: Aufwendungen der Bundesländer für Beiordnungen in Strafsachen (Pflichtverteidigung) in Tausend € von 2013 bis 2023 – Teil 1*

Jahr	BW	BY	BE	BB	HB	HH	HE
2013	20.685	28.683	10.306	5.366	2.077	7.024	12.828
2014	24.351	34.709	11.303	6.076	2.041	8.366	13.903
2015	23.469	35.683	12.845	6.182	2.033	8.254	15.884
2016	23.036	36.133	12.324	5.909	2.339	8.506	18.940
2017	22.832	35.193	14.495	5.758	2.357	8.840	14.905
2018	24.860	38.848	13.406	5.656	2.975	9.563	17.035
2019	26.213	38.654	13.401	5.923	3.073	9.059	15.092
2020	24.803	33.172	12.400	5.281	3.022	9.260	13.941
2021	26.359	33.751	13.344	5.617	2.947	9.734	16.422
2022	25.264	34.480	13.852	5.843	3.039	10.825	16.645
2023	28.653	35.883	14.676	6.228	3.622	11.641	14.721

* Abkürzungen: Baden-Württemberg (BW), Freistaat Bayern (BY), Berlin (BE), Brandenburg (BB), Freie Hansestadt Bremen (HB), Freie und Hansestadt Hamburg (HH), Hessen (HE)
**Soll-Werte / Planansatz für das Jahr 2024

Quelle: Auskunft der Fachministerien

Tab. 7.6.3: **Aufwendungen der Bundesländer für Beiordnungen in Strafsachen (Pflichtverteidigung) in Tausend € von 2013 bis 2023 – Teil 2***

Jahr	MV	NI	NW	RP	SL	SN	SH	***ST	TH
2013	4.020	16.145	52.000	10.473	2.321	9.592	5.407	k.A.	4.858
2014	4.566	17.714	58.200	11.645	2.235	10.513	5.925	k.A.	5.423
2015	4.656	19.953	60.700	12.658	2.294	11.548	6.024	6.664	6.052
2016	4.651	19.958	62.400	13.767	2.438	12.631	6.606	7.195	6.512
2017	4.388	19.860	63.300	12.136	2.359	13.606	6.286	7.695	6.786
2018	4.046	19.624	66.400	12.198	2.568	14.586	6.125	7.218	6.470
2019	4.054	20.063	72.200	12.769	2.550	14.941	5.884	7.363	6.759
2020	4.379	20.046	68.300	13.716	2.676	14.637	6.547	7.667	6.807
2021	4.181	20.480	71.900	16.407	2.500	14.548	7.608	8.242	7.236
2022	4.530	22.388	76.400	14.813	k.A.	15.776	7.288	7.142	7.494
2023	5.027	24.156	81.100	15.261	k.A.	15.678	**8.000	7.645	8.468

* Abkürzungen: Mecklenburg-Vorpommern (MV), Niedersachsen (NI), Nordrhein-Westfalen (NW), Rheinland-Pfalz (RP), Saarland (SL), Sachsen (SN), Schleswig-Holstein (SH), Sachsen-Anhalt (ST), Thüringen (TH)
** Soll-Werte / Planansatz
*** Die Ausgaben für Beiordnungen in Strafsachen sind für das Land Sachsen-Anhalt 2013 und 2014 in den in Tab. 7.5.1 und 7.5.2 aufgeschlüsselten Ausgaben für Prozesskostenhilfe enthalten, da seinerzeit eine haushaltstechnische Differenzierung unterblieb.

Quelle: Auskunft der Fachministerien

7 Finanzierung anwaltlicher Dienstleistungen

Tab. 7.6.4: Aufwendungen der Bundesländer für Beiordnungen in Strafsachen (Pflichtverteidigungen) im Jahr 2023

Bundesland	Bevölkerung 31.12.2022	Aufwendungen Pflichtverteidigungen in 2023 in €	€ per capita
Baden-Württemberg	11.280.257	28.653.600	2,54
Bayern	13.369.393	35.883.365	2,68
Berlin	3.755.251	14.675.943	3,91
Brandenburg	2.573.135	6.228.155	2,42
Bremen	684.864	3.621.697	5,29
Hamburg	1.892.122	11.641.000	6,15
Hessen	6.391.360	17.635.136	2,76
Mecklenburg-Vorp.	1.628.378	5.027.000	3,09
Niedersachsen	8.140.242	24.155.873	2,97
Nordrhein-Westfalen	18.139.116	81.100.000	4,47
Rheinland-Pfalz	4.159.150	15.261.550	3,67
Saarland	992.666	*2.500.000	2,52
Sachsen	4.086.152	15.677.680	3,84
Sachsen-Anhalt	2.186.643	7.645.693	3,49
Schleswig-Holstein	2.953.270	7.928.900	2,68
Thüringen	2.126.846	8.468.764	3,98
Gesamt	**84.358.845**	**286.175.465**	**3,39**

* Schätzwert

Quelle: Auskunft der Fachministerien, eigene Berechnungen

7.7. Vergleichende Betrachtung

Tab. 7.7.1: Entwicklung der bundesweiten Gesamtaufwendungen für Prozesskostenhilfe/Verfahrenskostenhilfe, Beratungshilfe und Pflichtverteidigung in Tausend € von 2005 bis 2023

Jahre	Prozesskostenhilfe/ Verfahrenskostenhilfe	Beratungshilfe	*Pflichtverteidigung
2005	481.587	68.341	
2006	490.705	87.587	
2007	494.029	92.975	
2008	478.273	85.367	
2009	466.602	83.185	
2010	474.775	86.533	
2011	455.652	82.523	
2012	437.735	73.944	
2013	410.895	70.135	198.785
2014	429.010	74.681	216.970
2015	416.344	70.105	240.508
2016	400.665	65.931	243.345
2017	372.847	59.884	240.796
2018	353.757	54.362	251.578
2019	328.790	48.586	257.998
2020	300.691	41.342	246.654
2021	315.165	28.745	261.276
2022	293.104	27.118	265.779
2023	284.227	25.612	286.175

* Die Aufwendungen für Pflichtverteidigung werden im Statistischen Jahrbuch seit dem Jahr 2013 ausgewiesen.
Quelle: Auskunft der Fachministerien, Beratungshilfestatistik; eigene Berechnungen

7 Finanzierung anwaltlicher Dienstleistungen

Tab. 7.7.2: Vergleich der Pro-Kopf-Ausgaben Beratungshilfe, Prozesskostenhilfe sowie Prämien der Rechtsschutzversicherungen von 1992 bis 2023*

Jahre	PKH/VKH per capita in €	Beratungshilfe per capita in €	Prämienaufkommen RVers per capita in €
1992	2,23	0,13	23,34
1993	2,37	0,13	24,64
1994	2,65	0,14	25,67
1995	3,24	0,19	27,06
1996	3,35	0,21	28,45
1997	3,91	0,25	30,10
1998	3,87	0,29	31,82
1999	4,03	0,35	32,16
2000	4,10	0,33	32,70
2001	4,15	0,35	32,87
2002	4,39	0,37	33,68
2003	4,62	0,39	34,29
2004	5,35	0,52	35,39
2005	5,93	0,84	36,51
2006	5,96	0,98	37,30
2007	6,03	1,04	38,39
2008	6,15	1,03	38,92
2009	5,89	1,01	39,14
2010	5,90	1,06	39,75
2011	5,76	1,05	41,37
2012	5,71	0,94	41,42
2013	4,37	0,86	42,35
2014	4,62	0,94	43,21
2015	5,13	0,83	44,58
2016	4,87	0,81	46,60
2017	4,61	0,72	48,24
2018	4,27	0,66	50,11
2019	3,96	0,58	51,43
2020	3,62	0,50	52,90
2021	3,79	0,36	55,32
2022	3,52	0,33	56,47
2023	3,37	0,30	k.A.

Quelle: Statistisches Taschenbuch der Versicherungswirtschaft; Beratungshilfestatistik; eigene Berechnungen
* „Per capita"-Angaben beziehen sich jeweils auf den Bevölkerungsstand des 31.12 des Vorjahres

8 Institutionen der Anwaltschaft

- Bundesrechtsanwaltskammer
- Satzungsversammlung
- Rechtsanwaltskammern
- Berufsgerichtsbarkeit
- Versorgungswerke
- Schlichtungsstelle
- Deutscher Anwaltverein

8.1 Bundesrechtsanwaltskammer (BRAK)

Die Bundesrechtsanwaltskammer ist nach § 175 BRAO der Zusammenschluss der Rechtsanwaltskammern, sie ist damit eine zwangsmitgliedschaftlich organisierte Verbandskörperschaft. Mitglieder sind als Personalkörperschaften die Rechtsanwaltskammern in den Oberlandesgerichtsbezirken (§§ 60, 61 BRAO) sowie die Rechtsanwaltskammer beim Bundesgerichtshof (§ 174 BRAO). Während Rechtsanwaltskammern im Bezirk eines Oberlandesgerichts bereits seit 1879 existieren, gab es lange Zeit keine institutionalisierte Dachorganisation. 1909 wurde aus dem Kreis der regionalen Rechtsanwaltskammern eine privatrechtlich organisierte „Vereinigung der Vorstände der deutschen Anwaltskammern" begründet. Erst 1933 wurde eine amtliche Dachorganisation etabliert, als auf dem Verordnungswege die „Reichs-Rechtsanwaltskammer" geschaffen wurde. Sie bestand in dieser Form lediglich bis 1935. In diesem Jahr wurden die Anwaltskammern beseitigt und alle Rechtsanwälte unmittelbar Mitglied der Reichs-Rechtsanwaltskammer. 1949 konstituierte sich eine „Arbeitsgemeinschaft der Anwaltskammervorstände in der Bundesrepublik Deutschland". Die Bundesrechtsanwaltskammer entstand mit Inkrafttreten der BRAO im Jahr 1959. Die Zahl der in ihr zusammengefassten Kammern betrug bis zur deutschen Wiedervereinigung 22. Seitdem sind fünf Rechtsanwaltskammern hinzugekommen, die das Gebiet der neuen Bundesländer abdecken. Satzungsgemäß bestimmter Sitz der Bundesrechtsanwaltskammer war bis 1994 Bonn und ist seitdem Berlin. Präsident der BRAK ist seit September 2018 der Münsteraner Rechtsanwalt Dr. Ulrich Wessels. **Tab. 8.1.1** listet die von der Hauptversammlung der Bundesrechtsanwaltskammer nach § 180 BRAO gewählten Präsidenten seit dem Gründungsjahr 1959 auf.

8 Institutionen der Anwaltschaft

8.2 Satzungsversammlung

Die Satzungsversammlung wurde im Zuge der BRAO-Novelle 1994 geschaffen. Ihre gesetzliche Aufgabe ist nach § 191a BRAO der Erlass einer Satzung als Berufsordnung für die Ausübung des Rechtsanwaltsberufs. Die umgangssprachliche Bezeichnung der Satzungsversammlung als „Anwaltsparlament" belegt, dass sie demokratisch durch Wahlen auf der Ebene der Rechtsanwaltskammern legitimiert ist. Erstmals gewählt wurde die Satzungsversammlung im Jahr 1995. Bis zum 1. Juni 2007 wurde auf der Ebene der Kammern für je angefangene 1.000 Kammermitglieder ein Mitglied in die Satzungsversammlung gewählt. Aufgrund der stark anwachsenden Anwaltszahlen – von 1994 bis 2007 hatte sich die Zahl der Kammermitglieder bundesweit mehr als verdoppelt – wird seitdem bei Wahlen für je angefangene 2.000 Kammermitglieder ein Mitglied gewählt. Die Zusammensetzung der aktuellen, 8. Satzungsversammlung kann **Tab. 8.2.1** entnommen werden. Die Wahlperiode ihrer Mitglieder hat nach entsprechenden Wahlen in den Kammerbezirken im Frühjahr 2023 am 1. Juli 2023 begonnen, sie beträgt vier Jahre. In der laufenden Wahlperiode hat die Satzungsversammlung 90 gewählte Mitglieder.

8.3 Rechtsanwaltskammern

Mitglieder der in jedem Oberlandesgerichtsbezirk gebildeten Rechtsanwaltskammern sind nicht nur Rechtsanwälte im Sinne des § 4 BRAO (hierzu oben **Tab. 1.1.1** und **Tab. 1.1.2**). Weitere Mitglieder sind gemäß § 60 BRAO zugelassene Berufsausübungsgesellschaften (§§ 59c ff. BRAO) (näher oben **Tab. 4.5.1**), nach § 209 BRAO die sog. Kammerrechtsbeistände, die über eine Rechtsberatungserlaubnis nach dem RDGEG (näher unten **Tab. 10.2.1**) verfügen, niedergelassene europäische Rechtsanwälte aus Mitgliedsstaaten der EU und des EWR im Sinne des § 2 EuRAG, nach § 206 BRAO Rechtsanwälte aus anderen Staaten (jeweils unten **Tab. 9.1.2** und **Tab. 9.1.3**) sowie nach § 60 Abs. 2 Nr. 3 BRAO Geschäftsführer von Berufsausübungsgesellschaften, soweit sie nicht bereits nach den vorstehenden Kriterien Mitglied der Rechtsanwaltskammer sind. **Tab. 8.3.3** schlüsselt die Verteilung der Kammermitglieder von 1991 bis 2024 nach den Grundlagen der Kammermitgliedschaft auf (die veröffentlichten Daten ermöglichen keine Differenzierung der Mitglieder nach § 206 BRAO und § 2 EuRAG, so dass diese beiden Gruppen der Kammermitglieder als „ausländische Rechtsanwälte" – richtiger: Rechtsanwälte mit ausländischer Berufsqualifikation – ausgewiesen sind). Vor 1990 konnten neben Rechtsanwälten ausschließlich Rechtsbeistände Mitglieder der Kammer sein, vor 1980 entsprach die Zahl der Kammermitglieder jener der Rechtsanwälte. Die Zahlen belegen, dass die Rechtsanwälte im Jahr 2024 96 % der Kammermitglieder ausmachen. Innerhalb der kleinen Restgruppe der sonstigen Kammermitglieder haben seit 2024 die Berufsausübungsgesellschaften den größten Anteil, gefolgt von den Geschäftsführern der Berufsausübungsgesellschaften, „ausländischen" Rechtsanwälten und den Rechtsbeiständen . Die Zusammensetzung der Kammermitglieder hat infolge der „großen BRAO-Reform", die zum 1.8.2022 in Kraft getreten ist, Veränderungen gezeigt, da nun auch Personengesellschaften Berufsrechtssubjekt sein können und in bestimmten Fällen Mitglied der Rechtsanwaltskammer werden müssen oder können. Diese waren erstmals in den zum Stichtag 1. Januar 2023 erhobenen Kammerstatistiken enthatlen und zeigten zum 1 Januar 2024 bereits einen Anteil von 2,7 %.

Die relative Größe der Kammern im Vergleich der Kammern untereinander zeigt **Tab. 8.3.1** auf. Sie veranschaulicht, dass auf die fünf größten Rechtsanwaltskammern (München, Frankfurt, Berlin, Hamm, Köln) fast 50 % der Kammermitglieder entfallen. Da die Rechtsanwälte die Mitgliederzahlen dominieren, ist das Wachstum der Zahl der Kammermitglieder zwangsläufig ebenso dynamisch wie das Wachstum der Zahl der Rechtsanwälte. Das Größenwachstum seit 1980 ist der **Tab. 8.3.2** zu entnehmen. Seit 2007 ist das jährliche Wachstum kontinuierlich gefallen, im Jahr 2020 ging die Zahl der Kammermitglieder erstmals zurück, im Jahr 2023 ist sie dank neuer Mitgliederkategorien wieder gestiegen. **Tab. 8.3.4** dokumentiert die aktuellen Präsidenten der Rechtsanwaltskammern.

8.4 Versorgungswerke

Die berufsständische Versorgung ist neben der gesetzlichen Rentenversicherung und der Beamtenversorgung Bestandteil der Alterssicherung der Bundesrepublik Deutschland. Die Mitgliedschaft im Versorgungswerk ist für jeden Rechtsanwalt, unabhängig von seinem konkreten Versorgungsbedarf, verpflichtend. Die anwaltlichen Versorgungswerke wurden in Deutschland, beginnend in Niedersachen, ab 1982 nach dem Vorbild bereits länger existierender Versorgungswerke der Ärzteschaft etabliert. Sie sind als selbstständige rechtsfähige Körperschaften des öffentlichen Rechts nicht auf der Ebene der Rechtsanwaltskammern, sondern der Bundesländer organisiert. Ihre Organe sind die Vertreterversammlung, der Vorstand, der Präsident und der Geschäftsführer. Versorgungswerke werden durch den Berufsstand nach dem Prinzip der repräsentativen Demokratie selbst verwaltet.

Tab. 8.4.1 dokumentiert die Zahl der anwartschaftsberechtigten und der beitragsleistenden Mitglieder der Versorgungswerke. Trotz grundsätzlicher Pflichtmitgliedschaft in den Versorgungswerken sind bislang nicht alle Rechtsanwälte Mitglied eines Versorgungswerks, da bei Gründung eines Versorgungswerks für bereits zugelassene Rechtsanwälte jenseits eines bestimmten Lebensalters die Mitgliedschaft zur Wahl gestellt oder nicht mehr ermöglicht wurde. Da die letzte Gründung eines Versorgungswerks erst im Jahr 2001 erfolgte, wird es noch längere Zeit dauern, bis sich der Abdeckungsgrad 100 % nähert (aufgrund – sehr restriktiver – Befreiungsmöglichkeiten wird eine vollständige Abdeckung auch künftig nicht erreicht werden). Mitglieder im Versorgungswerk können nicht nur zugelassene, sondern auch ehemalige Rechtsanwälte sein, die weiterhin einen Mindestbeitrag entrichten. Die Zahl der Mitglieder lässt sich damit nicht ohne Weiteres ins Verhältnis mit der Zahl der zugelassenen Rechtsanwälte setzen.

Tab. 8.4.2 zeigt die jährlichen Beitragseinnahmen der anwaltlichen Versorgungswerke auf, die im Jahr 2011 die Schwelle von 1 Mrd. € erstmals durchbrachen und im Jahr 2022 bei 1,785 Mrd. € lagen. Nachgewiesen ist ferner der durchschnittliche Monatsbeitrag, der sich als fester Prozentwert des steuerpflichtigen Einkommens eines Rechtsanwalts berechnet. Im Mittel zahlten die Mitglieder der Versorgungswerke im Jahr 2022 einen Monatsbeitrag von 913,64 EUR. **Tab. 8.4.3** dokumentiert das Vermögen der Versorgungswerke, das diese im Hinblick auf das Prinzip der Kapitaldeckung aufbauen. 2022 verfügten die Versorgungswerke über Vermögensanlagen im Wert von mehr als 39 Mrd. EUR und erwirtschafteten mittlerweile Vermögenserträge jenseits einer Milliarde EUR. In **Tab. 8.4.4** ist schließlich die Entwicklung der Zahl der Rentenempfänger, die von den Versorgungswerken eine Alters-, Berufsunfähigkeits-, Witwen- oder Waisenrente beziehen, dargestellt. Die relativ niedrige Zahl der Altersrenten – 24.089 im Jahr 2022 – beruht darauf, dass auch in die älteren Versorgungswerke erst seit Mitte der 1980er Jahre Beiträge entrichtet werden, erste Empfänger von Altersrenten als Folge einer Pflichtmitgliedschaft daher überhaupt erst nach der Jahrtausendwende in den Ruhestand gehen konnten. Die Zahl der Empfänger von Altersrenten wird sich insofern in den nächsten Jahren sprunghaft und deutlich erhöhen.

8.5 Berufsgerichtsbarkeit

Die Anwaltschaft verfügt mit den Anwaltsgerichten, den Anwaltsgerichtshöfen und dem Anwaltssenat beim Bundesgerichtshof über eine eigene Berufsgerichtsbarkeit. Sie nimmt im Sinne von Art. 102 Abs. 1 GG die Aufgaben der Rechtsprechung sowohl in Verwaltungsangelegenheiten als auch in den Disziplinarangelegenheiten der Rechtsanwälte wahr. Im Gegensatz zu anderen Freiberufen ist mit diesen Angelegenheiten nicht die ordentliche Gerichtsbarkeit bzw. die Verwaltungsgerichtsbarkeit (durch spezielle Kammern) befasst, sondern aus historischen Gründen eine eigene Gerichtsbarkeit. Sie wurde bis 1994 als Ehrengerichtsbarkeit bezeichnet, die antiquierten Begrifflichkeiten Ehrengericht und Ehrengerichtshof wurden im Zuge der BRAO-Novelle 1994 durch die Bezeichnungen Anwaltsgericht und Anwaltsgerichtshof ersetzt.

In Disziplinarsachen ist in erster Instanz das mit drei Richtern besetzte Anwaltsgericht zuständig. Die Anwaltsgerichte sind bei den Rechtsanwaltskammern eingerichtet, aber grundsätzlich von diesen unabhängig. Richter des Anwaltsgerichts können nur Rechtsanwälte sein, die Mitglieder der Rechtsanwaltskammer sind, in deren Bezirk das Anwaltsgericht eingerichtet ist. Über die Berufung oder Beschwerde gegen Entscheidungen des Anwaltsgerichts sowie über Rügen der Rechtsanwaltskammern entscheidet der Anwaltsgerichtshof. Die Anwaltsgerichtshöfe sind bei den Oberlandesgerichten eingerichtete Gerichte, ihre Senate bestehen aus fünf Mitgliedern, drei Rechtsanwälten (unter ihnen der Vorsitzende) sowie zwei Berufsrichtern. Dritte Instanz in Disziplinarsachen ist der Senat für Anwaltssachen beim BGH. Verwaltungsstreitigkeiten gehen in erster Instanz zum Anwaltsgerichtshof, Rechtsmittel sodann zum Bundesgerichtshof.

Tab. 8.5.1 zeigt die Entwicklung des Geschäftsanfalls beim Senat für Anwaltssachen beim Bundesgerichtshof seit 1980 auf. Deutlich wird, dass zwar in absoluten Zahlen ein Wachstum des Geschäftsanfalls festzustellen ist, sich dieses allerdings nicht ähnlich dynamisch entwickelt hat wie das Wachstum der Anwaltschaft als solcher. Auffällig ist zudem, dass die Neueingänge in Disziplinarsachen seit Inkrafttreten des liberalisierten Berufsrechts abgenommen haben, ihre Zahl liegt trotz Zunahme der Anwaltszulassungen seit 1995 zwischen acht und 19 pro Jahr. Deutliches Übergewicht im Geschäftsanfall haben beim Anwaltssenat Verwaltungssachen. Welchen Gegenstand diese Verfahren haben, lässt sich anhand der Daten für die Jahre 2013 bis 2023 den **Tab. 8.5.2** und **Tab. 8.5.3** entnehmen: Zu 60 % war der Anwaltssenat zuletzt mit Verfahren über den Widerruf der Anwaltszulassung wegen Vermögensverfalls nach § 14 Abs. 2 Nr. 7 BRAO befasst.

Einen Überblick über den Gesamt-Geschäftsanfall der Anwaltsgerichte, der Anwaltsgerichtshöfe und des Anwaltssenats gibt **Tab. 8.5.4**. Das entsprechende Datenmaterial für die Anwaltsgerichte und Anwaltsgerichtshöfe wurde bis 1995 von der Arbeitsgemeinschaft der Präsidenten der Anwaltsgerichtshöfe zusammengestellt und durch die BRAK veröffentlicht. Das etablierte Berichtswesen ist seinerzeit abgebrochen. Das Soldan Institut erhebt daher seit 2009 den Geschäftsanfall bei den Anwaltsgerichtshöfen und Anwaltsgerichten selbst. Nicht gelungen ist, für den Zeitraum ab 1996 für alle betroffenen Gerichte der Anwaltsgerichtsbarkeit Zahlen zu ermitteln, so dass die Zahlenreihe zum bundesweiten Geschäftsanfall nicht fortgeschrieben werden konnte. Möglich ist aber, den Geschäftsanfall der Mehrzahl der einzelnen Anwaltsgerichtshöfe und Anwaltsgerichte ab dem Jahr 2001 nachzuweisen (s. **Tab. 8.5.5** bis **Tab. 8.5.7**). Für die Anwaltsgerichte lässt sich die entsprechende Datenreihe – mit einigen Lücken – bis zum Jahr 1980 zurückführen (**Tab. 8.5.10** bis **Tab. 8.5.13**), allerdings war die seinerzeit von der BRAK geführte und für das Statistische Jahrbuch übernommene Statistik nicht nach den Anwaltsgerichten gegliedert, sondern nach Bundesländern. Für die Jahre 1980 bis 2000 sind daher die Zahlen der Anwaltsgerichte aus jenen sechs Bundesländern mit mehr als einem Anwaltsgericht (Bayern, Baden-Württemberg, Rheinland-Pfalz, Hessen, Nordrhein-Westfalen, Niedersachsen) nicht näher nach Kammerbezirken aufgeschlüsselt.

Soweit die sowohl in Verwaltungs- als auch in Disziplinarsachen zuständigen Anwaltsgerichtshöfe ihren Geschäftsanfall nicht lediglich unspezifisch mitgeteilt haben, ist dieser in **Tab. 8.5.6** und **Tab. 8.5.7** für die einzelnen Anwaltsgerichtshöfe nach Verwaltungs- und Disziplinarverfahren differenziert nachgewiesen. Es zeigt sich erwartungsgemäß, dass die Verwaltungsverfahren überwiegen. Um einen Eindruck zu vermitteln, welchen Inhalt die Verfahren vor den Anwaltsgerichtshöfen haben, ist in **Tab. 8.5.9** für 14 der 16 Anwaltsgerichtshöfe, die ihre Geschäftstätigkeit sehr detailreich nachweisen, eine genauere Aufschlüsselung für die Jahre 2022 und 2023 vorgenommen worden. Da die Erhebungsstandards nicht bundeseinheitlich sind, mussten jene Verfahrensgegenstände, die nicht von allen Gerichten dokumentiert werden, jeweils den Rubriken „sonstige Verwaltungsverfahren" bzw. „sonstige Disziplinarverfahren" zugeordnet werden. Für die Jahre 1985 bis 1995 steht eine entsprechende bundesweite Auswertung zur Verfügung (s. **Tab. 8.5.8**). Sie belegt, dass vor der Berufsrechtsreform 1994 Zulassungsstreitigkeiten Haupttätigkeitsfeld der Anwaltsgerichtshöfe waren, während es danach für lange Zeit Widerrufsverfahren waren. Vorübergehend waren aufgrund der Einführung der Syndikusrechtsanwaltschaft im Jahr 2016 Zulassungssachen wieder zahlenmäßig überwiegend. Für die Anwaltsgerichte, die sich ausschließlich mit Disziplinarverfahren zu befassen haben, ist eine vergleichbare Aufschlüsselung des Gegenstands der Neueingänge in den Jahren 2021, 2022 und 2023 mit Ausnahme von Sachsen und Sachsen-Anhalt in **Tab. 8.5.14** dokumentiert. Anwaltsgerichtliche Verfahren nach § 116 BRAO und Verfahren über Anträge auf anwaltsgerichtliche Verfahren über eine Rüge nach § 74a BRAO sind Hauptgegenstand der Tätigkeit der Anwaltsgericht. **Tab. 8.5.15** informiert über die Häufigkeit der Verhängung der schärfsten Anwaltsgerichten zur Verfügung stehenden Sanktion, der Ausschließung eines Rechtsanwalts aus der Anwaltschaft aufgrund eines Verstoßes gegen anwaltliche Berufspflichten.

8.6 Schlichtungsstelle der Rechtsanwaltschaft

Seit Januar 2011 arbeitet die Schlichtungsstelle der Rechtsanwaltschaft als neutrale Einrichtung zur Schlichtung von Streitigkeiten zwischen Mandant und Rechtsanwalt. Unabhängige Schlichterin ist seit 15. Oktober 2022 Uta Fölster, ehemalige Präsidentin des Schleswig-Holsteinischen Oberlandesgerichts. Ihr Vertreter ist Martin Dreßler, ehemaliger Vorsitzender Richter am Landesarbeitsgericht Berlin-Brandenburg. Die Zahl der Neueingänge bei der Schlichtungsstelle hat in den letzten Jahren wieder abgenommen und ist 2022 wieder unter 1.000 jährlich gefallen. Rund die Hälfte der Anträge muss aus satzungsmäßigen Gründen abgelehnt werden, vor allem aufgrund fehlender Zuständigkeit der Schlichtungsstelle oder fehlender Erfolgsaussicht der Sache. Die Zahl der unterbreiteten Schlichtungsvorschläge betrug im Jahr 2023 360 (s. **Tab. 8.6.2**). Zum Jahreswechsel steht regelmäßig die Beantwortung von 10 bis 30 Schlichtungsvorschlägen durch die Parteien aus. Diese werden bei den in **Tab. 8.6.1** dargestellten Erledigungen nicht erfasst und erklären die Diskrepanz zwischen der Summe der in **Tab. 8.6.2** dargestellten erfolgreichen und erfolglosen Schlichtungsvorschläge und der Gesamtanzahl. Aufgeschlüsselt nach Kammerbezirken, variiert die Anzahl der Verfahrenseingänge bei der Schlichtungsstelle erheblich, was aufgrund der unterschiedlichen Mitgliederzahlen der einzelnen Rechtsanwaltskammern nicht überraschend ist. Die meisten Schlichtungseingänge sind seit einigen Jahren traditionell nicht aus dem Bezirk der mitgliederstärksten Kammern, sondern aus Berlin zu verzeichnen. Dies dürfte allerdings auch auf dem Standort der Schlichtungsstelle in Berlin beruhen. Die wenigsten Eingänge gab es in den Kammerbezirken Oldenburg, Saarland, Tübingen und Zweibrücken mit jeweils unter 10 (s. **Tab. 8.6.3**).

8.7 Deutscher Anwaltverein (DAV)

Der Deutsche Anwaltverein ist die Dachorganisation der örtlichen Anwaltvereine in Deutschland. Zweck des Deutschen Anwaltvereins ist seiner Satzung nach die Wahrung, Pflege und Förderung aller beruflichen und wirtschaftlichen Interessen der Anwaltschaft einschließlich des Anwaltsnotariats. Er geht zurück auf den 1871 gegründeten Deutschen Anwaltverein, in dem Rechtsanwälte auf freiwilliger Basis unmittelbar Mitglied werden konnten. Er wurde nach der nationalsozialistischen Machtergreifung aufgelöst. Die Neugründung des Deutschen Anwaltvereins nach dem Zweiten Weltkrieg erfolgte als Verein der mittlerweile mehr als 250 örtlichen Anwaltvereine in Deutschland, die zugleich auch Landesverbände bilden. Zudem verfügt der DAV über mehr als ein Dutzend Auslandsvereine. **Tab. 8.7.1** gibt die Entwicklung der Mitgliederzahlen der im Deutschen Anwaltverein zusammengefassten örtlichen Anwaltvereine seit 1961 wieder. Nach Angaben des Deutschen Anwaltvereins waren am 1. Januar 2024 insgesamt 58.725 Mitglieder in den örtlichen Anwaltvereinen organisiert. Die seit 2015 rückläufigen Mitgliederzahlen spiegeln in ihrer Dynamik relativ exakt die seit 2017 ebenfalls rückläufige Zahl der in Kanzlei niedergelassenen Rechtsanwälte, die den Großteil der Mitglieder des Deutschen Anwaltvereins bilden.

Wichtige Teilgliederungen des Deutschen Anwaltvereins sind seine Arbeitsgemeinschaften, in denen sich Rechtsanwälte entsprechend ihrer fachlichen Interessen und Tätigkeitsschwerpunkte organisieren können. In **Tab. 8.7.2** bis **Tab. 8.7.4** ist die Entwicklung der Mitgliederzahlen in den Arbeitsgemeinschaften dokumentiert. Die Mitgliederstatistik der Arbeitsgemeinschaften seit dem Jahr 2000 weist eine doppelte Entwicklung auf, die parallel zu der Entwicklung der Fachanwaltschaften gesehen werden kann: Zum einen ist ein Zuwachs an Arbeitsgemeinschaften bzw. Rechtsgebieten, zum anderen ein Zuwachs an Mitgliedern in den Arbeitsgemeinschaften zu verzeichnen. Im Vergleich zum Jahr 2000 haben sich die Mitgliederzahlen bis 2022 mehr als verdoppelt. Nach einem vorläufigen Höhepunkt von 44.968 Mitgliedern im Jahr 2013 ist der Mitgliederstand seit 2015 allerdings rückläufig und betrug im Jahr 2022 nur noch 39.567. Die mitgliederstärksten Arbeitsgemeinschaften sind die ARGEn Familienrecht und Verkehrsrecht mit 5.560 bzw. 4.727 Mitgliedern.

Seinen Sitz hat der Deutsche Anwaltverein seit 2000 in Berlin. An der Spitze steht eine von der Mitgliederversammlung gewählte Präsidentin. Seit 2019 ist dies die Bremische Rechtsanwältin und Notarin Edith Kindermann. Die Präsidenten des Deutschen Anwaltvereins seit 1871 sind in der **Tab. 8.7.5** aufgelistet. Der Deutsche Anwaltverein richtet jährlich den Deutschen Anwaltstag (DAT) aus. **Tab. 8.7.6** dokumentiert die Orte, an denen der Anwaltstag seit 1871 stattgefunden hat und bis 2026 stattfinden wird.

8 Institutionen der Anwaltschaft

8.1. Bundesrechtsanwaltskammer (BRAK)

Tab. 8.1.1: BRAK-Präsidenten seit 1946*

Jahr	Name	Ort
1946 – 1947	RA Dr. h.c. Gustav Finck	Köln
1947 – 1954	RA Prof. Dr. Walter Fischer	Hamburg
1954 – 1959	RA Dr. h.c. Gustav Finck	Köln
1959 – 1960	RA Dr. Florian Waldeck	Mannheim
1961	RA Dr. Friedrich Franke	Düsseldorf
1961 – 1967	RA Dr. Arthur Müller	Celle
1967 – 1974	RA JR Dr. Karl Weber	Koblenz
1974 – 1983	RA Dr. Heinrich Vigano	Köln
1983 – 1991	RAuN Dr. Klaus Schmalz	Frankfurt
1991 – 1999	RAuN Dr. Eberhard Haas	Bremen
1999 – 2007	RAuN Dr. Bernhard Dombek	Berlin
2007 – 2015	RA Axel C. Filges	Hamburg
2015 – 2018	RA Ekkehart Schäfer	Ravensburg
seit 2018	RAuN Dr. Ulrich Wessels	Münster

* bis 1949 Vereinigung der Rechtsanwaltskammern in der Britischen Zone, 1949-1959 Arbeitsgemeinschaft der Anwaltskammervorstände in der Bundesrepublik Deutschland

Quelle: Bundesrechtsanwaltskammer

8.2. Satzungsversammlung

Tab. 8.2.1: Gewählte Mitglieder in der Satzungsversammlung seit 1999

RAK*	2. WP** 1999-2003	3. WP 2003-2007	4. WP 2007-2011	5. WP 2011-2015	6. WP 2015-2019	7. WP 2019-2023	8. WP seit 2023
BGH	1	1	1	1	1	1	1
Bamberg	2	3	3	2	2	2	1
Berlin	7	10	12	7	7	8	8
Brandenburg	2	2	3	2	2	2	2
Braunschweig	2	2	2	1	1	1	1
Bremen	2	2	2	1	1	1	1
Celle	4	5	6	3	3	3	3
Düsseldorf	7	9	11	6	7	3	7
Frankfurt	10	14	15	9	10	10	10
Freiburg	3	3	4	2	2	2	2
Hamburg	6	7	9	5	6	6	6
Hamm	10	12	13	7	7	7	7
Karlsruhe	4	4	5	3	3	3	3
Kassel	2	2	2	1	1	1	1
Koblenz	3	3	4	2	2	2	2
Köln	8	10	12	7	7	7	4
Mecklenburg-Vorp.	2	2	2	1	1	1	0
München	12	15	18	10	11	11	12
Nürnberg	3	4	5	3	3	3	3
Oldenburg	2	3	3	2	2	2	2
Saarland	1	2	2	1	1	1	1
Sachsen	4	4	5	3	3	3	3
Sachsen-Anhalt	2	2	2	1	1	1	1
Schleswig-Holstein	3	4	4	2	2	2	2
Stuttgart	5	6	7	4	4	4	4
Thüringen	2	2	2	2	2	1	1
Tübingen	2	2	2	2	2	2	1
Zweibrücken	2	2	2	1	1	1	1
GESAMT	**113**	**137**	**158**	**91**	**95**	**91**	**90**

Quelle: Internetauftritt der BRAK

* RAK = Rechtsanwaltskammer
** WP = Wahlperiode

8.3. Rechtsanwaltskammern

Tab. 8.3.1: Zahl der Mitglieder der Rechtsanwaltskammern am 1.1.2024

Kammer	Mitglieder
BGH	37
Bamberg	2.705
Berlin	15.287
Brandenburg	2.139
Braunschweig	1.730
Bremen	1.844
Celle	5.895
Düsseldorf	13.436
Frankfurt	20.179
Freiburg	3.611
Hamburg	11.762
Hamm	13.714
Karlsruhe	4.763
Kassel	1.781
Koblenz	3.305
Köln	13.284
Mecklenburg-V.	1.310
München	23.793
Nürnberg	4.983
Oldenburg	2.758
Saarland	1.421
Sachsen	4.396
Sachsen-Anhalt	1.456
Schleswig-Holstein	3.794
Stuttgart	8.008
Thüringen	1.712
Tübingen	2.044
Zweibrücken	1.369
GESAMT	**172.516**

Quelle: Bundesrechtsanwaltskammer

Tab. 8.3.2: Zahl der Kammermitglieder von 1980 bis 2024

Jahr	Mitglieder	Veränderung (in %)	Index (Basisjahr 1980)
1980	36.077		100,0
1985	47.352	5,4	131,3
1990	57.082	4,6	158,2
1991	59.903	4,9	166,0
1992	64.318	7,4	178,3
1993	67.562	5,0	187,3
1994	70.881	4,9	196,5
1995	74.735	5,4	207,2
1996	79.265	6,1	219,7
1997	85.543	7,9	237,1
1998	91.952	7,5	254,9
1999	98.210	6,8	272,2
2000	104.501	6,4	289,7
2001	110.843	6,1	307,2
2002	116.820	5,4	323,8
2003	121.961	4,4	338,1
2004	127.333	4,4	352,9
2005	133.113	4,5	369,0
2006	138.679	4,2	384,4
2007	143.442	3,3	397,6
2008	147.557	2,9	409,0
2009	151.057	2,4	418,7
2010	154.018	2,0	426,9
2011	156.479	1,6	433,7
2012	159.315	1,8	441,6
2013	161.821	1,6	448,5
2014	163.690	1,2	453,7
2015	164.539	0,5	456,1
2016	164.884	0,2	457,0
2017	165.551	0,4	458,9
2018	165.855	0,2	459,7
2019	166.375	0,3	461,2
2020	167.234	0,5	463,5
2021	167.092	-0,1	463,2
2022	167.085	0,0	463,1
2023	169.388	1,4	469,5
2024	172.516	1,8	478,2

Quelle: Bundesrechtsanwaltskammer, Große Mitgliederstatistik, eigene Berechnungen (Stand zum 1.1. des jeweiligen Jahres)

Tab. 8.3.3: Zahl der Kammermitglieder nach Art der Mitgliedschaft von 1991 bis 2023

Jahr	§ 4 BRAO § 46 BRAO	§ 206 BRAO § 2 EuRAG	§ 209 BRAO	§ 59c BRAO	§ 60 Abs. 2 Nr. 3 BRAO
1991	59.433	22	448	–	–
1995	74.207	84	444	–	–
1996	78 724	98	443	–	–
1997	85 007	98	438	–	–
1998	91.406	111	436	–	–
1999	97.652	139	419	–	–
2000	103.909	158	400	34	0
2001	110.184	183	401	75	0
2002	116.012	293	389	122	0
2003	121.049	371	382	159	1
2004	126.396	397	372	168	1
2005	132.140	429	364	179	1
2006	137.597	507	354	217	1
2007	142.303	527	346	265	1
2008	146.428	482	334	305	9
2009	149.841	536	330	340	10
2010	152.686	565	319	421	28
2011	155.071	608	309	475	16
2012	157.745	681	298	558	33
2013	160.139	741	290	611	40
2014	161.900	795	276	680	39
2015	162.694	819	266	720	37
2016	162.884	888	249	694	42
2017	163.461	932	233	857	54
2018	163.669	990	222	917	60
2019	164.057	1.047	205	979	87
2020	164.764	1.137	188	1.057	88
2021	164.508	1.172	169	1.155	88
2022	164.384	1.203	158	1.238	99
2023	165.186	1.229	134	1.332	866
2024	165.778	1.310	122	4.750	1.890

§ 4 BRAO: Rechtsanwalt im Sinne des § 4 BRAO (Befähigung zum Richteramt nach dem DRiG, bestandene Eignungsprüfung nach § 16 EuRAG, Eingliederung nach § 11 EuRAG)
§ 46 BRAO: Syndikusrechtsanwalt
§ 206 BRAO: niedergelassener Rechtsanwalt mit Berufsbefähigung aus einem Vertragsstaat der Welthandelsorganisation (§ 206 Abs. 1 BRAO) oder aus einem sonstigen Staat (§ 206 Abs. 2 BRAO) („ausländischer Rechtsanwalt")
§ 2 EuRAG: niedergelassener europäischer Rechtsanwalt mit Berufsbefähigung aus einem Mitgliedstaat der EU / des EWR im Sinne des § 2 EuRAG („ausländischer Rechtsanwalt")
§ 209 BRAO: Rechtsbeistand
§ 59c BRAO: Rechtsanwaltsgesellschaft (GmbH, UG oder Aktiengesellschaft) – erst ab 2000 Mitgliedsstatus
§ 60 Abs. 3 S. 1 BRAO: Geschäftsführer einer Rechtsanwaltsgesellschaft, der nicht anderweitig Kammermitglied ist
Quelle: Bundesrechtsanwaltskammer, Große Mitgliederstatistik, eigene Berechnungen (Stand zum 1.1. des jeweiligen Jahres)

8 Institutionen der Anwaltschaft

Tab. 8.3.4: Präsidentinnen und Präsidenten der regionalen Rechtsanwaltskammern

Rechtsanwaltskammer	Präsident(in)
BGH	RAin Dr. Brunhilde Ackermann
Bamberg	RAin Ilona Treibert
Berlin	RAin Dr. Vera Hofmann
Brandenburg	RA Dr. Frank Engelmann
Braunschweig	RAuN Dr. Peter Beer
Bremen	RA Jan Büsing
Celle	RAuN Dr. Thomas Remmers
Düsseldorf	RAin Leonora Holling
Frankfurt	RA Dr. Michael Griem
Freiburg	RA Prof. Dr. Markus Klimsch
Hamburg	RA Dr. Christian Lemke
Hamm	RA Hans Ulrich Otto
Karlsruhe	RA André Haug
Kassel	RAuN Marcus Baum
Koblenz	RA JR Gerhard Leverkinck
Köln	RA Dr. Thomas Gutknecht
Mecklenburg-Vorpommern	RA Stefan Graßhoff
München	RAin Anne Riethmüller
Nürnberg	RA Dr. Uwe Wirsching
Oldenburg	RAuN Jan J. Kramer
Saarland	RA JR Raimund Hübinger
Sachsen	RAin Sabine Fuhrmann
Sachsen-Anhalt	RA Guido Kutscher
Schleswig-Holstein	RAuN Jürgen Doege
Stuttgart	RAin Ulrike Paul
Thüringen	RA Jan Helge Kestel
Tübingen	RA Albrecht Luther
Zweibrücken	RA JR Dr. Thomas Seither

8 Institutionen der Anwaltschaft

8.4. Versorgungswerke

Tab. 8.4.1: Mitglieder der anwaltlichen Versorgungswerke von 2001 bis 2022

Jahr	anwartschaftsberechtigte Mitglieder	davon beitragsleistende Mitglieder	Rechtsanwälte
2001	80.792	77.773	110.367
2003	96.517	93.052	121.420
2005	111.857	109.147	132.569
2007	114.091	110.801	142.830
2008	119.481	115.654	146.910
2009	139.143	131.494	150.377
2010	143.302	134.509	153.251
2011	149.387	138.577	155.679
2012	154.458	142.227	158.426
2013	158.029	141.316	160.880
2014	169.777	150.760	162.695
2015	172.631	152.193	163.513
2016	176.555	153.681	163.772
2017	179.371	155.154	164.393
2018	182.695	157.283	164.656
2019	185.238	157.988	165.104
2020	189.465	160.233	165.901
2021	192.147	161.461	165.680
2022	194.667	162.772	165.587

Quelle: Arbeitsgemeinschaft berufsständischer Versorgungseinrichtungen e.V. (ABV) / Stand zum 1.1. des jeweiligen Jahres

Tab. 8.4.2: Beitragsaufkommen der anwaltlichen Versorgungswerke von 2001 bis 2022

Jahr	Beiträge in Mio. EUR	Durchschnittsbeitrag pro Mitglied in EUR
2001	486	520,75
2003	596	533,75
2005	750	572,62
2007	812	610,70
2008	885	637,68
2009	941	596,35
2010	987	611,48
2011	1.100	661,49
2012	1.135	665,27
2013	1.158	682,87
2014	1.252	691,13
2015	1.236	676,69
2016	1.308	709,00
2017	1.498	804,42
2018	1.511	800,60
2019	1.577	831,61
2020	1.676	871,86
2021	1.755	905,57
2022	1.785	913,64

Quelle: Arbeitsgemeinschaft berufsständischer Versorgungseinrichtungen e.V. (ABV) / Stand zum 1.1. des jeweiligen Jahres

Tab. 8.4.3: Vermögen der anwaltlichen Versorgungswerke von 2001 bis 2022

Jahr	Vermögensanlagen in Mio. EUR	Vermögenserträge in Mio. EUR
2001	4.340	250
2003	5.800	248
2005	7.693	323
2006	8.479	409
2007	9.871	505
2008	11.233	543
2009	12.410	525
2010	13.560	569
2011	15.892	677
2012	17.257	592
2013	19.380	743
2014	21.872	879
2015	22.734	934
2016	25.586	947
2017	27.356	1.055
2018	29.339	1.003
2019	31.539	1.150
2020	33.760	1.316
2021	36.807	1.569
2022	39.863	1.153

Quelle: Arbeitsgemeinschaft berufsständischer Versorgungseinrichtungen e.V. (ABV) / Stand zum 1.1. des jeweiligen Jahres

Tab. 8.4.4 Rentenempfänger der anwaltlichen Versorgungswerke von 2001 bis 2022

Jahr	Alters-renten	Berufsunfähig-keitsrenten	Witwen/r-renten	Waisen-renten	Gesamtzahl Renten
2001	843	216	518	494	2.071
2003	1.367	319	642	575	2.903
2005	2.114	436	811	713	4.074
2006	2.506	475	908	773	4.662
2007	3.351	511	1.123	818	5.803
2008	4.013	570	1.201	827	6.611
2009	4.606	617	1.300	835	7.358
2010	5.293	642	1.403	896	8.234
2011	5.996	699	1.502	935	9.132
2012	6.709	774	1.658	964	10.105
2013	8.248	814	1.872	994	11.928
2014	9.680	933	2.137	1.093	13.843
2015	10.627	977	2.313	1.117	15.034
2016	12.114	998	2.582	1.155	16.849
2017	13.402	1.038	2.994	1.264	18.698
2018	15.224	1.075	3.059	1.256	20.614
2019	17.258	1.066	3.322	1.303	22.949
2020	19.522	1.055	3.627	1.339	24.993
2021	21.828	1.041	3.931	1.349	28.149
2022	24.089	1.045	4.228	1.392	30.754

Quelle: Arbeitsgemeinschaft berufsständischer Versorgungseinrichtungen e.V. (ABV) / Stand zum 1.1. des jeweiligen Jahres

8.5. Berufsgerichtsbarkeit

Tab. 8.5.1: Geschäftsanfall des Senats für Anwaltssachen beim Bundesgerichtshof von 1980 bis 2023

Jahr	Neueingänge in Verwaltungsverfahren	Neueingänge in Disziplinarsachen
1980	34	2
1985	63	13
1990	86	27
1991	71	18
1992	59	11
1993	87	18
1994	82	9
1995	61	16
1996	68	11
1997	84	16
1998	101	19
1999	81	12
2000	78	15
2001	77	14
2002	86	15
2003	100	14
2004	99	15
2005	119	11
2006	116	11
2007	96	15
2008	124	13
2009	123	14
2010	74	11
2011	73	11
2012	82	8
2013	106	8
2014	63	13
2015	66	13
2016	66	9
2017	73	7
2018	86	8
2019	72	9
2020	44	13
2021	56	11
2022	34	10
2023	48	7

Quelle: Bundesgerichtshof

8 Institutionen der Anwaltschaft

Tab. 8.5.2: Überblick über die Neueingänge in Verwaltungsverfahren beim Senat für Anwaltssachen beim Bundesgerichtshof von 2016 bis 2019

Verfahrensgegenstand	2016	2017	2018	2019
Widerruf / Versagung § 7 Nr. 9 / § 14 Abs. 2 Nr. 7 BRAO	46	39	37	42
Widerruf / Versagung § 7 Nr. 8 / § 14 Abs. 2 Nr. 8 BRAO	1	1	1	0
Widerruf § 14 Abs. 2 Nr. 10 BRAO	0	2	1	0
Widerruf / Versagung § 7 Nr. 7 / § 14 Abs. 2 Nr. 3 BRAO	1	0	1	0
Widerruf § 14 Abs. 3 Nr. 1 BRAO	0	1	0	0
Widerruf § 14 Abs. 2 Nr. 4 BRAO	0	0	1	0
Versagung § 7 Nr. 5 BRAO	1	4	2	1
Anordnung Vorlage eines ärztlichen Gutachtens, § 15 BRAO	0	0	0	0
Zulassung als Rechtsanwaltsgesellschaft (GmbH/AG)	1	0	0	0
Verleihung einer Fachanwalts-/beistandsbezeichnung	4	0	6	2
Zulassung als Syndikusrechtsanwalt/-rechtsanwältin	0	16	26	19
Sonstiges	12	10	12	8

Quelle: Bundesgerichtshof

Tab. 8.5.3: Überblick über die Neueingänge in Verwaltungsverfahren beim Senat für Anwaltssachen beim Bundesgerichtshof von 2020 bis 2023

Verfahrensgegenstand	2020	2021	2022	2023
Widerruf / Versagung § 7 Nr. 9 / § 14 Abs. 2 Nr. 7 BRAO	20	28	18	29
Widerruf / Versagung § 7 Nr. 8 / § 14 Abs. 2 Nr. 8 BRAO	2	2	0	1
Widerruf § 14 Abs. 2 Nr. 10 BRAO	0	0	1	0
Widerruf / Versagung § 7 Nr. 7 / § 14 Abs. 2 Nr. 3 BRAO	0	1	0	0
Widerruf § 14 Abs. 3 Nr. 1 BRAO	0	0	0	0
Widerruf § 14 Abs. 2 Nr. 4 BRAO	0	0	0	0
Versagung § 7 Nr. 5 BRAO	3	2	1	0
Anordnung Vorlage eines ärztlichen Gutachtens, § 15 BRAO	0	1	0	0
Zulassung als Rechtsanwaltsgesellschaft (GmbH/AG)	0	0	0	0
Verleihung einer Fachanwalts-/beistandsbezeichnung	4	0	1	1
Widerruf einer Fachanwalts-/beistandsbezeichnung	0	2	2	1
Zulassung als Syndikusrechtsanwalt/-rechtsanwältin	7	6	4	6
Widerruf/Rücknahme der Registrierung nach EuRAG	0	1	0	2
Sonstiges	8	13	7	8

Quelle: Bundesgerichtshof

Tab. 8.5.4: Geschäftsanfall der Anwaltsgerichtsbarkeit von 1980 bis 1995, 2009 bis 2023

Jahr	AnwG / EG Insgesamt	AGH / EGH Insgesamt	BGH insgesamt
1980	454	184	36
1981	403	250	63
1982	495	226	62
1983	419	251	54
1984	567	275	75
1985	560	320	76
1986	585	261	92
1987	632	265	81
1988	558	261	86
1989	574	318	89
1990	491	268	113
1991	459	339	89
1992	465	318	70
1993	390	405	105
1994	420		91
1996	456	365	77
...	...	...	...
2009	759	456	137
2010	695	408	85
2011	691	389	84
2012	738	320	90
2013	739	271	114
2014	756	292	76
2015	726	294	79
2016	710	366	75
2017	678	416	80
2018	588	342	94
2019	569	242	81
2020	603	240	57
2021	581	* 231	67
2022	688	233	44
2023	524	237	55

AnwG/EG: Anwaltsgerichte / Ehrengerichte AGH/EGH: Anwaltsgerichtshöfe / Ehrengerichtshöfe

* 2021 ohne Berlin

Quelle: Anwaltsgerichte bzw. Rechtsanwaltskammern / Präsidenten der Anwaltsgerichtshöfe / BGH

Tab. 8.5.5: Geschäftsanfall der Anwaltsgerichtshöfe von 2012 bis 2023 – gesamt

Bundesland	2012	2013	2014	2015	2016	2017	2018	2019	2020	2021	2022	2023
Baden-Württemb.	24	13	26	22	16	43	21	26	17	23	18	11
Bayern	32	35	39	39	41	67	73	49	55	51	66	54
Berlin	32	32	37	34	22	28	40	15	15	n.v.	12	31
Brandenburg	8	3	5	7	10	11	15	10	5	3	3	2
Bremen	6	3	3	1	0	3	3	3	1	0	4	2
Hamburg	11	9	8	15	18	20	14	11	5	16	8	10
Hessen	41	22	29	21	27	34	34	20	29	22	24	25
Mecklenburg-Vorp.	10	7	3	7	0	5	2	0	8	3	4	1
Niedersachsen	28	24	21	20	38	32	31	10	16	15	21	13
Nordrhein-Westf.	76	72	71	85	121	113	75	75	57	61	48	62
Rheinland-Pfalz	10	9	10	13	18	23	9	10	5	9	3	5
Saarland	8	4	6	0	10	3	3	4	0	5	2	1
Sachsen	21	21	19	18	24	8	3	5	5	5	7	1
Sachsen-Anhalt	4	8	8	7	2	16	7	8	8	7	4	9
Schleswig-H.	5	9	7	3	15	5	10	8	10	5	6	2
Thüringen	4	0	0	2	4	5	2	3	4	6	3	8

Quelle: Auskunft der Anwaltsgerichtshöfe

Tab. 8.5.6: Geschäftsanfall der Anwaltsgerichtshöfe von 2012 bis 2023 – Verwaltungsverfahren*

Bundesland	2012	2013	2014	2015	2016	2017	2018	2019	2020	2021	2022	2023
Baden-Württemb.	20	22	8	13	11	36	17	21	15	15	15	3
Bayern	16	18	19	24	23	51	61	35	35	29	36	35
Berlin	28	27	27	24	20	23	34	11	12	n.v.	17	13
Brandenburg	8	0	3	6	5	6	11	7	2	3	2	1
Bremen	5	2	2	0	0	1	1	2	0	0	4	2
Hamburg	9	7	4	8	16	15	7	8	4	12	5	6
Hessen**	35	12	11	12	16	27	27	8	15	15	17	16
Mecklenburg-Vorp.	7	6	1	3	0	4	1	0	4	3	4	1
Niedersachsen	18	16	12	13	25	25	25	6	13	14	17	8
Nordrhein-Westf.	56	49	51	57	98	95	54	45	42	45	38	45
Rheinland-Pfalz	9	7	10	11	18	21	9	10	5	7	2	5
Saarland	3	2	2	0	9	2	3	2	0	5	2	1
Sachsen	20	18	17	14	24	4	2	3	4	5	7	1
Sachsen-Anhalt	3	7	7	4	2	12	7	5	5	4	2	7
Schleswig-H.	4	8	4	2	14	5	10	7	9	4	4	1
Thüringen	4	0	0	1	4	4	2	1	3	6	3	8

* Ohne Verfahren der Zwangsgeldfestsetzung nach § 57 BRAO
** Darunter je neun Verfahren aus 2017/2018, die in der Statistik als „sonstige Verfahren i. S. d. der BRAO" bezeichnet wurden.

Quelle: Auskunft der Anwaltsgerichtshöfe

Tab. 8.5.7: Geschäftsanfall der Anwaltsgerichtshöfe von 2012 bis 2023 – Disziplinarverfahren

Bundesland	2012	2013	2014	2015	2016	2017	2018	2019	2020	2021	2022	2023
Baden-Württemb.	4	4	5	9	5	7	3	5	2	8	3	8
Bayern	16	17	22	13	17	15	12	13	20	21	30	19
Berlin	1	5	4	7	2	5	4	4	3	n.v.	7	2
Brandenburg	0	3	2	1	5	3	4	2	3	0	1	1
Bremen	0	1	1	1	0	1	0	1	1	0	0	0
Hamburg	2	2	3	6	2	4	7	3	1	4	3	4
Hessen	6	10	18	9	11	7	7	12	14	7	7	9
Mecklenburg-Vorp.	3	1	2	4	0	1	1	0	4	0	0	0
Niedersachsen	9	8	9	7	13	5	6	4	3	1	4	5
Nordrhein-Westf.	14	15	19	28	23	14	15	22	10	14	10	15
Rheinland-Pfalz	1	2	0	2	0	2	0	0	0	2	1	0
Saarland	5	2	4	0	1	1	0	2	0	0	0	0
Sachsen	1	3	2	4	0	4	1	2	1	0	0	0
Sachsen-Anhalt	1	1	1	3	0	4	0	3	3	3	2	2
Schleswig-H.	1	1	3	1	1	0	0	1	1	1	2	1
Thüringen	0	0	0	1	0	1	0	0	0	0	0	0

Quelle: Auskunft der Anwaltsgerichtshöfe

Tab. 8.5.8: Gegenstand der Neueingänge bei den Anwaltsgerichtshöfen 2022 bis 2023

Verfahrensgegenstand	2022	2023
Zulassungsverfahren	33	28
Rücknahme- und Widerrufsverfahren	60	59
vorläufige Vollziehung	1	2
Fachanwaltsverfahren	5	19
sonstige Verwaltungsverfahren	34	54
Berufungen vom Anwaltsgericht	43	50
sonstige Disziplinarverfahren	1	5
Zwangsgeldfestsetzung nach § 57 BRAO	6	2

Quelle: Auskunft der Anwaltsgerichtshöfe (ohne Niedersachsen)

8 Institutionen der Anwaltschaft

Tab. 8.5.9: Geschäftsanfall der Anwaltsgerichte von 1980 bis 1990 – nach Bundesländern

Bundesland	1980	1981	1982	1983	1984	1985	1986	1987	1988	1989	1990
Baden-Württemb.	43	29	24	37	50	56	44	62	45	47	34
Bayern	120	95	101	81	91	86	83	96	67	48	40
Berlins	71	47	84	58	65	50	57	48	56	48	40
Bremen	2	1	2	5	4	1	5	4	5	4	11
Hamburg	29	26	34	24	32	20	36	31	34	23	13
Hessen	26	28	33	21	59	62	52	71	68	47	59
Niedersachsen	29	41	53	37	78	85	95	54	70	65	42
Nordrhein-Westf.	80	59	75	111	146	104	109	157	145	162	106
Rheinland-Pfalz	12	26	18	9	8	13	29	27	23	32	25
Saarland	7	15	34	8	29	27	15	14	11	14	16
Schleswig-Holstein	35	36	37	28	5	46	60	68	34	54	65

Quelle: Bundesrechtsanwaltskammer

Tab. 8.5.10: Geschäftsanfall der Anwaltsgerichte von 1991 bis 2000 – nach Bundesländern

Bundesland	1991	1992	1993	1994	1995	1996	1997	1998	1999	2000
Baden-Württemberg	33	44	27	24	35					
Bayern*	44	35	45	64	76	27		24	130	85
Berlin	44	35	45	64	65					75
Brandenburg				9	0					12
Bremen	21	11	6	3	5	8	8	9	9	11
Hamburg	14	24	15	16	19					
Hessen**	40	59	43	59	64	66	56	95	58	71
Mecklenburg-Vorp.					3					
Niedersachsen	76	56	42	55	37					73
Nordrhein-Westfalen	81	85	81	107	100	104	105		121	123
Rheinland-Pfalz***	26	25	17	32	24	7	10	18	15	40
Saarland	22	17	4	12	4					
Sachsen				6	1	5	9	10	27	39
Sachsen-Anhalt					0					7
Schleswig-Holstein	49	39	27	31	23	40	46	48	46	30
Thüringen					0					

* 1996 bis 1998 ohne AnwG München ** 1996 bis 2000 ohne AnwG Kassel *** 1996 bis 1999 nur AnwG Zweibrücken

Quelle: Bundesrechtsanwaltskammer (bis 1995) / Rechtsanwaltskammern (ab 1996)

8 Institutionen der Anwaltschaft

Tab. 8.5.11: Geschäftsanfall der Anwaltsgerichte von 2001 bis 2010 – nach Anwaltsgerichten

Bundesland		2001	2002	2003	2004	2005	2006	2007	2008	2009	2010
Baden-Württemberg	Freiburg	16	9	21	15	10	9	10	9	17	18
	Karlsruhe	8	7	18	19	13	14	15	17	17	11
	Stuttgart	26	24	29	17	14	34	32	15	8	14
	Tübingen	11	13	11	16	8	8	3	5	6	4
Bayern	Bamberg	7	5	7	9	13	8	19	12	25	14
	München	81	64	66	58	76	44	51	64	72	77
	Nürnberg	9	14	19	13	16	12	29	31	16	7
Berlin		90	89	66	64	56	54	40	66	43	39
Brandenburg		7	6	10	11	7	18	6	11	21	18
Bremen		18	13	9	4	10	7	5	12	8	12
Hamburg		26	23	35	39	18	22	24	27	17	17
Hessen	Frankfurt	52	81	69	100	148	117	119	112	111	94
	Kassel	11	9	16	16	14	14	10	8	18	15
Mecklenburg-Vorp.		15	1	12	21	15	19	1	12	13	14
Niedersachsen	Braunschweig	7	9	6	7	5	6	5	5	6	12
	Celle	39	40	42	44	44	23	40	37	35	31
	Oldenburg	16	11	26	28	20	25	16	24	13	22
Nordrhein-Westfalen	Düsseldorf	33	40	17	30	20	48	60	63	40	30
	Hamm	53	53	36	53	55	59	80	63	79	94
	Köln	45	39	25	42	52	41	49	38	76	66
Rheinland-Pfalz	Koblenz	21	17	18	24	12	34	27	17	11	7
	Zweibrücken	27	22	18	14	11	17	22	8	11	10
Saarland		13	6	11	14	9	14	5	12	18	11
Sachsen		47	34	29	47	37	65	23	20	28	21
Sachsen-Anhalt		4	3	3	10	6	8	6	2	9	4
Schleswig-Holstein		47	36	23	31	28	23	39	25	29	21
Thüringen		9	11	15	6	20	12	13	11	9	10
GESAMT		**738**	**679**	**657**	**753**	**737**	**755**	**752**	**731**	**759**	**695**

Quelle: Auskünfte der Rechtsanwaltskammern / eigene Berechnungen

Tab. 8.5.12: Geschäftsanfall der Anwaltsgerichte von 2011 bis 2020 – nach Anwaltsgerichten

Bundesland		2011	2012	2013	2014	2015	2016	2017	2018	2019	2020
Baden-Württemberg	Freiburg	14	17	k.A.	10	15	9	8	8	4	5
	Karlsruhe	18	17	12	12	12	11	10	9	14	4
	Stuttgart	27	10	23	20	13	22	15	14	14	9
	Tübingen	13	11	13	13	5	4	9	6	5	4
Bayern	Bamberg	13	13	8	12	11	6	9	10	8	16
	München	77	86	87	83	71	75	78	78	83	68
	Nürnberg	4	18	22	12	18	17	18	23	22	32
Berlin		47	54	33	56	51	39	25	24	32	23
Brandenburg		20	16	30	18	23	21	9	14	19	9
Bremen		8	9	7	3	10	4	4	5	9	6
Hamburg		16	18	20	21	19	32	22	21	17	22
Hessen	Frankfurt	99	73	99	75	77	88	61	50	43	76
	Kassel	13	6	9	7	8	6	7	2	10	7
Mecklenburg-Vorp.		16	4	11	18	13	10	11	12	2	4
Niedersachsen	Braunschweig	13	7	3	5	9	4	10	7	6	7
	Celle	22	28	54	29	30	28	30	22	24	15
	Oldenburg	44	24	22	24	24	20	22	14	10	12
Nordrhein-Westfalen	Düsseldorf	31	76	66	70	90	104	79	74	55	61
	Hamm	43	99	80	90	86	80	94	85	81	92
	Köln	57	61	51	66	43	59	72	47	46	48
Rheinland-Pfalz	Koblenz	7	12	8	4	14	4	6	4	7	6
	Zweibrücken	6	11	11	18	8	8	14	6	9	15
Saarland		14	11	13	5	8	6	9	3	5	12
Sachsen		25	10	24	34	36	19	25	13	14	14
Sachsen-Anhalt		4	6	7	6	8	8	8	11	7	4
Schleswig-Holstein		34	29	23	34	14	23	12	20	17	23
Thüringen		6	12	3	11	10	3	11	6	6	9
GESAMT		**691**	**738**	**739**	**756**	**726**	**710**	**678**	**588**	**569**	**603**

Quelle: Auskünfte der Anwaltsgerichte / eigene Berechnungen

8 Institutionen der Anwaltschaft

Tab. 8.5.13: Geschäftsanfall der Anwaltsgerichte von 2021 bis 2023 – nach Anwaltsgerichten

Bundesland		2021	2022	2023
Baden-Württemberg	Freiburg	11	5	7
	Karlsruhe	16	13	19
	Stuttgart	12	16	11
	Tübingen	3	3	3
Bayern	Bamberg	16	15	8
	München	76	61	45
	Nürnberg	34	36	9
Berlin		31	21	50
Brandenburg		13	17	11
Bremen		4	6	9
Hamburg		27	27	7
Hessen	Frankfurt	69	94	95
	Kassel	7	5	2
Mecklenburg-Vorp.		3	8	5
Niedersachsen	Braunschweig	17	5	6
	Celle	12	16	11
	Oldenburg	11	12	17
Nordrhein-Westfalen	Düsseldorf	50	75	35
	Hamm	68	96	90
	Köln	54	56	31
Rheinland-Pfalz	Koblenz	4	4	2
	Zweibrücken	12	7	4
Saarland		8	8	7
Sachsen		7	11	15
Sachsen-Anhalt		3	20	6
Schleswig-Holstein		14	30	15
Thüringen		9	4	4
GESAMT		**581**	**688**	**524**

Quelle: Auskünfte der Anwaltsgerichte / eigene Berechnungen

Tab. 8.5.14: Gegenstand der Neueingänge bei den Anwaltsgerichten (mit Ausnahme von Sachsen und Sachsen-Anhalt) 2021 bis 2023

Verfahrensgegenstand	2021	2022	2023
anwaltsgerichtliche Verfahren (§ 116 BRAO)	451	504	419
Verfahren nach §§ 150, 161a BRAO	1	1	2
Verfahren nach § 74a BRAO	62	69	54
sonstige Verfahren	44	83	47

Quelle: Auskünfte der Anwaltsgerichte / eigene Berechnungen

Tab. 8.5.15: Anwaltsgerichtliche Ausschließungen aus der Anwaltschaft nach § 114 Abs. 1 Nr. 5 BRAO von 2000 bis 2006, 2010 bis 2023

Jahr	Ausschließungen insgesamt
2000	51
2001	59
2002	50
2003	43
2004	70
2005	27
2006	48
...	...
2010	60
2011	62
2012	39
2013	45
2014	77
2015	46
2016	35
2017	39
2018	49
2019	k.A.
2020	31
2021	55
2022	34
2023	57

Quelle: Bundesrechtsanwaltskammer

8.6. Schlichtungsstelle der Rechtsanwaltschaft

Tab. 8.6.1: Verfahrenseingänge und Verfahrenserledigungen bei der Schlichtungsstelle von 2009 bis 2023

Jahr	Eingänge	Veränderung (in %)	Erledigungen	Veränderung (in %)
2009	17		0	
2010	207		0	
2011	878	324,2	559	
2012	1.055	20,2	1.088	94,6
2013	996	-5,6	1.146	5,3
2014	991	-0,5	1.079	-5,8
2015	966	-2,5	889	-17,6
2016	1.010	4,6	1.002	12,7
2017	1.173	16,1	1.131	12,9
2018	1.018	-13,2	1.052	-7,0
2019	1.002	-1,6	1.064	1,1
2020	1.012	1,0	1.072	0,8
2021	1.166	15,2	1.058	-1,3
2022	972	-16,6	1.056	-0,1
2023	903	-7,1	877	-16,9

Quelle: Schlichtungsstelle der Rechtsanwaltschaft

Tab. 8.6.2: Schlichtungsvorschläge der Schlichtungsstelle von 2011 bis 2023

Jahr	Erfolgreich*	Erfolglos	Gesamt
2011	9	18	27
2012	39	49	88
2013	109	96	205
2014	104	72	188
2015	126	78	207
2016	170	96	290
2017	266	139	426
2018	213	150	386
2019	266	191	470
2020	288	178	486
2021	259	156	443
2022	322	181	509
2023	222	127	360

* Einschließlich einvernehmlicher Einigungen der Parteien mit Hilfe der Schlichtungsstelle der Rechtsanwaltschaft

Quelle: Schlichtungsstelle der Rechtsanwaltschaft

Tab. 8.6.3: Verfahrenseingänge bei der Schlichtungsstelle nach Kammerbezirken von 2016 bis 2023

Kammerbezirk	2016	2017	2018	2019	2020	2021	2022	2023
BGH	0	1	5	3	2	3	1	0
Bamberg	22	24	33	14	24	30	21	14
Berlin	138	143	117	125	126	113	103	103
Brandenburg	28	25	25	25	27	39	22	27
Braunschweig	9	27	28	29	39	31	25	25
Bremen	11	10	18	25	23	27	29	12
Celle	41	46	35	30	28	39	22	34
Düsseldorf	36	40	40	30	27	47	31	26
Frankfurt	58	62	44	38	41	59	54	41
Freiburg	17	19	20	27	13	27	75	54
Hamburg	54	62	44	49	70	68	45	40
Hamm	57	70	66	69	54	58	46	46
Karlsruhe	33	34	39	35	31	39	28	32
Kassel	12	12	10	7	11	20	12	15
Koblenz	41	35	39	39	63	53	60	51
Köln	57	150	112	95	77	93	93	76
Mecklenburg-V.	17	21	17	24	14	12	11	20
München	84	90	75	89	70	100	68	65
Nürnberg	30	48	35	23	29	50	24	19
Oldenburg	10	13	11	4	8	15	5	9
Saarland	4	7	4	6	3	10	10	1
Sachsen	43	47	35	32	38	38	32	19
Sachsen-Anhalt	21	20	21	13	10	25	33	22
Schleswig-H.	24	34	22	20	17	26	21	26
Stuttgart	44	42	34	46	38	47	37	30
Thüringen	21	17	23	13	18	39	9	15
Tübingen	9	7	11	16	10	8	10	5
Zweibrücken	13	14	9	12	42	12	33	9
nicht ermittelbar	76	53	46	64	59	38	12	67
Gesamt	**1.010**	**1.173**	**1.018**	**1.002**	**1.012**	**1.166**	**972**	**903**

Quelle: Schlichtungsstelle der Rechtsanwaltschaft

8.7. Deutscher Anwaltverein (DAV)

Tab. 8.7.1: Zahl der Mitglieder des Deutschen Anwaltvereins von 1961 bis 2024

Jahr	Mitglieder	Veränderung (in %)
1961	11.183	
1963	12.692	13,5
1965	12.183	-4,0
1967	13.045	7,1
1969	15.168	16,3
1971	15.716	3,6
1973	15.853	0,9
1975	16.155	1,9
1977	19.611	21,4
1979	21.545	9,9
1981	23.145	3,7
1983	25.313	6,0
1985	28.303	4,3
1987	30.041	3,0
1989	32.370	3,2
1991	33.837	1,2
1993	35.772	0,7
1995	40.451	7,8
1997	45.191	6,2
1999	51.417	6,4
2001	57.333	7,8
2003	58.740	0,4
2005	61.811	2,3
2006	63.420	2,6
2007	64.668	2,0
2008	65.784	1,7
2009	66.328	0,8
2010	66.883	0,8
2011	66.697	-0,3
2012	66.544	-0,2
2013	66.502	-0,1
2014	66.615	0,2
2015	66.200	-0,6
2016	65.981	-0,3
2017	64.643	-1,5
2018	64.382	-0,4
2019	63.456	-1,4
2020	62.187	-2,0
2021	61.095	-1,8
2022	60.077	-1,7
2023	59.114	-1,6
2024	58.725	-0,7

Quelle: Deutscher Anwaltverein (Stand zum 1.1. des jeweiligen Jahres), eigene Berechnungen

Tab. 8.7.2: **Mitgliederstand der Arbeitsgemeinschaften des DAV von 1999 bis 2006**

Arbeitsgemeinschaft	1999	2000	2001	2002	2003	2004	2005	2006
Allgemeinanwalt	-	-	-	-	-	-	84	90
Anwältinnen	-	-	-	-	-	-	-	105
Anwaltsnotariat	448	428	493	504	560	552	516	492
Arbeitsrecht	1.120	1.283	1.453	1.658	1.799	1.977	2.104	2.233
Ausländer- und Asylrecht	-	-	-	68	188	207	221	241
Bank- und Kapitalmarktrecht	-	-	-	-	-	-	241	335
Bau- und Immobilienrecht	1.442	1.645	1.826	2.111	2.337	2.414	2.541	2.624
Familien- und Erbrecht	2.728	3.425	3.785	-	-	-	-	-
Familienrecht				4.104	4.527	4.777	4.959	5.707
FORUM Junge Anwaltschaft	1.732	2.085	3.020	3.904	4.262	4.495	4.606	4.515
Informationstechnologie	-	-	276	454	498	489	460	465
Insolvenzrecht	-	-	-	389	432	514	677	756
Internationaler Rechtsverkehr	602	621	638	662	648	603	560	543
Kanzleimanagement	-	-	-	112	178	217	206	210
Mediation	-	303	379	446	480	486	472	493
Medizinrecht				648	759	827	867	950
Mietrecht und Immobilien	281	427	547	829	1.103	1.194	1.302	1.436
Sozialrecht	392	430	469	525	571	588	607	647
Sportrecht	-	-	92	269	307	321	336	342
Steuerrecht	460	530	569	624	704	734	767	764
Strafrecht	2.267	2.477	2.554	2.769	2.910	3.000	3.021	3.024
Syndikusanwälte	657	667	658	683	679	577	537	509
Transport- und SpeditionsR	-	-	-	-	-	-	-	-
Verkehrsrecht	3.896	4.162	4.330	4.665	5.012	5.174	5.165	5.293
Versicherungsrecht	-	-	639	707	753	786	886	1.070
Gesamt	**16.025**	**18.483**	**22.170**	**26.131**	**28.707**	**29.932**	**31.135**	**32.844**

Quelle: Deutscher Anwaltverein, Mitgliederstände der Arbeitsgemeinschaften (Stand zum 1.1. des jeweiligen Jahres)

Tab. 8.7.3: Mitgliederstand der Arbeitsgemeinschaften des DAV von 2008 bis 2014

Arbeitsgemeinschaft	2008	2009	2010	2011	2012	2013	2014
Agrarrecht		-	112	131	137	146	155
Allgemeinanwalt	79	70	68	67	75	65	94
Anwältinnen	180	225	250	263	265	286	289
Anwaltsnotariat	461	484	477	505	520	517	544
Arbeitsrecht	2.594	2.825	3.057	3.238	3.430	3.580	3.667
Ausländer- und Asylrecht	279	292	325	354	344	355	351
Bank- und Kapitalmarktrecht	457	625	796	895	963	1.040	1.080
Bau- und Immobilienrecht	2.752	2.820	2.870	2.823	2.795	2.837	2.797
Erbrecht	1.010	1.250	1.433	1.607	1.718	1.763	1.798
Familienrecht	5.971	6.320	6.484	6.560	6.804	6.780	6.695
FORUM Junge Anwaltschaft	4.504	5.216	5.223	5.436	5.248	5.145	4.728
Geistiges Eigentum & Medien		197	266	326	381	405	450
Handels- und GesellschaftsR		272	354	411	439	474	495
Informationstechnologie	507	545	636	650	690	713	725
Insolvenzrecht & Sanierung	906	990	1.135	1.209	1.234	1.278	1.311
Internationaler Rechtsverkehr	514	499	561	561	542	536	542
Kanzleimanagement	247	273	260	260	248	245	239
Mediation	519	558	608	611	626	655	658
Medizinrecht	1.315	1.493	1.651	1.700	1.745	1.777	1.769
Mietrecht und Immobilien	1.828	2.059	2.217	2.364	2.615	2.847	2.919
Sozialrecht	750	845	916	1.040	1.093	1.117	1.124
Sportrecht	368	404	432	427	420	413	400
Steuerrecht	812	825	808	809	812	815	783
Strafrecht	3.093	3.206	3.140	3.194	3.163	3.198	3.154
Syndikusanwälte	491	488	474	482	471	456	451
Transport- und Speditionsrecht	111	130	127	133	133	141	139
Verkehrsrecht	5.659	5.838	6.115	6.112	6.156	6.158	6.020
Versicherungsrecht	1.179	1.233	1.261	1.287	1.277	1.226	1.173
GESAMT	**36.766**	**38.645**	**42.056**	**43.455**	**44.346**	**44.968**	**44.550**

Quelle: Deutscher Anwaltverein, Mitgliederstände der Arbeitsgemeinschaften (Stand zum 1.1. des jeweiligen Jahres)

Tab. 8.7.4: Mitgliederstand der Arbeitsgemeinschaften des DAV von 2016 bis 2022

Arbeitsgemeinschaft	2016	2017	2018	2019	2020	2021	2022
Agrarrecht	171	173	170	175	169	170	171
Allgemeinanwalt	96	83	80	77	76	69	64
Anwältinnen	268	265	265	259	259	251	258
Anwaltsnotariat	563	565	595	623	651	688	695
Arbeitsrecht	3.843	3.853	3.842	3.816	3.799	3.761	3.721
Bank- und Kapitalmarktrecht	1.146	1.175	1.186	1.155	1.115	1.073	1.043
Bau- und Immobilienrecht	2.717	2.697	2.647	2.608	2.546	2.484	2.404
Erbrecht	1.970	2.098	2.148	2.147	2.175	2.160	2.122
Familienrecht	6.613	6.482	6.334	6.241	6.025	5.803	5.560
FORUM Junge Anwaltschaft	3.844	3.427	3.186	2.956	2.771	2.583	2.512
Geistiges Eigentum & Medien	-	-	538	529	527	514	507
Handels- und GesellschaftsR	548	580	599	609	625	625	617
Informationstechnologie	711	707	720	751	807	805	801
Insolvenzrecht und Sanierung	538	1.355	1.342	1.343	1.333	1.371	1.386
Internationales WirtschaftsR	538	527	511	502	477	452	447
Kanzleimanagement	227	231	229	226	196	185	171
Mediation	665	663	653	614	566	538	513
Medizinrecht	1.816	1.778	1.758	1.730	1.700	1.675	1.648
Mietrecht und Immobilien	3.031	2.994	3.007	2.998	2.983	2.890	2.825
Migrationsrecht*	395	431	468	472	472	457	458
Sozialrecht	1.155	1.166	1.140	1.123	1.096	1.076	1.025
Sportrecht	403	389	382	380	389	380	372
Steuerrecht	787	771	772	747	738	730	724
Strafrecht	3.177	3.177	3.147	3.127	3.096	3.069	3.081
Syndikusanwälte	438	416	394	370	347	324	312
Transport- und Speditionsrecht	153	152	158	159	153	154	145
Vergaberecht	167	197	217	232	240	251	251
Verkehrsrecht	5.989	5.838	5.587	5.407	5.252	4.976	4.727
Versicherungsrecht	1.171	1.139	1.099	1.072	1.034	1.008	970
Verwaltungsrecht**							37
GESAMT	**44.447**	**43.845**	**43.174**	**42.448**	**41.617**	**40.522**	**39.567**

* Bis 2016: Ausländer- und Asylrecht
** Landesgruppe Berlin, Brandenburg, Mecklenburg-Vorpommern

Quelle: Deutscher Anwaltverein, Mitgliederstände der Arbeitsgemeinschaften (Stand zum 1.1. des jeweiligen Jahres)

Tab. 8.7.5: DAV-Präsidenten seit 1871

Jahr	Name
1871 – 1889	RA GehJR Karl Dorn
1889 – 1891	RA GehJR Dr. G. von Wilmowski
1891 – 1902	RA GehJR Dr. h.c. Hermann Mecke
1902 – 1909	RA GehJR Dr. Julius Erythropel
1909 – 1918	RA GehJR Julius Haber
1918 – 1920	RA GehJR Arthur Heiliger
1920 – 1924	RA JR Dr. Alfred Kurlbaum
1924 – 1932	RA JR Dr. Martin Drucker
1932 – 1933*	RA Dr. Rudolf Dix
1949 – 1959	RA Dr. Emil von Sauer
1959 – 1963	RA Dr. Walter Oppenhoff
1963 – 1970	RA Hans Merkel
1970 – 1974	RA Dr. Dr. Werner Deuchler
1974 – 1978	RAuN Dr. Helmut Wagner
1978 – 1983	RA Prof. Dr. Hans-Jürgen Rabe
1983 – 1988	RA Dr. h.c. Ludwig Koch
1988 – 1991	RA Erhard Senninger
1991 – 1994	RA Dr. Günter Schardey
1994 – 1998	RA Felix Busse
1998 – 2003	RA Dr. Michael Streck
2003 – 2009	RA Hartmut Kilger
2009 – 2015	RA Prof. Dr. Wolfgang Ewer
2015 – 2019	RAuN Ulrich Schellenberg
seit 2019	RAuN'in Dr. h.c. Edith Kindermann

* Der DAV löste sich am 27.12.1933 unter Eingliederung in die Fachgruppe „Rechtsanwälte" des BNSDJ auf und wurde 1949 neu gegründet.

Quelle: Deutscher Anwaltverein

Tab. 8.7.6: Anwaltstage seit 1871*

Jahr	Ort	Jahr	Ort
1871	Bamberg	1975	Berlin
1871	Berlin	1977	München
1873	Eisenach	1979	Hannover
1874	Würzburg	1981	Mainz
1876	Köln	1983	Essen
1878	Frankfurt a.M.	1985	Mannheim
1881	Heidelberg	1987	Hamburg
1884	Dresden	1989	München
1887	München	1991	Düsseldorf
1890	Hamburg	1993	Stuttgart
1893	Berlin***	1995	Berlin
1896	Berlin	1997	Frankfurt
1899	Mainz	1999	Bonn
1901	Danzig	2000	Berlin
1903	Straßburg	2001	Bremen
1905	Hannover	2002	München
1907	Mannheim	2003	Freiburg
1907	Leipzig**	2004	Hamburg
1909	Rostock	2005	Dresden
1909	Leipzig**	2006	Köln
1911	Würzburg	2007	Mannheim
1913	Breslau	2008	Berlin
1923	Weimar**	2009	Braunschweig
1925	Berlin**	2010	Aachen
1927	Stuttgart	2011	Straßburg
1929	Hamburg	2012	München
1931	***	2013	Düsseldorf
1933	München***	2014	Stuttgart
1949	Coburg	2015	Hamburg
1951	Wiesbaden	2016	Berlin
1953	Lübeck	2017	Essen
1955	Mannheim	2018	Mannheim
1957	Hamburg	2019	Leipzig
1959	Stuttgart	2020	*Wiesbaden* ****
1961	Berlin	2021	*Berlin* ****
1963	Goslar	2022	Hamburg
1965	Augsburg	2023	Wiesbaden
1967	Bremen	2024	Bielefeld
1969	Aachen	2025	Berlin
1971	Nürnberg	2026	Freiburg
1973	Hamburg		

* Anwaltstage fanden anfangs unregelmäßig, ab 1878 alle drei Jahre, ab der Jahrhundertwende dann zweijährlich und in der Weimarer Republik erneut unregelmäßig statt. Zwischen 1907 und 1925 kam es zu mehreren außerordentlichen Anwaltstagen.
** „außerordentlicher Anwaltstag" *** ausgefallen **** virtueller Anwaltstag aufgrund pandemischer Lage
Quelle: Deutscher Anwaltverein

9 Grenzüberschreitende anwaltliche Tätigkeit

- Rechtsanwälte aus dem EWR
- Rechtsanwälte aus Staaten der WTO
- Eingegliederte Rechtsanwälte
- Eignungsprüfungen
- Im EWR niedergelassene deutsche Rechtsanwälte

Bis Ende der 1980er Jahre konnten Rechtsanwälte mit einer ausländischen Berufsqualifikation in Deutschland nur dann niedergelassen rechtsdienstleistend tätig werden, wenn sie als Rechtsbeistand nach Art. 1 § 1 Nr. 6 RBerG eine Teilerlaubnis nach dem RBerG besaßen. Die Betätigungsmöglichkeiten beschränkten sich auf die Beratung im Recht des Herkunftsstaates und – bei Anwälten aus dem EU-Raum – im Gemeinschaftsrecht. Die EU-Richtlinien 89/48/EG („Hochschuldiplomanerkennungsrichtlinie") und 98/5/EG („Rechtsanwaltsniederlassungsrichtlinie") sowie das *General Agreement In Trade And Services* (GATS) haben die Möglichkeiten zur grenzüberschreitenden Tätigkeit im Rahmen einer Niederlassung in den1990er Jahren erheblich erweitert.

Seit 1990 können Rechtsanwälte mit einer Berufsbefähigung aus einem anderen EU-Staat eine Eignungsprüfung ablegen, deren Bestehen zu einer Gleichbehandlung mit deutschen Rechtsanwälten führt. Die bestandene Prüfung ermöglicht eine Mitgliedschaft in der Rechtsanwaltskammer als Rechtsanwalt im Sinne der BRAO, also mit uneingeschränkten Berufsausübungsbefugnissen. Diese Möglichkeit der Vollintegration wurde 1993 auf Angehörige anderer Vertragsstaaten des EWR ausgedehnt. Ursprünglich im Eignungsprüfungsgesetz (EigPrüfG) normiert, finden sich die einschlägigen Regelungen seit 2000 in Teil 4 des „Gesetzes über die Tätigkeit europäischer Rechtsanwälte in Deutschland" (EuRAG). Sie setzen die Vorgaben der Richtlinie 89/48/EG bzw. der Nachfolgerichtlinie 2005/36/EG um. Für die Eignungsprüfungen sind nach der Eignungsprüfungsverordnung (EigPrüfVO) Prüfungsämter in Berlin, Düsseldorf und Stuttgart zuständig, die jeweils von mehreren Bundesländern als gemeinsame Prüfungsämter bei einem Landesjustizprüfungsamt eingerichtet worden sind. **Tab. 9.2.1** dokumentiert die Zahl der seit 1991 durchgeführten Eignungsprüfungsverfahren, **Tab. 9.2.2**, **Tab. 9.2.3** und **Tab. 9.2.4** die entsprechend der Herkunft der Berufsqualifikationen nach Ländern aufgeschlüsselten Ergebnisse der Verfahren. Herkunft der Berufsqualifikation und Staatsangehörigkeit des Prüflings sind nicht notwendig deckungsgleich, so haben sich etwa auch deutsche Staatsangehörige mit einer im Ausland erworbenen Berufsqualifikation der Eignungsprüfung unterzogen. Notwendig ist allein, dass sowohl Berufsqualifikation als auch Staatsangehörigkeit aus der EU stammen. Die Aufschlüsselung nach Ländern in **Tab. 9.2.2**, **Tab. 9.2.3** und **Tab. 9.2.4** bezieht sich also nicht auf die Staatsangehörigkeit, sondern auf die Herkunft der Berufsqualifikation. Sie zeigt, dass die Eignungsprüfung vor allem für

Inhaber von Befähigungsnachweisen aus sechs Ländern (Großbritannien, Griechenland, Spanien, Frankreich, Österreich, Niederlande – wobei eine Eignungsprüfung mit einem britischen Befähigungsnachweis in Folge des Brexit seit 2020 nicht mehr möglich ist) Bedeutung erlangt hat. Die Prüflinge mit entsprechenden Befähigungsnachweisen sind hierbei häufig deutscher Staatsangehörigkeit, so dass die Statistik nicht zwingend die Mobilität von ausländischen Juristen, sondern „nur" die Mobilität von ausländischen Befähigungsnachweisen belegt. Die Daten zu Prüfungen und Herkunft sind nur sporadisch und zu unterschiedlichsten Terminen publiziert worden, so dass die Tabellen insbesondere bis zum Jahr 2000 Ungenauigkeiten bergen können. Genauere Daten konnten auf Anfrage nicht alle Prüfungsämter mitteilen. Die vorhandenen Daten zeigen, dass die Eignungsprüfung keine große Bedeutung erlangt hat, die Zahl der erfolgreichen Prüfungen mit 458 im Laufe von 32 Jahren, d.h. rund 14 pro Jahr, gering geblieben ist. Seitdem im Jahr 2000 umfassende Betätigungsmöglichkeiten für Rechtsanwälte mit ausländischer Qualifikation durch die sog. Vollintegration nach dreijähriger regelmäßiger und effektiver Tätigkeit im deutschen Recht auch ohne aufwändige Eignungsprüfung geschaffen worden sind, hat die Eignungsprüfung zudem an Bedeutung verloren (Zahlen zur Vollintegration weisen die Kammern nicht nach, da es sich bei vollintegrierten Rechtsanwälten um solche im Sinne von § 4 BRAO handelt, die statistisch nicht (mehr) gesondert erfasst werden). Mit positiver Entscheidung, d.h. bestandener Eignungsprüfung, endeten knapp zwei Drittel (65,5 %) der Eignungsprüfungsverfahren. Nach wie vor überdurchschnittlich hoch ist bei Betrachtung der Länder mit einer größeren Zahl von Prüflingen die Erfolgsquote der Kandidaten mit einem niederländischen und österreichischen Befähigungsnachweis, unterdurchschnittlich jene von Kandidaten mit griechischem und italienischem Diplom. Die Verfahren mit negativem Ausgang endeten nicht sämtlich mit einer nicht bestandenen Eignungsprüfung. In den Zahlen enthalten sind auch solche Verfahren, in denen die Zulassung zur Eignungsprüfung bereits aus formellen Gründen abgelehnt wurde oder in denen der Antragsteller seinen Antrag zurückgezogen hat. Keine Berücksichtigung haben in der Statistik Anträge gefunden, die gelegentlich von Rechtsanwälten aus Staaten jenseits der Grenzen der EU und des EWR in Unkenntnis der gesetzlichen Voraussetzungen der Zulassung zur Prüfung gestellt werden.

1994 war es aufgrund der Gewährleistungen des GATS-Abkommens erstmals Angehörigen eines Mitgliedsstaats der Welthandelsorganisation (WTO) möglich, sich in Deutschland niederzulassen. Die einschlägige Rechtsgrundlage ist § 206 Abs. 1 BRAO (bis 2000: § 206 Abs. 2 BRAO). Diese „GATS"-Anwälte werden Mitglied der Rechtsanwaltskammer, dürfen aber nur unter der Berufsbezeichnung ihres Herkunftsstaates tätig sein und lediglich in ihrem Heimatrecht und im Völkerrecht beraten. Voraussetzung ist, dass der ausländische Anwaltsberuf vom Bundesministerium der Justiz durch Rechtsverordnung als dem deutschen Rechtsanwalt gleichwertig anerkannt worden ist. Seit 1994 hat das BMJ durch Rechtsverordnung Anwaltstitel aus allen 27 Mitgliedsstaaten des EWR und 50 weiteren Ländern als gleichwertig anerkannt, so dass Rechtsanwälte aus 77 der 164 Mitgliedsstaaten der WHO von den Gewährleistungen des

GATS profitieren. Darüber hinaus ist es aufgrund bilateraler Gewährleistungen serbischen Rechtsanwälten möglich, sich nach § 206 Abs. 2 BRAO in Deutschland niederzulassen. **Tab. 9.1.2.** zeigt die Entwicklung der Zahl der nach § 206 BRAO registrierten Rechtsanwälte auf. Aufgrund des zum 1. Januar 2021 wirksam gewordenen Austritts des Vereingten Königreichs aus der EU verloren zu diesem Zeitpunkt rund 180 britische Rechtsanwälte ihren Status als niedergelassene Rechtsanwälte im Sinne von § 2 EuRAG und konnten nur noch unter ihrer Heimatbezeichnung nach § 206 Abs. 1 BRAO in Deutschland mit eingeschränkten Rechtsdienstleistungsbefugnissen tätig bleiben. Leichte Ungenauigkeiten in der Statistik können daraus resultieren, dass die Regionalkammern seit der Einführung der Syndikusrechtsanwaltschaft im Jahr 2016 registrierte europäische Syndikusrechtsanwälte (und auch Syndikusrechtsanwälte nach § 206 BRAO) nicht einheitlich erfasst haben, **Tab. 9.1.6** differenziert nach der Herkunft der nach § 206 BRAO niedergelassenen Rechtsanwälte. Hier belegt das von der BRAK erhobene Datenmaterial, dass die Mehrzahl der „GATS-Rechtsanwälte" aus den USA und der Türkei stammt und die übrigen Länder, für die eine Anerkennung der Gleichwertigkeit durch das BMJ erfolgt ist, nur eine geringe Bedeutung haben. Seit 2021 haben aber die Solicitor, Barrister und Advocates aus dem Vereinigten Königreich in Folge des sog. Brexit für einen Zuwachs bei den in Deutschland nach § 206 Abs. 1 BRAO niedergelassenen Rechtsanwälten gesorgt, soweit sie nicht, was auch denkbar ist, über eine ihnen unter erleichterten Voraussetzungen mögliche Zulassung als Solicitor in Irland ihren Status als registrierter europäischer Rechtsanwalt aufrecht erhalten.

Mit Inkrafttreten des „Gesetzes über die Tätigkeit europäischer Rechtsanwälte in Deutschland" (EuRAG) im März 2000 haben sich weitere Möglichkeiten einer grenzüberschreitenden Niederlassung ergeben. Rechtsanwälte aus der EU, den weiteren EWR-Vertragsstaaten sowie der Schweiz können sich seitdem unter ihrem heimischen Anwaltstitel in Deutschland als sog. „niedergelassener europäischer Rechtsanwalt" ansässig machen und rechtsdienstleistend tätig werden. Die in Teil 2 des EuRAG enthaltenen Regelungen setzen Art. 2 der Richtlinie 98/5/EG um. „Niedergelassene europäische Rechtsanwälte" genießen dieselben Berufsausübungsrechte wie deutsche Rechtsanwälte und unterscheiden sich von diesen lediglich dadurch, dass sie unter der Berufsbezeichnung des Herkunftsstaats auftreten. Zwar hatten Anwälte aus anderen EU-Staaten vor 2000 auch die Möglichkeit, sich unter ihrem Heimattitel in der Bundesrepublik niederzulassen, sie durften seinerzeit aber nur in ihrem Heimatrecht sowie im Gemeinschaftsrecht beraten. Die Entwicklung der Zahl der unter ihrem Heimattitel in Deutschland niedergelassenen Rechtsanwälte aus Staaten der EU / des EWR ist seit 1991 nicht kontinuierlich dokumentiert worden (**Tab 9.1.2**). Aktuell – im Jahr 2024 – sind 704 Berufsträger nachgewiesen. Die Aufschlüsselung nach Herkunftsländern (**Tab. 9.1.5**) verdeutlicht, dass knapp zwei Drittel der „niedergelassenen europäischen Rechtsanwälte" in Deutschland aus Griechenland, Spanien, Frankreich, Irland und Italien stammen. Wenn auch die Zahl der niedergelassenen europäischen Anwälte vergleichsweise gering ist, folgt aus dem europaweiten Vergleich in **Tab. 9.4.1**, dass das Niederlassungsmodell des Art. 2 Richtlinie 98/5/EG in

Deutschland nach Frankreich, Italien, Spanien und Belgien die größte Bedeutung im Binnenmarkt erlangt hat. Gleichwohl sind in Deutschland bei weitem nicht alle EU-Mitgliedsstaaten durch niedergelassene europäische Rechtsanwälte repräsentiert: Gegenwärtig sind in Deutschland keine Rechtsanwälte aus den EU-Mitgliedsstaaten Estland, Litauen, Malta und Finnland niedergelassen, auch die EFTA-Mitgliedsstaaten Norwegen, Island und Liechtenstein sind aktuell nicht durch Rechtsanwälte in Deutschland vertreten.

Aus dem vorstehend skizzierten System folgt, dass es in Deutschland zwei Typen „ausländischer Rechtsanwälte" gibt: Zum einen jene „ausländischen Rechtsanwälte", die den deutschen Anwaltstitel durch Eignungsprüfung oder Eingliederung nach dreijähriger vorangegangener anwaltlicher Tätigkeit in Deutschland erworben haben. Da sie Rechtsanwälte im Sinne des § 4 BRAO sind, werden sie nach ihrer Zulassung statistisch nicht separat erfasst und sind in der Zahl der anwaltlichen Mitglieder der Rechtsanwaltskammern (**Tab. 1.1.1** und **Tab. 1.1.2**) enthalten. Zum anderen gibt es jene „ausländischen Rechtsanwälte", die in Deutschland nach § 206 BRAO oder als „niedergelassene europäische Rechtsanwälte" im Sinne des EuRAG in Deutschland unter dem Anwaltstitel ihres Herkunftsstaats anwaltlich tätig sind. Sie verbergen sich hinter dem Begriff „ausländische Rechtsanwälte", der in den Mitgliederstatistiken der Kammern verwendet wird. **Tab. 9.1.1** gibt die entsprechende Entwicklung seit 1991 wieder. Die Zahlen weichen von der Summe der Werte in **Tab. 9.4.1** zum Teil aufgrund unterschiedlicher Erhebungszeitpunkte ab. Die Statistik weist für das Jahr 2024 1.310 in Deutschland zugelassene Rechtsanwältinnen und Rechtsanwälte „ausländischer" fachlicher Herkunft auf. Allerdings stellt ihr Anteil an der Gesamtheit der deutschen Anwaltschaft mit 0,8 % eine marginale Größe dar. Die in **Tab. 9.1.3** und **Tab. 9.1.4** enthaltene Aufschlüsselung nach Kammerbezirken belegt, dass fast die Hälfte der ausländischen Rechtsanwälte in den Kammerbezirken Frankfurt und München niedergelassen ist, während eine Rechtsanwaltskammer (Sachsen-Anhalt) keinen einzigen „ausländischen Rechtsanwalt" als Mitglied aufweist. Die Werte der **Tab. 9.1.3** bis **Tab. 9.1.7** weichen mitunter von der Summe der in der großen Mitgliederstatistik der BRAK jährlich aufgeführten ausländischen Rechtsanwälte ab, da verschiedene Regionalkammern der BRAK als „ausländische Rechtsanwälte" zeitweise nicht ausschließlich Rechtsanwälte im Sinne von § 2 EuRAG und § 206 BRAO meldeten, sondern auch solche mit (lediglich) ausländischer Staatsangehörigkeit oder Rechtsanwälte im Sinne von § 4 BRAO, die nach bestandener Eignungsprüfung zur Anwaltschaft zugelassen worden waren. Für die Darstellung der Zahlenreihe ab 1991 musste auf diese insofern partiell ungenauen Daten zurückgegriffen werden.

Tab. 9.3.1 kehrt gleichsam die Vorzeichen um: So, wie sich ausländische Rechtsanwälte aufgrund unions- und völkerrechtlicher Gewährleistungen in Deutschland niederlassen können, haben deutsche Rechtsanwälte die Möglichkeit, sich unter Verwendung ihrer deutschen Berufsbezeichnung im Europäischen Wirtschaftsraum, also in einem EU/EFTA-Mitgliedsstaat, in der Schweiz oder in einem GATS-Signatarstaat niederzulassen und ihren Beruf dort dauerhaft auszuüben. Erfolgt diese Niederlassung gestützt auf Art. 2, 3 RiLi 98/5/EG im Europäischen Wirtschaftsraum (EWR) oder

9 Grenzüberschreitende anwaltliche Tätigkeit

in der Schweiz, ist es ihnen möglich, dort nicht nur im deutschen Recht, sondern auch im Recht des Aufnahmestaats zu praktizieren, während sie in GATS-Signatarstaaten auf die (außerherichtliche) Beratung im deutschen Recht, Völkerrecht und internationalen Recht beschränkt. Die deutschen Rechtsanwaltskammern veröffentlichen kein statistisches Material zu ihren im Ausland niedergelassenen Mitgliedern, so dass ein lückenloses Bild dieser grenzüberschreitenden Tätigkeit deutscher Rechtsanwälte nicht gezeichnet werden kann. Allerdings berichten die CCBE-Mitglieder aus dem EWR die Zahl der bei ihnen registrierten deutschen Rechtsanwälte, die von den Gewährleistungen der RiLi 98/5/EG Gebrauch machen (vergleichbare Daten aus GATS-Staaten sind nicht verfügbar). Da aber für traditionell bei ausländischen Rechtsanwälten für eine Niederlassung beliebten Mitgliedstaaten wie Spanien und Italien keine Zahlen vorliegen, lässt sich nur schätzen, dass rund 1.000 deutsche Rechtsanwälte nicht im Inland, sondern einem Mitgliedstaat des EWR niedergelassen sind.

9.1. Rechtsanwälte mit ausländischer Berufsqualifikation

Tab. 9.1.1: Zahl der unter einem ausländischen Anwaltstitel in Deutschland niedergelassenen Rechtsanwälte von 1991 bis 2024*

Jahr	Rechtsanwälte insgesamt	„ausländische" Rechtsanwälte	Anteil (in %)
1991	59.455	22	0,03
1995	74.291	84	0,1
1996	78.810	98	0,1
1997	85.105	98	0,1
1998	91.516	111	0,1
1999	97.791	139	0,1
2000	104.067	158	0,2
2001	110.367	183	0,2
2002	116.305	293	0,3
2003	121.420	371	0,3
2004	126.793	397	0,3
2005	132.569	429	0,3
2006	138.104	507	0,4
2007	142.830	*527	0,4
2008	146.910	482	0,3
2009	150.377	*536	0,4
2010	153.251	565	0,4
2011	156.479	612	0,4
2012	158.426	680	0,4
2013	160.880	741	0,5
2014	162.695	795	0,5
2015	163.513	819	0,5
2016	163.772	888	0,5
2017	164.393	932	0,6
2018	164.656	990	0,6
2019	165.104	1.047	0,6
2020	165.901	1.137	0,7
2021	165.680	1.172	0,7
2022	165.587	1.180	0,7
2023	165.186	1.229	0,7
2024	165.778	1.310	0,8

* Vgl. einleitende Bemerkungen zu diesem Kapitel.

Quelle: BRAK-Mitgliederstatistik (Stand zum 1.1. des jeweiligen Jahres), eigene Berechnungen

9 Grenzüberschreitende anwaltliche Tätigkeit

Tab. 9.1.2: **Zahl der unter ausländischem Anwaltstitel in Deutschland niedergelassenen Rechtsanwälte aus dem EU-/EWR-Raum und den GATS-Vertragsstaaten (§ 206 BRAO / EuRAG) von 1992 bis 2024**

Jahr	EU/EWR	GATS
1992	40	-
1993	56	-
1994	72	-
1995	-	-
1996	-	-
1997	-	26
1998	98	36
1999	-	40
2000	-	-
2001	-	-
2002	-	-
2003	-	134
2004	185	-
2005	206	-
2006	-	-
2007	256	168
2008	297	185
2009	322	200
2010	351	213
2011	388	224
2012	422	258
2013	474	267
2014	525	273
2015	542	278
2016	597	295
2017	629	312
2018	659	331
2019	702	349
2020	746	382
2021	600	570
2022	677	503
2023	687	535
2024	704	606

Quelle: BRAK-Mitteilungen / Bundesrechtsanwaltskammer (Stand zum 1.1. des jeweiligen Jahres)

Tab. 9.1.3: Regionale Verteilung „ausländischer" Anwälte von 2010 bis 2024 – Registrierung nach § 2 EuRAG

Kammerbezirk	2010	2015	2020	2021	2022	2023	2024
Bamberg	3	3	1	1	2	2	0
Berlin	28	70	99	86	93	98	106
Brandenburg	0	2	5	4	7	9	10
Braunschweig	2	3	1	2	2	2	2
Bremen	3	5	5	3	3	4	4
Celle	6	6	12	8	9	9	10
Düsseldorf	23	40	62	48	52	53	52
Frankfurt	111	125	166	115	130	134	145
Freiburg	5	9	15	15	12	12	16
Hamburg	24	30	45	34	35	38	38
Hamm	9	18	18	15	12	14	12
Karlsruhe	9	13	13	12	13	12	13
Kassel	1	1	3	4	3	3	3
Koblenz	1	5	5	5	1	7	3
Köln	16	27	40	36	41	39	37
Mecklenburg-V.	0	1	4	3	4	3	3
München	86	132	168	152	205	195	192
Nürnberg	7	11	17	11	10	12	13
Oldenburg	2	1	4	3	2	2	3
Saarland	3	4	4	5	5	4	3
Sachsen	1	4	4	2	1	2	2
Sachsen-Anhalt	0	0	0	0	0	1	0
Schleswig	4	3	3	4	5	0	2
Stuttgart	5	21	20	25	22	21	22
Thüringen	0	0	0	0	1	1	1
Tübingen	2	6	5	5	7	6	8
Zweibrücken	0	2	1	2	0	4	4
GESAMT	**351**	**542**	**746**	**600**	**677**	**687**	**704**

Quelle: Erhebung der Bundesrechtsanwaltskammer (Stand zum 1.1. des jeweiligen Jahres)

Tab. 9.1.4 Regionale Verteilung „ausländischer" Anwälte von 2010 bis 2024 – Mitgliedschaft nach § 206 BRAO ♀

Kammerbezirk	2010	2015	2020	2021	2022	2023	2024
Bamberg	2	1	2	2	1	1	1
Berlin	18	32	55	72	68	69	83
Brandenburg	1	0	1	5	5	5	4
Braunschweig	1	1	1	1	1	1	3
Bremen	2	3	5	7	7	8	7
Celle	3	6	8	8	8	8	9
Düsseldorf	10	15	24	42	36	46	58
Frankfurt	73	79	103	164	149	149	157
Freiburg	0	2	4	2	4	4	5
Hamburg	12	20	33	53	48	57	56
Hamm	7	4	9	14	13	16	16
Karlsruhe	4	6	7	9	12	14	15
Kassel	0	0	1	0	1	8	2
Koblenz	1	0	1	0	1	1	2
Köln	8	14	22	27	27	28	34
Mecklenburg-V.	1	0	0	0	0	0	0
München	43	60	56	103	66	76	93
Nürnberg	8	6	6	13	11	11	11
Oldenburg	0	2	2	1	1	1	1
Saarland	1	1	1	2	2	2	2
Sachsen	2	2	8	11	9	7	10
Sachsen-Anhalt	0	0	0	0	0	0	0
Schleswig	1	2	2	2	5	4	9
Stuttgart	14	18	21	28	25	22	24
Thüringen	0	0	0	0	0	0	0
Tübingen	1	3	4	4	3	4	4
Zweibrücken	0	1	0	0	0	0	0
GESAMT	**213**	**278**	**382**	**570**	**503**	**542**	**606**

Quelle: Erhebung der Bundesrechtsanwaltskammer (bis 2020), Rechtsanwaltskammern (ab 2021) / Stand zum 1.1. des jeweiligen Jahres

Tab. 9.1.5: Herkunft der Berufsqualifikation der nach § 2 EuRAG niedergelassenen Rechtsanwälte aus dem EU-/EWR-Raum von 2010 bis 2024*

Land	2010	2015	2020	2021	2022	2023	2024
Belgien	6	4	7	8	3	4	3
Bulgarien	6	15	22	21	23	24	23
Dänemark	4	3	2	2	1	3	0
Estland	1	0	0	0	1	1	1
Finnland	0	0	0	0	0	0	0
Frankreich	29	53	76	66	81	76	78
Griechenland	36	71	83	83	80	81	84
Irland	1	2	16	31	89	101	97
Island	0	0	0	0	0	0	0
Italien	51	58	69	71	76	70	70
Kroatien		0	6	8	7	8	9
Lettland	0	1	2	3	3	4	2
Liechtenstein	1	1	0	0	0	0	0
Litauen	0	0	0	0	1	1	1
Luxemburg	3	3	2	2	3	4	6
Malta	0	0	0	0	0	0	0
Niederlande	3	6	8	6	5	6	7
Norwegen	0	0	0	0	0	0	0
Österreich	13	20	36	37	39	38	38
Polen	16	31	50	46	51	55	59
Portugal	4	8	27	40	45	44	54
Rumänien	11	18	23	28	26	27	28
Schweden	3	2	3	2	2	2	2
Schweiz	2	6	6	8	6	5	7
Slowakische R.	0	1	2	0	0	1	1
Slowenien	0	0	1	0	0	0	0
Spanien	50	88	99	109	103	100	101
Tschechische R.	2	6	5	5	10	10	10
Ungarn	11	12	19	24	22	22	22
Ver. Königreich	96	133	181	-	-	-	-
Zypern	0	0	1	0	0	0	1
GESAMT	**349**	**542**	**746**	**600**	**677**	**687**	**704**

* exkl. deutscher Anwälte mit ausländ. Zulassung

Quelle: Erhebung der Bundesrechtsanwaltskammer, eigene Berechnungen (Stand zum 1.1. des jeweiligen Jahres)

Tab. 9.1.6: **Herkunft der Berufsqualifikation der niedergelassenen Rechtsanwälte nach § 206 BRAO von 2010 bis 2024 – Teil 1**

Land	2010	2015	2020	2021	2022	2023	2024
Ägypten	-	1	4	4	5	5	5
Albanien	1	3	3	2	3	3	5
Argentinien	7	4	4	5	4	5	4
Australien	11	14	15	16	10	7	10
Bolivien	3	1	2	3	3	4	21
Brasilien	4	10	17	21	18	17	16
Chile	1	3	4	6	6	5	5
China	6	9	28	28	28	29	29
Ecuador	-	0	0	0	1	0	0
El Salvador	-	0	0	0	0	1	0
Georgien	0	0	2	2	1	2	2
Ghana	0	0	0	0	2	0	0
Hong Kong	-	0	0	172	84	89	81
Indien	3	3	7	1	3	3	3
Indonesien	-	1	1	4	6	6	11
Israel	3	8	8	3	2	3	3
Japan	0	1	0	11	10	8	8
Kamerun	1	0	0	0	1	1	1
Kanada	7	9	6	0	1	0	0
Kasachstan	-	-	-	-	-	0	0
Kenia	-	-	-	-	-	-	1
Kolumbien		1	2	4	5	9	9
Kongo (DR)	-	-	-	-	-	1	4
Korea (Süd)	0	0	0	0	0	0	0
Kosovo	-	-	-	-	-	0	0
Marokko	-	0	0	0	0	0	1
Mazedonien	0	0	0	0	1	2	2
Mexiko	1	1	1	0	1	0	0
Moldau	-	0	1	0	0	0	0
Namibia	0	1	0	0	0	0	0
Neuseeland	3	4	0	2	2	3	4
Nigeria	-	1	1	0	1	0	0
Nordmazedonien			-	2	2	2	3
Pakistan	-	0	4	3	3	3	4
Panama	0	0	0	0	0	0	0
Peru	-	3	2	3	3	4	3
Philippinen	-	0	2	3	4	3	3
Russland	12	15	13	15	16	18	23

Quelle: Bundesrechtsanwaltskammer (Stand zum 1.1. des jeweiligen Jahres)

Tab. 9.1.7: **Herkunft der Berufsqualifikation der niedergelassenen Rechtsanwälte nach § 206 BRAO von 2010 bis 2024 – Teil 2**

Land	2010	2015	2020	2021	2022	2023	2024
Serbien	0	0	0	k.A.	1	0	0
Singapur	0	0	1	1	1	1	1
Sri Lanka	-	1	0	0	0	0	0
Südafrika	1	0	3	3	6	9	7
Taiwan	-	0	0	0	0	0	0
Thailand	-	0	1	2	2	2	2
Türkei	43	54	78	78	83	103	128
Tunesien	1	1	1	1	1	1	2
Ukraine	2	13	12	11	10	17	26
Uruguay	0	0	1	0	2	1	4
USA	97	111	153	156	163	159	160
Venezuela	4	4	4	3	3	4	10
Ver. Königreich	-	-	-	172	84	89	81
GESAMT	**211**	**278**	**382**	**570**	**503**	**535**	**606**

Quelle: Bundesrechtsanwaltskammer (Stand zum 1.1. des jeweiligen Jahres)

9 Grenzüberschreitende anwaltliche Tätigkeit

9.2. Vollintegrierte Rechtsanwälte mit im Ausland erworbener Berufsqualifikation

Tab. 9.2.1: Zahl der Eignungsprüfungsverfahren nach § 16 EuRAG von 1991 bis 2023

Jahr	Anträge auf Eignungsprüfung	Veränderung in %
1991–94	23	
1995–98	146	634,8
1999–02	116	-20,5
2003/04	35	-69,8
2005/06	36	2,9
2007	12	-77,0
2008	20	66,7
2009	18	-10,0
2010	18	0,0
2011	18	0,0
2012	16	-12,5
2013	23	43,8
2014	27	17,4
2015	35	29,6
2016	29	-17,1
2017	34	17,2
2018	41	20,6
2019	26	-36,6
2020	23	-11,5
2021	18	-21,7
2022	20	11,1
2023	18	-10,0

Quelle: Gemeinsame Prüfungsämter (seit 2012), Bundesministerium der Justiz (2001-11), Bundesrechtsanwaltskammer (bis 2000)

Tab. 9.2.2: **Entscheidungen im Eignungsprüfungsverfahren nach Herkunft der Heimattitel der Eignungsprüflinge von 1991 bis 2023 – Teil 1***

	BE	BG	DK	FI	F	GR	IE	IT	HR
Positiv	10	1	17	4	57	48	10	23	2
Negativ	2	1	7	1	34	61	2	14	1
insgesamt	12	4	24	5	91	109	12	37	3
Erfolgsquote	83,3	75,0	70,8	80,0	62,6	44,0	83,3	62,2	66,7

* Abkürzungen: Belgien (BE), Bulgarien (BG), Dänemark (DK), Finnland (FI), Frankreich (F), Griechenland (GR), Irland (IE), Italien (IT), Kroatien (HR)

Quelle: Gemeinsame Prüfungsämter (seit 2012), Bundesministerium der Justiz (2001-2011), Bundesrechtsanwaltskammer (bis 2000)

Tab. 9.2.3: **Entscheidungen im Eignungsprüfungsverfahren nach Herkunft der Heimattitel der Eignungsprüflinge von 1991 bis 2023 – Teil 2***

	LV	LT	LU	NL	NO	AT	PL	PT	RO
Positiv	2	1	1	48	2	39	16	1	0
Negativ	0	0	1	10	1	8	1	0	4
insgesamt	2	1	2	58	3	47	17	1	3
Erfolgsquote	100,0	100,0	50,0	82,8	66,7	83,0	94,1	100,0	0,0

* Abkürzungen: Lettland (LV). Litauen (LT), Luxemburg (LU), Niederlande (NL), Norwegen (NO), Österreich (AT), Polen (PL), Portugal (PT), Rumänien (RO)

Quelle: Gemeinsame Prüfungsämter (seit 2012), Bundesministerium der Justiz (2001-2011), Bundesrechtsanwaltskammer (bis 2000)

Tab. 9.2.4: **Entscheidungen im Eignungsprüfungsverfahren nach Herkunft der Heimattitel der Eignungsprüflinge von 1991 bis 2023 – Teil 3***

	SE	CH	SK	ES	CZ	HU	GB	CY	Ges.
Positiv	6	10	2	51	3	5	98	1	458
Negativ	3	5	1	30	3	10	40	0	240
insgesamt	9	15	3	81	6	15	138	1	698
Erfolgsquote	66,7	66,7	66,7	63,0	50,0	33,3	71,0	100,0	65,6

* Abkürzungen: , Schweden (SE), Schweiz (CH), Slowakei (SK), Spanien (ES), Tschechische Republik (CZ), Ungarn (HU), Vereinigtes Königreich (GB)

Quelle: Gemeinsame Prüfungsämter (seit 2012), Bundesministerium der Justiz (2001-2011), Bundesrechtsanwaltskammer (bis 2000)

9.3. Im Ausland niedergelassene deutsche Rechtsanwälte

Tab. 9.3.1: In der EU / im EWR nach Art. 2, 3 Richtlinie 98/5/EG niedergelassene deutsche Rechtsanwälte

Land	Jahr	Zahl
Belgien (Flandern)	2021	37
Bulgarien	2021	19
Dänemark	2020	9
Estland	2021	1
Finnland	2021	3
Frankreich	2017	215
Griechenland	2018	k.A.
Island	2021	0
Irland	2018	0
Italien	2020	k.A.
Kroatien	2021	5
Lettland	2018	4
Liechtenstein	2020	15
Litauen	2021	4
Luxemburg	2020	67
Malta	2021	k.A.
Niederlande	2021	8
Polen	2021	23
Österreich	2021	53
Portugal	2020	19
Rumänien	2021	12
Schweden	2021	8
Schweiz	2021	ca. 80
Slowakische Republik	2021	15
Slowenien	2021	1
Spanien	2021	k.A.
Tschechische Republik	2021	23
Ungarn	2021	18
Vereinigtes Königreich*	2020	65
Zypern	2018	0
GESAMT		**704**

* Beinhaltet nicht die Zahl der beim General Council of the Bar of England & Wales Solicitor registrierten Rechtsanwälte.

Quelle: Conseil des Barreaux Européens/Council of Bars and Law Societies of Europe (CCBE)

9.4. Internationaler Vergleich

Tab. 9.4.1: Zahl der gemäß Art. 2 RiLi 98/5/EG in der EU registrierten Rechtsanwälte von 2011 bis 2021

Land	2011/2012	2013/2014	2015/2016	2017/2018	2020/2021
Belgien	670	707	720	k.A.	808
Bulgarien	34	51	55	78	87
Dänemark	16	16	19	29	35
Deutschland	k.A.	795	542	629	746
Estland	16	15	12	5	4
Finnland	4	6	5	6	5
Frankreich	225	222	1.123	1.142	k.A.
Griechenland	158	170	123	138	k.A.
Irland	*9	0	1	8	3
Island	1	0	0	1	2
Italien	k.A.	k.A.	4.521	k.A.	2.758
Kroatien	---	k.A.	13	11	15
Lettland	12	---	k.A.	17	12
Liechtenstein	27	26	32	40	58
Litauen	12	13	17	0	12
Luxemburg	381	k.A.	483	499	522
Malta	12	k.A.	k.A.	k.A.	k.A.
Niederlande	54	52	k.A.	66	73
Norwegen	8	---	6	k.A.	63
Österreich	82	109	81	87	102
Polen	66	67	74	64	143
Portugal	103	101	106	k.A.	150
Rumänien	52	k.A.	77	97	100
Schottland	---	---	3	k.A.	0
Schweden	18	22	19	24	36
Schweiz	364	k.A.	k.A.	573	346
Slowakische Republik	181	200	197	202	222
Slowenien	14	14	13	11	9
Spanien	k.A.	2.926	3.531	k.A.	k.A.
Tschechische Republik	116	121	125	138	110
Ungarn	134	136	69	77	57
Vereinigtes Königreich	k.A.	k.A.	437	k.A.	763
Zypern	50	---	6	15	40

Quelle: Conseil des Barreaux Européens / Council of Bars and Law Societies of Europe (CCBE)

10 Entwicklung benachbarter Berufe

- Notare
- Rechtsbeistände
- Steuerberater
- Wirtschaftsprüfer
- Patentanwälte
- Richter und Staatsanwälte

10.1 Notare

Notare werden von den Landesjustizverwaltungen als unabhängige Träger eines öffentlichen Amtes für die Beurkundung von Rechtsvorgängen und zur Wahrnehmung weiterer Aufgaben auf dem Gebiet der vorsorgenden Rechtspflege bestellt. Historisch bedingt, kennt das deutsche Rechtssystem drei verschiedene Formen des Notars: Den Notar im Hauptberuf („Nur-Notar"), den Notar im Nebenberuf („Anwaltsnotar") und den beamteten Notar („Amtsnotar").

In den Bereichen der Notarkammern Berlin, Braunschweig, Bremen, Celle, Kassel, Oldenburg, Schleswig-Holstein und der Westfälischen Notarkammer werden gemäß § 3 Abs. 2 BnotO Rechtsanwälte für die Dauer ihrer Zulassung als Notare zu gleichzeitiger Ausübung neben dem Beruf des Rechtsanwalts bestellt (sog. Anwaltsnotare). In den Bereichen der Notarkammern Koblenz, Saarland, Pfalz, Bayern, Thüringen, Sachsen, Sachsen-Anhalt, Brandenburg und Mecklenburg-Vorpommern werden ausschließlich hauptberufliche Notare (sog. Nur-Notare) bestellt. Ein Mischsystem existiert aus historischen Gründen im Bereich der Rheinischen Notarkammer: Dort werden sowohl Notare zur hauptberuflichen Amtsausübung (in den Bezirken des OLG Köln und des OLG Düsseldorf mit Ausnahme der rechtsrheinischen Bezirke des LG Duisburg und im Bereich des AG Emmerich) als auch Anwaltsnotare (in den rechtsrheinischen Bezirken des LG Duisburg und im Bereich des AG Emmerich) bestellt. Im Bereich der Notarkammer Baden-Württemberg waren bis zum 31.12.2017 in einigen Landesteilen auch beamtete sog. Amtsnotare tätig. Seit 1.1.2018 sind Notare in ganz Baden-Württemberg hauptberuflich als Freiberufler tätig; eine Ausnahme bildet der Bezirk des OLG Stuttgart, in dem Anwaltsnotare bestellt sind. In den fünf neuen Bundesländern wurde im Zuge der deutschen Wiedervereinigung das hauptberufliche Notariat eingeführt (in der DDR waren Notare zuvor in staatlichen Notariaten und – in stetig abnehmender Zahl – als sog. Einzelnotare tätig. 1989 gab es in der DDR 453 Notare, darunter acht Einzelnotare).

Tab. 10.1.1 zeigt die Gesamtzahl der haupt- und nebenberuflichen Notare in der Bundesrepublik Deutschland seit 1961, nicht enthalten ist die Zahl der beamteten

Notare. Ab 1992 schließen die Zahlen die Notare aus den fünf neuen Bundesländern ein. Die Notarzahlen sind seit 1998 stark rückläufig. Die Aufschlüsselung der Gesamtzahl in hauptberufliche und nebenberufliche Notare belegt, dass der Rückgang fast ausschließlich im Anwaltsnotariat bewirkt wurde: Während die Zahl der hauptberuflichen Notare aufgrund eines durch die Reorganisation des Notariats in Baden-Württemberg bedingten „Einmaleffekts" im Jahr 2018 um 16,2 % gestiegen und jetzt mit 1.700 wieder höher ist als im Jahr 2000, ist die Zahl der Anwaltsnotare seit 2000 – politisch gewillt – um über 4.000 zurückgegangen (hierzu näher bereits oben **Tab. 3.6.1**). **Tab. 10.1.2** verdeutlicht die regionale Verteilung von Notaren nach den Kammerbezirken. Kammern im Bereich des hauptberuflichen Notariats sind mit Ausnahme der Landesnotarkammer Bayern klein und haben meist weniger als 100 Mitglieder. Die Kammern im Bereich des Anwaltsnotariats haben seit 2000 starke Mitgliederrückgänge von zum Teil über 50 % zu verzeichnen Da der Zugang zum Anwaltsnotariat seit 2010 über das Bestehen einer notariellen Fachprüfung erfolgt, dokumentiert **Tab. 10.1.3** die Zahl der Anträge und Zulassungen zur Prüfung, der Prüflinge und der erfolgreich bestandenen Prüfungen, die in den letzten Jahren stark rückläufig war.

10.2 Rechtsbeistände

Natürliche Personen, die im Sinne des von § 1 RDGEG im Besitz einer uneingeschränkt oder unter Ausnahme lediglich des Sozial- oder Sozialversicherungsrechts erteilten Erlaubnis zur geschäftsmäßigen Rechtsbesorgung sind (sog. „Vollerlaubnis"), können seit 1980 auf Antrag in die für den Ort ihrer Niederlassung zuständige Rechtsanwaltskammer aufgenommen werden. Für sie hat sich der Begriff des „Kammerrechtsbeistands" eingebürgert. Sie unterscheiden sich von den anderen lizensierten Rechtsberatern nach § 10 RDG (Rentenberater, Inkassounternehmer, Rechtskundige im ausländischen Recht), die lediglich über eine Teilerlaubnis zur Besorgung von bestimmten fremden Rechtsangelegenheiten verfügen, durch ihr fachlich uneingeschränktes Tätigkeitsfeld. Dieses nähert sie dem Rechtsanwalt soweit an, dass der Gesetzgeber den Inhabern einer Vollerlaubnis seit 1980 nach § 209 BRAO die Möglichkeit der Mitgliedschaft in einer Rechtsanwaltskammer bietet. Neue Vollerlaubnisse, die Voraussetzung der Kammermitgliedschaft sind, werden allerdings seit 1980 nicht mehr erteilt, so dass der Beruf des Rechtsbeistands faktisch geschlossen ist. Die Zahl der Kammerrechtsbeistände nimmt daher altersbedingt kontinuierlich ab. Die Entwicklung der Zahl der Kammerrechtsbeistände seit 1980 ist **Tab. 10.2.1** zu entnehmen. Am 1.1. 2024 waren noch 122 Rechtsbeistände Mitglieder einer Rechtsanwaltskammer. Das am 1.7.2008 in Kraft getretene Rechtsdienstleistungsgesetz (RDG) hat an dem Berufsbild des Kammerrechtsbeistands grundsätzlich nichts geändert, es gilt insofern Bestandsschutz. Kammerrechtsbeistände sind nicht in das neue System des Rechtsdienstleistungsgesetzes überführt worden.

10.3 Registrierte Rechtsdienstleister

Rechtsdienstleistungen bieten in Deutschland auch die 2008 durch das RDG geschaffenen sog. registrierten Rechtsdienstleister i.S.d. § 10 RDG an. Bei ihnen handelt es sich um Inkassodienstleister, die Inkassodienstleistungen i.S.v. § 2 Abs. 2 RDG erbringen, Rentenberater, die aufgrund besonderer Sachkunde Rechtsdienstleistungen auf dem Gebiet des Sozialrechts bzw. des Sozialversicherungsrechts und der betrieblichen und berufsständischen Versorgung anbieten dürfen, sowie Rechtskundige in einem bestimmten ausländischen Recht. Voraussetzung für eine Registrierung sind nach § 12 RDG die persönliche Eignung und Zuverlässigkeit, die theoretische und praktische Sachkunde in dem Bereich, in dem die Rechtsdienstleistungen erbracht werden sollen, sowie das Bestehen von Berufshaftpflichtversicherungsschutz. Zudem sind nach § 13 RDG sog. Alterlaubnisinhaber registriert, die Bestandsschutz für nach dem früheren Rechtsberatungsgesetz erlangte behördliche Erlaubnisse zur Besorgung fremder Rechtsangelegenheiten in einem bestimmten Rechtsgebiet genießen. Diese sog. registrierten Rechtsdienstleister sind in das mit Inkrafttreten des RDG geschaffene, von der Justizverwaltung vorgehaltene Rechtsdienstleistungsregister (www.rechtsdienstleistungsregister.de) einzutragen. Dieses Register erlaubt lediglich tagesaktuelle und keine historischen Auswertungen, so dass keine fortgeschriebene Statistik der registrierten Rechtsdienstleister existiert. Informationen zur Zahl der Rentenberater, Inkassounternehmen und Rechtskundigen im ausländischen Recht sowie der registrierten Alterlaubnishaber werden daher in **Tab. 10.3.1** für das jeweils aktuelle Jahr dokumentiert. .

10.4 Steuerberater

Die Steuerberatung ist als Besorgung eines Rechtsgeschäfts eines Steuerpflichtigen Rechtsberatung auf dem Gebiet des Steuerrechts. Die 88.969 am 1. Januar 2024 zugelassenen Steuerberater und Steuerbevollmächtigten konkurrieren damit in dem ihnen gesetzlich zugewiesenen Tätigkeitsfeld unmittelbar mit der Anwaltschaft. Rechnerisch kommt rund ein Steuerberater bzw. Steuerbevollmächtigter auf zwei Rechtsanwälte; dieses Verhältnis unterstreicht die besondere Bedeutung der Steuerberatung als Ausschnittsbereich der Rechtsberatung. **Tab. 10.4.1** vollzieht die Entwicklung der Zahl der Steuerberater, Steuerbevollmächtigten und Steuerberatungsgesellschaften seit 1980 nach. Sie zeigt, dass die Zahl der Steuerberater, anders als die Zahl der niedergelassenen Rechtsanwälte, weiter, wenn auch nur noch moderat wächst. 2023 ist dieses zuletzt nur noch schwache Wachstum zum Stillstand gekommen.

Der freie Beruf des Steuerberaters ist deutlich jünger als der des Rechtsanwalts, er entstand nach dem Ersten Weltkrieg in Folge der Verabschiedung der Reichsabgabenordnung und der darin vorgesehenen Möglichkeit der Vertretung von Steuerpflichtigen gegenüber den Finanzämtern. Die Berufsbezeichnung „Steuerberater" wurde erstmalig in dem Gesetz über die Zulassung von Steuerberatern vom 6. Mai 1933 verwendet. Mit dem Gesetz über die Rechtsverhältnisse der Steuerberater und Steuerbevollmächtigten (Steuerberatungsgesetz) wurden die Berufe der Steuerberater und Steuerbevollmächtigten 1961 neu geordnet. Als Steuerberater oder Steuerbevollmächtigter durfte seither nur bestellt werden, wer eine entsprechende Prüfung bestanden hatte oder von dieser Prüfung befreit worden war. Der Beruf des Steuerbevollmächtigten wurde im Jahr 1980, als die letzten Meldungen zur Berufsprüfung möglich waren, geschlossen. Die Rechte und Pflichten der Steuerberater und Steuerbevollmächtigten sind weitgehend angeglichen. Da seit mehr als 40 Jahren keine Neuzulassungen zum Steuerbevollmächtigten erfolgen, verringert sich die Zahl der Steuerbevollmächtigten kontinuierlich.

Die Zahl der Steuerberatungsgesellschaften wächst stetig und hat im Jahr 2024 einen Stand von 14.211 erreicht. Aus historischen Gründen ist dem Steuerberater die Berufsausübung in einer als Steuerberatungsgesellschaft anerkannten Kapitalgesellschaft bereits seit fast 60 Jahren möglich. Hieraus erklärt sich teilweise die im Vergleich zur Anwaltschaft, der diese Möglichkeit erst seit 1994 geboten wird, große Zahl der Steuerberatungsgesellschaften: Auf eine Steuerberatungsgesellschaft kommen 2024 rechnerisch rund sechs Steuerberater, auf eine Rechtsanwaltsgesellschaft 35 Anwälte.

Berufsständisch organisiert sind Steuerberater in 21 Steuerberaterkammern, die Körperschaften des öffentlichen Rechts sind. Spitzenorganisation ist die Bundessteuerberaterkammer mit Sitz in Berlin. Die regionale Verteilung der Berufsträger auf die regionalen Steuerberaterkammern dokumentiert **Tab. 10.4.2.** In den meisten Bundesländern gibt es nur eine Steuerberaterkammer, lediglich in Nordrhein-Westfalen (Düsseldorf, Köln, Westfallen-Lippe), Bayern (München, Nürnberg) und Baden-Württemberg (Stuttgart, Nordbaden, Südbaden) gibt es mehr als eine Steuerberaterkammer. Wie auch bei der Rechtsanwaltschaft variiert die Größe der Kammern stark: Die größte Kammer, die Steuerberaterkammer München, hat 11.418 Mitglieder, die kleineste Kammer, die Steuerberaterkammer Bremen, lediglich 751.

10.5 Wirtschaftsprüfer

Tab. 10.5.1 dokumentiert die Entwicklung der Zahl der Wirtschaftsprüfer in der Bundesrepublik Deutschland seit 1980. Sie zeigt. dass das Wachstum des Berufsstands in den letzten Jahren praktisch zum Erliegen gekommen ist. Der Beruf des Wirtschaftsprüfers existiert seit den frühen 1930er Jahren, als die obligatorische Pflichtprüfung des Jahresabschlusses der Aktiengesellschaften eingeführt wurde. Die Abschlussprüfung von Kapitalgesellschaften ist die Hauptaufgabe des Wirtschaftsprüfers, hinzu kommt die wirtschaftliche und steuerrechtliche Beratung. Neben Wirtschaftsprüfern sind auch vereidigte Buchprüfer (vBP) Mitglieder der Wirtschaftsprüferkammer. Der seit den 80er Jahren des 19. Jahrhunderts bekannte Beruf des vereidigten Buchprüfers wurde mit dem Inkrafttreten der Wirtschaftsprüferordnung 1961 mit dem Berufsstand der Wirtschaftsprüfer verschmolzen, durch das Bilanzrichtliniengesetz von 1986 aber wieder neu geöffnet. 2005 wurde der Beruf sodann erneut geschlossen, so dass es keine weiteren Zulassungen mehr gibt (vereidigten Buchprüfern obliegt insbesondere die Prüfung des Jahresabschlusses von mittelgroßen Gesellschaften mit beschränkter Haftung). Nach den Statistiken zu den Mitgliedern der Wirtschaftsprüferkammer waren Anfang des Jahres 2023 14.653 Wirtschaftsprüfer und 3.031 Wirtschaftsprüfungsgesellschaften in Deutschland zugelassen. Anders als Rechtsanwälte und Steuerberater sind Wirtschaftsprüfer nicht in regionalen Kammern organisiert, sondern in einer Bundeskammer mit Sitz in Berlin, die über Landesgeschäftsstellen in Berlin, Düsseldorf, Frankfurt, Hamburg, München und Stuttgart verfügt.

10.6 Patentanwälte und Patentassessoren

Tab. 10.6.1 bildet die Entwicklung der Zahl der Patentanwälte und Patentassessoren seit 1994 ab. Ein Patentanwalt berät und vertritt Mandanten auf dem Gebiet des geistigen Eigentums und des gewerblichen Rechtsschutzes. Der Schwerpunkt liegt in der Vertretung in Verfahren vor den Patent- und Markenämtern und den zuständigen Gerichten. Die Ausbildung zum Patentanwalt ist in Deutschland durch die Patentanwaltsordnung (PAO) und die Patentanwaltsausbildungs- und -prüfungsordnung geregelt. Voraussetzung für die Ausbildung zum Patentanwalt ist ein erfolgreicher Abschluss eines naturwissenschaftlichen oder technischen Studiums an einer wissenschaftlichen Hochschule. Zudem muss ein Patentanwaltsbewerber vor Beginn der Patentanwaltsausbildung seine praktisch-technische Berufserfahrung durch eine einjährige berufliche Tätigkeit nachweisen. Nach der Statistik des Deutschen Patent- und Markenamts waren 2023 4.205 Patentanwälte in Deutschland zugelassen. **Tab. 10.6.2** dokumentiert die Zahl der Patentanwaltsgesellschaften im Sinne von § 52c PAO, die konzeptionell der Rechtsanwaltsgesellschaft mbH entsprechen, sowie der ausländischen Patentanwälte, die nach § 154a PAO Mitglieder der Patentanwaltskammer sind.

10.7 Richter und Staatsanwälte

Die aus der Richterstatistik des Bundesministeriums der Justiz (BMJ) und den Zahlen für das Rechtswesen des Statistischen Bundesamts in **Tab. 10.7.1** entnommenen Daten für die dem Rechtsanwalt benachbarten Berufe des Richters und Staatsanwalts verdeutlichen, dass die Zahl der Richter und Staatsanwälte lange Zeit weitgehend stagnierte, während die Zahl der Rechtsanwälte kontinuierlich anstieg. Dieses Bild hat sich jüngst umgekehrt: Die Zahl der Rechtsanwälte geht mittlerweile zurück, während die Zahl der richter und staatsanwälte moderat wächst. Nach der letztverfügbaren Richterstatistik standen 2022 28.519 Richter- und Staatsanwaltsstellen – die Statistik weist keine Kopfzahlen, sondern Vollzeitäquivalente aus – fast sechsmal so viele Rechtsanwälte gegenüber.

10.8 Rechtsanwälte im Vergleich mit benachbarten Berufen

Kap. 10.8 stellt einige ausgewählte Bezüge der Daten zur Anwaltschaft zu empirischen Befunden zu den benachbarten Berufen dar. **Tab. 10.8.1** zeigt, dass es in Deutschland bis zum Beginn des 20. Jahrhunderts mehr Richter als Rechtsanwälte gab. Heute kommen hingegen auf einen Richter mehr als sieben Rechtsanwälte, wenngleich die sich über Jahrzehnte immer weiter öffnende Schere sich seit 2016 wieder langsam schließt. Aufschlussreich ist schließlich der in **Tab. 10.8.2** dargestellte Vergleich der in den Wirtschaftszweigen „Wirtschafts- und Buchprüfung / Steuerberatung / Buchführung" und „Rechtsberatung" tätigen Unternehmen. Das Statistische Bundesamt fasst im Rahmen seiner „Strukturerhebung im Dienstleistungsbereich" unter diese Kategorie Praxen von Wirtschaftsprüferinnen und -prüfern sowie Wirtschaftsprüfungsgesellschaften, Praxen von vereidigten Buchprüferinnen und -prüfern sowie Buchprüfungsgesellschaften, Praxen von Steuerberaterinnen und -beratern sowie Steuerberatungsgesellschaften, Praxen von Steuerbevollmächtigten und Buchführung (ohne Datenverarbeitungsdienste) zusammen. Die Ergebnisse verdeutlichen, dass in diesem Wirtschaftszweig seit 2006 leicht weniger Unternehmen und Einrichtungen tätig sind als auf dem Rechtsberatungsmarkt. Als Gemeinsamkeit zeigt sich, dass in beiden Wirtschaftszweigen die Rechtsform „Einzelunternehmen" dominiert. Der Anteil der Personengesellschaften liegt hingegen im Bereich der Wirtschafts- und Buchprüfungen, Steuerberatungen und Buchführungen deutlich niedriger als in der Rechtsberatung, während der Anteil der Kapitalgesellschaften deutlich über den Zahlen des Rechtsberatungsmarktes liegt. Dies ist Ausdruck der Tatsache, dass aus historischen Gründen Wirtschaftsprüfungs- und Steuerberatungsgesellschaften seit langem als Kapitalgesellschaft verfasst sein dürfen, während das Berufsrecht der Rechtsanwälte dies erst seit Mitte der 1990er Jahre gestattet.

10 Entwicklung benachbarter Berufe

10.1. Notare

Tab. 10.1.1: Zahl der Notare von 1961 bis 2024

Jahr	Insgesamt	Veränd. in %	Nur-Notare	Veränd. in %	Anwaltsnotare	Veränd. in %
1961	5.647		714		4.933	
1965	5.710	-2,4	744	1,5	4.966	0,7
1969	6.001	-0,1	774	1,4	5.227	-0,4
1971	6.160	2,6	802	3,6	5.358	2,5
1975	6.895	4,4	901	4,5	5.994	4,4
1979	7.269	2,7	916	-0,4	6.353	3,2
1981	7.762	2,4	959	1,8	6.803	2,5
1983	7.877	0,4	964	0,1	6.913	0,5
1985	8.164	2,5	990	2,3	7.174	2,5
1987	8.523	2,1	1.003	0,1	7.520	2,4
1989	8.724	0,9	1.014	0,3	7.710	1,0
1991	9.643	8,5	1.463	44,4	8.180	6,1
1993	10.178	5,5	1.562	6,8	8.616	5,3
1995	10.343	1,6	1.628	4,2	8.715	1,1
1996	10.452	1,1	1.651	1,4	8.801	1,0
1997	10.688	2,3	1.657	0,4	9.031	2,6
1998	10.701	0,1	1.656	-0,1	9.045	0,2
1999	10.588	-1,1	1.663	0,4	8.925	-1,3
2000	10.495	-0,9	1.657	-0,4	8.838	-1,0
2001	10.562	0,6	1.665	0,5	8.897	0,7
2002	10.428	-1,3	1.663	-0,1	8.765	-1,5
2003	10.024	-3,9	1.654	-0,5	8.370	-4,5
2004	9.355	-6,7	1.627	-1,6	7.728	-7,7
2005	9.164	-2,0	1.616	-0,7	7.548	-2,3
2006	8.892	-3,0	1.610	-0,4	7.282	-3,5
2007	8.662	-2,6	1.607	-0,2	7.055	-3,1
2008	8.513	-1,7	1.593	-0,9	6.920	-1,9
2009	8.341	-2,0	1.586	-0,4	6.755	-2,4
2010	8.157	-2,2	1.582	-0,3	6.575	-2,7
2011	7.934	-2,7	1.561	-1,3	6.373	-3,1
2012	7.722	-2,7	1.535	-1,7	6.187	-2,9
2013	7.560	-2,1	1.524	-0,7	6.036	-2,4
2014	7.328	-3,1	1.514	-0,7	5.814	-3,7
2015	7.156	-2,3	1.506	-0,6	5.650	-2,8
2016	7.088	-1,0	1.495	-0,7	5.593	-1,0
2017	7.037	-0,7	1.479	-1,1	5.558	-0,6
2018	7.179	2,0	1.719	16,2	5.460	-1,8
2019	7.045	-1,9	1.714	-0,3	5.331	-2,4
2020	6.912	-1,9	1.708	-0,4	5.204	-2,4
2021	6.860	-0,8	1.717	0,5	5.143	-1,2
2022	6.711	-2,2	1.714	-0,2	4.997	-2,8
2023	6.658	-0,8	1.706	-0,5	4.952	-0,9
2024	6.534	-1,9	1.700	-0,4	4.834	-2,4

Quelle: Statistisches Jahrbuch der Bundesrepublik Deutschland (bis 1980), Notarstatistik der BNotK (Stand zum 1.1. des Jahres).

Tab. 10.1.2: Regionale Verteilung der Notare in den Notarkammern in den Jahren 2000, 2010, 2020, 2023 und 2024

Notarkammer	2000	2010	2020	2023	2024
Notarkammer Baden-Württemberg *	119 [26/93]	118 [43/75]	332 [293/39]	336 [314/22]	335 [319/16]
Landesnotarkammer Bayern **	481	492	484	481	485
Notarkammer Berlin ***	1.150	938	671	636	643
Notarkammer Brandenburg **	91	80	66	66	64
Notarkammer Braunschweig ***	358	235	166	147	143
Bremer Notarkammer ***	346	248	156	137	133
Notarkammer Celle ***	1.097	794	642	632	620
Notarkammer Frankfurt ***	1.368	942	863	850	827
Hamburgische Notarkammer **	79	74	76	77	76
Notarkammer Kassel ***	297	205	152	148	148
Notarkammer Koblenz **	108	100	98	98	101
Notarkammer Mecklenburg-Vorp. **	72	69	51	50	48
Notarkammer Pfalz **	53	52	52	53	53
Notarkammer Oldenburg ***	620	473	411	409	395
Rheinische Notarkammer *	535 [314/231]	483 [314/169]	443 [302/141]	430 [298/132]	422 [297/125]
Saarländische Notarkammer **	40	37	36	36	36
Notarkammer Sachsen **	181	148	118	109	101
Notarkammer Sachsen-Anhalt **	104	88	65	62	59
Schleswig-H. Notarkammer ***	988	778	600	556	548
Notarkammer Thüringen	108	85	67	62	61
Westfälische Notarkammer **	2.290	1.718	1.363	1.283	1236
GESAMT	**10.495**	**8.157**	**6.912**	**6.658**	**6.534**
davon hauptberufliche Notare	1.657	1.582	1.708	1.706	1.700
davon Anwaltsnotare	8.838	6.575	5.204	4.952	4.834

* sowohl hauptberufliche Notare als auch Anwaltsnotare [hauptberufliche Notare/Anwaltsnotare]
** hauptberufliche Notre (§ 3 Abs. 1 BNotO)
*** Anwaltsnotare (§ 3 Abs. 2 BNotO)

Quelle: Notarstatistik der BNotK (Stand zum 1.1. des Jahres)

10 Entwicklung benachbarter Berufe

Tab. 10.1.3: Ergebnisse der notariellen Fachprüfung von 2010 bis 2023*

Jahr	Anträge	Zulassungen	Prüflinge	bestanden	davon Frauen
2010	195	187	184	151	26
2011	225	211	203	166	34
2012	349	324	318	267	46
2013	380	350	345	290	67
2014	444	412	409	322	86
2015	448	409	407	288	84
2016	481	441	436	355	112
2017	441	393	391	321	102
2018	416	384	382	295	97
2019	460	427	423	332	114
2020	254	228	221	188	65
2021	259	226	224	197	67
2022	229	185	182	168	73
2023	237	199	196	169	73

* Bei den Angaben handelt es sich zum Teil um vorläufige Ergebnisse, da noch Rechtsbehelfe von Kandidaten gegen Prüfungsentscheidungen anhängig sein können.

Quelle: Prüfungsamt für die notariellen Fachprüfung bei der Bundesnotarkammer

10.2. Rechtsbeistände

Tab. 10.2.1: Zahl der Rechtsbeistände von 1980 bis 2024

Jahr	Rechtsbeistände	davon Frauen	Veränderung (in %)
1980	0	0	
1985	419	20	4,5
1990	444	26	6,0
1991	448	28	0,9
1992	444	25	-0,9
1993	442	25	-0,5
1994	442	28	0,0
1995	444	28	0,5
1996	443	25	-0,2
1997	438	25	-1,1
1998	436	25	-0,5
1999	419	23	-3,9
2000	400	25	-4,5
2001	401	25	0,3
2002	389	25	-3,0
2003	382	23	-1,8
2004	372	24	-2,6
2005	364	23	-2,2
2006	354	23	-2,7
2007	346	23	-2,3
2008	334	23	-3,5
2009	330	25	-1,2
2010	319	25	-3,3
2011	309	26	-3,1
2012	298	26	-3,7
2013	290	25	-2,7
2014	276	23	-4,8
2015	266	23	-3,6
2016	249	22	-6,4
2017	233	19	-6,4
2018	222	18	-4,7
2019	205	17	-7,7
2020	188	18	-8,3
2021	169	17	-10,1
2022	158	16	-6,5
2023	134	18	-15,2
2024	122	10	-9,0

Quelle: BRAK-Mitgliederstatistik (Stand zum 1.1. des jeweiligen Jahres)

10.3. Registrierte Rechtsdienstleister

Tab. 10.3.1: Zahl der registrierten Rechtsdienstleister im Jahr 2024

Art des Rechtsdienstleisters	Anzahl
Inkassodienstleister (§ 10 Abs. 1 S. 1 Nr. 1 RDG)	1.937
Rentenberatung (§ 10 Abs. 1 S. 1 Nr. 2 RDG)	861
Rechtsdienstleistungen in einem ausländ. Recht (§ 10 Abs. 1 S. 1 Nr. 3 RDG)	312
Teilerlaubnisinhaber (nach § 13 RDG)	1.216
Insgesamt	**4.326**

Quelle: Rechtsdienstleistungsregister (Stand zum 01.03.2024)

10.4. Steuerberater

Tab. 10.4.1: Zahl der Steuerberater/Steuerbevollmächtigten/Steuerberatungsgesellschaften von 1962 bis 2024

Jahr	Steuerberater	Veränd. (in %)	Steuerbevollmächtigte	Veränd. (in %)	Steuerberatungsges.	Veränd. (in %)
1962	*23.919		–		162	
1965	*24.472		–		205	
1970	*25.680		–		317	
1975	*30.661		–		591	
1980	21.030		16.175		1.319	
1985	28.882	7,0	14.373	-8,1	2.600	9,8
1990	39.997	6,6	5.145	-27,2	3.901	8,6
1995	47.067	3,1	5.440	-6,4	4.877	4,2
1996	49.525	5,2	5.093	-7,4	5.015	2,8
1997	51.217	3,4	4.677	-8,2	5.206	3,8
1998	53.193	3,9	4.000	-14,5	5.413	3,8
1999	55.702	4,7	3.833	-4,2	5.748	6,2
2000	57.806	3,8	3.626	-5,5	6.056	5,4
2001	59.702	3,8	3.475	-4,2	6.257	3,3
2002	60.999	2,2	3.332	-4,2	6.436	2,9
2003	63.733	4,5	3.185	-4,5	6.607	2,7
2004	65.282	2,4	3.057	-4,0	6.745	2,1
2005	66.747	2,2	2.921	-4,5	6.932	2,8
2006	68.781	3,0	2.775	-5,0	7.129	2,8
2007	69.598	1,2	2.647	-4,6	7.364	3,3
2008	70.927	1,9	**2.947	11,3	7.563	2,7
2009	73.454	3,6	2.845	-3,5	7.870	4,1
2010	75.333	2,6	2.777	-2,4	8.169	3,8
2011	77.243	2,5	2,670	-3,9	8.416	3,0
2012	78.645	1,8	2.590	-3,0	8.655	2,8
2013	79.885	1,6	2.505	-3,3	8.858	2,3
2014	80.946	1,3	2.423	-3,3	9.039	2,0
2015	82.382	1,8	2.325	-4,0	9.243	2,3
2016	83.355	1,2	2.215	-4,7	9.437	2,1
2017	84.046	0,8	2.123	-4,2	9.652	2,3
2018	84.627	0,7	2.047	-3,6	9.897	2,5
2019	85.495	1,0	1.973	-3,6	10.185	2,9
2020	86.625	1,3	1.884	-4,5	10.446	2,6
2021	87.607	1,1	1.811	-3,9	10.786	3,3
2022	88.048	0,5	1.745	-3,6	11.277	4,6
2023	88.972	1,1	2.206	26,4	13.143	16,5
2024	88.969	0,0	2.716	23,1	14.211	48,4

* Bis 1979 wurden Steuerberater und Steuerbevollmächtigte gesammelt unter dem Begriff „Steuerberater" ausgewiesen.
** Ab 2008 weist die Berufsstatistik der Steuerberaterkammer diese Gruppe als Steuerbevollmächtigte und Sonstige aus. „Sonstige" sind Personen gem. § 74 Abs. 2 StBerG, welche bis 2007 gesondert erfasst wurden. Aufgrund der veränderten Datenbasis ist daher die Vergleichbarkeit mit den Vorjahren nur bedingt möglich.

Quelle: Bundessteuerberaterkammer: Berufsstatistik, eigene Berechnungen (Stand zum 1.1. des jeweiligen Jahres)

Tab. 10.4.2: Regionale Verteilung der Steuerberater in den Steuerberaterkammern im Jahr 2024

Kammerbezirk	Steuerberater	Steuerbevollmächtigte	Steuerberatungsgesellsch.	Personen § 74 Abs. 2 StBerG	gesamt	Veränd. in %
Berlin	3.507	32	992	144	4.675	1,8
Brandenburg	1.127	14	223	14	1.378	2,0
Bremen	751	4	134	26	915	1,6
Düsseldorf	8.777	63	1.177	59	10.076	0,2
Hamburg	4.005	21	627	245	4.898	3,0
Hessen	7.958	111	1.114	177	9.360	1,4
Köln	6.314	65	869	99	7.347	1,9
Mecklenburg-V.	754	15	166	2	937	2,5
München	11.418	127	1.849	342	13.736	2,3
Niedersachsen	7.127	79	1.072	119	8.397	1,6
Nordbaden	3.122	24	510	65	3.721	1,3
Nürnberg	4.937	35	799	68	5.839	1,1
Rheinland-Pfalz	3.372	50	613	59	4.094	2,8
Saarland	894	10	153	15	1.072	1,5
Sachsen	2.430	71	503	41	3.045	2,9
Sachsen-Anhalt	826	21	159	10	1.016	0,6
Schleswig-Holstein	2.495	37	433	27	2.992	0,7
Stuttgart	7.759	81	1.066	48	8.954	0,1
Südbaden	2.347	22	443	62	2.874	0,7
Thüringen	1.057	22	207	26	1.312	3,1
Westfalen-Lippe	7.992	66	1.102	98	9.258	2,6
Bundesgebiet	**88.969**	**970**	**14.211**	**1.142**	**105.896**	**1,5**

Quelle: Bundessteuerberaterkammer: Berufsstatistik, Stand 01.01.2024

10.5. Wirtschaftsprüfer

Tab. 10.5.1: Zahl der Wirtschaftsprüfer und Wirtschaftsprüfungsgesellschaften von 1961 bis 2023

Jahr	Wirtschafts-prüfer	Veränderung (in %)	WP-Gesellschaften	Veränderung (in %)
1961	1.590		196	
1980	3.821		651	
1985	4.637	4,4	920	6,0
1990	6.344	5,6	1.215	2,9
1995	7.994	5,0	1.541	4,8
1996	8.353	4,5	1.615	4,8
1997	8.707	4,2	1.638	1,4
1998	9.156	5,2	1.759	7,3
1999	9.611	5,0	1.829	3,9
2000	9.984	3,9	1.879	2,7
2001	10.355	3,7	1.949	3,7
2002	10.881	5,1	2.032	4,3
2003	11.355	4,4	2.127	4,7
2004	11.767	3,6	2.146	0,9
2005	12.244	4,1	2.221	3,5
2006	12.578	2,7	2.318	4,3
2007	12.963	3,1	2.361	1,9
2008	13.206	1,9	2.444	3,5
2009	13.416	1,6	2.496	2,1
2010	13.619	1,5	2.540	1,8
2011	13.866	1,8	2.631	3,6
2012	14.124	1,9	2.710	3,0
2013	14.345	1,6	2.793	3,0
2014	14.390	0,3	2.821	1,0
2015	14.407	0,1	2.863	1,5
2016	14.389	-0,1	2.890	0,9
2017	14.392	0,0	2.928	1,3
2018	14.492	0,7	2.974	0,6
2019	14.560	0,5	2.986	0,4
2020	14.568	0,1	2.982	-0,1
2021	14.650	0,6	2.980	-0,1
2022	14.614	-0,2	3.013	1,1
2023	14.653	0,3	3.031	0,6

Quelle: Wirtschaftsprüferkammer (Stand zum 1.1. des jeweiligen Jahres); eigene Berechnungen

10.6. Patentanwälte

Tab. 10.6.1: Zahl der Patentanwälte und Patentassessoren von 1994 bis 2023

Jahr	Patentanwälte	Veränd. (in %)	Patentassessoren	Veränd. (in %)
1994	1.274		1.257	
1995	1.320	3,6	1.210	-3,7
2000	1.785	5,4	1.080	-2,0
2005	2.255	26,3	1.136	5,2
2006	2.389	5,9	1.054	-7,2
2007	2.477	3,7	1.081	2,5
2008	2.576	4,0	1.108	2,5
2009	2.693	4,5	1.111	0,3
2010	2.838	5,4	k.A.	-
2011	2.956	4,2	k.A.	-
2012	3.089	4,5	k.A.	-
2013	3.197	3,5	k.A.	-
2014	3.349	4,8	k.A.	-
2015	3.444	2,8	k.A.	-
2016	3.543	2,9	k.A.	-
2017	3.630	2,5	k.A.	-
2018	3.762	3,6	k.A.	-
2019	3.853	2,4	k.A.	-
2020	3.931	2,0	k.A.	-
2021	4.022	2,3	k.A.	-
2022	4.099	1,9	k.A.	-
2023	4.205	2,6	k.A.	-

Quelle: DPMA Jahresberichte (Stand zum Ende des jeweiligen Vorjahres)

Tab. 10.6.2: Zahl der Patentanwaltsgesellschaften (§ 52c PAO) und ausländischen Mitglieder der Patentanwaltskammern (§ 154a PAO) von 2011 bis 2022

Jahr	Patentanwalts-gesellschaften	Veränd. (in %)	Ausländische Patentanwälte	Veränd. (in %)
2011	13		16	
2012	13	0,0	18	12,5
2013	13	0,0	18	0,0
2014	15	15,4	17	-5,5
2015	17	13,3	19	11,8
2016	19	11,8	21	10,5
2017	21	10,5	29	38,1
2018	26	23,8	32	10,3
2019	29	11,5	36	12,5
2020	32	10,3	37	2,8
2021	35	9,4	40	8,1
2022	184	425,7	44	10

Quelle: DPMA Jahresberichte (Stand zum 1.1. des jeweiligen Jahres); seit dem 01.08.2022 bedürfen in der Regel alle Berufsausübungsgesellschaften der Zulassung durch die Patentanwaltskammer (§ 52f Abs. 1 PAO)

10.7. Richter und Staatsanwälte

Tab. 10.7.1: Zahl der Richter und Staatsanwälte von 1955 bis 2022

Jahr	Richter	Veränd. (in %)	Index (Basis 1955)	Staatsanwälte	Veränd. (in %)	Index (Basis 1955)
1955	10.773		100	1.873		100
1957	11.340	5,3	105	2.033	8,5	109
1959	11.502	1,4	107	2.113	3,9	113
1961	11.609	0,9	108	2.174	2,9	116
1963	12.145	4,6	113	2.173	0,0	116
1965	12.247	0,8	114	2.392	10,1	128
1967	12.620	3,0	117	2.590	8,3	138
1969	12.798	1,4	119	2.715	4,8	145
1971	12.954	1,2	120	2.709	-0,2	145
1973	13.326	2,9	124	2.814	3,9	150
1975	14.054	5,5	130	2.999	6,6	160
1977	14.765	5,1	137	3.233	7,8	173
1979	15.532	5,2	144	3.328	2,9	178
1981	16.657	7,2	155	3.593	8,0	192
1983	16.922	1,6	157	3.680	2,4	196
1985	17.031	0,6	158	3.646	-0,9	195
1987	17.380	2,0	161	3.725	2,2	199
1989	17.672	1,7	164	3.725	0,0	199
1991	19.115	8,2	177	3.887	4,3	208
1993*	20.668	8,1	192	4.920	26,6	263
1995	22.134	7,1	205	5.375	9,2	287
1996	20.999	-5,1	195	5.211	-3,1	278
1998	20.969	-0,1	195	4.998	-4,1	267
2000	20.880	-0,4	194	5.044	0,9	269
2002	20.901	0,1	194	5.150	2,1	275
2004	20.395	-2,4	189	5.106	-0,9	273
2006	20.138	-1,3	187	5.084	-0,4	271
2008	20.101	-0,2	187	5.122	0,7	273
2010	20.411	1,5	189	5.246	2,4	280
2012	20.382	-0,2	189	5.232	-0,3	277
2014	20.301	-0,4	188	5.279	0,9	282
2016	20.739	2,2	193	5.502	4,2	294
2018	21.339	2,9	198	5.882	6,9	314
2020	21.943	2,8	203	6.198	5,4	331
2022	22.008	0,3	204	6.511	5,1	348

* Ab 1993 einschließlich der neuen Bundesländer

Quelle: BMJ-Richterstatistik, Statistisches Bundesamt, Zahlen für die Rechtspflege

10.8. Rechtsanwälte im Vergleich mit benachbarten Berufen

Tab. 10.8.1: Zahl der Rechtsanwälte und Richter von 1885 bis 2022 im Vergleich

Jahr	Rechtsanwälte	Verhältnis	Richter
1885	4.536	0,6 : 1	7.078
1895	5.795	0,8 : 1	7.600
1905	7.835	0,9 : 1	8.806
1915	13.024	1,2 : 1	10.714
1925	13.578	1,4 : 1	9.475
1933*	18.047	1,8 : 1	10.069
1955	16.824	1,7 : 1	10.773
1965	19.796	1,6 : 1	12.247
1975	26.854	1,9 : 1	14.054
1985	46.933	2,8 : 1	17.031
1995**	74.291	3,4 : 1	22.134
2004	126.793	6,2 : 1	20.395
2006	138.104	6,9 : 1	20.138
2008	146.910	7,3 : 1	20.101
2010	153.251	7,5 : 1	20.411
2012	158.426	7,7 : 1	20.382
2014	162.695	8,0 : 1	20.301
2016	163.436	7,9 : 1	20.739
2018	162.240	7,6 : 1	21.339
2020	162.270	7,4 : 1	21.943
2022	160.438	7,3 : 1	22.008

* Zahl der Rechtsanwälte 1932
** Ab 1995 einschließlich der neuen Bundesländer

Quelle: Richterstatistik des BfJ, BRAK-Statistik, Statistisches Bundesamt, Zahlen für die Rechtspflege

10 Entwicklung benachbarter Berufe

Tab. 10.8.2: In der Rechtsberatung, Steuerberatung, Wirtschafts- und Buchprüfung sowie Buchführung tätige Unternehmen nach Rechtsform von 2007 bis 2020

	Unternehmen insgesamt	Einzelunternehmen	Personengesellschaften	Kapitalgesellschaften	sonst. Rechtsformen
2007					
Rechtsberatung	46.220	34.320	11.498	275	127
Wirtschafts- und Buchprüfung / Steuerberatung / Buchführung	45.771	32.375	6.082	7.153	162
2009					
Rechtsberatung	48.326	36.713	10.622	508	484
Wirtschafts- und Buchprüfung / Steuerberatung / Buchführung	47.074	33.710	5.992	7.007	365
2011					
Rechtsberatung	50.683	39.304	10.066	522	791
Wirtschafts- und Buchprüfung / Steuerberatung / Buchführung	50.129	35.240	6.706	7.812	372
2013					
Rechtsberatung	53.161	39.471	10.474	745	2.472
Wirtschafts- und Buchprüfung / Steuerberatung / Buchführung	51.204	34.717	6.819	8.606	1.062
2015					
Rechtsberatung	60.296	45.416	10.792	942	3.147
Wirtschafts- und Buchprüfung / Steuerberatung / Buchführung	58.683	41.603	6.698	8.928	1.454
2017					
Rechtsberatung	63.282	48.140	11.955	991	2.196
Wirtschafts- und Buchprüfung / Steuerberatung / Buchführung	61.611	41.861	7.974	10.254	1.522
2019					
Rechtsberatung	61.237	47.095	9.366	1.231	3.545
Wirtschafts- und Buchprüfung / Steuerberatung / Buchführung	59.318	41.182	6.893	9.465	1.779
2020					
Rechtsberatung	58.291	45.744	7.608	1.401	3.538
Wirtschafts- und Buchprüfung / Steuerberatung / Buchführung	56.935	39.845	5.488	10.061	1.541

Quelle: Statistisches Bundesamt, Strukturerhebungen im Dienstleistungsbereich, Fachserie 9, Reihe 4.4

11 Geschäftsentwicklung der Gerichte

- Ordentliche Gerichtsbarkeit
- Fachgerichtsbarkeiten

Kapitel 11 dokumentiert die Geschäftsentwicklung der staatlichen Gerichte in der Bundesrepublik Deutschland seit der Jahrtausendwende. Der Aufbau des Kapitels orientiert sich an der Unterteilung der Gerichtsbarkeiten in die ordentlichen Gerichte Fachgerichtsbarkeiten (Arbeits-, Sozial-, Verwaltungs- und Finanzgerichtsbarkeit) dar. Insgesamt wird deutlich, dass sich immer mehr Rechtsanwälte eine geringer werdende Zahl an Gerichtsverfahren „teilen" müssen und demnach die forensische Praxis, die das Berufsbild des Rechtsanwalts traditionell prägt, immer weiter an Bedeutung verliert.

11.1 Ordentliche Gerichte

Bei den ordentlichen Gerichten sind die jährlichen Neuzugänge über einen Betrachtungszeitraum von nun mehr als 20 Jahren insgesamt nachhaltig rückläufig.

Bei den Amtsgerichten, deren Geschäftsanfall sich im Kern aus Verfahren in Zivilprozess-, Familien-, Straf- und Bußgeldsachen speist (**Tab. 11.1.1.1**), sind keine einheitlichen Entwicklungslinien festzustellen: Die Zahl der Neuzugänge in den beiden für den größten Geschäftsanfall verantwortlichen Teilbereichen – Zivilprozess- und Strafsachen – sind seit der Jahrtausendwende um mehr als ein Drittel bzw. um die Hälfte zurückgegangen. 2016 sank die Zahl der Zivilprozesssachen bei den Amtsgerichten erstmals auf unter 1 Mio. Verfahren. Nach mehreren Jahren relativ stabiler Eingangszahlen sank die Zahl ab 2020 wieder stärker und liegt nun bei 715.384 Verfahren. Dass die Rückgänge nicht noch deutlicher sind, beruht primär auf einer großen Zahl sog. Fluggastrechteklagen nach der EU-VO 263/04, die aufgrund entsprechender Angebote vor allem von Legal Tech-Rechtsdienstleistern seit rund 15 Jahren initiiert werden und mittlerweile jährlich zu mehreren Zehntausend Klagen führen (die allerdings auf einige wenige flughafennahe Amtsgerichte konzentriert sind).

Ausgehend von einem niedrigeren Niveau, hat die Zahl der Familiensachen bis 2010 um mehr als 20 % zugenommen, ist aber seitdem ebenfalls rückläufig. Die Zahl der Bußgeldverfahren stieg hingegen die letzten Jahre an und war im Jahr 2022 erstmals wieder rückläufig. **Tab. 11.1.1.2** schlüsselt weitere Neuzugänge bei den Amtsgerichten nach der Art des Verfahrens auf. Hierbei wird deutlich, dass Mahnverfahren, trotz deutlicher Abnahme seit 2001 um fast 50 %, mit Abstand immer noch den höchsten Anteil der Fallzahlen bei den Amtsgerichten ausmachen. Auch die Zahl der Vollstreckungssachen ist seit der Jahrtausendwende – um rund ein Drittel – rückläufig. Durch das Gesetz zur Reform der Sachaufklärung in der Zwangsvollstreckung wurde die eidesstattliche Versicherung mit Wirkung zum 1.1.2013 durch das Vermögensverzeichnis abgelöst. Aufgrund einer Übergangsregelung nahmen die Vollstreckungsgerichte von 2013 bis 2017 aber insgesamt noch 163.264 eidesstattliche Versicherungen ab.

Tab. 11.1.1.3 gibt Aufschluss darüber, in welchem Ausmaß Parteien in amtsgerichtlichen Prozessen, die keinen Anwaltszwang kennen, anwaltlich vertreten sind: In weniger als der Hälfte der Verfahren sind beide Parteien anwaltlich vertreten, in etwa jedem zehnten Verfahren hat keine der Parteien eines Rechtsanwalt zum Prozessbevollmächtigten bestellt. **Tab. 11.1.1.4** zeigt auf, welche Bedeutung die verschiedenen denkbaren Erledigungsarten haben. Seit Beginn des Vergleichszeitraums im Jahr 2002 hat der Anteil derjenigen Verfahren, die durch Versäumnisurteil erledigt wurden, acht Prozentpunkte verloren und liegt inzwischen knapp unter 20 %. **Tab. 11.1.1.5** dokumentiert die Erledigungen nach Kostenentscheidung. In mehr als zwei Drittel der Verfahren obsiegt der Kläger vollständig, in rund 18 % der Verfahren erfolgt eine Kostenquotelung. Diese Werte weisen in einer Langzeitbetrachtung nur geringe jährliche Abweichungen auf. **Tab. 11.1.1.6** gibt die Verteilung der Streitwerte der Zivilprozesssachen bei den Amtsgerichten nach Streitwertklassen wieder. Knapp 35 % der Verfahren hat demnach einen Streitwert von maximal 600 €.

Ähnlich wie bei den Amtsgerichten war die Zahl der erstinstanzlichen Eingänge in Zivilprozesssachen bei den Landgerichten seit der Jahrtausendwende bis 2017 rückläufig. Naheliegend ist ein Zusammenhang zwischen dem nunmehr seit 2018 in **Tab. 11.1.2.1** zu verzeichnenden sprunghaften Anstieg der Neuzugänge und dem sog. Diesel- bzw. Abgasskandal. Der Anstieg beruht wohl nicht auf einem strukturellen Wachstum, sondern auf Einmal-Effekten in Folge einer großen Zahl sog. „Diesel-Klagen", mit denen Ansprüche von KfZ-Eigentümern gegen Automobilhersteller und –händler wegen manipulierter Abgassoftwerte verfolgt werden. Hierfür spricht, dass die Eingangszahlen seit 2021 wieder fallen und nach dem kurzen Zwischenhoch auf einem historischen Tiefstand angelangt sind. Stabil geblieben sind die Eingangszahlen in Strafsachen. **Tab. 11.1.2.2** zeigt, dass mittlerweile nur noch 20,3 % der Zivilprozesssachen bei den Landgerichten in der Kammer verhandelt werden, hingegen 79,7 % vor dem Einzelrichter. Seit 2017 hat sich dieses Verhältnis stetig zugunsten der Einzelrichterentscheidung entwickelt. Die in **Tab. 11.1.2.3** dokumentierten Erledigungsarten lassen erkennen, dass die Vergleichsquote vor den Landgerichten seit 2018 deutlich abgenommen hat, mit 23,3 % aber noch merklich über der Vergleichsquote in amtsgerichtlichen Verfahren (14,1 %) liegt. **Tab. 11.1.2.4** lässt erkennen, dass ein vollständiges Obsiegen in landgerichtlichen Verfahren erster Instanz deutlich seltener zu verzeichnen ist als vor den Amtsgerichten, lediglich in 29,5 % der Fälle ergeht eine Kostenentscheidung vollständig zu Lasten des Beklagten. **Tab. 11.1.2.5** ermöglicht eine Analyse der Streitwertklassen, auf die sich die beim Landgericht erstinstanzlich anhägig gemachten Verfahren verteilen. Demnach haben 31,6 % der Verfahren einen Streitwert von unter 10.000 €, 9,1 % von über 100.000 €. Die geplante Verschiebung der Zugangsstreitwertgrenzen für Amts- und Landgerichte zum 1. Januar 2026 von

5.000 auf 8.000 € – die erste Anpassung seit 30 Jahren – wird perspektivisch zu stärker abnehmenden Zugängen bei den Landgerichten führen.

In Rechtsmittelsachen sind die in **Tab. 11.1.2.6** ersichtlichen Eingänge bei den Landgerichten seit der Jahrtausendwende deutlich rückläufiger als in erstinstanzlichen Verfahren, hier haben sich die Eingänge um rund 60 % reduziert. Auch hier gilt, dass die Eingangszahlen in Strafsachen deutlich stabiler und lediglich um 33 % zurückgegangen sind. **Tab. 11.1.2.7**, die die Erledigungsarten in Rechtsmittelverfahren wiedergibt, zeigt, dass Vergleiche in Berufungsverfahren nach wie vor deutlich seltener sind als in erstinstanzlichen Verfahren.

Da Oberlandesgerichte nur in Strafverfahren und auch dort nur für staatsgefährdende Delikte als Erstinstanz in Betracht kommen, ist die Zahl der erstinstanzlichen Verfahren traditionell sehr niedrig, Mit 67 Verfahren im Jahr 2019 eireichte sie seit der Jahrtausendwende einen Höchstwert, seitdem ist sie wieder rückläufig (vgl. **Tab. 11.1.3.1**). Bei den Neuzugängen in der Rechtsmittelinstanz sind weiterhin die Zivilprozesssachen die mit Abstand häufigste Verfahrensart. Analog zum Anstieg der Neuzugänge bei den Landgerichten in erstinstanzlichen Verfahren war 2018 und 2019 ein sprunghafter Zuwachs der Rechtsmittelsachen bei den Oberlandesgerichten zu verzeichnen. Hier haben sich die Eingänge einstweilen auf höherem Niveau stabilisiert. Die Arten der Erledigung in Zivilprozesssachen in der Rechtsmittelinstanz nach Art der Erledigung werden in der **Tab. 11.1.3.3** unterschieden.

11.2 Fachgerichte

Die Geschäftsentwicklung der Fachgerichte ist in besonderem Maße von wirtschaftlichen oder gesellschaftlichen Einflüssen geprägt: Wirtschaftliche Krisen führen zu mehr Kündigungsstreitigkeiten vor den Arbeitsgerichten oder zu mehr gerichtlichen Auseinandersetzungen über Transferleistungen vor den Sozialgerichten. Flüchtlingsströme wirken sich durch mehr gerichtliche Asylverfahren auf die Verwaltungsgerichte aus. Aus diesem Grund ist die Zahl der Verfahren vor den Fachgerichten ausgeprägteren Schwankungen unterworfen als vor den ordentlichen Gerichten und stets in den Kontext äußerer Einwirkungen zu stellen. Die Eingangszahlen der Sozialgerichte (**Tab. 11.2.3**) nahmen nach einem Höchstwert von 422.214 im Jahr 2010 stetig ab und lagen im Jahr 2022 noch bei 241.904. Die Zahl der erstinstanzlichen Verfahren vor den Verwaltungsgerichten nahm nach einer Dekade stark rückläufiger Eingangszahlen – von 2000 bis 2010 war ein Minus von einem Drittel zu verzeichnen – infolge der Flüchtlingskrise einige Jahre merklich zu und erreichte 2017 einen Höchststand von 352.331. Im Jahr 2022 lagen die Neuzugänge bei den Verwaltungsgerichten nach einem massiven Einbruch der Zahlen nur noch bei 145.155 (**Tab. 11.2.1**). In der Arbeitsgerichtsbarkeit war der Abwärtstrend in den Eingangszahlen 2019 und 2020 kurzzeitig unterbrochen, setzt sich seitdem aber wieder fort. (**Tab. 11.2.2**). 2022 verzeichnete man dort 259.177 Neuzugänge. Die Zahl der finanzgerichtlichen Verfahren ist in den Jahren von 2004 bis 2022 um fast zwei Drittel zurückgegangen (**Tab. 11.2.4**).

11 Geschäftsentwicklung der Gerichte

11.1. Geschäftsentwicklung in der ordentlichen Gerichtsbarkeit

11.1.1. Amtsgerichte

Tab. 11.1.1.1: Neuzugänge bei den Amtsgerichten von 2000 bis 2022 – Teil 1

Jahr	Zivilprozesssachen	Familiensachen	Strafverfahren	Bußgeldverfahren
2000	1.452.245	524.845	840.325	366.397
2001	1.421.404	570.912	842.317	345.271
2002	1.443.584	565.348	856.238	352.519
2003	1.500.905	573.690	883.296	369.360
2004	1.498.767	554.797	896.199	387.529
2005	1.400.724	521.769	874.703	405.522
2006	1.314.738	539.546	839.802	382.716
2007	1.263.012	539.783	843.340	382.911
2008	1.272.658	562.448	826.559	366.736
2009	1.243.951	*374.292	803.465	376.774
2010	1.213.093	692.298	776.447	391.460
2011	1.119.758	668.247	770.532	383.070
2012	1.150.663	655.486	727.112	357.863
2013	1.138.419	650.309	700.679	347.667
2014	1.107.028	628.886	679.438	351.571
2015	1.093.454	654.382	664.867	329.639
2016	986.139	617.859	670.036	347.169
2017	936.979	575.744	657.774	347.959
2018	923.933	567.129	659.932	380.649
2019	927.529	569.742	661.044	388.781
2020	852.907	549.863	625.780	390.866
2021	753.926	533.157	566.305	397.602
2022	715.384	519.335	560.364	359.021

* Familiensachen 2009: Werte ohne 4. Quartal 2009

Quelle: Statistisches Bundesamt, Rechtspflege, Zivilgerichte/Familiengerichte/Strafgerichte Fachserie 10, Reihe 2.1/2.2/2.3

Tab. 11.1.1.2: Neuzugänge bei den Amtsgerichten von 2002 bis 2022 – Teil 2

Jahr	Mahnverfahren	Vollstreckungssachen	Abgenommene eidesstattliche Versicherungen und Vermögensverzeichnisse
2002	8.583.818	3.244.584	939.912
2003	9.472.611	3.390.993	1.020.389
2004	9.057.650	3.491.260	1.071.308
2005	8.567.016	3.470.521	1.035.880
2006	7.905.819	3.301.477	979.683
2007	6.897.150	3.130.663	918.982
2008	6.767.352	3.148.833	907.957
2009	6.738.787	3.099.779	792.667
2010	6.430.391	3.095.811	786.524
2011	6.019.380	3.110.123	763.456
2012	5.827.022	3.090.904	749.468
2013	5.763.385	2.387.076	633.900
2014	5.590.228	2.444.782	747.811
2015	5.339.867	2.556.308	774.742
2016	5.045.237	2.594.315	696.912
2017	5.113.022	2.482.195	624.901
2018	4.789.663	2.476.400	592.144
2019	4.805.438	2.485.427	576.269
2020	4.447.453	2.273.940	508.223
2021	4.137.535	2.070.293	476.451
2022	4.691.363	1.917.928	401.586

Quelle: Statistisches Bundesamt, Rechtspflege, Zivilgerichte Fachserie 10, Reihe 2.1

Tab. 11.1.1.3 Erledigungen in Zivilprozesssachen bei den Amtsgerichten von 2002 bis 2022 – nach Art anwaltlicher Vertretung

Jahr	Erledigungen gesamt	Nur Kläger (Antragsteller) in %	Nur Beklagter (Antragsgegner) in %	Beide Parteien in %	Keine Partei in %
2002	1.321.979	46,7	2,8	45,7	11,6
2003	1.394.542	47,4	2,8	44,9	11,6
2004	1.429.475	47,6	2,8	44,9	11,2
2005	1.364.308	47,0	2,9	44,8	11,5
2006	1.261.340	46,4	3,0	44,9	11,9
2007	1.205.003	45,7	2,9	45,3	12,0
2008	1.193.094	45,5	2,9	45,4	12,8
2009	1.187.694	45,8	2,8	44,5	12,1
2010	1.156.606	46,2	2,9	45,5	10,8
2011	1.151.849	45,6	2,9	46,2	10,4
2012	1.112.547	45,5	2,8	46,5	10,1
2013	1.086.744	46,2	2,8	48,5	10,0
2014	1.055.242	44,1	2,7	48,3	9,9
2015	1.119.504	42,8	2,6	45,4	9,3
2016	1.020.966	43,2	2,5	44,8	9,5
2017	952.413	43,1	2,5	44,7	9,8
2018	923.179	43,5	2,4	44,3	9,8
2019	926.514	43,7	2,3	44,8	9,2
2020	856.035	42,0	2,3	46,7	8,8
2021	798.529	40,8	2,3	48,2	8,7
2022	716.538	41,2	2,3	47,4	9,1

Quelle: Statistisches Bundesamt, Rechtspflege, Zivilgerichte Fachserie 10, Reihe 2.1; eigene Berechnungen

Tab.11.1.1.4: Erledigungen in Zivilprozesssachen bei den Amtsgerichten von 2002 bis 2022 – nach Art der Erledigung

Jahr	Gesamt	Streitiges Urteil (in %)	Versäumnis- urteil (in %)	Vergleich (in %)	Rücknahme* (in %)	Sonstiges (in %)
2002	1.415.395	24,5	27,6	12,3	16,3	19,3
2003	1.489.432	23,9	27,9	12,9	16,1	19,1
2004	1.523.527	24,1	28,4	13,1	15,5	18,9
2005	1.449.260	24,6	27,8	13,4	15,0	19,2
2006	1.338.573	24,9	27,1	13,8	15,3	18,9
2007	1.276.426	25,0	26,6	14,2	15,3	18,8
2008	1.260.064	25,2	26,5	14,5	15,0	18,8
2009	1.250.582	25,6	26,6	14,3	14,8	18,6
2010	1.217.563	25,4	27,1	14,6	14,5	18,5
2011	1.209.201	25,8	27,0	14,9	14,0	18,3
2012	1.165.234	25,7	27,2	15,3	13,7	18,2
2013	1.138.823	25,8	20,0	15,2	13,4	25,6
2014	1.107.215	25,7	19,4	15,3	13,1	26,5
2015	1.119.504	25,0	19,5	14,9	13,0	27,7
2016	1.020.966	25,7	20,0	15,5	12,8	25,9
2017	952.413	25,4	20,1	15,3	13,2	26,0
2018	923.179	24,7	20,9	14,6	12,2	27,6
2019	926.514	24,3	20,7	13,7	13,1	28,2
2020	856.035	24,6	19,6	13,7	13,4	28,7
2021	798.529	25,8	19,0	14,5	12,5	28,2
2022	716.538	25,6	19,5	14,1	12,7	28,1

Quelle: Statistisches Bundesamt, Rechtspflege, Zivilgerichte Fachserie 10, Reihe 2.1; eigene Berechnungen

* Von 2002 bis 2005 ohne Ein- und Widerspruch

Tab. 11.1.1.5: Erledigung in Zivilprozesssachen bei den Amtsgerichten von 2002 bis 2022 – nach Art der Kostenentscheidung

Jahr	Gesamt	Kläger ganz (in %)	Kläger überwiegend (in %)	Parteien hälftig (in %)	Beklagte überwiegend (in %)	Beklagte ganz (in %)	Sonstiges (in %)
2002	954.608	16,4	4,9	7,5	7,8	61,9	1,5
2004	1.046.564	15,7	4,6	7,4	7,5	63,3	1,5
2006	940.500	16,0	4,6	7,7	7,3	62,8	1,6
2008	894.262	16,4	4,5	8,1	7,1	62,4	1,5
2009	894.264	16,5	4,4	7,9	7,0	62,7	1,5
2010	872.979	15,3	4,5	7,8	7,3	63,5	1,6
2011	872.683	14,6	4,5	7,7	7,6	64,0	1,6
2012	844.954	14,6	4,7	7,8	7,7	63,8	1,4
2013	826.816	14,6	4,7	7,5	7,7	64,2	1,3
2014	799.520	14,7	4,7	7,6	7,6	64,1	1,3
2015	812.584	14,4	4,5	7,1	7,2	65,7	1,1
2016	745.893	14,5	4,7	7,4	7,3	64,9	1,2
2017	697.001	14,5	4,7	7,2	7,0	65,4	1,2
2018	681.168	14,1	4,5	7,0	6,8	66,4	1,2
2019	696.211	13,1	4,2	6,6	6,5	68,4	1,2
2020	637.949	13,3	4,2	6,9	6,6	67,7	1,3
2021	599.983	13,5	4,3	7,2	6,9	66,5	1,3
2022	541.407	13,8	4,2	7,0	6,8	67,0	1,2

Quelle: Statistisches Bundesamt, Rechtspflege, Zivilgerichte Fachserie 10, Reihe 2.1; eigene Berechnungen

11 Geschäftsentwicklung der Gerichte

Tab. 11.1.1.6: **Erledigungen in Zivilprozesssachen bei den Amtsgerichten von 2002 bis 2022 – nach Streitwert***

Jahr	**Gesamt	1	2	3	4	5	6	7	8	9	10
2002	1.321.979	17,4	15,0	5,2	8,3	11,5	8,4	11,9	8,2	6,3	7,9
2004	1.429.475	18,9	15,7	5,4	8,8	11,1	8,0	11,1	7,9	6,1	6,9
2006	1.261.340	19,3	15,7	5,4	9,1	11,3	8,1	11,2	7,8	6,0	6,2
2008	1.193.094	18,5	15,6	5,3	9,2	11,1	8,1	11,4	7,9	6,1	6,8
2009	1.187.694	18,7	15,6	5,2	9,1	11,0	8,0	11,3	7,9	6,1	7,1
2010	1.156.606	19,1	15,5	5,4	8,8	11,0	7,9	11,2	8,0	6,2	6,9
2011	1.151.849	18,9	15,7	5,4	8,7	11,0	7,8	11,1	8,1	6,2	7,0
2012	1.112.547	18,2	15,8	5,4	8,9	11,2	7,8	11,1	8,1	6,3	7,2
2013	1.086.744	17,8	15,9	5,3	9,1	11,4	7,8	11,0	8,0	6,3	7,4
2014	1.055.242	17,2	16,1	5,3	9,4	11,5	7,7	10,9	7,9	6,5	7,6
2015	1.069.962	17,3	16,6	5,4	10,0	11,2	7,6	10,6	7,6	6,2	7,4
2016	976.667	17,4	16,0	5,1	9,2	11,3	7,7	10,9	7,9	6,6	7,9
2017	911.654		29,2	18,6	11,1	7,6	10,7	7,9	6,7	5,9	2,4
2018	884.593		29,4	18,5	10,9	7,6	10,6	7,7	6,7	6,1	2,5
2019	890.060		34,7	18,7	10,6	7,6	10,3	7,5	6,6	6,0	2,6
2020	821.182		34,5	18,5	10,7	7,6	10,5	7,7	6,8	5,9	2,8
2021	765.992		34,2	18,1	10,7	7,5	10,6	7,7	7,0	5,9	3,0
2022	689.652		34,1	16,7	9,9	7,1	10,6	8,0	7,5	6,9	3,6

* Legende von 2002 bis 2016: **1** = bis 300 EUR; **2** = 300 bis 600 EUR; **3** = 600 bis 750 EUR; **4** = 750 bis 1.000 EUR; **5** = 1.000 bis 1.500 EUR; **6** = 1.500 bis 2.000 EUR; **7** = 2.000 bis 3.000 EUR; **8** = 3.000 bis 4.000 EUR; **9** = 4.000 bis 5.000 EUR; **10** = mehr als 5.000 EUR

Legende ab 2017: **1** = unbesetzt **2** = bis 600 EUR; **3** = 500 bis 1.000 EUR; **4** = 1.000 bis 1.500 EUR; **5** = 1.500 bis 2.000 EUR; **6** = 2.000 bis 3.000 EUR; **7** = 3.000 bis 4.000 EUR; **8** = 4.000 bis 5.000 EUR; **9** = 5.000 bis 10.000 EUR; **10** = mehr als 10.000 EUR

** Ohne Verweisungen oder Abgaben an ein anderes Gericht

Quelle: Statistisches Bundesamt, Rechtspflege, Zivilgerichte Fachserie 10 Reihe 2.1; eigene Berechnungen

11 Geschäftsentwicklung der Gerichte

11.1.2. Landgerichte

Tab. 11.1.2.1: Neuzugänge bei den Landgerichten in der ersten Instanz von 2000 bis 2022

Jahr	Zivilprozesssachen	Strafverfahren
2000	415.036	13.836
2001	402.682	13.463
2002	412.924	14.417
2003	426.829	14.636
2004	439.974	14.338
2005	424.525	14.528
2006	381.014	14.288
2007	373.331	14.120
2008	366.276	13.725
2009	368.692	14.204
2010	372.150	14.071
2011	372.605	14.139
2012	355.623	13.890
2013	358.792	13.350
2014	332.044	12.932
2015	330.035	12.783
2016	321.996	13.222
2017	307.718	13.323
2018	338.021	13.646
2019	354.721	14.441
2020	366.296	14.312
2021	330.219	13.909
2022	286.309	13.957

Quelle: Statistisches Bundesamt, Rechtspflege, Zivilgerichte/Strafgerichte Fachserie 10, Reihe 2.1/2.3

Tab. 11.1.2.2: **Erledigungen bei den Landgerichten in der ersten Instanz von 2002 bis 2022 – nach Kammer-/Einzelrichtersachen**

Jahr	Gesamt	beim Einzelrichter	(in %)	bei der Kammer	(in %)
2002	345.717	239.454	69,2	106.263	30,7
2003	362.259	287.166	79,2	75.093	20,7
2004	372.359	294.314	79,0	78.045	20,9
2005	378.911	292.733	77,2	86.178	22,7
2006	353.896	274.742	77,6	79.154	22,3
2007	330.853	260.112	78,6	70.741	21,3
2008	319.245	250.738	78,5	68.507	21,4
2009	315.108	247.522	78,5	67.586	21,4
2010	328.328	247.932	75,5	80.396	24,4
2011	322.077	248.693	74,8	83.384	25,1
2012	319.856	243.072	75,9	76.784	24,0
2013	313.141	237.898	75,9	75.243	24,0
2014	302.061	231.655	76,6	70.406	23,3
2015	299.122	232.237	77,6	66.885	22,4
2016	294.594	227.683	77,3	66.911	22,7
2017	280.884	214.300	76,3	66.584	23,7
2018	278.783	214.201	76,8	64.582	23,2
2019	317.522	248.872	78,4	68.650	21,6
2020	317.878	253.389	79,7	64.489	20,3
2021	319.428	256.078	80,2	63.350	19,8
2022	301.867	240.515	79,7	61.352	20,3

Quelle: Statistisches Bundesamt, Rechtspflege, Zivilgerichte Fachserie 10, Reihe 2.1; eigene Berechnungen

11 Geschäftsentwicklung der Gerichte

Tab. 11.1.2.3: Erledigungen bei den Landgerichten in Zivilprozesssachen in erster Instanz von 2002 bis 2022 – nach Art der Erledigung

Jahr	Gesamt	Streitiges Urteil (in %)	Vergleich (in %)	Versäumnis- urteil (in %)	Rücknahme* (in %)	Sonstiges (in %)
2002	401.321	24,8	20,0	19,8	12,9	22,3
2003	418.735	23,9	21,0	19,6	12,7	22,6
2004	425.504	23,8	21,5	18,8	13,1	22,7
2005	430.236	23,9	22,3	18,2	12,8	22,7
2006	402.298	24,7	23,5	16,8	12,3	22,6
2007	377.779	25,0	23,8	16,4	11,8	22,8
2008	363.132	25,5	24,0	15,8	11,8	22,8
2009	359.525	25,3	24,3	15,8	11,5	22,9
2010	369.089	24,8	24,0	15,1	10,8	25,1
2011	370.603	24,7	24,0	14,7	10,7	25,8
2012	356.445	25,6	24,4	14,3	10,7	24,9
2013	348.651	25,7	25,1	11,0	10,3	27,7
2014	334.499	26,2	26.0	10,7	10,2	26,6
2015	332.085	26,3	27,0	10,6	10,1	25,9
2016	322.371	27,6	28,2	10,4	9,7	19,2
2017	308.026	27,8	28,4	9,8	9,9	24,1
2018	303.993	29,9	26,5	9,6	9,8	24,2
2019	341.481	34,9	22,9	8,5	12,6	21,2
2020	340.527	34,4	22,4	8,8	13,8	20,6
2021	340.741	40,0	22,9	7,7	10,0	19,4
2022	321.060	39,0	23,3	8,6	9,8	19,3

Quelle: Statistisches Bundesamt, Rechtspflege, Zivilgerichte Fachserie 10, Reihe 2.1; eigene Berechnungen

*2002 – 2003 nur Rücknahme Klage/Antrag

Tab. 11.1.2.4: Erledigungen bei den Landgerichten in Zivilprozesssachen in erster Instanz von 2002 bis 2022 – nach Kostenentscheidung

Jahr	Kostenentscheidung (insgesamt)	Kläger ganz (in %)	Kläger überwiegend (in %)	Parteien hälftig (in %)	Beklagte überwiegend (in %)	Beklagte ganz (in %)	Sonstiges (in %)
2002	241.594	20,6	6,1	7,3	11,0	52,5	2,2
2003	250.617	21,7	6,3	7,6	10,5	52,5	2,0
2004	255.544	21,7	6,0	7,7	10,55	51,9	2,0
2005	254.886	22,3	6,1	8,0	10,12	51,0	2,1
2006	239.231	23,7	6,4	8,2	10,1	49,3	2,0
2007	227.027	23,4	6,6	8,7	10,0	49,0	2,1
2008	219.315	23,7	6,7	8,8	10,0	47,9	2,6
2009	218.006	23,6	7,0	9,0	10,0	47,6	2,5
2010	229.227	27,7	6,6	8,8	9,7	44,6	2,2
2011	226.826	28,7	7,1	8,5	9,5	43,8	2,2
2012	215.730	29,1	7,2	7,9	9,6	43,6	2,2
2013	208.831	29,6	7,4	7,9	9,7	42,8	2,3
2014	201.227	29,3	7,6	8,1	9,9	42,5	2,5
2015	198.469	29,0	8,2	8,5	10,1	41,5	2,6
2016	196.309	29,8	8,3	8,5	10,0	40,6	2,8
2017	186.902	30,6	8,6	8,6	10,0	39,5	2,6
2018	186.543	32,1	8,4	8,0	10,4	38,6	2,6
2019	216.670	33,9	8,3	7,7	13,0	34,9	2,1
2020	215.554	35,7	8,0	7,5	12,1	34,5	2,1
2021	229.090	44,3	7,4	7,1	9,6	29,5	2,1
2022	218.029	44,2	8,0	7,0	8,8	29,5	2,4

Quelle: Statistisches Bundesamt, Rechtspflege, Zivilgerichte Fachserie 10, Reihe 2.1; eigene Berechnungen

Tab. 11.1.2.5: Erledigungen bei den Landgerichten in Zivilprozesssachen* in erster Instanz von 2006 bis 2022 – nach Streitwert**

Jahr	Gesamt	1	2	3	4	5	6	7	8
2006	402.129	23,9	13,4	14,5	15,4	14,7	8,8	7,8	1,6
2007	377.620	21,6	13,7	14,4	15,3	14,5	8,4	7,5	1,5
2008	362.992	24,7	13,6	14,2	15,2	14,4	8,6	7,8	1,5
2009	359.415	24,5	13,5	14,1	15,3	14,5	8,6	7,9	1,6
2010	368.980	27,0	13,1	13,9	14,5	14,3	8,3	7,5	1,5
2011	370.501	28,0	12,9	13,4	14,6	13,9	8,2	7,6	1,5
2012	356.366	27,6	12,8	13,4	14,7	13,9	8,2	7,8	1,6
2013	348.559	27,0	12,6	13,5	14,8	14,0	8,4	8,0	1,6
2014	334.432	26,5	13,0	13,7	14,8	14,1	8,4	7,8	1,7
2015	332.028	25,5	12,9	14,0	15,1	14,3	8,6	8,1	1,5
2016	322.336	24,2	12,8	13,8	15,1	14,6	9,0	8,8	1,6
2017	307.990	26,3	9,9	15,4	9,6	18,9	9,4	8,8	1,6
2018	303.971	26,4	9,7	15,5	10,0	20,3	8,5	8,0	1,5
2019	341.464	23,1	8,9	16,0	12,1	24,3	7,6	6,6	1,3
2020	340.515	23,0	9,3	17,0	12,2	22,8	7,8	6,5	1,4
2021	340.726	22,0	8,8	16,0	11,8	24,2	8,6	6,9	1,5
2022	321.047	22,6	9,0	16,4	11,0	22,5	9,5	7,4	1,7

* Ohne Entschädigungs- und Rückerstattungsverfahren
** Legende von 2006 bis 2016: **1** = 0 bis 7,5 TEUR; **2** = 7,5 bis 10 TEUR; **3** = 10 bis 15 TEUR; **4** = 15 bis 25 TEUR; **5** = 25 bis 50 TEUR; **6** = 50 bis 100 TEUR; **7** = 100 bis 500 TEUR; **8** = mehr als 500 TEUR
Legende ab 2017: **1** = 0 bis 8 TEUR; **2** = 8 bis 10 TEUR; **3** = 10 bis 16 TEUR; **4** = 16 bis 22 TEUR; **5** = 22 bis 50 TEUR; **6** = 50 bis 100 TEUR; **7** = 100 bis 500 TEUR; **8** = mehr als 500 TEUR
Quelle: Statistisches Bundesamt, Rechtspflege, Zivilgerichte Fachserie 10, Reihe 2.1

Tab. 11.1.2.6: Neuzugänge bei den Landgerichten in Rechtsmittelverfahren von 2000 bis 2022

Jahr	Zivilprozesssachen	Strafverfahren
2000	93.687	55.576
2001	88.450	53.821
2002	75.134	55.423
2003	70.742	56.360
2004	70.790	57.625
2005	66.835	57.335
2006	63.964	56.021
2007	60.560	54.449
2008	61.346	54.773
2009	59.794	52.344
2010	60.179	51.879
2011	59.677	51.371
2012	57.482	48.861
2013	55.474	47.254
2014	54.981	45.943
2015	52.742	44.234
2016	49.198	46.253
2017	45.192	45.476
2018	41.686	44.642
2019	40.188	44.833
2020	36.847	39 797
2021	36.038	39.362
2022	31.639	37.237

Quelle: Statistisches Bundesamt, Rechtspflege, Zivilgerichte/Strafgerichte Fachserie 10, Reihe 2.1/2.3

Tab. 11.1.2.7: Erledigungen bei den Landgerichten in Zivilprozesssachen in der Rechtsmittelinstanz von 2002 bis 2022 – nach Art der Erledigung

Jahr	Gesamt	streitiges Urteil (in %)	Vergleich (in %)	Versäumnisurteil (in %)	Klage/ Antrag (in %)	Rücknahme Ein-/ Widerspruch (in %)	Berufung (in %)
2002	84.134	45,9	12,8	1,4	0,8	-	29,0
2003	74.586	39,3	11,3	1,2	0,8	-	30,0
2004	71.383	34,5	11,0	1,1	0,7	-	31,8
2005	66.725	32,7	11,4	1,0	1,0	-	31,5
2006	64.227	32,0	11,9	1,0	0,8	0,04	30,9
2007	61.357	31,2	12,1	1,0	0,7	0,06	31,1
2008	60.227	30,6	11,4	1,0	0,8	0,09	31,4
2009	59.386	30,2	11,5	1,0	0,6	0,09	31,2
2010	58.705	29,9	11,8	1,1	0,6	0,06	31,0
2011	60.047	29,1	12,7	1,0	0,6	0,07	30,9
2012	58.241	30,0	12,6	1,0	0,8	0,08	30,8
2013	55.716	30,3	12,3	0,5	0,9	0,06	30,9
2014	55.386	28,9	12,6	0,5	0,9	0,05	31,7
2015	52.932	28,5	12,7	0,6	0,8	0,1	31,3
2016	51.064	27,8	13,5	0,6	0,9	0,1	31,6
2017	46.346	28,1	13,3	0,6	1,0	0,1	31,2
2018	43.030	27,7	12,7	0,5	1,1	0,1	31,2
2019	40.188	26,6	12,5	0,5	1,8	0,1	31,9
2020	36.847	25,2	12,7	0,5	1,9	0,2	31,6
2021	36.854	24,1	12,1	0,4	1,7	0,1	33,4
2022	33.745	25,4	12,7	0,5	1,8	0,1	31,8

Quelle: Statistisches Bundesamt, Rechtspflege, Zivilgerichte Fachserie 10, Reihe 2.1; eigene Berechnungen

11.1.3. Oberlandesgerichte

Tab. 11.1.3.1: Neuzugänge bei den Oberlandesgerichten in der ersten Instanz von 2000 bis 2022

Jahr	Strafverfahren
2000	22
2001	13
2002	16
2003	17
2004	11
2005	13
2006	9
2007	20
2008	16
2009	12
2010	17
2011	28
2012	25
2013	17
2014	19
2015	32
2016	46
2017	57
2018	59
2019	67
2020	51
2021	53
2022	58

Quelle: Statistisches Bundesamt, Rechtspflege, Strafgerichte Fachserie 10, Reihe 2.3

Tab. 11.1.3.2: Neuzugänge bei den Oberlandesgerichten in Rechtsmittelverfahren von 2000 bis 2022

Jahr	Zivilprozesssachen	Familiensachen	Strafverfahren	Bußgeldverfahren
2000	63.749	26.373	5.666	7.049
2001	63.781	27.411	5.307	6.616
2002	56.645	26.942	5.128	6.270
2003	56.793	27.582	5.509	6.864
2004	57.126	29.195	5.661	7.331
2005	57.876	27.385	5.761	8.080
2006	57.242	26.681	5.771	8.068
2007	54.516	25.757	6.104	7.950
2008	53.477	24.672	6.026	8.289
2009	53.154	*16.842	6.151	8.394
2010	53.042	26.878	6.009	10.796
2011	52.877	32.246	6.137	10.064
2012	52.560	30.178	5.948	10.177
2013	51.363	29.742	5.863	10.020
2014	49.444	n.v.	5.986	10.010
2015	48.656	27.309	5.911	10.337
2016	49.953	25.299	5.859	10.903
2017	46.448	23.052	5.806	12.273
2018	51.549	22.341	5.748	11.815
2019	80.996	22.635	5.668	13.316
2020	71.739	20.587	5.208	12.760
2021	81.512	20.517	5.089	11.909
2022	72.201	19.243	4.761	11.729

* Familiensachen 2009: Werte ohne 4. Quartal 2009

Quelle: Statistisches Bundesamt, Rechtspflege, Zivilgerichte/Familiengerichte/Strafgerichte Fachserie 10, Reihe 2.1/2.2/2.3

Tab. 11.1.3.3: Erledigungen bei den Oberlandesgerichten in Zivilprozesssachen in der Rechtsmittelinstanz von 2002 bis 2022 – nach Art der Erledigung

Jahr	Gesamt	Streitiges Urteil (in %)	Vergleich (in %)	Versäumnisurteil (in %)	Rücknahme* (in %)	Rücknahme Berufung (in %)	sonstige Erledigung (in %)
2002	63.243	39,5	17,6	2,2	1,2	29,7	9,7
2003	61.079	33,6	15,9	1,6	1,2	31,1	16,4
2004	59.037	30,3	15,5	1,3	1,4	32,3	19,0
2005	56.737	28,5	16,5	1,2	1,4	32,1	20,1
2006	57.447	26,8	16,9	1,1	1,4	32,0	21,7
2007	54.184	27,3	16,9	1,0	1,4	30,9	22,4
2008	53.779	26,0	17,1	1,0	1,6	30,6	23,5
2009	52.215	25,9	17,6	1,1	1,4	29,6	24,3
2010	51.892	26,1	17,6	0,9	1,5	30,1	23,6
2011	52.318	25,8	17,4	1,0	1,2	30,3	24,1
2012	50.868	28,4	17,8	1,1	1,6	29,5	21,3
2013	51.460	28,0	18,3	0,4	1,6	28,5	22,9
2014	49.790	28,5	18,1	0,6	1,5	28,8	22,2
2015	48.492	26,9	17,4	0,5	1,7	29,3	24,2
2016	49.260	27,6	18,5	0,4	1,5	29,0	23,0
2017	47.390	26,4	18,4	0,4	1,4	29,9	23,5
2018	49.164	24,0	16,2	0,3	4,2	34,1	21,2
2019	62.757	18,0	11,6	0,3	18,5	35,8	15,8
2020	75.109	18,7	9,7	0,3	19,8	36,0	15,5
2021	62.914	23,6	12,1	0,3	5,5	34,2	24,3
2022	64.145	23,9	10,7	0,3	2,8	39,4	22,9

Quelle: Statistisches Bundesamt, Rechtspflege, Zivilgerichte Fachserie 10, Reihe 2.1; eigene Berechnungen

*2002-2005 nur Rücknahme Klage/Antrag

11 Geschäftsentwicklung der Gerichte

11.2. Geschäftsentwicklung in den Fachgerichtsbarkeiten

Tab. 11.2.1: Neuzugänge in der Verwaltungsgerichtsbarkeit in der ersten Instanz von 2000 bis 2022

Jahr	Verwaltungsgerichte	Oberverwaltungsgerichte
2000	181.485	1.432
2005	154.357	1.047
2006	138.308	1.066
2007	124.044	1.110
2008	127.735	1.129
2009	123.183	1.030
2010	123.864	826
2011	119.531	952
2012	132.789	975
2013	151.463	1.061
2014	142.947	928
2015	144.628	930
2016	230.801	829
2017	352.331	935
2018	199.170	908
2019	170.379	867
2020	150.041	1.922
2021	153.720	2.093
2022	145.155	k.A.

Quelle: Statistisches Bundesamt, Rechtspflege, Verwaltungsgerichte Fachserie 10, Reihe 2.4

Tab. 11.2.2: Neuzugänge in der Arbeitsgerichtsbarkeit von 2000 bis 2022

Jahr	Arbeitsgerichte Urteilsverfahren	Landesarbeitsgerichte Berufungsverfahren
2000	569.161	23.032
2005	523.516	23.373
2006	467.807	20.793
2007	** *454.533	19.763
2008	454.892	19.387
2009	494.512	17.913
2010	409.649	19.863
2011	404.434	19.132
2012	401.411	19.035
2013	403.486	15.632
2014	381.965	16.484
2015	369.584	15.458
2016	361.639	14.273
2017	330.832	14.178
2018	320.094	13.548
2019	328.713	13.679
2020	332.407	14.262
2021	266.696	13.527
2022	259.177	11.003

* Seit 2007 einschl. der Verfahren zur Gewährung von vorläufigem Rechtsschutz; 2007 und 2008 für Bayern, Berlin und Brandenburg und 2007 bis 2009 für Hessen ohne Verfahren zur Gewährung von vorläufigem Rechtsschutz
** Seit 2007 ohne Abgaben innerhalb des Gerichts; 2007 und 2008 für Bayern, Berlin und Brandenburg und 2007 bis 2009 für Hessen einschl. Abgaben innerhalb des Gerichts

Quelle: Statistisches Bundesamt, Rechtspflege, Arbeitsgerichte, Fachserie 10, Reihe 2.8

11 Geschäftsentwicklung der Gerichte

Tab. 11.2.3: Neuzugänge in der Sozialgerichtsbarkeit von 2000 bis 2022*

Jahr	Sozialgerichte Klageverfahren	Landessozialgerichte Berufungsverfahren
2000	258.059	25.124
2002	263.912	25.588
2004	296.893	28.459
2005	308.160	27.399
2006	325.215	28.542
2007	**349.390	29.309
2008	369.300	26.945
2009	387.791	25.925
2010	422.214	26.453
2011	413.821	27.608
2012	395.566	27.827
2013	392.999	27.991
2014	371.388	27.370
2015	361.816	27.729
2016	356.562	27.147
2017	342.767	26.732
2018	395.292	25.925
2019	368.473	24.633
2020	309.650	23.821
2021	280.953	23.702
2022	241.904	21.349

* Seit 2007 einschl. der Verfahren zur Gewährung von vorläufigem Rechtsschutz; 2007 und 2008 für Bayern, Berlin und Brandenburg und 2007 bis 2009 für Hessen ohne Verfahren zur Gewährung von vorläufigem Rechtsschutz
** Seit 2007 ohne Abgaben innerhalb des Gerichts; 2007 und 2008 für Bayern, Berlin und Brandenburg und 2007 bis 2009 für Hessen einschl. Abgaben innerhalb des Gerichts

Quelle: Statistisches Bundesamt, Rechtspflege, Arbeitsgerichte, Fachserie 10, Reihe 2.8

Tab. 11.2.4: **Neuzugänge in der Finanzgerichtsbarkeit von 2000 bis 2022**

Jahr	Finanzgerichte	Bundesfinanzhof
2000	69.160	3.403
2002	65.549	3.512
2004	62.811	3.461
2005	50.286	3.402
2006	48.606	3.386
2007	47.397	3.301
2008	45.294	3.394
2009	42.852	3.430
2010	42.776	3.175
2011	39.949	3.000
2012	38.840	3.016
2013	37.488	3.069
2014	35.914	2.736
2015	35.016	2.632
2016	35.169	2.564
2017	33.643	2.496
2018	32.654	2.344
2019	31.920	2.245
2020	29.888	1.995
2021	27.547	2.022
2022	25.410	1.958

Quelle: Statistisches Bundesamt, Rechtspflege, Finanzgerichte, Fachserie 10, Reihe 2.5; Jahresbericht des Bundesfinanzhofs

Adressen der Bundesrechtsanwaltskammer und der regionalen Rechtsanwaltskammern

Bundesrechtsanwaltskammer:

- **Bundesrechtsanwaltskammer**
  Präsident: Dr. Ulrich Wessels
  Littenstraße 9
  10179 Berlin
  Telefon 030 / 284939 - 0
  Telefax 030 / 284939 - 11
  E-Mail: zentrale@brak.de

- **Bundesrechtsanwaltskammer**
  Avenue des Nerviens 85, bte 9
  1040 Brüssel / Belgien
  Telefon 0032 /(2) 7438646
  Telefax 0032 /(2) 7438656
  E-Mail: brak.bxl@brak.eu

Regionale Rechtsanwaltskammern:

- **Rechtsanwaltskammer bei dem Bundesgerichtshof**
  Präsidentin: RAin Dr. Brunhilde Ackermann
  Herrenstraße 45 a
  76133 Karlsruhe
  Telefon 0721 / 22656
  Telefax 0721 / 2031403
  E-Mail: kontakt@rak-bgh.de

- **Rechtsanwaltskammer Bamberg**
  Präsident: RAin Ilona Treibert
  Friedrichstraße 7
  96047 Bamberg
  Telefon 0951 / 98620 - 0
  Telefax 0951 / 203503
  E-Mail: info@rakba.de

- **Rechtsanwaltskammer Berlin**
  Präsidentin RAin Dr. Vera Hofmann
  Littenstraße 9
  10179 Berlin
  Telefon 030 / 306931 - 0
  Telefax 030 / 306931 - 99
  E-Mail: info@rak-berlin.org

- **Rechtsanwaltskammer des Landes Brandenburg**
  Präsident: RA Dr. Frank Engelmann
  Grillendamm 2
  14776 Brandenburg an der Havel
  Telefon 03381 / 2533 - 0
  Telefax 03381 / 2533 - 23
  E-Mail: info@rak-brb.de

- **Rechtsanwaltskammer für den Oberlandesgerichtsbezirk Braunschweig**
  Präsident: RAuN Dr. Peter Beer
  Lessingplatz 1
  38100 Braunschweig
  Telefon 0531/12335 - 0
  Telefax 0531/12335 - 66
  E-Mail: info@rak-braunschweig.de

- **Hanseatische Rechtsanwaltskammer Bremen**
  Präsident: RA Jan Büsing
  Knochenhauerstraße 36 / 37
  28195 Bremen
  Telefon 0421 / 16897 - 0
  Telefax 0421 / 16897 - 20
  E-Mail: info@rak-bremen.de

Adressen der Bundesrechtsanwaltskammer und der regionalen Rechtsanwaltskammern

- **Rechtsanwaltskammer für den Oberlandesgerichtsbezirk Celle**
  Präsident: RAuN Dr. Thomas Remmers
  Bahnhofstraße 5
  29221 Celle
  Telefon 05141 / 9282 - 0
  Telefax 05141 / 9282 - 42
  E-Mail: info@rakcelle.de
- **Rechtsanwaltskammer Düsseldorf**
  Präsident: RAin Leonora Holling
  Freiligrathstraße 25
  40479 Düsseldorf
  Telefon 0211 / 49502 - 0
  Telefax 0211 / 49502 - 28
  E-Mail: info@rak-dus.de
- **Rechtsanwaltskammer Frankfurt**
  Präsident: RA Dr. Michael Griem
  Bockenheimer Anlage 36
  60322 Frankfurt
  Telefon 069 / 170098 - 01
  Telefax 069 / 170098 - 50
  E-Mail: info@rak-ffm.de
- **Rechtsanwaltskammer Freiburg**
  Präsident: RA Prof. Dr. Markus Klimsch
  Eisenbahnstraße 66
  79098 Freiburg
  Telefon 0761 / 32563
  Telefax 0761 / 286261
  E-Mail: info@rak-freiburg.de
- **Hanseatische Rechtsanwaltskammer Hamburg**
  Präsident: RA Dr. Christian Lemke
  Valentinskamp 88
  20355 Hamburg
  Telefon 040 / 357441 - 0
  Telefax 040 / 357441 - 41
  E-Mail: info@rak-hamburg.de
- **Rechtsanwaltskammer für den Oberlandesgerichtsbezirk Hamm**
  Präsident: RA Hans Ulrich Otto
  Ostenallee 18
  59063 Hamm
  Telefon 02381 / 9850-00
  Telefax 02381 / 9850-50
  E-Mail: info@rak-hamm.de
- **Rechtsanwaltskammer Karlsruhe**
  Präsident: RA André Haug
  Reinhold-Frank-Straße 72
  76133 Karlsruhe
  Telefon 0721 / 25340
  Telefax 0721 / 26627
  E-Mail: info@rak-karlsruhe.de
- **Rechtsanwaltskammer Kassel**
  Präsident: RAuN Marcus Baum
  Karthäuserstraße 5a
  34117 Kassel
  Telefon 0561 / 788098 - 0
  Telefax 0561 / 788098 - 11
  E-Mail: rak@rechtsanwaltskammer-kassel.de

Adressen der Bundesrechtsanwaltskammer und der regionalen Rechtsanwaltskammern

- **Rechtsanwaltskammer Koblenz**
  Präsident: RA JR Gerhard Leverkinck
  Rheinstraße 24
  56068 Koblenz
  Telefon: 0261 / 30335 - 0
  Telefax: 0261 / 30335 - 22
  E-Mail: info@rakko.de
- **Rechtsanwaltskammer Köln**
  Präsident: RA Dr. Thomas Gutknecht
  Riehler Straße 30
  50668 Köln
  Telefon 0221 / 973010 - 0
  Telefax 0221 / 973010 - 50
  E-Mail: kontakt@rak-koeln.de
- **Rechtsanwaltskammer Mecklenburg-Vorpommern**
  Präsident: RA Stefan Graßhoff
  Arsenalstraße 9
  19053 Schwerin
  Telefon 0385 / 511960 - 0
  Telefax 0385 / 511960 - 99
  E-Mail: info@rak-mv.de
- **Rechtsanwaltskammer München**
  Präsidentin: RAin Anne Riethmüller
  Tal 33
  80331 München
  Telefon 089 / 53 29 44-0
  Telefax 089 / 53 29 44-28
  E-Mail: info@rak-m.de
- **Rechtsanwaltskammer Nürnberg**
  Präsident: RA Dr. Uwe Wirsching
  Fürther Straße 115
  90429 Nürnberg
  Telefon 0911 / 92633 - 0
  Telefax 0911 / 92633 - 33
  E-Mail: info@rak-nbg.de
- **Rechtsanwaltskammer für den Oberlandesgerichtsbezirk Oldenburg**
  Präsident: RAuN Jan J. Kramer
  Staugraben 5
  26122 Oldenburg
  Telefon 0441 / 92543 - 0
  Telefax 0441 / 92543 - 29
  E-Mail: info@rak-oldenburg.de
- **Rechtsanwaltskammer des Saarlandes**
  Präsident: RA JR Dr. Udo Michalsky
  Am Schloßberg 5
  66119 Saarbrücken
  Telefon 0681 / 588280
  Telefax 0681 / 581047
  E-Mail: zentrale@rechtsanwaltskammer.saarland
- **Rechtsanwaltskammer Sachsen**
  Präsident: RAin Sabine Fuhrmann
  Glacisstr. 6
  01099 Dresden
  Telefon 0351 / 318590
  Telefax 0351 / 3360899
  E-Mail: info@rak-sachsen.de

Adressen der Bundesrechtsanwaltskammer und der regionalen Rechtsanwaltskammern

- **Rechtsanwaltskammer des Landes Sachsen-Anhalt**
  Präsident: RA Guido Kutscher
  Gerhart-Hauptmann-Str. 5
  39108 Magdeburg
  Telefon 0391 / 25272 - 10
  Telefax 0391 / 25272 - 03
  E-Mail: info@rak-sachsen-anhalt.de
- **Schleswig-Holsteinische Rechtsanwaltskammer**
  Präsident: RAuN Jürgen Doege
  Gottorfstraße 13
  24837 Schleswig
  Telefon 04621 / 93 91 - 0
  Telefax 04621 / 93 91 - 26
  E-Mail: info@rak-sh.de
- **Rechtsanwaltskammer Stuttgart**
  Präsidentin: RAin Ulrike Paul
  Königsstr. 14
  70173 Stuttgart
  Telefon 0711 / 222155-0
  Telefax 0711 / 222155-11
  E-Mail: info@rak-stuttgart.de
- **Rechtsanwaltskammer Thüringen**
  Präsident: RA Jan Helge Kestel
  Bahnhofstraße 46
  99084 Erfurt
  Telefon 0361 / 65488 - 0
  Telefax 0361 / 65488 - 20
  E-Mail: info@rak-thueringen.de
- **Rechtsanwaltskammer Tübingen**
  Präsident: RA Albrecht Luther
  Christophstraße 30
  72072 Tübingen
  Telefon 07071 / 99010 - 30
  Telefax 07071 / 99010 - 510
  E-Mail: info@rak-tuebingen.de
- **Pfälzische Rechtsanwaltskammer Zweibrücken**
  Präsident: RA Dr. Thomas Seither
  Landauer Str. 17
  66482 Zweibrücken
  Telefon 06332 / 8003 - 0
  Telefax 06332 / 8003 - 19
  E-Mail: zentrale@rak-zw.de

Adressen des Deutschen Anwaltvereins und der Landesverbände im DAV

- **Deutscher Anwaltverein**
  Präsidentin: RAinuNin Dr. h.c. Edith Kindermann
  Littenstraße 11
  10179 Berlin
  Telefon 030 / 726152 - 0
  Telefax 030 / 726152 - 190
  E-Mail: dav@anwaltverein.de
  Internet: www.anwaltverein.de
- **Büro Brüssel:**
  Rue Joseph II 40
  Boîte 7B
  1000 Brüssel, Belgien
  Telefon 0032 / (2) 28028 - 12
  Telefax 0032 / (2) 28028 - 13
  E-Mail: bruessel@eu.anwaltverein.de
- **Anwaltsverband Baden-Württemberg im Deutschen Anwaltverein e.V.**
  Präsident: RA Prof. Dr. Peter Kothe
  Johannes-Daur-Straße 10
  70825 Korntal-Münchingen
  Telefon 0711 / 2365963
  Telefax 0711 / 2369374
  E-Mail: info@av-bw.de
  Internet: www.av-bw.de
- **Bayerischer Anwaltverband**
  Präsident: RA Michael Dudek
  Maxburgstraße 4/C 142
  80333 München
  Telefon 089 / 211128 - 40
  Telefax 089 / 211128 - 50
  E-Mail: geschaeftsstelle@bayerischer-anwaltverband.de
  Internet: www.bayerischer-anwaltverband.de
- **Berliner Anwaltsverein e.V.**
  Vorsitzender: RA Uwe Freyschmidt
  Littenstraße 11
  10179 Berlin
  Telefon 030 / 251 - 3846
  Telefax 030 / 251 - 3263
  E-Mail: mail@berliner-anwaltsverein.de
  Internet: www.berliner-anwaltsverein.de
- **Anwaltverband Brandenburg im Deutschen Anwaltverein e.V.**
  Vorsitzender: RA Malte Voth
  Jägerallee 10-12
  Justizzentrum Raum N 014
  14469 Potsdam
  Telefon 0331 / 2017 - 1026
  Telefax 0331 / 2017 – 1039
  E-Mail : office@potsdamer-anwaltverein.de
  Internet : www.potsdamer-anwaltverein.de

- **Bremischer Anwaltsverein**
  Vorsitzender: RA Dr. Michael Heil
  Ostertorstr. 25-29
  280195 Bremen
  Telefon 0421 / 32 17 78
  Telefax 0421 / 94 99 676
  E-Mail: info@anwaltsverein-bremen.de
  Internet : www.anwaltsverein-bremen.de
- **Hamburgischer Anwaltverein e.V.**
  Vorsitzender: RA Andreas Schulte
  Sievekingplatz 1/Zi. B 200
  20355 Hamburg
  Telefon 040 / 611635 - 0
  Telefax 040 / 611635 - 20
  E-Mail: info@hav.de
  Internet: www.hav.de
- **Landesverband Hessen im Deutschen Anwaltverein e.V.**
  Vorsitzender: RAinuNin Edda Steinmetz
  Mainzer Straße 124
  65189 Wiesbaden
  Telefon 0611 / 3413183 - 7
  Telefax 0611 / 3413183 - 8
  E-Mail: lvhessen.dav@t-online.de
  Internet: www.anwaltsverband-hessen.de
- **Landesverband Mecklenburg-Vorpommern**
  Vorsitzender: RA Martin Lorentz
  Platz der Freiheit 7a
  19053 Schwerin
  Telefon 385 44 000 267
  E-Mail: info@lavmv.de
  Internet: www.mv.lv.dav.de
- **Niedersächsischer Anwalt- und Notarverband im Deutschen Anwaltverein e.V.**
  Präsident: RAuN Dr. Sven Hasenstab
  Geschäftsstelle c/o Landgericht Hannover, Anwaltszimmer, Fach 700
  30175 Hannover
  Telefon 0511 / 341 341
  Telefax 0511 / 341 395
  E-Mail: info@anwaltverband-niedersachsen.de
  Internet: www.anwaltverband-niedersachsen.de
- **Landesverband Nordrhein-Westfalen im Deutschen Anwaltverein**
  Vorsitzender: RA Horst Leis LL.M.
  c/o Amts- und Landgericht Düsseldorf
  Werdener Straße 1
  Zimmer E 302
  40227 Düsseldorf
  Telefon 0211 / 73 77 89 80
  Telefax 0221 / 73 77 98 821
  E-Mail : info@anwaltverein-nrw.de
  Internet: www.anwaltverein.nrw/de
- **Rheinland-Pfälzischer Anwaltsverband im Deutschen Anwaltverein**
  Vorsitzender: RA Hans Jürgen Merk
  Gustav-Pfarrius-Straße 1-3
  55543 Bad Kreuznach
  Telefon 0671 / 79 67 52 - 0
  Telefax 0671 / 79 67 5225
  E-Mail: merk@merk-anwaelte.de

- **Saarländischer Anwaltverein e.V.**
  Präsident: RA Olaf Jaeger
  c/o Landgericht Saarbrücken
  Zimmer 143
  Franz-Josef-Röder-Str. 15
  66119 Saarbrücken
  Telefon 0681 / 5 12 02
  Telefax 0681 / 5 12 59
  E-Mail: info@saaranwalt.de
  Internet: www.saaranwalt.de
- **Anwaltverband Sachsen im Deutschen Anwaltverein**
  Präsidentin: RAin Cornelia Süß
  Bertolt-Brecht-Allee 22
  01309 Dresden
  Telefon 0351 / 89696260
  Telefax 0351 / 89696261
  E-Mail: info@anwaltverband-sachsen.de
  Internet: www.anwaltverband-sachsen.de
- **Landesanwaltverband Sachsen-Anhalt im Deutschen Anwaltverein e.V.**
  Vorsitzende: RAin Uta Hesse
  Justizzentrum Anhalt, Zi. 344
  Willy-Lohmann-Straße 29
  06844 Dessau-Roßlau
  Telefon 0340 / 230 16 97
  Telefax 0340 / 202 14 87
  E-Mail: Lav-Lsa@web.de
  Internet: www.Lav-Lsa.de
- **Schleswig-Holsteinischer Anwalts- und Notarverband e.V.**
  Vorsitzender: RA Gerrit Koch
  Klingenberg 7-9
  23552 Lübeck
  Telefon 0451 / 70220-0
  Telefax 0451 / 70220-22
  E-Mail: koch@ra-klingenberg.de
  Internet: www.luebecker-anwaltverein.de
- **Thüringer Anwaltsverband e.V.**
  Vorsitzender: RA Marcello Di Stefano
  Magdeburger Allee 4
  99086 Erfurt
  Telefon 0361 65 88 87 - 0
  Telefax 0361 / 65 88 87 - 29
  E-Mail: vorsitzender@anwaltsverband-thueringen.org
  Internet: www.anwaltsverband-thueringen.org

Örtliche Anwaltvereine

(Stand 24.04.2024)

Ort	Anwaltverein	Vorsitzende/Vorsitzender
Aachen	Aachener Anwaltverein e.V.	RAin Dr. Susanne Fischer
Aalen	Anwaltsverein Aalen e.V.	RA Michael Richter
Achim	Achimer Anwaltsverein	RAuN Sascha Erbacher
Ahaus	Ahauser Anwaltsverein	RAinuNin Anke Tenhumberg
Ahlen	Ahlener Anwaltsverein e.V.	RA Wolfgang Elshoff
Alzey	Alzeyer Anwaltverein e.V.	RA Jürgen Schwarzer
Amberg	Anwaltsverein Amberg e. V.	RA Toni Donhauser
Ansbach	Ansbacher Anwaltsverein e. V.	RA Sebastian Gramsamer
Arnsberg	Anwalt- und Notarverein des Landgerichtsbezirk Arnsberg e.V.	RAuN Martin Bradenbrink
Aschaffenburg	Anwaltsverein f. d. LG-Bez. Aschaffenburg e.V.	RA Thomas Goes
Augsburg	AugsburgerAnwaltVerein e. V.	RA Hans-Peter Bernhard
Aurich	Auricher Anwalt- und Notarverein	RA Coob Johannes Andreas Buss
Bad Bramstedt	Anwaltschaft im AG-Bez. Bad Bramstedt e.V.	RAuN Dirk Friedrich Gereke
Bad Hersfeld	Anwaltverein Bad Hersfeld e.V.	RAuN Tilo Scheurmann
Bad Kreuznach	Verein der Rechtsanwälte d. LG-Bez. Bad Kreuznach e.V.	RAin Kornelia Punk
Bad Lippspringe	Anwalt- und NotarVerein Paderborn e.V.	RA Nikolaos Penteridis
Bad Mergentheim	Anwaltsverein Bad Mergentheim e.V.	RA Kai Kluss
Bad Oeynhausen	Anwaltsverein Bad Oeynhausen e.V.	RA Lutz Wendelken
Bad Reichenhall	AnwaltsVerein Berchtesgadener Land e.V.	RAin Petra Groll-Nagel
Bamberg	Anwaltsverein Bamberg e. V.	RA Rainer Riegler
Bautzen	Bautzener AnwaltsVerein e.V.	RAin Henriette Schneider
Bayreuth	Bayreuther Anwaltverein e.V.	RAin Ilona Treibert
Beckum	Beckumer Anwaltsverein e.V.	RA Dirk Ziebach
Berlin	Berliner Anwaltsverein e.V.	RA Uwe Freyschmidt
Bernau	Oderländischer Anwaltverein e.V.	RA Carsten Schmidt
Bernburg	Bernburger Anwaltverein	RA Volker Junge
BGH	Verein der beim BGH zugelassene RAe e.V.	RA Axel Rinkler
Bielefeld	Anwaltverein Bielefeld e.V.	RA Dr. Christoph Meyer-Rahe
Bingen	Rheinhessischer Anwaltverein Mainz e.V.	RA Per Mayer
Bocholt	Anwaltsverein Bocholt e.V.	RAin Marlies Küpers-Quill
Bochum	Bochumer Anwalt- und Notarverein e.V.	RAinuNin Ruth Nobel
Bonn	Bonner AnwaltVerein e.V.	RA Volker Fritze
Bottrop	Anwaltverein Bottrop e.V.	RA Irfan Durdu
Braunschweig	Braunschweiger Anwaltsverein e.V.	RA Gerald Schuchhardt
Bremen	Bremischer Anwaltverein	RA Dr. Michael Heil
Bremerhaven	Anwaltsverein Bremerhaven u. Wesermünde e.V.	RAinuNin Angela Ruff
Bückeburg	Anwaltverein i. LG-Bez. Bückeburg e.V.	RAuN Karsten Martens
Bühl	Anwaltverein Baden-Baden e.V.	RA Robert Hoogen LL.M.
Bünde	Anwaltverein Bünde	RA Peter Scheffer
Castrop-Rauxel	Anwaltverein Castrop-Rauxel	RA Burkhard Kapteinat

Örtliche Anwaltvereine

Ort	Anwaltverein	Vorsitzende/Vorsitzender
Celle	Advokatenverein - Vereinigung Celler Rechtsanwälte e.V.	RAuN Thorsten Hegers
Chemnitz	Sächsischer Anwaltverein Chemnitz e.V.	RA Norbert Adamietz
Cloppenburg	Cloppenburger Anwaltverein e.V.	RAuN Werner Kessing
Coburg	Coburger Anwaltverein	RA Wolfgang Hörnlein
Cottbus	Cottbuser Anwaltverein e.V.	RA Thomas Schulz
Cottbus	Lausitzer Anwaltsverein e.V.	RA Michael Sinapius
Cuxhaven	Cuxhavener Anwaltverein	RA Tietje Edebohl
Darmstadt und Südhessen	Anwaltverein Darmstadt und Südhessen	RA Tim Becker
Deggendorf	Deggendorfer Anwaltsverein	RA Michael Salmansberger
Dessau-Roßlau	Anhaltinischer Anwaltverein e.V.	RAin Doreen Fucke
Detmold	Lippischer Anwalt- und Notarverein e.V.	RAuN Wolf-Dieter Tölle
Dill	Anwaltverein Dill	RAuN Klaus Engelbach
Donau-Ries	Anwaltsverein Donau-Ries e.V.	RAin Andrea Theurer
Dorsten	Dorstener Anwaltverein	RAin Claudia Ponto
Dortmund	Anwalt- und Notarverein Dortmund e.V.	RA Christoph Krekeler
Dresden	Dresdner Anwaltverein e.V.	RA Christian Paul Hermann
Duisburg	Verein der LG-Anwälte Duisburg e.V.	RA Florian F. P. Hesse
Düsseldorf	Düsseldorfer Anwalt-Verein e.V.	RA Christian M. Segbers
Eichwalde	Anwaltverein Königs Wusterhausen	RAin Karen Lange
Eisenach	Anwaltverein Eisenach	RAin Antje Kellner
Ellwangen	Anwaltsverein Ellwangen e.V.	RAin Anastasia Ilg-Bleile
Emden	Emder Anwalt- und Notarverein	RAin Tina Windus
Erfurt	Erfurter Anwaltverein e.V.	RA Marcello Di Stefano
Erkrath	Anwaltverein Mettmann e.V.	RA Guido Wacker
Erlangen	Erlanger Anwaltsverein	RA Mathias Trost
Eschwege	Anwaltverein Eschwege e.V.	RA Udo Schade
Essen	Essener Anwalt- und Notarverein	RA Oliver Allesch
Esslingen	Anwaltverein Esslingen e.V.	RA Cornel Pottgiesser
Flensburg	Anwaltsverein Flensburg u. Umgebung e.V.	RA Sebastian Baur
Forchheim	Anwaltsverein Forchheim e.V.	RAin Christine Leuker
Frankenthal	Anwaltsvereinigung Frankenthal e.V.	RA Elmar Buschbacher
Frankfurt	Frankfurter Anwaltverein e.V.	RA Dr. Siegfried Neufert
Frankfurt (Oder)	Anwaltverein Frankfurt (Oder) e.V.	RAin Arite Welenga
Freiburg	Freiburger Anwaltverein e.V.	RA Dr. Simon von Rudloff
Fulda	Anwaltsverein Fulda e.V.	RAinuNin Edda Steinmetz
Fürstenwalde	Anwaltverein Fürstenwalde	RA Jens-Olaf Zänker
Garmisch-Partenkirchen	Anwaltsverein Garmisch-Partenkirchen	RA Dr. Thomas Rothballer
Gelsenkirchen	Anwalt- u. Notarverein Gelsenkirchen e.V.	RAuN Klaus Baschek
Gelsenkirchen-Buer	Rechtsanwaltsverein Gelsenkirchen-Buer-Horst e.V.	RA Joachim Schürmann
Genthin	Altmärkische Anwaltsvereinigung e.V.	RA Andreas Buchheister
Gera	OstthüringerAnwaltVerein	RA Björn Pfob
Gescher	Borkener Anwaltsverein e.V.	RA Derk Röttgering
Gießen	Oberhessischer Anwaltverein e.V.	RA Alexander Hauer
Gifhorn	Gifhorner Anwaltverein	RAinuNin Christine Engel
Gladbeck	Anwaltverein Gladbeck e.V.	RAuN Klaus-Benedikt Behler
Goslar	Anwaltverein Goslar	RA Uwe Bühring
Göttingen	Göttinger Anwaltverein e.V.	RA Jan Thomas Ockershausen

Örtliche Anwaltvereine

Ort	Anwaltverein	Vorsitzende/Vorsitzender
Grafschaft Bentheim	Anwaltsverein Grafschaft Bentheim	RAuN Peter Lindow
Gütersloh	Gütersloher Anwaltverein e.V.	RAuN Dr. Daniel Kollmeyer
Hagen	Anwalt- und Notarverein i. LG-Bez. Hagen e.V.	RAin Sonka E. Mehner
Halle	Hallescher Anwaltverein e.V.	RA Raik Wollenbecker
Hamburg	Hamburgischer Anwaltverein e.V.	RA Andreas Schulte
Hameln	Hamelner Anwalt- und Notarverein e.V.	RA Sven Bielefeld
Hamm	Anwaltverein Hamm e.V.	RA Volker Burgard
Hanau	Anwaltsvereinigung Hanau	RA Armin Eisenschmidt
Hannover	Rechtsanwalts- und Notarverein Hannover e.V.	RA Henning Schröder
Hattingen	Hattinger AnwaltVerein e.V.	RA Thomas Klein
Hechingen	Anwaltverein f.d. LG-Bez Hechingen e.V.	RA Frank Röthemeyer
Heidelberg	Anwaltsverein Heidelberg e.V.	RA Michael Eckert
Heidenheim	Anwaltverein Heidenheim e.V.	RAuN Christoph A. Käppeler
Heilbronn	Heilbronner Anwaltverein e.V.	RA Theo Fleßner
Herford	Herforder Anwaltsverein e.V.	RA Dirk Stermann
Herne	Herner Anwaltverein e.V.	RAin Nadine Strohmeyer
Hildesheim	Hildesheimer Anwaltsverein	RAin Mechthild Busche-Köhler
Hof	Anwaltsverein f. d. LG-Bezirk Hof e.V.	RA Andreas Wiczlinski
Holzminden	Anwaltverein Holzminden e.V.	RA Jens Ebert
Hüllhorst	Anwalt- und Notarverein Lübbecker Land e.V.	RA Peter Kresken
Husum	Anwalts- und Notarverein Nordfriesland e.V.	RA Dr. jur. Karsten Andresen
Ingolstadt	Ingolstädter Anwaltsverein e.V.	RAin Elisabeth Ritzer-Reber
Itzehoe	Anwalt- und Notarverein im LG-Bezirk Itzehoe e.V.	RAin Katja Münzel
Jena	Jenaer Anwaltverein e.V.	RAin Nadja Strohfeldt-Janke
Jockgrim	Anwaltsverein für den LG-Bez. Landau i.d. Pfalz e.V.	RAin Gabriele Schenkenberger
Kaiserslautern	Anwaltsverein Kaiserslautern e.V.	RA Jürgen Hammel
Kamen	Kamener Anwaltsverein	RAuN Thomas Eggers
Karlsruhe	Anwaltsverein Karlsruhe e.V.	RA Götz Pasker
Kassel	Anwaltverein f. d. LG-Bez. Kassel e.V.	RA Dietrich Berding
Kaufbeuren	Anwaltverein Kaufbeuren	RAin Uta Lübbing-Trinkwalder
Kempten	Anwaltsverein Kempten e.V.	RA Marc Armatage
Kiel	Anwaltsverein im LG-Bezirk Kiel e.V.	RAuN Jens-Uwe Petersen
Kleve	Klever Anwaltverein e.V.	RAin Andrea Ehrich
Koblenz	Verein der Rechtsanwälte Koblenz e.V.	RA Albert Glöckner
Köln	Kölner Anwaltverein e.V.	RA Markus Trude
Krefeld	Verein der Rechtsanwälte Krefeld e.V.	RA Dr. Gero Hattstein
Kronach	Kronacher Anwaltverein	RA Josef Geiger
Kulmbach	Kulmbacher AnwaltVerein e.V.	RA Rüdiger Gust
Landshut	Anwaltverein Landshut e.V.	RA Tobias Weiss
Lehre	Anwaltverein Burgdorf/Lehrte	RAuN Götz Bittner
Leipzig	Leipziger Anwaltverein e.V.	RA Frank Schäker
Limburg	Limburger Anwaltverein e.V.	RAuN Hans-Jürgen Schmidt
Lindau	Lindauer Anwaltsverein e.V.	RA Bernhard Bingger
Lingen	Anwaltverein Lingen (Ems)	RAin Kerstin Dälken
Lippstadt	Anwalt- und Notarverein Lippstadt e.V.	RAin Martina Beese
Lübeck	Lübecker Anwaltverein e.V.	RAuN Gerrit Koch
Ludwigshafen	Ludwigshafener Anwaltsverein e.V.	RA Jan Schabbeck

Örtliche Anwaltvereine

Ort	Anwaltverein	Vorsitzende/Vorsitzender
Lüneburg	Rechtsanwaltsverein zu Lüneburg e.V.	RA Ulrich Sieper
Magdeburg	Magdeburger Anwaltverein e.V.	RA Dr. Maik Barthel
Mannheim	Mannheimer Anwaltsverein e.V.	RA Peter Depré
Marburg	Marburger Anwaltverein e.V.	RA Alexander Koberg
Marl	Anwaltverein Marl e.V.	RA Tom Bub
Meiningen	Anwaltverein Meiningen	RA Thomas Seibt
Memmingen	Anwaltverein Memmingen e.V.	RA Michael Bogdahn
Meppen	Meppener Anwaltverein	RAin Birte Wolken-Lammers
Minden	Anwaltverein Minden e.V.	RA Günter Weßel
Moers	Moerser Anwaltsverein e.V.	RAin Nicola Fink-Sobirey
Mönchengladbach	Anwaltverein Mönchengladbach e.V.	RA Dr. Eckhard Voßiek
Mosbach	Anwaltsverein Mosbach e.V.	RA Sebastian Warken
Mühlhausen	Anwaltsverein b. Landgericht Mühlhausen e.V.	RAin Ricarda John-Volkmann
München	Münchener Anwaltverein e.V.	RAin Petra Heinicke
Münster	Vereinigung der Rechtsanwälte und Notare Münster e.V.	RA Elisabeth Schwering
Naumburg	Naumburger Anwaltverein e.V.	RA Norbert Waldinger
Neubrandenburg	Anwaltverein Mecklenburgische Seenplatte e.V.	RA René Salomon
Neumarkt	Anwaltsvereinigung Neumarkt e.V.	RA Matthias Braun
Neuruppin	Nord-Brandenburgischer Anwaltverein e.V.	RA Gerd Henning
Neustadt	Anwaltsverein Neustadt an der Weinstraße e.V.	RA Dr. Klaus D. Friedrich
Neu-Ulm	Anwaltverein Neu-Ulm – Günzburg e.V.	RA Thomas Knaier
Neuwied	Verein der Rechtsanwälte Neuwied e.V.	RAin Alessandra Dierkes
Nienburg	Anwaltverein Nienburg e.V.	RA Henning Meyer
Niesky	Oberlausitzer Anwaltverein e. V.	RA Georg Blanz
Norderney	Anwaltsverein Norden	RAuNin Kerstin M. Schönemann
Norderstedt	Anwaltsverein Norderstedt e.V.	RAuN Klaus Eschenburg
Nürnberg	Nürnberg-Fürther Anwaltverein e.V.	RA Robert Frank Reitzenstein
Offenbach am Main	Anwaltsverein Offenbach am Main e.V.	RA Stefan Reißmann
Offenburg	AnwaltVerein Offenburg e.V.	RAin Hanna Martje Schröder
Oldenburg	Oldenburger Anwalts- und Notarverein e.V.	RAin Maike Chandra
Olsberg	Anwaltsverein für den Altkreis Brilon e.V.	RA Hubertus Stickel
Oranienburg	Oranienburger Anwaltsverein e.V.	RA Gernot Wendland
Osnabrück	Osnabrücker Anwalts- und Notarverein e.V.	RA Ralf Wöstmann
Osterholz	Osterholz-Scharmbecker Anwaltsverein e.V.	RAin Rabea Schuchardt
Passau	Passauer Anwaltverein e.V.	RAin Caroline Fritz
Peine	PeinerAnwaltVerein e.V.	RAin Nicole Böer
Pirmasens	Pirmasenser Anwaltverein e.V.	RA Thomas Haberland
Potsdam	Potsdamer Anwaltverein e.V.	RA Dr. Frank-Walter Hülsenbeck
Quedlinburg	Anwaltverein Quedlinburg e.V.	RA Ulrich Schramm
Rathenow	Havelländischer Anwaltverein e.V.	RA Josef Werner Damböck
Ratzeburg	Lauenburgischer Anwaltverein e.V.	RAin Sabrina Schinkowski
Ravensburg	Anwaltverein Ravensburg e.V.	RAin Anja Dreyer
Recklinghausen	AnwaltsVerein Recklinghausen e.V.	RA Jürgen Mehlau
Regensburg	Anwaltsverein für den LG-Bezirk Regensburg e.V.	RA Dr. Georg Graml
Reinbek	Reinbeker Anwaltsverein	RA Björn Sattelmaier
Remscheid	Anwaltverein Remscheid e.V.	RAin Stefanie Maas

Örtliche Anwaltvereine

Ort	Anwaltverein	Vorsitzende/Vorsitzender
Rheda-Wiedenbrück	Anwaltsverein Rheda-Wiedenbrück e.V.	RAuN Dr. Paul Hoffmann
Rosenheim	Anwaltverein Rosenheim e.V.	RA Peter Dürr
Rostock	Rostocker AnwaltVerein e.V.	RA Christian Doose-Bruns
Rostock	Verein der Rechtsanwälte bei dem OLG Rostock	RA Stephan Weinges
Rotenburg	Rotenburger Anwaltsverein	RAuN Heiko Müller
Rottweil	Rottweiler Anwaltsverein e.V.	RA Günter Posselt
Saalfeld	Anwaltsverein Saalfeld-Rudolstadt	RA Peter Matthias Austgen
Saarbrücken	Saarländischer Anwaltverein e.V.	RA Olaf Jaeger
Salzgitter	Anwaltsverein Salzgitter e.V.	RAin Gabriele Kemper-Blume
Schwabach	Anwaltsvereinigung Schwabach	RA Stefan E. Förster
Schwäbisch Gmünd	Anwaltsverein Schwäbisch Gmünd e.V.	RAin Irene Meixner
Schweinfurt	Anwaltsverein Schweinfurt e.V.	RA Franz Geus
Schwerin	Schweriner Anwaltverein	RA Martin Lorentz
Siegen	Siegener Anwaltsverein e.V.	RAuN Daniel Nierenz
Singen	Anwaltsverein i. LG-Bezirk Konstanz e.V.	RA Rolf Brauer
Soest	Soester Anwaltverein e.V.	RA Rolf Stockem
Solingen	Solinger AnwaltVerein e.V.	RA Bastian Schauch
Soltau	Rechtsanwaltsverein Soltau e.V.	RA Daniel Zimmermann
Speyer	Speyerer Anwaltsverein	RA Stephan Schultz
Stade	Anwaltverein Stade e.V.	RAuN Christian Denkeler
Stralsund	Stralsunder AnwaltVerein	RA Michael Welz
Straubing	Anwaltsverein Straubing e.V.	RA Robert Mühlbauer
Strausberg	Strausberger Anwaltverein e.V.	RA Dieter Kubach
Stuttgart	Anwaltsverein Stuttgart e.V.	RA Prof. Dr. Olaf Hohmann
Suhl	Anwaltsverein Suhl und Umgebung	RAin Ingrid Schöppe-Hellmann
Trantow	Mecklenburgischer-Vorpommerscher AV e.V.	RA Rolf-Michael Eggert
Traunstein	Anwaltverein Traunstein e.V.	RAin Isabell Gabl
Trier	Trierer Anwaltsverein e.V.	RAin Michaela Porten-Biwer
Tübingen	Anwaltsverein für den LG-Bezirk Tübingen e.V.	RA Christian Weber
Uelzen	Uelzener Anwaltschaft e.V.	RAuN Dr. Jochen Springer
Ulm	Anwaltsverein Ulm e.V.	RA Roland Spiegel
Velbert	Anwaltsverein Velbert u. Heiligenhaus e.V.	RA Thomas Wichmann
Verden	Verdener Anwaltverein e.V.	RA Dr. Detlef Heise
Villingen-Schwenningen	Anwaltsverein im Schwarzwald-Baar-Kreis e.V.	RAin Beatrice Hesselbach
Vogtland	Anwaltverein Vogtland e.V.	RA Oliver Hopp
Waldshut	Anwaltsverein Waldshut e.V.	RA Dr. Lambert Krause
Walsrode	Walsroder Anwaltverein	RA Steffen Ahrens
Wanne-Eickel	Anwaltsverein Wanne-Eickel e.V.	RAuN Gerd Reitz
Warendorf	Anwaltverein Warendorf e.V.	RA Simon Steckel
Weener	Anwalt- und Notarverein Leer e.V.	RAuN Peter Lameyer
Weiden	Anwaltsverein Weiden e.V.	RA Rouven Colbatz
Weil am Rhein	Lörracher Anwaltsverein e.V.	RA Dr. Klaus Krebs
Weilheim	Anwaltsverein Weilheim-Schongau e.V.	RA Sebastian Krieger
Weimar	Weimarer Anwaltverein e.V.	RA Martin Wiechers
Werl	Anwaltsverein Werl e.V.	RAuN Herbert Fischer
Westerwald	Anwaltsverein Westerwald e.V.	RA Thomas Dingendorf
Wetzlar	Wetzlarer Anwaltverein e.V.	RA Steffen Thiel

Örtliche Anwaltvereine

Ort	Anwaltverein	Vorsitzende/Vorsitzender
Wiesbaden	Wiesbadener Anwalt- und Notarverein e.V.	RAin Nicole Sturm
Wilhelmshaven	Anwalt- u Notarverein Wilhelmshaven e.V.	RAin Merle Kunert
Winsen	Anwaltverein Winsen (Luhe)	RA Klaas Badde
Wismar	Wismarer Anwaltverein	RA Stefan Lähn
Witten	Wittener Anwaltverein e.V.	RAuN Ralf Niederstebruch
Wolfsburg	Wolfsburger Anwaltsverein e.V.	RA Christian Mühlhaus
Worms	Wormser Anwaltverein e.V.	RA Christian Kazempour
Wuppertal	Anwaltsverein Wuppertal	RA Hardo Siepe
Würzburg	Würzburger Anwaltverein e.V.	RA Christian Semmler
Zossen	Zossener Anwalts- Verein Teltow-Fläming e.V.	RA Sven Rasehorn
Zweibrücken	Anwaltverein Zweibrücken e.V.	RA Wolfgang Knerr
Zwickau	Zwickauer Anwaltverein e.V.	RAin Annett Seifert

Adressen der Anwaltsgerichtshöfe

- **Arbeitsgemeinschaft der Präsidentinnen und Präsidenten der Anwaltsgerichtshöfe Deutschlands**
  Vorsitzender: RA Prof. Dr. Christian Winterhoff
  c/o GvW Graf von Westphalen
  Poststraße 9 – Alte Post
  20354 Hamburg
- **Anwaltsgerichtshof Baden-Württemberg**
  Präsidentin: RAin Dr. Alexandra Schmitz
  Olgastraße 2
  70182 Stuttgart
- **Bayerischer Anwaltsgerichtshof**
  Präsident: RA Prof. Andreas Meisterernst
  Prielmayerstraße 5
  800335 München
- **Anwaltsgerichtshof Berlin**
  Präsidentin: RAuNin Dr. Astrid Frense
  Elßholzstr. 30 – 33
  10781 Berlin
- **Anwaltsgerichtshof Brandenburg an der Havel**
  Präsident: RA Uwe Böhrensen
  Gertrud-Piter-Platz 11
  14770 Brandenburg an der Havel
- **Anwaltsgerichtshof Bremen**
  Präsident: RA Tobias Haas
  Am Wall 198
  28195 Bremen
- **Anwaltsgerichtshof in der Freien und Hansestadt Hamburg**
  Präsident: RA Dr. Christian Winterhoff
  Sieveking Platz 2
  20355 Hamburg
- **Hessischer Anwaltsgerichtshof**
  Präsident: RA Prof. Dr. Jürgen Taschke
  Zeil 42
  60313 Frankfurt am Main
- **Anwaltsgerichtshof Mecklenburg-Vorpommern**
  Präsidentin: RAin Verina Speckin
  Wallstraße 3
  18055 Rostock
- **Niedersächsischer Anwaltsgerichtshof**
  Präsidentin: RAin Dr. Birgit Paetow-Thöne
  Schloßplatz 2
  29221 Celle
- **Anwaltsgerichtshof Nordrhein-Westfalen**
  Präsident: RA Peter Lungerich
  Heßler Straße 53
  59065 Hamm
- **Anwaltsgerichtshof Rheinland-Pfalz**
  Präsident: RA JR Thomas Haberland
  Stresemannstraße 1
  56068 Koblenz

Adressen der Anwaltsgerichtshöfe

- **Saarländischer Anwaltsgerichtshof**
  Präsident: RA JR Dr. Herbert Ruland
  Franz-Josef-Röder-Straße 15
  66119 Saarbrücken
- **Sächsischer Anwaltsgerichtshof**
  Präsident: RA Dr. Matthias Aldejohann
  Schloßplatz 1
  01067 Dresden
- **Anwaltsgerichtshof Sachsen-Anhalt**
  Präsident: RA Dr. Michael Moeskes
  Domplatz 10
  06618 Naumburg
- **Schleswig-Holsteinischer Anwaltsgerichtshof**
  Präsident: Herr RA Dr. Jürgen Christoph
  Gottorfstraße 2
  24837 Schleswig
- **Thüringischer Anwaltsgerichtshof**
  Präsident: RA Gerd Lenuzza
  Rathenaustraße 13
  07745 Jena

Über das Projektteam

Matthias **Kilian**, Prof. Dr. jur. Direktor des Soldan Instituts. Matthias Kilian befasst sich intensiv mit den rechtlichen Grundlagen der anwaltlichen Tätigkeit sowie der Erforschung von Rechtdienstleistungsmärkten. Er forscht und lehrt an der Universität zu Köln und ist dort Direktor des Instituts für Anwaltsrecht sowie Inhaber der Hans-Solda-Stiftungsprofessur für Anwaltsrecht und anwaltsorientierte Juristenausbildung. Zahlreiche Veröffentlichungen u.a. zum Anwalts- und Verfahrensrecht. Herausgeber des Statistischen Jahrbuchs der Anwaltschaft.

Christian **Lieb**, Dipl.-Kfm. Vorstand des Soldan Instituts für Anwaltmanagement e.V., des Trägervereins des Soldan Instituts. Christian Lieb ist Geschäftsführer der Hans Soldan GmbH in Essen. Herausgeber des Statistischen Jahrbuchs der Anwaltschaft.

Katarina **Gaun** ist seit 2022 Mitarbeiterin des Soldan Instituts und der Hans-Soldan-Stiftungsprofessur der Universität zu Köln. Projektleiterin des Statistischen Jahrbuchs der Anwaltschaft.

Über das Soldan Institut

Das Soldan Institut wurde im Jahr 2002 gegründet. Getragen wird es von dem gemeinnützigen Soldan Institut für Anwaltmanagement e.V. Das unabhängige Forschungsinstitut wird seit seiner Gründung von der Hans Soldan Stiftung finanziell unterstützt.

Ziel des Instituts ist die Erforschung der Strukturentwicklung der Anwaltschaft und der sich hieraus ergebenden Bedingungen für ein erfolgreiches und zukunftsorientiertes Management von Anwaltskanzleien und für eine evidenz-basierte Normsetzung im Bereich des anwaltlichen Berufsrechts.

Das Soldan Institut dokumentiert den Stand der Anwaltforschung auf nationaler und internationaler Ebene. Es betreibt eigene empirische Forschung insbesondere zu Fragen der Struktur der Anwaltschaft, der Ausrichtung von Anwaltskanzleien und zum Rechtsdienstleistungsmarkt.

Die Ergebnisse dieser Forschung werden Rechtsanwältinnen und Rechtsanwälten, den einschlägigen Institutionen der deutschen Anwaltschaft (Bundesrechtsanwaltskammer und Deutscher Anwaltverein), politischen Entscheidungsträgern, Wissenschaftlern und einer breiten Öffentlichkeit zur Verfügung gestellt.

Neben der Unterstützung durch die Hans Soldan Stiftung wird das Institut über Mitgliedsbeiträge und Spenden finanziert. Förderer des Instituts sind neben der Hans Soldan Stiftung die Bundesrechtsanwaltskammer, der Deutsche Anwaltverein und der Verlag C.H Beck.

Weitere Informationen: www.soldaninstitut.de

Publikationen des Soldan Instituts

I. Forschungsberichte

Band 1: Hommerich, C. / Kriele, D., Marketing für Mediation, Bonn 2004, ISBN 3-8240-5400-0 (vergriffen).

Band 2: Hommerich, C. / Kilian, M., Die Berufssituation junger Rechtsanwältinnen und Rechtsanwälte: Eine empirische Analyse des Zulassungsjahrgangs 2003, Bonn 2006, ISBN 978-3-8240-5401-9, 10,- €.

Band 3: Hommerich, C. / Kilian, M., Vergütungsvereinbarungen deutscher Rechtsanwälte: Eine empirische Untersuchung der Vergütungspraxis der deutschen Anwaltschaft, Bonn 2006, ISBN 978-3-8487-7370-1, 15,- €.

Band 4: Hommerich, C. / Kilian, M., Mandanten und ihre Anwälte: Ergebnisse einer Bevölkerungsumfrage zur Inanspruchnahme und Bewertung von Rechtsdienstleistungen, Bonn 2007, ISBN 978-3-8240-5404-6, 15,- €.

Band 5: Hommerich, C. / Kilian, M., Frauen im Anwaltsberuf. Ergebnisse einer Sekundäranalyse, Bonn 2007, ISBN 978-3-8487-7368-8, 10,- €.

Band 6: Kilian, M., Wirksamkeit anwaltlicher Werbemaßnahmen. Eine empirische Studie zur Unternehmenskommunikation von Anwaltskanzleien, Bonn 2011, ISBN 978-3-8240-5409-1, 15,- €.

Band 7: Hommerich, C. / Kilian, M., Rechtsschutzversicherungen: Rechtsschutzversicherte Mandate in der anwaltlichen Berufspraxis, Bonn 2010, ISBN 978-3-8240-5410-7, 15,- €.

Band 8: Hommerich, C. / Kilian, M., Fachanwälte, Bonn 2011, ISBN 978-3-8487-7365-7, 15,- €.

Band 9: Kilian, M., Drittfinanzierung anwaltlicher Rechtsdienstleistungen, Bonn 2014, ISBN 978-3-8487-7364-0, 15,- €

Band 10: Kilian, M., Fachanwälte für Familienrecht, Bonn 2012, ISBN 978-3-8487-7363-3, 15,- €.

Band 11: Kilian, M. / v. Albedyll, A., Fachanwälte für Verkehrsrecht, Bonn 2013, ISBN 978-3-8487-7362-6, 15,- €.

Band 12: Kilian, M. / Lange, S., Fachanwälte für Arbeitsrecht, Bonn 2013, ISBN 978-3-8487-7361-9, 15,- €.

Band 13: Kilian, M. / Rimkus, F., Fachanwälte für Strafrecht, Bonn 2013, ISBN 978-3-8487-7360-2., 15,- €.

Band 14: Kilian, M. / Lange, S., Fachanwälte für Steuerrecht, Bonn 2014, ISBN 978-3-8487-7359-6, 15,- €.

Band 15: Kilian, M., Rechtsanwälte als Spezialisten und Generalisten: Die Rechtsanwaltschaft jenseits der Fachanwaltschaften, Bonn 2013, ISBN 978-3-8487-7358-9, 15,- €.

Band 16: Kilian, M., Das Management von Haftungsrisiken in Anwaltskanzleien: Haftungsbegrenzung durch Rechtsformwahl, Berufshaftpflichtversicherung und Haftungsbegrenzungsvereinbarungen, Bonn 2014, ISBN 978-3-8240-5427-5, 15,- €.

Band 17: Kilian, M., Die junge Anwaltschaft: Ausbildung, Berufseinstieg und Berufskarrieren, Bonn 2014, ISBN 978-3-8487-7356-5, 15,- €.

Publikationen des Soldan Instituts

Band 18: Kilian, M., Juristenausbildung: Die Ausbildung künftiger Volljuristen in Universität und Referendariat: Eine Bestandsaufnahme unter besonderer Berücksichtigung der Anwaltschaft, Bonn 2015, ISBN 978-3-8240-5430-5, 15,- €.

Band 19: Kilian, M., Anwaltstätigkeit der Gegenwart: Rechtsanwälte, Kanzleien, Mandanten, Mandate, Bonn 2016, ISBN 978-3-8240-5431-2, 15,- €.

Band 20: Kilian, M., Fortbildung zwischen Freiheit und Zwang: Eine Studie zur Reform der anwaltlichen Fortbildungspflicht, Bonn 2016, ISBN 978-3-8487-7353-4, 15,- €.

Band 21: Kilian, M., Personal in Anwaltskanzleien, Bonn 2017, ISBN 978-3-8487-7351-0, 15,- €.

Band 22: Kilian, M. / Heckmann, K., Rechtsanwälte und ihre Mitarbeiter: Eine arbeitspsychologische Studie zur Zusammenarbeit in Anwaltskanzleien, Bonn 2017, ISBN 978-3-8487-7352-7., 15,- €.

Band 23: Kilian, M., Berufsbildung in Anwaltskanzleien: Ausbildung, Weiterbildung und Fortbildung nicht-juristischen Personals, Bonn 2018, ISBN 978-3-8240-5438-1, 15,- €.

Band 24: Kilian, M., Hoffmann, H., Rechtsanwältinnen: Eine empirische Analyse der weiblichen Anwaltschaft, Bonn 2019, ISBN 978-3-8487-7350-3, 15,- €.

Band 25: Kilian, M., Die Reform des anwaltlichen Gesellschaftsrechts: Empirische Grundlagen zu einer großen BRAO-Reform, Bonn 2018, ISBN 978-3-8240-5439-8, 15,- €.

Band 26: Kilian, M., Bertolino, C., Das Berufs- und Privatleben von Rechtsanwälten: Ein europäischer Vergleich, Baden-Baden 2022, ISBN 978-3-8487-8945-0, 62,- €.

Band 27: Kilian, M., Wenzel, L., Law Clinics in Deutschland, Baden-Baden 2022, ISBN 978-3-8487-8822-4, 55,- €.

II. Statistisches Jahrbuch

Hommerich, C. / Kilian, M. / Dreske, R. (Hrsg.), Statistisches Jahrbuch der Anwaltschaft 2007 / 08, Bonn 2008, ISBN 978-3-8240-5403-9, 19,- €.

Hommerich, C. / Kilian, M. / Dreske, R. (Hrsg.), Statistisches Jahrbuch der Anwaltschaft 2009 / 10, Bonn 2010, ISBN 978-3-8240-5408-4, 19,- €.

Kilian, M. / Dreske, R. (Hrsg.), Statistisches Jahrbuch der Anwaltschaft 2011 / 12, Bonn 2012, ISBN 978-3-8240-5413-8, 19,- €.

Kilian, M. / Dreske, R. (Hrsg.), Statistisches Jahrbuch der Anwaltschaft 2013 / 14, Bonn 2014, ISBN 978-3-8240-5426-8, 19,- €.

Kilian, M. / Dreske, R. (Hrsg.), Statistisches Jahrbuch der Anwaltschaft 2015 / 16, Bonn 2016, ISBN 978-3-8240-5432-9, 19,- €

Kilian, M. / Dreske, R. (Hrsg.), Statistisches Jahrbuch der Anwaltschaft 2017 / 18, Bonn 2018, ISBN 978-3-8240-5437-4, 19,- €

Kilian, M. / Dreske, R. (Hrsg.), Statistisches Jahrbuch der Anwaltschaft 2019 / 20, Bonn 2020, ISBN 978-3-8240-5442-8, 19,- €

Kilian, M. / Lieb, Chr. (Hrsg.), Statistisches Jahrbuch der Anwaltschaft 2021 / 22, Baden-Baden 2022, ISBN 978-3-8487-7474-6, 89,- €

Kilian, M. / Lieb, Chr. (Hrsg.), Statistisches Jahrbuch der Anwaltschaft 2023 / 24, Baden-Baden 2022, ISBN 978-3-7560-2281-6, 89,- €

III. Barometer

2007: Hommerich C. / Kilian, M., Berufsrechtsbarometer 2007. Meinungsbild der Anwaltschaft zu aktuellen Problemen des Berufsrechts, Essen 2008, ISBN 978-3-9812-1260-0.

2009: Hommerich C. / Kilian, M., Vergütungsbarometer 2009. Praxis der Vergütungsvereinbarungen deutscher Rechtsanwältinnen und Rechtsanwälte, Essen/Bonn, ISBN 978-3-9812-1261-7 / ISBN 978-3-8240-5407-7.

2009: Hommerich C. / Kilian, M., Berufsrechtsbarometer 2009. Meinungsbild der Anwaltschaft zu aktuellen Problemen des Berufsrechts, Essen 2009, ISBN 978-3-9812-1262-4.

2011: Kilian, M., Berufsrechtsbarometer 2011. Meinungsbild der Anwaltschaft zu aktuellen Problemen des Berufsrechts, Essen 2011, ISBN 978-3-9812-1263-1.

2013: Kilian, M., Berufsrechtsbarometer 2013. Meinungsbild der Anwaltschaft zu aktuellen Problemen des Berufsrechts, Essen 2013, ISBN 978-3-9812-1265-5.

2015: Kilian, M., Berufsrechtsbarometer 2015. Meinungsbild der Anwaltschaft zu aktuellen Problemen des Berufsrechts, Essen 2015, ISBN 978-3-9812-1265-5.

2017: Kilian, M., Berufsrechtsbarometer 2017. Meinungsbild der Anwaltschaft zu aktuellen Problemen des Berufsrechts, Essen 2017, ISBN 978-3-9812-1266-2.

2021: Kilian, M., Berufsrechtsbarometer 2021. Meinungsbild der Anwaltschaft zu aktuellen Problemen des Berufsrechts, Essen 2023, ISBN 978-3-9812-1267-9.